이야기
러시아사

이야기 러시아사

보급판 1쇄 인쇄 · 2020. 8. 15.
보급판 1쇄 발행 · 2020. 9. 1.

지은이 · 김경묵
발행인 · 이상용 이성훈
발행처 · 청아출판사
출판등록 · 1979. 11. 13. 제9-84호
주소 · 경기도 파주시 회동길 363-15
대표전화 · 031-955-6031 팩시밀리 · 031-955-6036
E - mail · chungabook@naver.com

Copyright ⓒ 청아출판사, 2020
저자의 동의 없이 내용의 일부를 인용하거나 발췌하는 것을 금합니다.

ISBN 978-89-368-1167-9 04900
      978-89-368-1158-7 04900 (세트)

* 값은 뒤표지에 있습니다.
* 잘못된 책은 구입한 서점에서 바꾸어 드립니다.
* 이 책에 대한 문의사항은 이메일을 통해 주십시오.

The History of Russia

이야기 러시아사

|러시아 역사의 태동부터 고르바초프 시대까지|

김경묵 지음

청아출판사

머리말

　우리가 러시아에 대해 관심을 가지는 이유는 여러 가지가 있겠지만, 다음 세 가지 점으로 집약할 수 있다. 첫째, 러시아는 인류 역사상 최초로 사회주의 정부를 수립한 국가이다. 둘째, 1945년 제2차 세계대전의 종결을 전후하여 미국과 함께 한반도의 허리를 잘라놓은 주역이다. 셋째, 세계를 움직이는 강대국으로서 우리에게 큰 영향을 끼치고 있다는 점이다. 더욱이 구소련의 공산주의 체제가 급격히 붕괴되고 소비에트 연방의 나라들이 잇달아 독립하는 상황 속에서도 러시아는 세계를 이끌어가는 나라들 중의 하나로 아직까지도 우리에게 큰 영향을 미치고 있다.

　이처럼 러시아는 우리의 역사와 경제 그리고 다방면에 영향을 끼치고 있지만 실제로 러시아를 이해하는 데 도움이 될 만한 책을 찾기란 그리 쉽지 않다. 몇몇 종류가 있지만, 그것은 모두 1917년에 일어난 혁명을 전후한 사건에 집중되어 있다.

　러시아 혁명은 인류에게 새로운 의식을 심어준 역사적인 사건이다. 그러나 이 사건만을 가지고 오늘날의 러시아를 이해한다는 것은 마치 4·19 혁명과 5·16 쿠데타를 전후한 역사만으로 우리나라를 이해하려는 것과 같다. 러시아가 최초의 사회주의 국가를 세운 것은 사실이지만, 아시아와 유럽의 정서를 동시에 간직한 러시아의 오랜 역사를 빼고 사회주의 혁명만으로 러시아를 이해한다는 것은 매우 어리석은 짓이다. 따라서 이 책은 러시아인의 정서와 역사를 쉽게 이해할 수 있도록 전반적인 흐름을 이야기식으로 다루었다.

　먼저 고대부터 러시아의 골격이 갖추어지는 키에프 시대, 그리고 혁명으로 인해 비참한 최후를 맞는 로마노프 왕조까지 벌어졌던 사건들을 재미있게 설명했다. 그리고 스탈린의 냉전 시대부터 공산주의 체제가 무너지는 고르바초프와 옐친에 이르기까지 권력의 암투와 역사적인 사건을 인물을 통해 접근했다. 그러다 보니 많은 문제점과 한계를 느끼지 않을 수 없었다. 그것은 러시아 역사를 한 권에 담으려 했던 필자의 욕심 때문에 많은 것들을 제대로 전달하지 못하거나 빼놓을 수밖에 없었다. 이 점에 대해서는 독자들이 넓은 마음으로 이해하기 바란다.

본문에 나오는 인명이나 지명 등의 표기는 가능하면 우리의 귀에 익숙한 영어식 표기로 통일하려 했으나 경우에 따라서는 이 원칙에서 벗어나는 것들도 있음을 밝혀둔다.

이 책이 나오기까지 많은 분들의 도움이 있었다. 그분들께 고마움을 표하며 끝까지 격려해준 아내에게 감사한다. 이 책이 많은 약점이 있더라도 오늘날의 러시아를 이해하는 데 조금이라도 도움이 되었으면 하는 바람이다.

김경묵

차례

004 머리말

1 러시아의 기원

016 러시아 역사의 뿌리
016 ─전설 속의 국가
018 ─슬라브인들의 이동과 정착
021 ─문명의 새벽
022 ─러시아의 시조라 불리는 '루스'인

2 키예프 시대

028	통일국가 키예프의 탄생	070	—오랜만에 맛 본 승리의 기쁨
028	—키예프와 지도자 올레그	073	—모스크바의 팽창
030	—지도자들의 무능과 키예프의 쇠퇴	075	—몽골의 그림자는 사라지고
032	—키예프 러시아의 확장	080	강국 러시아를 꿈꾸며
033	—블라지미르의 그리스정교 수용	080	—완전한 통일을 위하여
038	—표준어 '키릴 문자'의 마력	082	—이반 뇌제의 등극
039	—지혜로운 자 야로슬라프의 등장	084	—강력한 국가를 위한 첫걸음
041	—키예프 러시아의 황금기	086	—타타르족을 향한 피의 복수전
044	—키예프 러시아의 쇠퇴	089	—이반 4세의 엉뚱한 음모
047	—모스크바의 창건자 유리 돌고루키	091	—권력의 상징 '오프리츠니나'
049	—키예프의 붕괴	094	—타타르의 잔당을 몰아내라
050	타타르의 세력 확장	098	700여 년이 남긴 것들
050	—동방에서 들려오는 칭기즈칸의 말발굽 소리	098	—생활문화의 성장
053	—피로 물든 칼가 강	101	—신앙의 정착
055	—목숨 건 저항도 무위로 끝나고	106	—문학의 발전
059	—유린당한 국토	107	—책과 인쇄
062	—노브고로드 공국 알렉산더의 활약	108	—볼가 강 유역의 장인들
068	러시아의 부활	110	혼란의 시대
068	—모스크바라는 희망의 빛	110	—가짜 드미트리
		117	—대권을 잡은 슈이스키
		123	—폴란드의 공격과 모스크바의 함락

3 로마노프 시대

133	로마노프 왕조	188	알렉산더 1세의 치세
133	—로마노프 왕조의 진통	188	—알렉산더 1세의 등극
136	—미하일로비치의 실정	192	—알렉산더 1세의 개혁
142	—농민의 영웅 스텐카라친	197	—나폴레옹의 침입
145	—혼란 시대의 교회	202	—모스크바의 원인 모를 대화재
150	표트르 대제의 치적	206	—혁명의 서곡 데카브리스트 난
150	—패기와 야심에 찬 젊은 표트르	210	—즉위식의 총소리
155	—새롭게 떠오르는 발트 해의 강국	212	니콜라이 1세의 치세
160	—표트르 대제의 서구화 정책	212	—결단력의 소유자 니콜라이 1세
166	—표트르에 대한 역사적 평가	215	—크림 전쟁
169	급변하는 러시아 왕조	219	—지식인들의 반항
169	—끊이지 않는 궁중 음모	221	—개혁을 위한 지식인들의 논쟁
172	—7년 전쟁의 발발	227	—러시아의 전통을 사랑한 슬라브주의자들
174	—계몽 전제군주 예카테리나 2세		
180	—푸카초프의 난	229	—19세기 초 러시아의 변화
184	—바벨 1세와 용맹스러운 수보로프 장군		

231	알렉산더 2세와 러시아	269	—러시아의 과학
231	—알렉산더 2세의 개혁	270	1905년 러시아 혁명
235	—개혁 이후의 변화	270	—러·일 전쟁과 1905년 혁명
237	—새로운 혁명 운동의 출현	273	—1905년 피의 일요일
241	—성공적인 대외 정책	276	—발포
243	알렉산더 3세의 치세	280	—먹구름이 드리워지는 황실
243	—반동으로 돌아서다	281	—트로츠키와 소비에트
246	—산업발전과 농민의 위기	287	로마노프 왕조의 몰락
249	—마지막 황제의 등극	287	—국회의 소집
251	—정당으로 자리 잡은 혁명 세력	290	—무력뿐인 제정 러시아
253	19세기 러시아의 문화	291	—니콜라이 2세의 가족
253	—러시아의 문학	295	—라스푸친과 알렉산드라 황후
266	—러시아의 음악		

4 격변의 혁명기

303	소비에트와 혁명	363	—코르닐로프 장군의 반란
303	—소비에트 결성의 주체 세력	371	—10월 혁명과 볼셰비키 독재
305	—소비에트와 10월 총파업	377	—황족의 최후
312	혁명가 레닌	383	스탈린의 성장
312	—혁명을 꿈꾼 소년	383	—구둣방 아들 소소
317	—마르크스와의 만남	386	—티플리스 신학교의 코바
320	—레닌의 망명 생활	390	—사회주의자 스탈린
324	러시아 혁명과 제1차 세계대전	393	—레닌과 스탈린의 만남
324	—제1차 세계대전의 발발 배경	396	—스탈린의 결혼 생활
330	—라스푸친의 죽음	399	볼셰비키 집권
336	2월 혁명과 임시정부의 수립	399	—러시아 내전
336	—빵을 달라	408	—신경제 정책(NEP)
341	—우유부단한 두마	411	—서기장이 된 스탈린과 레닌의 병상
344	—웅변가 케렌스키의 등장	415	—레닌의 죽음과 후계자 싸움
350	1917년 10월 혁명		
350	—밀봉 열차를 타고		
357	—케렌스키의 임시정부		

5 소비에트 사회주의 공화국 연방(USSR)

425	스탈린 시대의 개막	466	—브레즈네프 헌법
425	—레닌주의와 트로이카	469	—해빙의 시대
428	—반대파의 제거	471	—프라하의 봄 – 브레즈네프 독트린
432	—스탈린과 5개년 계획	474	고르바초프 시대
437	—피로 얼룩진 대숙청	474	—개혁의 시대
443	—제2차 세계대전과 풍전등화의 모스크바	475	—총성 없는 혁명
		478	—예측할 수 없는 소수민족 문제
446	—혁명 이후의 사회와 문화	479	—고르바초프의 실각과 붕괴되는 소비에트 연방
449	흐루시초프 시대		
449	—집단 지도 체제의 붕괴		
453	—내정 개혁		
457	—철의 장막을 걷고	483	연표
464	브레즈네프 시대	489	찾아보기
464	—궁정 혁명		

1
러시아의 기원

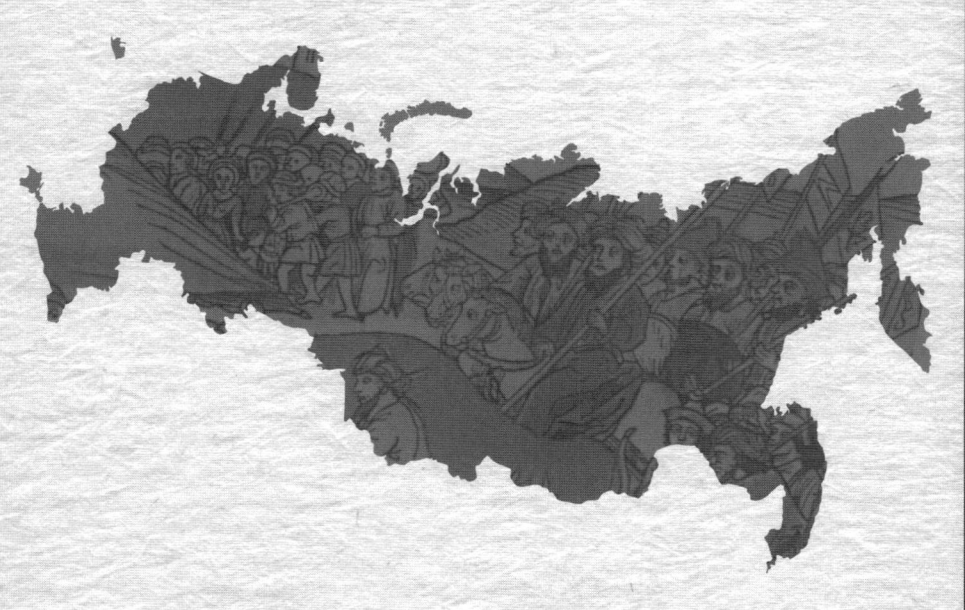

슬라브민족과 인접 민족

기원전 900년경 슬라브인의 확산 지역

러시아의 기원

러시아의 뿌리로서 문헌에 등장하는 최초의 민족은 슬라브족이며, 그중에서도 동슬라브인이 러시아 역사의 주인공이다. 7세기부터 척박한 조건에서도 하나의 문화를 형성하는 본격적인 정착 생활을 시작한 것으로 알려졌다.
하지만 사실상 러시아 국가의 기초를 다지기 시작한 사람들은 난폭한 성격의 북방 이민족인 노르만족이었다. 흔히 '루스인'이라고 불리었던 그들은 슬라브족의 터전을 자주 침략해 무역을 담당하고 막강한 무력으로 슬라브인들을 지배했다.
마침내 862년 그들의 우두머리인 전설적인 인물 루릭이 러시아의 국가적 7 틀을 마련하였다.

러시아 역사의 뿌리

전설 속의 국가

러시아 역사의 뿌리를 논할 때 가장 먼저 떠오르는 것은 슬라브 민족에 대한 이야기다. 그러나 현재 문헌 곳곳에 전설로서 전해오는 아르기시치가 세운 우라르투 국가에 대한 이야기를 빼놓을 수 없다.

약 10만 년 전 지구의 대빙하기가 시작된 후 지금의 북유럽 일대에는 엄청난 얼음 덩어리가 떠내려와 커다란 변화가 일어났다. 강추위는 물론 그동안 없었던 호수들이 생겨나는가 하면 갖가지 동·식물들의 생활터전이었던 높고 낮은 산들이 순식간에 찬바람이 몰아치는 얼음판으로 변했다.

지금의 아르메니아 지방인 자카프카즈의 한 마을에도 이러한 현상은 예외가 아니었다. 안개가 유난히 자욱하게 꼈던 어느 날, 차디찬 벌판 한가운데 자리 잡고 있던 조그만 동산에서 별안간 폭음소리와 함께 검은 돌들이 사방으로 솟구쳤다. 요란한 폭음과 돌들이 튀는 진동이 한동안 계속된 뒤 마치 또 다른 천지개벽이 일어날 듯 조용한 적막이 흘렀다. 이때 적막을 깨고 건장한 한 사내가 불꽃을 뚫고 걸어 나왔다. 키는 보통사람보다 머리 하나가 더 컸고 팔과 다리는 마치 조각가가 조각을 한 듯 힘찬 근육을 드러내고 있었다. 눈은 태양을 박아놓은 듯이 이글이글 타오르고 있는 이 청년이 바로 러시아 역사의 전설 속의 국가 우라르투의 창건자인 메누아의 아들 아르기시치였다.

말로는 도저히 표현하기 힘든 굉장한 천재지변과 모질기 이를 데 없는 추위 속에서도 할리신의 은총을 받은 아르기시치는 불과 검은 바위의 보호 아래 기나긴 동면 생활을 마치고 마침내 세상의 빛을 보게 된 것이다.

아르기시치는 할리신이 보내 준 수백 명의 인간들을 거느리고 자카프카즈 지방 남쪽의 반Ban 호수를 근거지로 삼아 촌락을 이루면서 서서히 질서를 잡아가기 시작했다. 특히 여자들에게 많은 아이를 낳게 하여 인구를 증가시키는 데 힘을 기울였다. 이 때문에 지도자는 남자인 아르기시치였지만 전체적으로는 모계 사회의 성격을 띠게 되었다.

우라르투는 점점 발전하여 단순한 촌락의 모습에서 점차 건축물을 갖춘 도시의 모습으로 변해갔다. 또 기원전 8세기경에 이르러서는 외부로부터 공격을 받게 되어 본격적인 전쟁이 시작되었다. 단순히 맘모스나 잡아먹고 조잡한 도구를 이용해 농업과 목축업을 일구던 그들이 드디어 생존을 위한 전쟁을 하면서 남자의 힘에 대해 확신을 갖게 되었다. 따라서 모계 사회의 성향은 점차 부권 사회로 넘어가게 되었고 전쟁의 부산물로 포로가 생기면서 노예 사회의 특징이 뚜렷하게 나타나기 시작했다.

우라르투인이 만든 방패 신상이 새겨진 청동제 투구. 우라르투인들은 금속을 다루는 솜씨가 뛰어났다.

노예들에 대한 무자비한 노동 강요로 우라르투는 도시에서 국가의 형태로 모습을 갖추어 갔고 계속되는 전쟁 속에서도 패배를 모르는 강한 군대가 되었다. 그 유명했던 앗시리아도 이들에게는 맥없이 무너졌고 우라르투는 그야말로 북유럽의 최강자로 등장하였다.

우라르투는 계속되는 영토 확장과 함께 문화적인 번영도 이룩하였다. 철을 이용해 투구·방패·창들을 만들었고 금과 은으로 정교한 장식품을 만들기도 했다. 바위에 새긴 벽화는 다양하지는 못했지만 물감을 이용한 그림도 등장하였다. 이렇게 빠른 발전을 이루어가던 우라르투가 어느 날 갑자기 붕괴해버렸다. 그 주된 이유는 계속되는 전쟁으로 늘어나는 노예들에 대한 관리 소홀 때문이었다고 전해진다. 결국 노예들의 반란으로 그 찬란했던 문화와 강대한 국가는 순식간에 파괴되고 그 자리에 자리 잡았던 아르메니아와 그루지야에 흡수되고 말았다.

슬라브인들의 이동과 정착

러시아의 뿌리로서 문헌에 등장하는 최초의 민족은 슬라브족이다. 그만큼 슬라브족은 러시아 역사의 주역으로서 오늘에 이르기까지 그 땅과 역사를 지켜오고 있는 것이다.

전해오는 문헌에 의하면 슬라브인의 조상들은 200년 무렵부터 약 500여 년 동안 지금의 루마니아와 체코슬로바키아에 걸쳐 있는 카르파티아 산맥 동북쪽 산림 지대에 정착하여 살았다. 이들은 평화를 사랑하고 자식을 많이 낳은 종족이었다고 한다. 그러나 이 같은 정착 생활도 5세기경에 이르러 잦은 외세의 침입을 견디지 못하고 보다 안전한 곳을 찾으면서 막을 내리게 되었다. 그들은 이동하며 서서히 3개의 집단으로 나누어진다.

즉 서슬라브인·남슬라브인·동슬라브인으로 분류되는데 오늘날의 폴란드·체코·슬로바키아인에 속하는 것이 서슬라브인이었고, 세르비아·크로아티아·마케도니아·불가리아인에 속하는 것이 남슬라브인이었으며, 러시아·우크라이나·백러시아인에 해당되는 것이 동슬라브인이었다. 이들 집단 가운데서 동슬라브인이 바로 후에 러시아 국가를 건설한 이른바 '러시아 역사의 주인공'이다.

동슬라브인들은 7세기경에 또다시 북쪽으로 이동하여 드네프르강, 돈강, 볼프 강 연안에 정착하였고 그중 일부는 흑해 연안에서 돈강에 이르는 러시아 남부평야에 정착하였다.

동슬라브인들의 초기 정착 생활을 보면 엄습해 오는 추위를 이겨내기 위하여 낮은 벽을 둘러쌓고 땅보다 조금 높은 곳에 지붕을 올린 움집형 주거 공간을 만들어 살았다. 그 둘레에는 물이 스며드는 것을 방지하기 위해 둑을 쌓았다. 농사는 주로 도끼를 가지고 개간하여 지었고 나무를 태워 그 재를 비료로 사용했다. 그러나 몇 년이 지나면서 다시 땅이 황폐해졌기 때문에 이들은 주변 지역으로 옮겨다니며 화전민 생활을 해야 했다.

이들 집단은 농경 사회의 가부장제 전통 속에서 대부족으로 나뉘어 생활하였으나 기본적으로는 수십 명으로 이루어진 농촌공동체에 불과했다. 다시 말해 이들 공동체는 혈연 또는 혼인 관계로 결합된 구성원들로 이루어졌으며 장로나 선출된 우두머리가 통솔을 했고 재산은 공동 소유로 되어 있었다. 공동체 전체에 영향을 주는 중대한 결정사항은 이들 집단의 가부장들이 부락집회를 열어 전원 합의로 이루어졌으며, 매우 엄격한 공동생활의 규칙을 갖고 있었다.

종교로는 조상숭배와 영혼숭배 등 갖가지 요소가 복합적으로 혼합된 것으로 죽은 사람의 신인 '볼로스'나 벼락과 번개의 신인 '페룬' 등이 주로 신앙의 대상이 되었다.

한편 이들은 조잡하지만 쇠를 정련하는 방법도 알고 있어 늪지대의 광산에서 얻은 철로 도끼 등 많은 생활용품도 만들었다. 그리고 보리, 밀, 사과, 배 및 약간의 채소류를 재배했으나 추위가 심했기 때문에 자급자족하는 정도에 그쳤다. 따라서 이들은 생활에 필요한 물품들을 구입하기 위해서 이웃 부락과 상호 교역을 시작하게 되었다. 그 교역이 지역, 물량적으로 확대되어가면서 교역품의 운송과 집결이 쉬운 수로접점 지점과 연안을 중심으로 상업 부락들이 발달하게 되었다.

이러한 상업 부락들이 그 주변에 있는 다른 여러 부락들의 중심지가 되면서 상인들은 그들의 재산을 보호하고 안전을 유지하기 위해서 성을 쌓았고 이 성을 중심으로 하나의 요새처럼 방비된 도시를 형성하게 되었다. 그러나 슬라브인들은 북방의 숲이나 늪지대에서 어려운 기후 조건을 극복하고, 침엽수림밖에 없는 북부의 얼음 덮인 툰드라 지대에서 농사를 지으며 피나는 고통을 이겨내야만 했다. 때문에 흙이 기름지고 경작에 어려움이 없는 대초원 지대로 이동, 정착하는 것이 그들의 가장 큰 희망일 수밖에 없었다.

800년경에 이르러서 이들은 소형 선박들로 이루어진 선단을 남쪽으로 보냈다. 그 결과 남쪽의 아조프 해와 흑해 연안에 도착한 동슬라브인들은 대초원 지대를 지배하고 있던 하자르인들과 차츰 교역을 하였고 더 나아가 비잔틴과도 접촉하게 되었다.

문명의 새벽

러시아 남쪽 중앙부에 정착한 동슬라브인들은 조금씩 그들의 생활을 윤택하게 만들어 가며 문명에 대해서도 눈을 뜨기 시작했다.

그러나 당시의 슬라브인들은 이곳에서 국가를 형성하지는 못했다. 남부와 북부의 두 지역으로 나뉜 이들은 하자르인들에게 공물을 바치며 그들의 보호를 받는 생활을 하고 있었다. 특히 북부의 부족들은 가장 가까이 있었던 노르만족의 지배를 받지 않을 수 없었다. 9세기 초에는 노르만족의 영토 팽창에 영향을 받아 도나우 강 연안 지역과 비잔틴 제국에 군사 원정을 감행하였다.

이와 같은 방어전과 공격전을 거듭하던 슬라브인들은 9세기 중엽에 이르러 키예프와 노브고로드 사이를 연결하는 총면적 약 620만 제곱킬로미터의 타원형 모양 산림 지대를 근거지로 국가 통일을 위한 기나긴 여정을 시작할 수 있었다.

초기에는 주민 수가 그다지 많지 않았다. 기껏해야 전체 인구가 500만 명 정도에 지나지 않았고 집단을 이끌만한 조직적인 체계도 갖추지 못했다. 부족 간에는 혈연적인 유대감마저 형성되지 못한 상태여서 권위를 세울 수 있는 사람은 오로지 그들이 살고 있는 고장의 우두머리 한 사람뿐이었다.

이 같은 상황에 당시 주변의 형세를 보면, 동쪽 볼가 강 중류 지대에는 불가리아인이 건설한 왕국이 있었는데 그곳은 이미 상당히 체계적인 국가를 이루어 빠른 속도로 이슬람화되어 가고 있었다.

남동쪽으로는 비교적 온순하면서도 상당한 힘을 갖고 있던 하자르인들이 뛰어난 상술로 코카서스 산맥과 볼가 강을 사이에 두고 흩어져 살면서 강력한 상업 국가를 형성하고 있었다. 그리고 남쪽으로는 흑해와 에게 해 사이에 비잔틴 제국이 성장하면서 매우 수준 높은 도시 문명을 형성해 가고 있었다. 때문에 주변에 있는 여러 기독교국들보다 훨씬 강력한 힘을 갖고 있었다.

러시아의 시조라 불리는 '루스'인

동슬라브인들이 정착한 지역을 중심으로 주변 환경이 다양하게 전개되어 가고 있는 가운데 사실상 러시아 국가의 기초를 다지기 시작한 최초의 사람들은 난폭하고, 사나운 북방의 이민족들이다. 이들은 오늘날의 발트 해 연안 스칸디나비아 반도에서부터 서서히 남쪽으로 이동해 온 상인들로서 평상시에도 항시 무장을 하고 다녔다. 이들이 남쪽으로 내려와 흩어져 살고 있던 슬라브인들을 만났을 때에는 사실상 나라를 건설하고자 하는 생각이 전혀 없었다. 단지 그들의 상품을 팔기 위한 길을 개척하고, 때에 따라서 무력을 사용하여 값비싼 물건들을 얻으면 그뿐이었던 것이다.

이런 스칸디나비아인들을 슬라브인들은 '노르만족' 혹은 '루스인'이라고 불렀으며 그들의 원래 뿌리는 해적 바이킹으로 알려져 있다. 사실상 노르만인들이 눈독을 들이고 있었던 지역은 당시 가장 부유한 도시로 알려져 있던 비잔티움으로 이들은 이곳을 여러 차례 공격하였다.

노르만인들이 남쪽으로 세력을 확장하는 과정에서 힘이 약했던 슬라브인들은 쉽게 정복당했다. 피정복민으로서 슬라브인들의 생활은 매우 무질서하고 수동적이었다.

예를 들면 노르만족의 공(公)이 슬라브인 영토에 거처를 마련하고 있으면, 슬라브인들이 물건들을 바치고 물건을 사고 팔 때 짐꾼노릇도 했다. 뿐만 아니라 노르만족의 성을 쌓는 일에는 노예

취급을 당하면서 일을 해야만 했다.

더욱이 9세기 중엽 슬라브족들 내부에 분란이 발생했다. 이러한 분란이 자주 일어나자 슬라브인들 스스로 바랑인, 즉 루스인에게 통치자가 되어 질서를 바로잡아 달라고 부탁을 하게 되었다.

이에 노브고로드 최초의 우두머리가 된 사람이 전설적인 인물 '루릭'이었다. 이때부터 노브고로드는 러시아 땅에 이름을 알렸고, 여기서 국가적 기틀을 마련하였다. 이 시기를 러시아 연대기에서는 '루릭의 노브고로드 도착 연대'라고 하는데 862년에 해당한다.

러시아 최초의 우두머리 루릭 현대에 주조된 루릭 기념 메달

또한 루릭 외에도 많은 사람들이 큰 수로를 따라서 비잔티움 부근으로 내려왔으며 일부는 올레그의 지휘하에 키예프에 정착하였다.

2
키예프 시대

키예프 시대

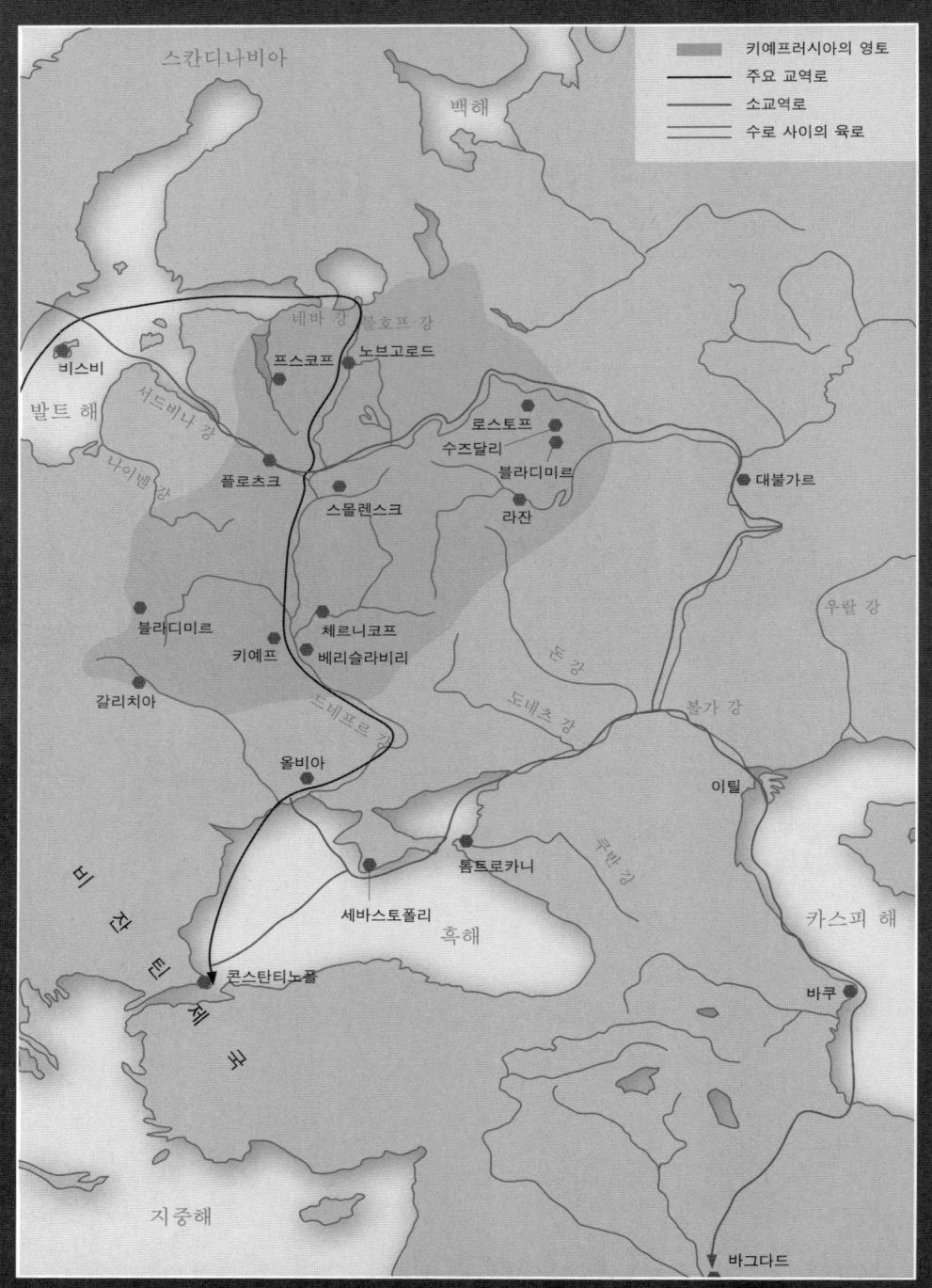

키예프 시대

러시아 역사에 있어서 최초의 통일국가 키예프를 탄생시킨 사람은 올레그였다. 그는 자신을 대공(大公)이라 칭하고, 교통의 요충지이며 정치적 비중이 높은 키예프를 막강하게 키워 최대 제국인 비잔티움을 공격하기에 이른다. 그가 죽고 난 후 키예프는 흥망을 거듭하다 블라지미르가 그리스정교를 받아들임으로써 국가 안정과 통일의 초석을 마련하게 되었다. 키예프 러시아는 블라지미르의 아들 야로슬라프 무드르이에 이르러 황금기를 맞이했으나 얼마 후 전 국토가 잔인한 몽골의 타타르족에게 유린당하는 쓰라림을 맛보았다.

그 후 러시아의 중심은 서서히 모스크바 쪽으로 옮겨가게 되었다. 쿨리코보 전투에서 타타르족에 승리한 모스크바 공국은 러시아의 새로운 구심점으로 떠올랐고, 이반 3세 때에는 스스로 '차르'라고 칭하며 러시아의 진정한 통일 시대를 열었다. 그러다가 가짜 드미트리 사건과 귀족들의 다툼으로 키예프는 혼란기를 맞이하게 되며 마침내 폴란드의 침공으로 키예프 시대는 막을 내리고 로마노프 왕조가 시작된다.

키예프 문화는 성소피아 대성당에서 볼 수 있듯이 건축 문화에 상당한 수준을 지니고 있었다. 독특한 키릴 문자의 발명으로 문학과 인쇄 문화를 눈부시게 꽃피웠고, 그리스정교의 수용으로 종교 문화가 일찍부터 발전하였다.

통일국가 키예프의 탄생

키예프와 지도자 올레그

루릭과 같이 남쪽으로 내려온 노르만인 올레그가 점령한 키예프는 드네프르 강을 끼고 있어 러시아의 여러 도시들 중에서도 전략적으로 중요한 도시였다. 그곳은 산림 지대의 남쪽 끝에 위치해 있으면서 일종의 집결 장소 역할을 했다. 특히 키예프 바로 남쪽에 있는 비티체프 시(市)는 크고 작은 상선대가 위험한 대초원 지대를 거쳐서 흑해로 들어가기 전에 반드시 거치는 장소였다.

　이처럼 좋은 조건을 갖추고 있는 키예프를 점령한 올레그는 북쪽에 있는 여러 우두머리들이 공을 부르고 있었던 것에 반해 스스로를 대공Grand Prince이라 칭하고 있었다. 즉 그가 차지한 지역은 우리야크인으로부터 그리스인에 이르기까지 가장 중요한 해상로를 장악한 것이어서 상업뿐만 아니라 군사·정치적으로도 최고의 지위를 차지하고 있었다.

　하지만 초기에 그가 행한 통치 형태는 규모가 작았던 공납제도를 다소 확대한 것에 불과해 키예프 공국은 그다지 강력한 역량을 발휘하지 못했다. 그런데 올레그가 군사력을 서서히 강화시키면서 상황이 달라졌다. 노브고로드·스몰렌스크·수즈달리 등 주변국으로부터 값비싼 모피와 노예 등 여러 상품들을 강제로 빼앗았다. 이러한 영토 확장 및 상품 탈취 과정에서 러시아인들의 생활은 자연히 공물 징집과 수상 운송을 중심으로 이루어져 갔다.

　수로가 얼어붙어 운행이 불가능한 때에는 대형 선박을 준비하는 일에 전념했고, 봄이 되어 얼었던 강물이 풀리면 배를 타고 키예프까지 내려왔다. 11월이 되면 우두머리의 인솔하에 공물 징발을 위해 겨우내 슬라브인들의 거주지를 순회하였고 다음해 4월이 되어 드네프르 강이 녹으면 다시 이동하여 키예프로 돌아왔다. 이런 생활은 주기에 따라 되풀이되곤 했다.

그리하여 10세기 초에 이르자 올레그는 비잔티움과 통상을 넘어 군사 원정을 시도할 만큼 강력해졌다. 당시 상황을 말해주는 《원초연대기》에 의하면 '올레그 군사들은 많은 그리스인들을 살육했다.'고 서술되어 있다. 그가 거느린 2천여 척의 대함대가 장애물에 의해 콘스탄티노플에 들어갈 수 없게 되었을 때 '올레그는 그의 군사들로 하여금 배에 바퀴를 달게 했고, 바람을 이용해 들판을 달려서 진입했다. 이러한 모습을 본 그리스인들은 크게 겁을 먹고 그들의 사신을 올레그에게 보내어 그의 명령대로 모든 것을 하겠으니 도시만은 파괴하지 말아 달라고 간청했다.'고 전한다.

이처럼 키예프 러시아는 9세기 말부터 11세기 중엽에 걸쳐 여섯 차례나 비잔티움을 공격했으며 통상조약을 체결하여 관세를 면제받았고 그밖의 많은 특권을 부여받았다.

1050년경에 올레그가 사망하고 이어 이골 공이 우두머리가 되었다. 올레그의 죽음에 대한 이야기가 노르만인의 민화로 전해져 오고 있는데, 그는 마법사로부터 이러한 경고를 받았다고 한다.

"당신은 자신의 마구간에서 가장 아끼는 말에 의해 죽게 될 것이오."

그 뒤 그는 자신이 가장 아끼던 암갈색의 말을 타기는커녕

《원초연대기》의 삽화 러시아의 민간 전설, 조약 문서, 비잔틴의 문학작품까지 다양한 텍스트들을 연대 순으로 구성한 《원초연대기》는 러시아의 역사 연구에 매우 중요한 사료이다.

가까이 가지도 않았으며 다른 일꾼을 시켜 잘 보살펴주도록 했다는 것이다. 그런데 얼마 후 그 말이 병으로 죽게 되자 올레그는 말의 뼈와 두개골을 보고 한바탕 웃음을 터뜨렸다.

"그래 내가 이 두개골로 인해 죽게 되어 있었다는 말인가?"

이렇게 말하며 발로 말의 두개골을 짓밟았는데 그 순간 두개골 밑에 있던 독사 한 마리가 그의 발을 물었다. 그는 시름시름 앓다가 죽었다.

지도자들의 무능과 키예프의 쇠퇴

올레그가 죽은 후 그의 뒤를 이어 우두머리에 오른 이골 공은 영토 확장을 위해 여러 차례의 원정을 시도했다. 그러나 그가 시도한 대부분의 원정이 실패로 끝났고 이때부터 키예프의 세력은 빠른 속도로 약해져 갔다. 통상조약의 조건도 그만큼 불리해져 러시아의 상인들은 다시 관세를 물게 되었고, 이골 공은 비잔티움 영토를 침범하지 않겠다는 약속을 했다. 우리야크인이 비잔티움을 습격해 올 경우 전력을 다해 막겠다는 서약도 해야만 했다. 이와 같은 서약은 올레그 공 시대의 조약들이 그러했듯이 모두 러시아어와 그리스어로 쓰여졌다고 전해지는데 이것으로 보아 러시아인은 당시에 자신들의 문자를 가지고 있었음을 짐작할 수 있다.

러시아인이 언제부터 문자를 갖게 되었고 사용해 왔는지에 대해서는 분명하지 않다. 다만 아라비아인이나 불가리아 여행자들이 남긴 기록에 의해 짐작할 수 있을 뿐인데, 이들에 의하면 기독교 전래 이전에 이미 러시아 문자가 있었다고 한다. 좀 더 구체적인 추측을 가능하게 하는 것은 묘석이나 공예품 등에 조각된 문자들이다. 이것들을 분석해 볼 때 그 시대의 문자는 단일한 체계를 밟아 확립된 것이 아니라 노브고로드, 키예프, 그리고 흑해 연안을 중심으로 독자적으로 발생한 것으로 보인다.

여하튼 올레그 이후 그의 후계자인 이골 공의 시대에 이르러 키예프의 시조였던 노르만인의 세력은 급격히 쇠퇴하기 시작했다. 이것은 이골과 그의 아내 올가 사이에서 태어난 왕자의 이름을 슬라브식으로 스파토슬라프라고 지은 것을 봐도 짐작할 수 있다.

그런데 스파토슬라프는 할아버지인 올레그를 닮아 대단히 진취적이어서 10세기 말에 시도한 대원정에서 키예프의 영역을 엄청나게 확대시켜 놓았다. 북동쪽으로 불가르인을 침공하여 그 수도를 점령했고 동쪽으로는 하자르 왕국을 격파했다. 그리고 남쪽으로는 비잔티움을 위협했으나 그가 건설한 제국은 크게 성숙되어 있지는 않았다.

스파토슬라프는 전쟁에는 능했으나 앞을 내다보는 통찰력은 부족했다. 하자르인의 세력을 제압한 것까지는 좋았으나 그 당시 서쪽으로 전진해 오던 아시아계의 유목민 페체네그인에게 길을 열어주는 결과를 낳았다. 결국 비교적 온순하고 온화한 이웃 대신 매우 난폭하고 사나운 종족을 불러들인 그는 972년에 페체네그인에게 목숨을 잃었다.

스파토슬라프가 건설한 제국은 비교적 허술한 조직과 제도를 바탕으로 세워졌기 때문에 통일국가를 형성하기 위한 영속적인 힘을 지니진 못했다. 통치 방식 또한 전형적인 루스인 식이었다. 조공 제도를 바탕으로 무력에 의해 유지되고 칼의 힘이 곧 법이었다. 더욱이 슬라브인들을 한 덩어리로 만들 만한 공통된 이념도 가지고 있지 못한 상황에서, 스파토슬라프마저 죽게 되니 희미하나마 통일의 희망을 싹틔웠던 러시아 역사의 아침은 빛을 발하기도 전에 다시 어둠 속에 가리어지고 말았다.

키예프 러시아의 확장

972년에 스파토슬라프가 죽은 후 약해져가던 키예프 러시아는 980년 초기부터 다시 국력을 회복하였다. 스파토슬라프의 세 아들 중 '블라지미르'가 키예프 러시아의 칼자루를 잡게 되면서부터 러시아가 새로운 국면으로 들어선 것이다.

러시아의 민요 속에서 영웅으로 기억되고 있는 블라지미르가 정권을 잡자마자 러시아의 국경선을 확대 · 강화시키는 데 온 힘을 기울였다. 그리하여 먼저 리투아니아 종족에 속하는 야트백인을 정복하여 발트 해 연안으로 러시아 진출로를 개척하면서 통일을 향한 긴 여정을 시작하였다.

블리지미르는 본래 여자를 매우 좋아했다고 한다. 《연대기》에 의하면 그는 7명의 아내를 거느렸고 첩을 비시고로드에 300명, 벨그라드에 300명, 그리고 베레스토보에 200명씩 둘 정도로 색정가였다. 그리고 그는 기독교나 유대교, 이슬람교도들에게 잔인할 정도로 박해를 가한 이교도이기도 했다. 그러면서도 국가의 영토를 확장하고 통합하는 일에는 매우 광적으로 정력을 쏟은 군인이었으며 행정가였다.

서쪽으로는 폴란드인에게 빼앗겼던 영토를 회복했고, 남쪽으로는 대초원 지대에서 비잔티움과의 교역로를 막고 있던 페체네그 유목민을 몰아내면서 자연스럽게 인접국이 된 폴란드, 보헤미아, 헝가리의 왕들과 우호 관계를 맺었다. 그리고 비잔티움과의 우호 관계를 더욱 튼튼히 하는 동시에 그리스정교를 받아들이는 파격적인 사건을 만들어냈다. 북쪽으로는 리투아니아인들을 정복하여 발트 해 연안 지대에 대한 진로를 확보하기도 했다. 그리하여 1000년경에 이르러서 키예프 러시아의 영토는 그 면적에 있어서는 신성 로마 제국 다음 가는 대국으로 성장했다. 인구는 적어도 500만 정도가 한 덩어리가 되어 명실상부한 국민국가로 성장하는 발판을 만들어 놓았다.

그러나 키예프 러시아의 내적 기반은 적지 않은 취약점을 가지고 있었다. 여러 종족들을 군사적인 힘으로 결속시켰기에 예속된 소공국들의 충성도에 따라 국가의 안정이 크게 좌우되었다. 따라서 블라지미르가 비잔티움과의 유대 강화를 목적으로 비잔티움의 황녀 안나와 결혼하면서 그리스정교를 받아들인 사실은, 러시아의 진정한 통일을 위한 중요한 계기가 되었다. 그것으로 국가적 안정에 큰 비중을 차지하는 이념적 통일의 초석이 마련되었기 때문이다.

블라지미르의 그리스정교 수용
원래 동슬라브인의 신앙은 자연과 조상을 숭배하는 샤머니즘이었다. 특히 농민들은 그들의 생활 자체가 자연의 여러 현상들에 의해 좌우되었다. 한발이 계속되면 씨앗뿐만 아니라 곡식들이 말라 죽었고, 장마가 계속되면 식량이 썩었으며, 바람이 심하게 불면 과일과 곡식들이 열매를 맺지 못한 채 떨어졌다. 따라서 자연의 힘을 두려워하고 생명력을 지닌 매우 강력한 존재로 간주하며 신성한 것으로 숭배하게 되었다.

조상숭배란 씨족의 가장 오래된 우두머리 '추르'가 자신들의 일가친척들을 언제나 보살펴준다고 생각하는 것이다. 이처럼 씨족마다 각기 다른 조상신을 갖고 있어 국가의 이념적 통일과 안정에는 도움이 되지 않았다. 그러나 988년, 블라지미르의 결단으로 러시아는 기독교를 받아들이고 전체 국민에게 세례명을 내려 모든 시민들이 기독교를 믿게 되었다. 또 비잔틴 제국으로부터 초청되어 온 성직자들은 러시아의 여러 주민들에게 세례 의식을 거행하게 되었다.

《원초연대기》에 전해오는 이야기에 의하면 이러한 사건이 발생하기 2년 전인 986년 여러 교파의 대표들이 블라지미르를 개종시키려고 그를 만났다. 먼저 하자르인이 그에게 유대교의 장점들을 설명하며 유대교로 개종할 것을 설득했다. 그러자 블라지미르가 대표에게 유대인들이 예루살렘에서 추방된 이유를 묻자 그 대표는 이렇게 대답했다.

"그것은 하느님께서 우리 조상들에게 매우 화가 나셔서 그 죗값으로 우리를 이방인들 사이에 분산시켜 놓으신 것입니다."

이에 블라지미르는 유대교가 민족을 종교적으로 통일시킬 장래성이 없다고 판단하여 돌려보냈다.

블라지미르를 이슬람교로 개종시킬 목적으로 동쪽에서 온 불가르인은 이렇게 전했다.

"이슬람교도들은 내세에서 마호메트로부터 미녀 70명씩을 받습니다."

이에 여자를 좋아하는 블라지미르가 다소 솔깃하긴 했는데, 술 마시는 것이 금지되어 있다는 말에 그 대표를 돌려보내면서 이야기했다.

"술은 러시아의 기쁨이다. 우리는 술 마시는 즐거움이 없다면 살아가지 못한다."

그러나 비잔티움으로부터 파견된 대표들은 하자르인이나 불가르인 대표보다는 블라지미르에게 친숙한 손님들이었다. 그 이유는 이미 키예프 러시아 사회와 블라지미르 인척들 사이에 기독교가 어느 정도 뿌리를 내려가고 있었기 때문이었다. 따라서 블라지미르는 로마 교회와 비잔틴 교회의 차이점을 서로 비교하면서 이를 더 정확하게 알기 위해 사신들을 각각 로마와 비잔티움으로 파견했다.

독일로 가서 로마 교회의 의식을 살펴본 사신들은 아무런 영광도 발견하지 못했다고 보고했으나, 비잔티움으로 가서 소피아 대성당의 미사에 참석했던 대표들은 그 의식의 장중함과 엄숙함에 압도당하였다. 이러한 느낌을 받고 온 대표들이 블라지미르에게 말했다.

"우리는 그때 우리가 하늘나라에 있는 것인지 이 세상에 있는 것인지 분간할 수 없을 정도였습니다. 성당의 의식은 너무나 장엄하고 아름다웠기에 어떤 말로 그것을 표현해야 할지 모를 지경이었습니다."

이 말을 들은 블라지미르의 마음은 자연히 비잔티움 쪽으로 기울어질 수밖에 없었고, 결국 러시아와 유럽 전역에 크나큰 영향을 끼친 기독교의 수용이라는 대사건이 발생한 것이다.

기독교를 믿으라는 블라지미르의 명령이 내려지자 그동안 러시아인들이 믿고 있던 이교(異敎)의 신들에 대한 우상숭배가 금지되었으며 나무로 만들어진 여러 가지 우상들이 불태워졌다. 그러나 기독교로의 전환이 순조롭게 받아들여진 것은 아니었다. 강제적으로 세례 의식을 치러야 했던 지역도 있었고, 농민들의 대부분은 여러 세대 동안 기독교에는 아무런 관심도 기울이지 않은 채 이교도로 남아 있었다. 특히 농민들이 기독교를 받아들이지 않았던 것은 그들의 생활습관이 오래전부터 조상을 숭배하고 제례 의식에 깊게 물들어 있었기 때문이다. 더욱이 볼흐비라고 불리는 마법사가 나타나 농민들을 선동하니 그들은 더욱 격렬하게 교회에 반기를 들었고 비잔티움에서 온 성직자 일부를 죽이기까지 했다.

이렇게 강력한 저항에도 블라지미르 자신이 기독교를 강력하게 밀고 나간 데는 또 다른 중요한 이유가 있었다. 인접국가인 폴란드, 덴마크, 노르웨이, 그리고 헝가리 등이 10세기 말에 모두 기독교를 받아들였다는 점을 중시한 것이다. 이것은 곧 블라지미르 자신이 그의 정치적·상업적 야망을 충족시키기 위해서는 이들 주변 국가들과 같은 종교를 가지고 있는 것이 유리하다고 생각했기 때문이었다.

기독교에 대해 환영의 뜻을 나타낸 사람들은 키예프 러시아의 귀족 사회에 속해 있는 사람들이었다. 그들이 블라지미르만큼이나 열성적으로 기독교를 받아들였던 데에는 이유가 있었다. 야만스런 짓들이 난무하던 이교도의 시대와는 비교될 만큼 통일성과 일관된 목적의식을 기독교에서 발견했기 때문이었다. 뿐만 아니라 기독교는 이러한 귀족들에게 자신들이 문명 세계에 속해 있다는 소속감을 갖게 해주었다. 따라서 그들은 비잔티움으로부터 전해져 오는 모든 것들을 받아들였다.

그 결과 비잔티움 문화는 키예프 러시아의 미술 분야, 특히 성화상, 종교적 색채가 강한 프레스코화, 모자이크, 그리고 교회 건축 양식에 그대로 반영되었다. 교회건축의 경우는 AD 1000년

경부터 키예프 러시아의 곳곳에 하나의 건축 양식적 유행을 창조하여 성행하였다. 그리고 이러한 교회의 건축 양식은 자연스럽게 학교, 수도원, 구빈원 등 건축을 크게 자극하여 건축 문화를 꽃피웠다. 그런데 기독교를 받아들이는 과정 속에서 키예프 러시아 내부적으로는 국가의 문화 발전에 중요한 역할을 한 또 한 가지 사건이 발생했다. 그것은 바로 '키릴 문자'의 탄생이었다.

성 아폴리나레 교회 터키가 비잔티움을 차지한 뒤 소피아 대성당은 이슬람의 모스크로 바뀌었다. 라벤나의 성 아폴리나레 교회는 지금까지 잘 보존된 비잔틴 미술의 걸작으로 당시 블라지미르의 사신들이 느꼈을 그리스정교의 장엄함을 엿볼 수 있다.

키예프 시대

표준어 '키릴 문자'의 마력

표준어 키릴 문자는 9세기 후반경에 남슬라브족 출신으로 여겨지는 기독교 전도사 키릴과 메포지가 만든 것으로 알려지고 있다. 그들은 모라비아와 판소니아 지방의 슬라브인들을 전도하기 위하여 기독교 문헌을 슬라브어로 번역하는 과정에서 많은 방언을 썼다고 한다. 바로 그 방언이 오늘날 알려진 키릴 문자로 추정되고 있으며 그것은 그리스 문자를 기초로 하여 수정 보완된 형태를 갖추고 있다. 뒤에 '교회 슬라브어'로 불리게 되었다. 이처럼 키릴 문자, 이른바 '교회슬라브어'가 키예프 러시아에서 여러 종교의식을 위한 용어로 사용됨으로써 러시아의 문화 발전에 매우 큰 영향을 끼쳤다.

키릴 문자의 창안자
기독교 전도사 키릴과 메포지가 키릴 문자를 창안했다고 한다.

즉 러시아의 문화유산을 기록, 보존, 전파할 수 있게 한 가장 기본적인 체계가 확립된 것이었다. 성서, 설교집, 기도문, 찬송가 등 번역 활동이 활발하게 이루어졌고, 《성모 지옥 순례》를 비롯한 《경외성서》, 《연대기》, 《알렉산드라 이야기》, 《프리비에스》, 요셉의 《유대전사》 등 수많은 번역물들이 쏟아져 나왔다. 또한 고대 그리스·로마의 여러 작품들에서 발췌한 것들을 포함시켜 만들어진 작품 《밀봉》 등도 독자들에게 많은 인기를 끌었다.

'키릴 문자'의 탄생으로 러시아 문학이 크게 발전했으며 러시아 내에서 활동하고 있는 여러 분야의 학자들은 굳이 라틴어나 그리스어를 배울 필요가 없어졌다. 그러나 이것은 곧 러시아가 서구 고전문화유산과의 접촉을 단절하는 결과를 가져왔다. 종교, 언어, 그리고 전통이 하나의 통일된 형태를 갖추면서 키예프 러시아는 민족적인 동질성과 국가사상의 자주적 수립이라는 중요한 토대 위에서 국가 발전이 가속화되었다.

이런 문화적 통일은 러시아인에게 우리는 하나라는 일체감을 형성시켜 후에도 커다란 힘으로 작용하였다. 그래서 러시아가 국가적으로 분열된 시기나 이민족들이 침입해 들어와 지배권이 흔들린 시대에도 불안정한 위기 상황들을 극복할 수 있게 하는 근본적인 힘이 되었다.

결국 러시아는 군사적 통제의 단일화와 종교적, 언어적 통일을 통해 국가 안정을 위한 기반과 봉건적 질서가 자리를 잡게 되었다.

지혜로운 자 야로슬라프의 등장
블라지미르가 통치한 동안에 키예프 러시아의 국력은 강력해져 동슬라브족의 모든 부족을 통합했다. 그에게는 12명의 아들이 있어 러시아의 주요 도시마다 자신의 아들들을 파견하여 다스리게 하였다. 블라지미르가 이러한 정책을 쓴 이유는 그가 죽고 난 후에도 형제들끼리만 잘 협력하면 키예프 러시아는 계속해서 안정을 누리며 발전할 것이라고 생각했기 때문이었다.

그러나 그의 소망과는 달리 1015년 그가 죽자 왕위 계승 문제로 20여 년 간이나 형제들의 치열한 싸움이 계속되었다. 블르지미르가 죽은 직후 바로 장남인 스파토폴크는 훗날 성도로 추앙된 그

지혜로운 자 야로슬라프 야로슬라프는 밖으로는 영토를 넓히고 안으로는 법전을 정비하며 문화, 예술에도 많은 힘을 기울여 키예프 러시아의 황금기를 이룩했다.

의 동생 보리스와 글렙을 죽이고 왕위를 차지했다. 이러한 사실이 곧 또 다른 형제인 야로슬라프의 귀에 들어갔다. 노브고로드에 근거지를 두고 있던 야로슬라프는 매우 화가 나서 3천 명이 넘는 군대를 조직하여 키예프로 달려갔다. 치열한 싸움 끝에 스파토폴크의 군대를 쳐부수고 그들이 점령하고 있던 키예프의 성 안으로 들어갔다.

겨우 목숨을 건진 스파토폴크는 교묘하게 꾀를 부려 군대를 다시 모으고 페체네그족인 칸들과 폴란드의 볼레슬라프를 회유한 뒤 그들과 동맹을 맺었다. 동맹관계가 된 이들이 합세하여 다시 1017년에 키예프로 쳐들어오니 야로슬라프는 다시 노브고로드로 도망갈 수밖에 없었다. 그러나 서로가 전력을 재정비한 1019년에 알리트 강가에서 다시 운명을 건 형제 간의 대전투가 벌어지게 되었다. 이때 야로슬라프는 이번이 스파토폴크를 제거할 마지막 기회라고 생각하여 비장한 각오로 먼저 공격해 들어갔다. 먼저 스파토폴크와 연합군인 페체네그인을 분리시킨 뒤 각개격파를 하였다. 그 결과 합세했던 페체네그인들은 격멸되었고 스파토폴크도 서쪽으로 도망가서 비참한 최후를 맞았다.

어릴 때부터 좋은 교육과 책을 많이 읽어 '지혜로운 자'라는 뜻의 '무드르이'라는 별칭을 얻은 야로슬라프는 1036년에 형제들 간의 싸움을 평정하고 마침내 키예프 러시아의 대공이 되었다. 이와 같은 야로슬라프의 왕위 계승 과정에서 희생된 스파토폴크의 동생인 보리스와 글렙은 성격이 매우 온화했으며 싸움이나 전쟁에는 관심이 없었다. 예수의 가르침을 늘 마음속 깊이 새기며 지냈었다. 스파토폴크는 동생까지 죽일 필요는 없었으나, 그의 욕망은 결국 자객을 풀어 두 동생을 죽이게 했고, 동생들은 그 사실을 이미 짐작하고 있었지만 더 이상 혈육전이 있어서는 안 된다는 생각에서 자객의 칼을 조용히 받았던 것이다. 훗날 이 두 사람은 성도로 칭해졌고 수백 년 동안 러시아인들로부터 추앙을 받게 되었다.

키예프 러시아의 황금기

키예프 러시아의 대공이 된 야로슬라프 무드르이는 먼저 자신의 권력을 강화하고 외부로부터 러시아를 방어하는 데 온 힘을 기울였다. 안으로는 믿을 만하고 충성스러운 대귀족들을 키예프 러시아의 주요도시에 파견하여 매우 엄격하게 주민들을 다스렸고, 밖으로는 로시강을 따라서 키예프의 남쪽에 일련의 요새를 건설하여 외적의 침입에 대비하였다.

야로슬라프는 주변 국가들과 전쟁을 자주 하지는 않았지만 비잔티움과의 무역로를 위협하곤 했던 대초원의 페체네그인들은 용서하지 않고 격멸해버렸다. 외교 정책에 있어서는 자신의 인척들을 유럽의 왕족 가문과 결혼시키는 혼인 정책을 사용했다. 그 자신도 스웨덴 공주와 결혼했으며 그의 세 딸도 노르웨이, 헝가리, 프랑스 왕에게 시집을 보냈다. 뿐만 아니라 그의 여동생들도 폴란드 국왕, 비잔티움의 왕자와 결혼을 시켰다. 이런 혼인 정책으로 만들어 놓은 우호 관계가 키예프 러시아의 안정에 실로 적지 않은 기여를 하였다.

야로슬라프는 문화적인 면으로도 많은 힘을 기울였다. 즉 그

소피아 대사원 러시아의 대표적 중세 건축물인 소피아 대사원은 11세기의 비잔틴 양식과 18세기의 바로크 양식이 어우러진 아름다운 사원으로 유네스코 세계문화유산으로 지정되었다.

는 키예프를 콘스탄티노플식으로 꾸며갔다. 도시로 들어가는 정문은 황금대문으로 바꾸고 키예프의 중앙에는 13개의 둥근 지붕을 얹어 올리면서 돌로 벽을 쌓은 화려하고도 웅장한 소피아 대사원을 지었다. 사원 내부는 대리석과 모자이크, 벽화로 장식했으며 야로슬라프 자신과 그의 가족들에 대한 여러 가지 모습들을 묘사해 놓기도 했다. 그 당시 키예프 러시아의 문화수준을 짐작할 수 있는 단편적인 예를 들면, 야로슬라프의 딸 안나는 키예프에서 글을 배웠기 때문에 결혼식 때 결혼 서약서에 서명할 수 있었으나, 그의 신랑인 프랑스 국왕 앙리 1세는 겨우 'X'자밖에는 쓰지 못했다고 한다.

야로슬라프 시대에 주목되는 것 중 뛰어난 것으로는 법전이 있다. 그가 키예프 러시아의 대공으로 있는 동안에 《루스카아 프라우다》라고 표지제목을 붙인 러시아 역사상 최초의 법전이 편찬되었다. '프라우다'는 진실 또는 정의라는 뜻을 가지고 있었는데, 야로슬라프의 《프라우다》는 교회의 성직자들이 협동하여 만든 법전으로서 예부터 존재하여 오던 슬라브의 관습법과 비잔티움 법전을 수정·복합하여 만든 것이었다. 이 법전은 두 가지 점에서 주목, 평가받고 있다.

첫 번째는 법률에 의거하여 육체적 고통을 가한다든가 사형에 처하는 따위의 조항은 가능한 적게 넣음으로써 중세의 법으로서는 놀라울 정도로 온건하며 부드러운 법이라는 점이다. 두 번째는 일상생활과 관련된 법률 조항들에 전반적으로 물질주의적인 색채가 매우 강하게 나타나 있다는 것이다.

이것은 《프라우다》 법전 내에 있는 대부분의 조항들이 사실상 여러 귀족들과 상인들의 이익을 보호하기 위해서 만들어졌음을 단적으로 보여주는 것이다. 당시의 법전을 편찬한 교회의 성직자들은 사람에 대한 범죄보다 재산에 대한 범죄 방지에 더 많은 관심을 기울였음을 알 수 있다.

그 예로 사람을 때려서 다치게 하면 약간의 벌금을 내는 것으로 그쳤지만, 창고나 곳간에 불을 지른 자는 국외로 추방당함은 물론 불 지른 자가 가지고 있던 모든 재산을 빼앗아 버렸다. 또한 《프라우다》에는 금전을 주고받는다든가 이자를 주고받는 것에 대한 자세한 규정들도 들어 있었다.

그는 종교적으로는 비잔티움 제국의 통제하에 있는 키예프 러시아의 교회들을 그들의 통제하에서 벗어나게 했다. 즉 콘스탄

《루스카아 프라우다》 기념 우표 1991년에 《루스카아 프라우다》를 기념하기 위해 만들어진 우표. 루스카아 프라우다는 '러시아의 정의'라는 뜻으로 동슬라브족 최초의 법전이다.

티노플에 있는 교황의 허락도 없이 그는 키예프 러시아 내의 성직자들 중에서 키예프의 대주교와 노브고로드의 주교를 뽑았다.

이렇듯 키예프 러시아는 야로슬라프 시대에 와서 가장 찬란하게 번창하면서 강국으로서의 면모를 보였다. 그러나 이러한 야로슬라프도 흐르는 세월은 막을 수 없어 1054년에 75세의 나이로 세상을 떠나 소피아 대사원에 조용히 잠들었다.

키예프 러시아의 쇠퇴

1054년, '지혜로운 왕'이라고 불리었던 야로슬라프 무드르이가 죽은 후 키예프 러시아의 정세는 또다시 혼란 속으로 빠져 들어갔다. 그가 만들어 놓은 상속제도가 문제를 일으킨 것이다. 나이가 많은 아들을 우선으로 왕위 계승 순위를 정해 놓았으나, 아들들과 야로슬라프 형제들 사이에서 격렬한 분쟁이 일어났다. 또한 루스인들의 후손이 많아 시간이 지남에 따라 수적으로 커다란 비중을 차지하게 되어 이들 간에도 가계상 우선권을 주장하게 되었다. 그 결과 힘의 대결이라는 분란을 피할 수 없게 되었다. 이런 상황에서 야로슬라프 무드르이의 실제 후계자로 이자슬라프가 등장하여 권력을 잡았으나, 1068년에 새로운 유목민인 폴로베츠족이 키예프 러시아를 위협해 들어와 커다란 피해를 보았다.

폴로베츠족 기병대가 키예프 러시아의 주요 도시에 불을 지르고 주민들을 죽이는 등 온갖 만행을 저지르자 키예프의 주민들은 대책을 마련하기 위하여 베체(민회)에 모였다. 그들은 폴로베츠족에 대항하기 위한 새로운 원정군을 조직하기로 결정하고 이러한 결의 사항을 이자슬라프에게 올렸다.

"폴로베츠인이 키예프에 들어와 우리 대신 주인 노릇을 하고 있습니다. 그러니 공께서는 우리들에게 무기와 말을 주십시오. 그러면 우리가 나아가 싸우겠습니다."

그러나 이자슬라프는 이를 계기로 주민들의 모임인 베체의 힘이 강해질까 두려워 그들의 간청을 거절했다. 키예프의 주민들은 이에 불만을 표시하면서 곳곳에서 혼란을 일으켰다. 군중들은 도시 중앙으로 쳐들어가 대귀족들을 잡아 가두고 집을 불살랐다. 이에 불안을 느낀 이자슬라프가 폴란드로 도망가자 주민들은 이자슬라프에 의해 감옥에 갇혔던 폴로츠크 출신의 프세볼로드를 대공으로 뽑아 선포하였으나, 폴로베츠족이 다시 키예프를 공격해왔다. 새로운 체제가 자리를 잡기도 전에 다시 혼란에 빠져들 수밖에 없었다. 이때를 틈타 이자슬라프가 폴란드 군대와 함께 다시 키예프로 들어와 그들에게 가혹한 형벌을 가했다.

그러나 충돌은 그것으로 그치지 않았다. 도시 내의 수공업자들과 농촌의 소농민들은 대귀족, 공주의 친위대원, 상인들과 자주 싸웠으며 귀족들과 한편이 된 상인들은 도시 내에 있는 주민들을 이용했다. 상품을 비싸게 팔았고, 엄청난 이자를 받아갔다. 이런 혼란과 충돌 속에서 프세볼로드의 뒤를 이은 스파토폴크 2세는 계속 주민들을 억압했다.

1113년 초에 스파토폴크가 죽었다는 소식이 전해지자 그렇지 않아도 불만에 가득한 생활을 하고 있던 키예프 주민들은 다시 무기를 들고 거리로 뛰쳐나와 귀족, 부유한 상인들을 상대로 마구 약탈했다. 이에 놀란 귀족과 상인들은 사원으로 도망가는 등 목숨을 유지하기 위해 흩어져 지도자가 없는 무정부 상태가 되어 버렸고 주민들은 또다시 야로슬라프 무드르이의 손자인 블라지미르

블라지미르 모노마흐
고문들과 회의하고 있는 블라지미르 모노마흐. 모스크바 크레믈린의 우스펜스키 대성당에 있는 이반 뇌제의 옥좌에 새겨진 목판의 일부이다.

모노마흐를 대공으로 결정하여 추대했다.

16살에 대공이 된 블라지미르 모노마흐는 사람들로부터 호감을 샀으며 시간이 지남에 따라 사랑과 존경을 받게 되었다. 진정한 기사도적인 성품과 자질을 골고루 갖추고 있었던 그는 귀족들을 제압하여 내란을 종식시켰다. 또한 모노마흐는 오랜 숙원이고 집요하게 괴롭혀온 러시아 최대의 적인 폴로베츠족과 싸워 커다란 승리를 거두었다.

모노마흐가 후손들에게 남긴 교훈의 책자 《유훈》에 의하면 그 자신은 83회나 원정에 나갔으며, 이러한 원정을 통해 폴로베츠족의 우두머리들을 200명이나 죽였다고 한다. 그는 《유훈》을 통해 아들들에게 모든 일에 열정을 다하는 근면함을 보일 것, 신을 두려워하며 진실된 마음을 가지고 공경할 것, 자선을 베푸는 일에 소홀하지 말 것, 억압 받는 자들에게 자유를 줄 것, 가난한 자들의 처지를 그들의 입장에 서서 이해해 줄 것, 남편을 잃은 아내들이나 아버지 어머니를 잃고 홀로된 아이들에게 올바른 대우를 해줄 것 등을 강조하고 있다. 그리고 일생 동안 몸소 겪은 변화무쌍한 경험들을 이야기하고 있는데, 어떤 때는 말을 타고 가다가 늑대의 습격을 받아 말에서 떨어지기도 했고, 들소 뿔에 받혀 다치기도 했으며, 수사슴이나 곰에게 물리기도 했다고 적혀 있다. 그리고 그《유훈》의 끝부분에는 아들들에게 다음과 같은 말을 남겼다.

"아들아! 전쟁이나 야수를 무서워하지 마라. 너희들 생사는 모두다 하늘의 뜻에 달려 있으니, 인간의 능력을 능가하는 하느님의 가호가 있는 한 그 누구도 너희들을 해치지 못하리라."

이렇듯 어린 나이에 대공이 된 그는 주민들의 정당한 요구에 귀를 기울였으며 현명하고 정열적이며 용감한 인물로 알려져 있었다. 1125년 그가 죽자 고대 러시아 봉건 국가는 그 뒤를 이어갈 뛰어난 지도자가 없었으므로 곧 몇몇 독립공국으로 분열되었다. 결국 키예프는 러시아 수도로서의 위치를 상실하게 되었다.

모스크바의 창건자 유리 돌고루키

블라지미르 모노마흐 사후 또다시 혼란이 거듭되다가 1132년에 이르러서는 키예프 러시아의 영역에 속했던 동북부 지역에서 수즈달리를 중심으로 독립국이 생겨났다. 수즈달리 공국의 첫 번째 지도자는 모노마흐의 아들 유리 돌고루키였다. 돌고루키란 긴 손을 가진 사람이라는 뜻으로서 그가 지칠 줄 모르는 정열로 멀리 남쪽에 떨어져 있는 땅들을 점령한 데서 붙여진 이름이다.

그는 정권을 잡자마자 불가리아를 정복하여 볼가 강 연안에 퍼져 있는 넓은 영역을 차지하였고 모롬을 위협했다. 북쪽에 있는

유리 돌고루키 기마상
모스크바에 세워진 키예프 대공 유리 돌고루키 기마상. 모스크바 시장의 집무실 바로 맞은 편에 위치하고 있다.

영토를 얻기 위해 노브고로드로 진격해 그의 아들인 로스치슬라프를 그곳의 지배자로 두어 수즈달리 공국을 강력하게 만들면서 국경을 따라 주요 도시들을 요새화하였다.

1147년에는 지도자 유리 돌고루키와 밀접하게 관련이 있는 모스크바가 창건되었는데, 기록에 의하면 모스크바 강 연안에 높은 언덕이 있었고 그곳에 지위가 매우 높고 재산이 많은 스체판 이바노비치의 성이 있는 쿠츠코보라는 마을이 있었다. 이 마을 한가운데 웅장한 성 안에 살고 있는 스체판은 유리 돌고루키에게 복종하려 하지 않았다. 그래서 그는 스체판을 처형하도록 명하고 그가 소유했던 토지를 자신의 영지에 편입시켰다. 그러나 그의 자손들은 수즈달리로 옮겨 살게 해주었으며 그의 딸 올리타를 자신의 아들인 안드레아에게 넘겨주었다. 이런 과정을 거친 후에 쿠츠코보 마을은 유리 돌고루키의 명령에 따라 모스크바라고 불리게 되었다. 유리는 수즈달리 공국을 안팎으로 다져나갔고 그의 통치 말기에는 키예프를 여러 차례 침공하여 1155년에 마침내 키예프의 대공이 된 후 1157년에 세상을 떠났다.

키예프의 붕괴

유리가 죽은 후 그의 아들인 안드레이 보글류프스키가 대공이 되었으나 키예프에서 자리를 잡은 것이 아니라 수즈달리 공국에 머물러 통치를 시작했다. 따라서 러시아 역사상 중심지인 키예프가 오카 강과 볼가 강 사이의 지역으로 옮겨졌다. 그는 새로운 도시를 건설하여 경제적으로뿐만 아니라 문화적인 면에 이르기까지 빠른 속도로 성장시켜 나갔다.

그는 다시 통치의 중심지를 수즈달리에서 블라지미르로 옮겨서 자신이 지낼 성을 쌓아 새로운 도시로 변화시켰고 수공업에 기초를 둔 여러 형태의 상업을 활성화시켰다. 이에 따라 거주지의 규모도 점점 더 확대되어 건축기사, 석공, 조각가 등이 몰려들었고 이들 중에서 자연히 뛰어난 대가들도 나왔다.

안드레이 보골류프스키의 눈에 띈 대가들이 그의 지시에 따라 키예프에 세워졌던 황금대문을 블라지미르에 세웠다. 넓은 광장은 돌을 깎아 치장하고 자신의 궁전도 화려하게 꾸몄다. 클라지마 강 옆의 언덕에 세워진 우스펜스키 대사원과 드미트리에프스키 대사원은 지금도 명물로 뽑히고 있다.

한참 발전하던 블라지미르 공국에서 안드레이의 대외 정책을 둘러싸고 문제가 발생했다. 북쪽 지방에 관심이 많았던 그는 귀족들과 관심이 서로 달랐다. 여러 차례에 걸친 원정이 실패로 끝나자 대귀족들 사이에서 그를 반대하는 음모가 나타났다. 1174년 6월에 안드레이는 술 취한 귀족들의 칼에 맞아 죽음을 맞게 되었다. 그 후 귀족들의 치열한 권력다툼 끝에 안드레이의 동생 프세볼로드 3세가 공후가 되었다. 그는 군대를 조직하여 대귀족들의 친위대를 격파하고 형을 암살한 범인들을 색출하여 처형했다. 강력한 대봉건국가로 러시아를 변모시킨 그가 1212년에 죽자 공국은 분열하여 통일국가로서의 키예프 러시아의 종말을 예고하였다. 더욱이 테무친이 바이칼 호와 고비 사막 일대에서 1206년에 통일한 몽골 세력이 1211년 중국의 만리장성을 돌파하고 서쪽으로 이동했다. 코카서스 산맥을 넘어 대초원 지대까지 이르니 마침내 키예프 시대의 종말과 함께 몽골 시대를 알리는 징조들이 나타나게 되었다.

타타르의 세력 확장

동방에서 들려오는 칭기즈칸의 말발굽 소리
키예프 러시아가 혼란기에 접어들 무렵 오래전부터 중앙아시아의 광활한 초원 지대에 모여 살고 있던 타타르족(몽골족)이 일어서기 시작했다. 그들은 척박한 땅과 잦은 천재지변 등 아주 나쁜 생활 조건을 가지고 있었기 때문에 항상 이동이 간편한 천막생활을 하고 있었다. 그들은 생활의 고통스러움과 여러 가지 궁핍함을 견디면서 만약에 닥쳐올지도 모르는 전쟁에 대비해 왔고, 엄격하게 규율을 지키는 습관을 가지고 있었다. 또한 부족 간에 혈연을 중심으로 강력한 전투조직을 이루고 있었고 엄격한 계급이 형성되어 있었다. 각 종족의 우두머리들은 추장으로서 용감한 기마병으로 이루어진 병사들을 소유하고, 귀족과 노예들도 있었다.

그들이 살고 있는 주변에는 여러 면에서 자신들보다 풍요로운 나라들 뿐이었다. 그러므로 타타르인들은 주변 나라들이 많은 보물을 갖고 평화롭게 살고 있다는 소문을 듣고는 항상 그들 땅에 대한 동경과 정복의 꿈에 사로잡혀 있었다. 그러다가 13세기 초에 칭기즈칸이라는 부족장이 나타나 '칭기즈칸의 유럽 정벌'이 시작되었던 것이다.

　칭기즈칸은 글을 읽지도 쓰지도 못했지만 군대를 조직하고 통솔하는 재능은 아주 뛰어났다. 그가 창설한 기병대는 이미 잡다한 유목민의 무리가 아니었다. 군대를 10명, 100명, 1천 명 단위로 나누어 이른바 '십인대', '백인대', '천인대'로 구성하였고 항상 군대를 조직할 때에는 각 혈족 간의 끊을 수 없는 관계를 교묘히 이용하였다.

　군대의 최소 단위는 씨족의 구성원으로 편성했고 그들이 속해 있는 귀족이 지휘하도록 했다. 군인들을 통제하는 규율은 매우 가혹하고 엄격해서 조금이라도 비겁하거나 망설일 수가 없었다. 지휘자들의 회의 내용이나 중요한 대화를 엿듣다가 발각되거나 혹은 싸움터에 나가 겁에 질려 목숨만을 건지려는 비겁한 행동을 하면 즉시 사형에 처해서 목숨을 보존하기 어려웠다. 그렇기 때문에 칭기즈칸의 병사들은 그의 손짓 하나만으로도 일사분란하게 움직였고 수많은 병력을 계속해서 전선에 투입할 수 있었다. 그리고 칭기즈칸이 거느린 부하의 숫자도 수만 이상이 되어 봉건 유럽의 가장 규모가 큰 군대의 4~5배

칭기즈칸 몽골 전역을 통일한 칭기즈칸은 카스피 해에서 북경에 이르는 방대한 영토를 정복하였다.

몽골군 사수 몽골군의 강력한 힘은 기병대에서 비롯되었다. 몽골군의 사수는 탁월한 기마술은 물론 달리는 말 위에서도 표적을 맞추는 뛰어난 궁술을 갖추고 있었다.

가 넘었다. 그들의 성격은 매우 교활하고 난폭하여 이런 소문마저 퍼져 있었다.

"몽골군은 사자처럼 용감하고, 여우처럼 간교하며, 늑대처럼 탐욕스럽고, 수탉과도 같은 투혼을 가지고 있다."

또한 그들은 투구, 두꺼운 가죽으로 만든 갑옷, 튼튼한 활, 구부러진 긴 칼, 날카로운 창 등으로 무장하였고, 빠르면서도 강한 말을 타고 공격했다. 이들이 싸움을 하다가 도시를 함락시킬 때면 그들 특유의 무기를 사용하곤 했다. 그것은 굵고 긴 통나무에 튼튼한 쇠사슬을 달아서 만든 벽 부수는 기계(파벽기)였다. 파벽기를 사용하여 성벽을 파괴했고 성 안으로 들어가면 진흙을 구어 만든 기름통을 던져 성내를 폭발시켰다.

1206년에 몽골 전역을 통일한 칭기즈칸은 주위에 있는 또 다른 국가들을 정복하기 위해 그의 강력한 군대를 움직이기 시작했다. 그는 야쿠트인, 부랴트인 등 시베리아의 종족을 정복하여 속국으로 만든 다음, 중국 북쪽으로 침략해 들어가 격렬한 싸움을 벌이면서 중국을 유린하였다.

1215년 북 중국의 수도인 북경을 점령하고 그곳에서 그들에게 필요한 무기 만드는 기술들을 배워갔다.

1219년 그들은 25만 군대를 이끌고 중앙아시아에 있는 호레즘샤 국가로 공략해 들어갔다. 호레즘의 병사들은 용감했지만 도시 단위로 흩어져 지방 영주의 지휘하에 있었기에 제대로 대항하지 못한 채 각개격파로 곧 허물어지고 말았다. 이렇게 해서 중앙아시아에 발을 들여놓은 칭기즈칸은 계속해서 부유한 부하라와 사마르칸드를 점령했고 인도와 이란의 몇몇 지방들마저도 그들의 말발굽 아래 놓이게 되었다.

피로 물든 칼가 강

계속되는 정복으로 칭기즈칸 군대의 일부는 그루지야를 지나 카스피 해 북쪽으로 진격했으며 결국 러시아와 가까이 있는 폴로베츠인의 거주지까지 위협해 들어왔다. 이렇게 되자 폴로베츠인들은 러시아인들에게 구원을 요청해 왔고 마침내 심각한 위험을 느긴 러시아가 구원군을 보냈다. 러시아와 폴로베츠로 결성된 연합군은 드네프르 강을 넘어 동쪽으로 진군하여 소규모의 타타르족 부대를 만날 때마다 그들을 격파해 나갔다. 계속되는 승리로 사기가 높아진 연합군은 1223년에 아조프 해로 들어가는 칼가 강 근처에 도착할 무렵 몽골군의 주력 부대와 마주치게 되어 이른바 '칼가 강 전투'가 벌어지게 되었다.

므스치슬라프 로마노비치가 이끄는 키예프 군대는 몽골군의 명성을 익히 들은 바 있어 섣부른 정면 대결보다는 충돌을 피하여 근처 높은 산위에 방어 진지를 구축하고 대기하고 있었다. 대신에 폴로베츠인의 군대가 몽골군과 정면 대결을 하였다. 처음 대결은 상당히 팽팽한 상태를 유지했으나 시간이 지남에 따라 폴로베츠 군대가 몰리기 시작했다. 마침내 몽골 기마병에게 주력 부대의 정면이 돌파당하고, 방어전이 뿔뿔이 흩어졌다.

그러자 진을 치고 있던 키예프군이 공격을 시작했고 칼가 강에서 여러 차례의 공방전이 벌어졌다. 그러나 몽골군의 병사들은 워낙 훈련이 잘되어 있었고 빨랐기 때문에 대세는 기울어졌고 수많은 키예프 병사들이 죽어갔다. 전세가 불리해지자 므스치슬라프도 어쩔 수 없이 후퇴 명령을 내렸으나 몽골 병사들 앞에서는 후퇴하기도 쉽지 않았다. 드네프르 강을 이용하여 몽골 기병대를 따돌린 다음 고향으로 다시 돌아왔을 때 주력 부대의 수는 절반 이상 줄어 있었다. 몽골군은 여세를 몰아 주력 부대로 강화되어 있는 키예프 방어 진지를 포위해 들어갔다. 사흘 동안 서로 간에 밀고 당기는 전투를 계속했지만 그토록 용맹한 몽골군의 타타르족도 쉽게 키예프 진지를 격파할 수는 없었다. 그러자 몽골군은 한 가지 꾀를 생각해냈다.

"너희 러시아인들을 아무 사고 없이 고향으로 돌아갈 수 있게 해줄 테니 일단 전투를 중단하는 것이 어떻겠는가?"

그들의 용맹에 위축되어 있던 러시아 군대는 몽골군의 제의를 받아들이고 순순히 진지에서 걸어나왔다. 그러자 몽골군은 그들의 약속을 어기고 키예프군의 뒤를 공격해 닥치는 대로 죽여 버렸다. 또한 남아 있는 러시아인들에게 가혹한 징벌을 가했다. 포로가 된 러시아인 중에 공후들과 귀족들을 골라내어 온몸을 밧줄로 묶은 다음 그 위에 판자를 깔아놓고 술상을 차려 잔치를 벌였다. 판자 밑에 깔린 그들을 질식시키기도 했다.

칼가 강에서의 대전투가 있은 후 몽골군은 남러시아의 많은 도시와 마을에 불을 지르고 여자를 해치는 야만성을 여지없이 드러내 러시아를 공포의 도가니로 몰아넣었다.

목숨 건 저항도 무위로 끝나고

1227년 칭기즈칸이 죽었으나 그의 후계자들에 의해 유럽은 계속 정복되었다. 그들의 목표는 대서양 연안까지 나아가 유럽 전체를 정복하는 것이었다. 이 열망은 칭기즈칸의 손자 바투에 이르러서 이룩된 듯 보였다. 바투는 유럽 전체를 넘보면서 볼가 강 유역을 근거지로 강 건너 라쟌 공국을 위협했다. 라쟌의 우두머리 유리 이고레비치는 몽골족의 마음을 돌려보기 위해 푸짐한 선물과 함께 그의 아들 표도르를 귀족과 같이 수행하여 보냈다. 그러나 바투는 그의 선물을 받은 다음 러시아 사절들을 놀려대며 소리쳤다.

"사절단에 남자만 보내면 뭐하나. 그 사절들의 아내와 딸들까지 모두 데려와라."

바투의 러시아 원정
몽골군이 러시아의 도시를 공격하고 있는 장면을 묘사한 근대의 판화

유리의 젊은 아들 표도르는 속에서 끓어오르는 모욕감과 분노를 억누르지 못한 채 바투에게 큰 소리로 외쳤다.

"당신은 우리들이 두 눈을 뜨고 있는 한 절대로 우리의 아내들을 차지하지 못할 것이오."

이에 머리끝까지 화가 난 바투는 그곳에 온 사절들을 모두 죽여 버렸다. 이 소식을 전해 들은 표도르의 아내는 그녀의 어린아이를 품에 안은 채 탑 위에서 뛰어내려 자살하였다. 급작스레 아들과 사신들을 잃어버린 유리는 울분을 참지 못해 군대를 모으기가 무섭게 바투를 향해 공격했다. 그러나 이미 이를 예상하고 있던 바투는 넓은 평원에서 진을 치고 기다리고 있었다. 처절한 비명소리와 함께 전투는 단 몇 시간 만에 끝났다.

애초부터 유리의 군대는 민첩한 몽골 기마병의 적수가 될 수 없었다. 바투는 여세를 몰아 1237년 라쟌 공국의 수도로 진격해 들어갔다. 라쟌의 주민들은 청년, 어린이, 노약자까지 모두 합세하여 도시를 지키기 위해 온갖 수단을 다 동원시켰다. 타타르인들에게 끓는 물을 퍼붓거나 돌을 던졌으며 잿가루와 흙을 마구 뿌려댔다. 남아 있던 주민들의 수는 타타르인에 비해 상당히 적었기 때문에 휴식시간은 물론 잠잘 시간도 없는 목숨을 내건 도시 방어전이었다.

전투가 벌어진 지 일주일이 지나자 주민들은 서서히 지쳤고 전열이 흐트러졌다. 이때를 놓칠세라 타타르 군대는 성벽을 부수고 도시 안으로 밀려들었다. 기병들은 미친 듯이 말을 몰아대면서 여기저기 횃불을 던져놓았고 닥치는 대로 주민들을 학살하였다. 도시 내의 주민들은 무기가 떨어지자 이빨로 물어뜯는 등 최후까지 항거를 했다. 그럴수록 타타르인들도 역시 잔인해서 엄마 젖을 먹고 있는 아기를 빼앗아 불 속에 쳐넣기까지 했다. 여자들의 옷을 모두 벗기고 여러 병사들이 한꺼번에 겁탈을 했으며 임신부는 배를 갈라 죽였다. 모든 주민들이 다 죽은 후에야 이 싸움은 끝날 수 있었다.

처절한 싸움 이후에도 타타르 군대는 라쟌 공국의 주민들과 또 한 번 전쟁을 치러야 했다. 라쟌의 한 장군이 이끄는 병력들이 이 도시에서 조금 떨어진 체르니코프에 머물러 있다가 전투 소식을 전해 듣고 급히 달려온 것이다. 그 장군은 바투에게 복수할 것을 결심하고 2천여 명의 병력을 이끌고 블라지미르 공국으로 공격해 들어가는 타타르 군대를 배후에서 불시에 습격했다.

타타르 군대는 죽었던 랴쟌의 병사들이 다시 살아서 따라온 줄 알고 모두 놀라며 당황했다. 이때 바투는 그가 가장 아끼는 명장 호스토브 장군을 보내어 러시아 장군을 죽게 하였다. 지휘자를 잃은 상태에서도 러시아 병사들은 최선을 다해 용감히 싸웠으나 결국 수적인 열세에 밀려 모두 죽고 말았다.

러시아 병사들이 이렇듯 비참하게 패배한 이유는 어디에 있었을까. 도시별로 흩어져 있는 병력을 집결시키지 못한 데도 원인이 있었겠지만 전투력 자체가 몽골군에 비해 상당히 떨어졌기 때문이었다. 세계사에서 그때까지 어떤 군대가 몽골병과 맞서 이길 수 있었을까? 그 당시 몽골병은 수준 높은 기병이었고 중무장한 기병대와 경무장한 기병대를 상황에 따라 적절하게 배치할 수 있었으며, 적의 상황을 살피는 정찰 활동과 각종 정보 활동도 상당한 수준에 도달해 있었다.

큰 돌들을 약 3백 미터까지 던질 수 있는 투석기도 있었고, 견고한 성벽을 부수는 강력한 파벽기도 갖고 있었다. 뿐만 아니라 야전에서는 주력 부대를 진영의 중앙에 놓고 양쪽으로 활 부대를 배치하여 적이 전진해 오면 중앙의 주력 부대를 뒤로 빼고 좌우의 활 부대가 일제히 활을 쏘아 타격을 가했다.

몽골인들과 20여 년을 함께 생활했던 여행가 마르코폴로는 몽골군의 이러한 전술에 대해 이렇게 기록했다.

"전투 초기에 적을 유인하는 전술 때문에 적병은 승리했다고 믿었지만 사실은 지고 있는 것이었다."

또 몽골군의 잔인성에 대해 후세의 사가들은 다음과 같이 적고 있다.

"칭기즈칸은 몽골인들에게 '후퇴는 동정의 아들'이라고 가르쳤기 때문에 그들은 적의 용기에 대해서는 칭찬을 아끼지 않았지만 그들에게 자비심이나 동정심을 베푸는 일은 전혀 없었다."

유린당한 국토

몽골군은 라쟌 공국을 무너뜨리고 나서 모스크바 · 코르므나도 · 블라지미르 · 수즈달리 공국 등이 있는 방향으로 병력을 이동시켰다. 그들의 첫 목표는 모스크바였다. 모스크바인들의 저항은 매우 강력했지만 다른 도시와 마찬가지로 얼마 버틸 수가 없었다. 마침내 몽골군의 대량 살육이 시작됐고, 마을은 모조리 파괴되었다. 모스크바를 초토화시킨 몽골군은 다음 목표인 수즈달리로 진격하여 우아한 궁전을 파괴하고 많은 수공업자들을 포로로 붙잡았다. 그리고 러시아의 우두머리인 유리 프세볼로도비치를 잡기 위해 블라지미르를 봉쇄하였으나 복수심에 찬 유리는 군사를 더 모으기 위해 이미 블라지미르를 떠난 뒤였다.

지도자가 없는 상황에서도 블라지미르 주민들은 필사의 각오로 몽골군과 싸웠다. 전해오는 이야기에 의하면 주민들은 이런 선서를 하였다고 한다.

"타타르족에게 잡혀 포로가 되느니 차라리 찬란하고, 아름다우며 정성이 담긴 황금대문 앞에서 싸우다 죽겠다."

몽골군의 싸움이 벌어진 지 이틀이 되기도 전에 주민들은 몽골군에게 밀리기 시작했고 몽골군은 봇물이 터지듯 성 안으로 밀려들어왔다. 모든 성당의 건물들을 불바다로 만들어 놓았으며 불덩어리로 변해버린 건물 속에서는 고통의 비명 소리가 터져 나왔다. 유리의 아내와 아이들, 그리고 사원 안에 있던 성직자들도 예외일 수는 없었다. 모든 주민들이 불더미 속에서 죽어간 것이다.

몽골군은 다시 병사들을 모아 로스토프, 야로슬라불리, 트베리, 유리예프, 드미트로프 등 다른 여러 도시들도 무차별 파괴했다. 또한 유리 프세볼로도비치가 군사를 모으고 있다는 정보를 듣고 지체없이 유리를 덮쳐 1238년 3월 초에 유리의 군대를 완전히 포위하여 참혹한 최후를 보여준다. 블라지미르를 포함한 모든 도시들은 대부분 폐허에 가까웠다.

몽골군의 다음 공격 목표는 노브고로드였으나 그간의 전투에서 많은 병력을 잃었기 때문에 노브고로드 공략을 포기하고 군대를 돌려야만 했다. 그런데 돌아가는 길은 스몰렌스크와 체르니고프 공국을 거쳐 가게 되어 있었다. 몽골군은 자연히 이들로부터 공격을 받을 수밖에 없었고 이로 인해 4천 명의 군사가 희생되었다. 그들 도시 또한 완전히 파괴되었다. 바투는 그의 군대를 재정비하기 위해 볼가 강을 건너 대초원 지대에 머물렀고 그곳에서 병사들을 보충하여 훈련을 시켰다.

1239년 그들은 다시 러시아 원정을 시도했다. 볼가 강 연안의 북쪽을 향해 전진해 나가면서 모르도바·무롬 지역 등을 폐허로 만들었고 그의 주력 부대는 드네프르강 쪽으로 가서 체르니고프를 비롯한 주요 도시들을 점령하여 갔다. 지칠 줄 모르는 원정 끝에 바투는 마침내 키예프에 다다르게 되었다. 드미트리 장군이 이끄는 병사들과 합세한 키예프 주민들의 필사적인 저항에도 키예프는 거의 다 점령되고 말았다. 이 싸움에서 드미트리 장군은 부상을 당해 포로가 되었지만 그토록 잔인했던 바투도 장군의 절실한 애국심과 넘치는 용기에 감동을 받아 죽음만은 면하게 해주었다고 한다.

헝가리에 침입한 바투
《헝가리 연대기》의 삽화. 바투는 러시아를 지나 동유럽까지 진격했다. 당시 몽골인들은 유럽인들에게 공포의 대상이었다.

 키예프를 정복한 바투는 다음에는 갈리치야 볼르인 지역으로 향했고 폴란드와 헝가리, 체코를 공격해 들어갔다. 그러나 바투는 승리 속에서도 정복되지 않은 러시아가 남아 있다는 것에 늘 신경을 썼으며 한편 두려워하고 있었다. 그러므로 그는 자신이 거느린 군대에 그간 발생한 피해를 고려해 정복계획을 일단 중단하기로 결정했다. 그는 볼가 강 하류로 되돌아와 그곳에서 킵차크한국을 건설하였다.
 독립을 잃어버린 러시아의 여러 공국들은 킵차크한국의 모든 통제를 받았다. 킵차크한국의 칸이 러시아 공후들에게 많은 뇌물을 받고 그들의 지위를 인정한다는 허가장을 주었다. 러시아 공후들이 온갖 굴욕적인 대우를 감수하며 값비싼 선물을 바쳐 그의 인정을 받으려 한 것은 칸의 비위를 건드렸다가는 즉시 목숨을 잃기 때문이었다.

점령당한 러시아의 모든 도시에는 킵차크한국에서 세금징수 관리가 파견되었고 그들은 무장한 군대의 호위를 받으며 돌아다녔다. 주민들을 마을 단위로 구분해 기록하고 주민 1인당 재산의 10분의 1을 공물로 바치도록 명령했다. 이를 지키지 못하면 노예로 팔아버렸으나 성직자들은 공물을 바치지 않아도 되었다. 그들은 우선 성직자들을 매수하여 자기들 편으로 만든 다음 이용하고자 했던 것이다. 또한 수공업자들은 강제로 무기 및 생활용구를 만드는 노동을 제공해야만 했다. 이런 억압을 견디다 못한 주민들의 봉기도 가끔 있었으나 몽골군에 의해 곧 진압되었다.

노브고로드 공국 알렉산더의 활약

몽골의 통제를 받는 러시아가 그간의 전쟁으로 매우 약해졌다고 판단한 스웨덴과 독일의 봉건 영주들은 서서히 힘을 뻗쳐오기 시작했다.

이들은 지금이 바로 발트 해 연안의 땅과 러시아 북서쪽의 땅을 차지할 수 있는 가장 좋은 기회라고 생각했던 것이다. 바티칸에서도 그들의 계획을 지원하겠다고 하였으니, 그들로서는 더 이상 망설일 필요가 없었다. 스웨덴과 독일 양국 간에 구체적인 회의가 열렸고 그 결과 만장일치로 이 계획이 통과됐다.

당시 교황인 그레고리 9세가 교서를 발표하자 양국의 기사들은 들뜨기 시작했다.

"십자가의 적을 섬멸하라."

게을리했던 훈련에 열심히 임하는가 하면 무기 및 장비들을 손질했고 지휘체계도 다시 조정했다. 양국의 분위기는 곧 전쟁을 치를 것 같았다.

그 무렵 노브고로드에서는 18세의 어린 나이의 알렉산더 야로슬라비치 공후가 국가를 다스리고 있었다. 전해 오는 얘기로는 그의 키는 상당히 컸고 힘 역시 세어 그를 당할 사람이 없었으며 목소리 또한 보통사람보다 훨씬 우렁찼다고 한다. 뿐만 아니라 사람들을 인솔하는 뛰어난 통솔력을 가지고 있어 병사들을 잘 훈련시켰고, 정보 활동에도 많은 관심을 기울이고 있었다. 그러므로 스웨덴과 독일이 공격할 준비를 하고 있다는 소식을 전해 들은 그는 핀란드 만 해안가를 따라 형성되어 있는 국경 지대의 경비를 강화하였다.

알렉산더의 특별지시에 의해 경계 활동을 계속해 오던 1240년 어느 날 새벽, 경비대장인 펠구시가 경계순찰을 하던 중 어디선가 수많은 사람들의 함성이 들려왔다. 그가 주위를 살펴보니 해안가 저 멀리서 여러 대의 선박들이 전진해 오고 있었다. 접근해 오는 속도가 곧 코앞에까지 다다를 기세였다. 그는 부하들에게 우선 그들의 전진을 막을 수 있는 데까지 방어하라고 지시하고는 노브고로드로 달려가 알렉산더에게 보고했다. 상황을 전해들은 알렉산더는 서둘러 그의 병사들에게 전투명령을 내린 다음 주민들을 소피아 사원 앞 광장에 모아놓고 다음과 같이 호소하였다.

"노브고로드인들이여! 우리를 우습게 보는 야만인 스웨덴이 오고 있다. 우리가 어떻게 그들에게 조국을 내줄 수 있겠는가? 목숨을 걸고 조국을 지키자."

그는 적에게 정면공격을 가할 것이 아니라 틈을 보아 기습전을 펴기로 작전을 짜고 지휘관들을 모아 세부계획을 지시했다.

1240년 7월 어느 날 새벽, 네바 강 연안에 진을 치고 있는 스웨덴 진영으로 기습 작전을 전개했다. 알렉산더는 군대를 둘로 나누어 한편으로는 네바 강 연안에 있는 스웨덴군과 다른 한편으로는 해안가 배에 남아 있는 스웨덴군을 동시에 공격해서 그들의 병력이 합세하지 못하도록 함대를 완전히 포위하여 차단시켰다.

알렉산더 네프스키의 헬멧 알렉산더 네프스키가 쓴 헬멧을 후대에 복원한 그림이다.

해안에서는 주력 부대를 이용하여 스웨덴 진영에 집중적인 공격을 했고 네바 강 연안에서의 전투는 이미 러시아군의 승리로 끝났다. 알렉산더의 재치 있는 전략과 충실하고 용감하게 싸워준 병사들 덕분이었다.

이 전투의 승리로 러시아인들은 알렉산더를 더욱 존경하게 되었고 네프스키라는 칭호까지 붙여 그를 불렀다. '네프스키'라는 칭호는 그 당시 전투가 벌어졌던 네바 강과 관계가 있는 칭호로 그 전쟁에서의 승리를 기념하기 위해 붙인 것으로 추측된다.

이 승리는 적으로부터 노브고로드 공국을 지

킬 수 있었고, 바다를 좀 더 자유롭게 이용하는 러시아인의 활동을 기대할 수 있게 했다. 특히 서부 유럽과의 교역할 좋은 항구가 확보되었으며 몽골족에게 패배하여 저하됐던 사기를 회복하는 결정적인 계기도 되었다. 때문에 국민단합의 새로운 출발점을 마련했다는 의미도 지니고 있었다.

이 밖에도 1240년 발트 해 연안에서는 독일의 봉건 영주들을 중심으로 한 독일 기사단이 러시아 침공을 위해 맹훈련을 하고 있었다. 이들은 먼저 에스토니아인과 레트인들의 거주지를 침공하여 노브고로드의 국경선으로 접근해 왔다. 그리고 계속해서 이즈보르스크 요새를 함락시킨 후 프스코프시를 공격했으나 주민들의 거센 저항에 직면하였다.

그러나 시민을 배반한 시장인 트베르질라를 비롯한 귀족계급의 협조로 얼마 후 쉽게 도시를 점령하였고 노브고로드의 여러 지역을 돌아다니면서 러시아인들이 살고 있는 마을을 파괴하는 등 약탈을 서슴치 않았다. 그리고 알렉산더 네프스키가 노브고로드를 비운 틈을 이용해서 근처에 코포리라는 요새를 세워 놓았다.

1241년 알렉산더가 노브고로드로 돌아오자 도시 주민들의 사기가 다시 살아나기 시작했다. 그간의 자세한 소식을 전해들은 알렉산더는 곧 주민들을 모아 군대를 편성해 공격할 준비를 하였다. 첫 공격 목표는 코포리 요새로 정하고 야간 기습 작전을 감행했다. 그는 많은 포로를 생포하면서 어렵지 않게 요새를 정복했으나 포로의 대부분을 놓아주는 아량을 베풀기도 하였다. 한편 알렉산더는 한순간의 승리에 방심하지 않고 독일이 다시 침공해 올 것을 예측하여 전투 준비에 만전을 다하였다.

무기를 들고 싸울 수 있는 사람은 누구나 군대에 동원시켰고

알렉산더 네프스키 알렉산더는 러시아를 침입한 스웨덴의 대군과 독일의 기사단을 물리치고 유능한 외교로 몽골의 지배에 슬기롭게 처신하였다. 그는 러시아의 영웅으로 추앙받았고 러시아정교회는 그를 성자로 봉하였다.

수공업자들은 밤낮을 가리지 않고 무기 제조에 온힘을 기울였다. 그리고 그의 아버지에게 군대를 지원받아 1242년 에스토니아를 향해 전진해 들어갔다. 그런데 이것은 기만 전술에 불과했다. 그의 군대가 에스토니아로 움직일 경우 독일군은 방어를 소홀히 할 것이고 그 틈을 이용해 기습 공격을 하면 독일기사단을 쉽게 격파할 수 있다고 생각했던 것이다. 그의 판단은 적중했다.

러시아 군대가 에스토니아로 향해 가는 척하며 정찰병을 프스코프 쪽으로 보내 살펴보니 그들은 평상시와 다름없는 평화로운 휴식을 취하고 있는 상태였다. 알렉산더는 시간을 지체하지 않고 병력을 프스코프 방향으로 돌려 빠른 속도로 공격해 들어갔다. 예기치 못한 기습 공격에 당황한 독일군은 뿔뿔이 흩어져 달아나기 바빴다. 프스코프시를 점령한 그는 시장 트베르질라를 비롯해 귀족들을 모두 사형에 처했고 기사들은 모두 노브고로드로 잡아갔다.

그러나 독일 기사단의 주력 부대는 여전히 미련을 버리지 못하고 패잔병들을 규합해 또다시 공격의 기회를 노리고 있었다. 이를 눈치 챈 알렉산더는 말을 탄 독일 기사단의 병사들은 미끄러운 얼음 위에서는 그들의 역량을 제대로 발휘하지 못한다는 것을 이용해 가능한 한 얼어붙은 호수 근처로 유인하여 싸움을 벌였다.

그러던 중 1242년 초봄에 마침내 운명을 건 한판 승부가 페이푸스 호수에서 벌어지게 되었다. 처음에는 독일 기사단이 우세하여 중장비 기병대가 알렉산더의 진영을 돌파했다. 그러나 미리 배치해둔 주력 부대가 쏜살같이 나와 후방을 차단하자 상황은 달라졌다. 알렉산더 지휘하의 러시아군은 침착하게 앞뒤에서 독일 기사단을 조여 들어갔다. 그들은 알렉산더의 전술에 말려들어 패배했고 녹기 시작하는 얼음 위를 말을 타고 허둥대다 끝에 빠져 죽는 병사가 많았다. 이 전쟁으로 독일 봉건 영주들은 동쪽 진출에 대한 꿈을 완전히 포기해야만 했다.

알렉산더의 여러 차례에 걸친 승리는 사실상 그만한 대가를 치르고 얻은 것이었다. 그는 몽골족에게 대항해 봐야 승산이 없는 일임을 미리 깨닫고 그들의 종주권을 인정하며 화평을 맺은 다음 스웨덴, 독일 등 새로운 침략자들과 싸웠던 것이다. 현명한 알렉산더는 적절한 조공 외교를 통하여 몽골족으로부터 큰 피해를 입지 않은 채 러시아를 보존하려고 노력하였다. 몽골인들도 그의 현명함과 용기에 깊은 감명을 받아 그에게 전 러시아 대공이라는 칭호까지 주었다.

그러나 몽골과 러시아의 이 같은 밀월 관계가 오래 갈 수는 없었다. 부당한 조공에 대한 러시아 국민들의 불만이 팽배해져 몽골의 조공 사절을 모욕하는 사건이 발생한 것이다. 이런 일이 바투에게 알려져 몽골의 침입을 받을까 염려한 알렉산더는 바투에게 용서를 빌고 본국으로 돌아가다 죽음을 맞았다. 이후 그의 막내아들 다니엘이 뒤를 잇게 되었는데 이때부터 러시아 역사의 중심지는 서서히 모스크바로 옮겨졌고 러시아는 타타르의 지배에서 차츰 벗어나기 시작했다.

러시아의 부활

모스크바라는 희망의 빛
다니엘이 러시아의 대공이 된 후 모스크바는 서서히 성장하기 시작했다. 타타르가 침입할 당시 모스크바는 면적이 130킬로미터 정도 되는 북동부의 보잘것없는 소공국이었다. 주변에는 로스토프, 랴쟌, 블라지미르, 트베르 등 세력이 강한 도시들이 있어서 더욱 초라해 보였고 대노브고로드와는 비교할 수도 없었다.

　　모스크바가 크게 성장하게 된 이유는 우선 지리적 조건이 매우 유리했다는 점이다. 랴쟌 공국과 니제고로드 공국에 파묻혀서 몽골의 세력이 미치지 못했고 독일과 스웨덴이 침입했을 때도 노브고로드, 프스코프 등 도시에서 일단 차단하는 자연적인 보호벽을 가지고 있었기 때문이었다. 또한 자연 환경이 울창한 숲으로 이루어져서 다른 도시들보다 평온한 가운데 존속할 수 있었다.

　　더욱 좋은 조건은 무역의 요충지라는 점이었다. 동방에 상품을 팔기 위해서나 남북으로 가기 위해서도 반드시 모스크바 강과 볼가 강을 지나쳐야만 했는데 모스크바는 이 두 강을 끼고 있어서 교통로의 역할을 하게 되었다. 따라서 자연히 상인들의 왕래가 많아지고 인구가 늘어났으며 상업의 중심지가 될 수밖에 없었다. 이렇듯 모스크바는 새로운 시대의 시발점이 되었고 키예프 러시아와 분리된 별개의 왕조가 되었다.

모스크바의 첫 번째 공후가 된 다니엘은 그의 아버지만큼 정열적이고 적극적이지는 못했지만 중요한 시기에는 매우 과감한 행동을 보여주는 인물이었다. 대부분의 공후들이 그랬듯이 다니엘도 역시 영토 확장에 많은 노력을 기울였다.

가까이 있는 라쟌 공국을 쳐서 콜롬나를 점령한 뒤에 계승자를 갖지 못하고 있는 인척들의 부탁을 받아 분산되어 있는 영토를 상속받았고 모스크바 강을 따라 자신의 영토를 넓혀갔다. 그가 죽기 전인 1303년 초기에 모스크바 강 상류 지역의 대부분을 소유하게 되었으며 그의 아들 유리에 이르러 하류에까지 이르는 대부분의 땅이 모스크바 공국의 땅이 되었다.

1325년 유리가 죽고 그의 동생 이반 1세 칼리타가 뒤를 이었다. 돈을 잘 이용할 줄 안다 하여 '돈주머니'라는 별명이 붙은 이반 1세는 그의 재력으로 영토를 계속 넓혔다. 또 몽골족과의 관계도 불필요한 피해를 입지 않기 위한 외교를 펼쳐나갔다. 전투적이고 거칠기는 하였지만 재물을 좋아하는 타타르인들에게 여행을 갈 때마다 값비싼 선물을 주었다. 이로써 타타르인의 신임을 얻은 이반 1세는 전 러시아의 대공이라는 칭호를 받게 되었다. 이반 1세 시대에 모스크바는 평화와 안전이 보장되어 많은 사람들이 꼬리를 물고 이주해 왔으며 농지 개발을 위해 타타르인으로부터 노예를 빌려와 공국에 정착시켰다.

이처럼 국력이 성장하는 가운데 모스크바의 초기 역사 중 가장 중요한 사건이 발생했다. 그것은 블라지미르에 살고 있던 러시아의 부주교가 1328년에 거처를 모스크바로 옮긴 일이다. 이때부터 교회와 모스크바 공국 간의 이해관계는 아주 밀접해졌고, 교회는 모스크바 대공의 여러 정책을 지지하는 상황으로 바뀌어 갔다. 부주교들은 모스크바를 적대시하는 모든 적에 대해서는 서슴지 않고 파문이라는 무기를 사용했고 국가 행사에 적극적으로 참여하기도 했다.

1340년 이반 1세 칼리타가 죽고 그의 아들 세몬 고르드이가 뒤를 이었으며, 이후 이반 2세 크라스니 시대인 1359년까지 칼리타의 정책이 계속 발전되어 갔다.

오랜만에 맛본 승리의 기쁨

모스크바가 강력한 세력을 다져가고 있을 때 킵차크한국에서는 내부적 분열이 일어나기 시작했다. 몽골의 황제는 속국에 대한 지배력을 잃어갔고 내부에서는 세력 다툼이 시작됐다. 오고타이한국, 차가타이한국, 킵차크한국, 그리고 일한국 간의 패권 쟁탈전이 벌어졌으며 킵차크한국은 티무르의 공격을 받았다.

서유럽 사람들이 '태밀레인'이라고 칭했던 '절름발이 티무르'는 칭기즈칸 이후 아시아에서는 가장 위대하고 강력한 정복자였다. 그가 세운 제국이 가장 왕성하게 영토를 넓혀갈 때는 중앙아시아와 대부분의 중동 지역, 그리고 코카서스 지방과 인도 지역의 일부까지 점령했고 동시에 킵차크한국을 공격했다. 티무르의 공격을 받을 당시 킵차크한국은 이미 그 세력이 기울어져 쉽게 패배를 당했다. 러시아에서는 더 이상 타타르족의 지배를 받을 수 없다는 의식이 높아져서 민족의 항거가 날로 심해지고 있었다.

1359년 이반 2세의 뒤를 이어 드미트리 돈스코이가 대공의 자리에 앉으면서 이러한 분위기는 더욱 더 무르익었다. 1378년, 이미 쇠약해져 가고 있던 타타르에 맞설 만큼 강력해진 모스크바는 도시 내에 주둔해 있던 타타르 병사들과 정찰대를 몰아낸 다음 그간 바쳐오던 공납을 공공연하게 거부하며 도전장을 던졌다.

킵차크한국은 땅에 떨어진 위신을 다시 찾고자 리투아니아인과 군사적 동맹을 맺어 군사력을 강화한 후 1380년 러시아 북쪽으로 공격해 들어왔다. 이때 타타르의 작전계획은 돈강 상류지역에서 리투아니아 병력들과 합세하여 드미트리를 공격할 생각이었다.

이 소식을 들은 드미트리가 주변 여러 공들에게 지원군을 요청하였으며, 블라지미르, 야로슬라프, 로스토프, 코스트롬 등 주요 공국들이 지원군을 보내주니 15만 명의 병사가 모이게 되었다. 또 교회에서까지 타타르에 대항하여 단결할 것을 호소하자 병사들은 하나로 뭉쳐질 수밖에 없었다. 교회의 축복까지 받은 15만 명의 러시아군은 약 20만 명에 이르는 타타르의 연합군을 향하여 돌진하였다. 타타르와 리투아니아 병사들이 합세하기도 전에 러시아군은 그들의 코앞까지 밀고 들어갔다.

드미트리는 밤을 틈타 기습하기로 마음먹고 밤을 이용하여 공격대형을 갖추기 시작했다. 주력 부대는 중앙에 두고 300여 명으로는 전방 혼란 조를 편성하여 배치하였으며 엄호부대와 매복부대를 이중으로 배치했다. 또한 위치상으로는 주력 부대 뒤편에 돈 강과 네프랴드 강이 흐르고 있어서 후퇴할 수는 없었지만 자연스런 방어벽이 구축되어 있었다. 드미트리는 이렇게 배수의 진을 치며 병사들에게 용기를 북돋아 주었다.

"우리 러시아군에게는 후퇴란 없다. 다만 목숨이 다할 때까지 조국을 위해 싸울 뿐이다."

　　새벽안개가 서서히 걷히자 타타르의 군대가 보이기 시작했다. 전투는 시작되었고 그동안 그들이 싸웠던 규칙대로 양쪽의 대표급 장수를 내보내 대결하도록 했다. 두 사람은 창과 방패를 들고 서로를 향해 말을 달렸다. 질주하는 속도와 창 놀림이 빨라 누가 먼저 찔렀는지 모를 정도였고 커다란 비명소리와 함께 두 장수는 말에서 떨어져 둘 다 죽었다. 타타르 병사들이 먼저 러시아의 전방부대를 뚫고 주력 부대를 공격해 왔다. 서로 간에 쏘아댄 화살이 마치 소나기가 퍼붓는 것 같았고 적을 찔러대는 창은 신속하게 움직였다. 피를 흘리며 쓰러져가는 병사들의 모습이 계속 늘어나기 시작했다.

　　그런데 시간이 지나감에 따라 러시아군의 전열이 흩어졌고 타타르 병사들이 러시아군의 좌측 진영을 공격해왔다. 러시아의 엄호군이 뒤로 물러서자 타타르 병사들은 재빨리 러시아군의 뒤를 강타했으며 상황은 러시아에 매우 불리한 듯 보였다. 이때 러시아의 매복 군대가 일제히 공격하자 이에 놀란 타타르 병사들은 겁에 질려 뿔뿔이 도망치기 시작했다.

쿨리코보 전투 드미트리 공의 지휘 아래 단결하여 타타르군에게 대항한 쿨리코보 전투에서 러시아군은 최초로 대승을 거두었다.

　　이런 상황을 높은 산봉우리 위에서 지켜보고 있던 타타르의 연합군마저 겁에 질려 도망가니 그들은 고삐 풀린 말과 같이 방향을 잃고 흩어졌다. 그들을 크라시바야메차 강까지 몰아낸 러시아군은 승리의 기쁨과 환희 속에 휩싸여 모스크바로 돌아와 주민들의 열렬한 환영을 받았다. 러시아인들은 이 날의 승리를 기념하여 드미트리의 공을 돈강의 이름을 빌려 '드미트리 돈스코이'라 했다.

쿨리코보 전투의 승리는 러시아인에게 매우 중요한 의미를 갖게 했다. 위협적이던 타타르에 대해 자신감이 생겼고 모스크바의 지위는 이제 단순한 도시의 성격에서 벗어나 러시아 민족 전체의 진정한 중심지로 부각되었다. 그러나 몽골의 지배로부터 완전히 벗어난 것은 아니었다. 이후에도 몽골족은 새로운 우두머리를 세워 틈틈이 러시아 영토를 침범해왔다. 그로 인해 적지 않은 피해를 보았으며 러시아 내부에서도 여전히 세력다툼은 남아 있어 모스크바가 성장해 가는 것에 불만을 갖고 있는 세력들이 점차적으로 모스크바를 견제하기 시작했다.

모스크바의 팽창

쿨리코보 전투를 치른 이후에도 드미트리 돈스코이는 쉴 사이가 없었다. 무엇보다도 러시아를 단일 중앙집권국가로 통일시켜 모스크바의 힘을 누구도 넘보지 못하게 해야만 했다. 그리하여 첫 시도로서 러시아의 내부적 합병 작업이 시작되었다. 먼저 주변에 있는 블라지미르, 갈리치, 툴라를 모스크바에 종속시키는 작업을 시도했다. 그러나 생각만큼 쉽지는 않았다. 그간 자기들 스스로 독립적인 권위를 누리다가 모스크바의 지시를 받는다는 것이 그들로서 달가울 리가 없었기 때문이었다. '통일'이라는 미끼를 던져놓고 이것을 위해 조금씩 양보할 것을 권유하여 새로운 도시를 모스크바에 병합시켰다.

이때부터 러시아는 몽골의 침입으로부터 받은 상처를 회복하기 시작했다. 동북 러시아의 많은 도시와 서남 러시아의 노브고로드, 프스코프에서까지 러시아어를 공용어로 사용하게 되었고, 몽골인에 의해 파괴된 문화가 다시 피어났다. 농작물을 경작하는 방법이 개선되고 떡갈나무 대신 돌 장식을 했다. 몽골국을 비롯하여 중앙아시아, 비잔티움, 서유럽 제국들과 활발하게 교역하였다. 그러자 그리스, 이탈리아, 아라비아 상인들도 자주 모스크바를 찾게 되었으며 특히 비잔티움과는 무역관계와 함께 새로운 문화 교류의 길을 터놓았다.

러시아의 지식인들은 그리스어를 연구하여 책을 펴냈고 폭넓은 연구를 위해 콘스탄티노플로 자주 여행을 하곤 했다. 오랜 정체기를 벗어나 새로운 문화의 발전기를 맞이하게 된 것이다. 러시아의 민족과 국가의 통일 작업이 진행되면서 러시아의 경제적 통일, 도시인구의 증가, 도시와 농촌 간의 물질적·인적 교류가 활발해져 상업발달이 촉진되었다. 이런 배경으로 러시아의 통일작업은 1389년 드미트리 돈스코이가 죽고 그의 아들 바실리 1세로 이어져 더욱 구체화되었다.

바실리 1세는 먼저 니쥐고로드와 무롬 공국을 병합했다. 그러나 트베리·랴쟌·노브고로드 공국 등은 모스크바를 부정하면서 독립을 주장하는 내분을 일으켰다. 특히 노브고로드 공국은 자신들의 지도자는 물론 성직자 선출까지도 모스크바의 영향력을 거부하는 등 강한 반발을 보였다. 그러나 강력한 군대를 갖고 있었던 모스크바는 그러한 반란을 단순한 반항으로 일축시킬 만큼 힘과 여유를 갖고 있었다.

이러한 과정에서 몽골과의 관계가 서서히 바뀌기 시작했다. 바실리 1세는 그동안 주기적으로 몽골에 보냈던 공납 전액을 보내지 않고 자그마한 선물로 대신 했다. 사실상 이런 선물마저도 보내지 않을 수도 있었으나 러시아의 통일이 좀 더 다져질 때까지는 몽골을 달래두는 것이 유리하다고 생각했던 것이다. 또 한편으로는 점점 쇠퇴하고 있는 몽골이 더욱 더 분열될 때까지 기다리자는 속셈도 있었다. 그의 아들 바실리 2세의 통치 기간 중에도 모스크바는 착실하게 영토를 넓혀갔으며 순조로운 발전을 계속하였다.

몽골의 그림자는 사라지고

바실리 2세 이후 1462년 이반 3세가 모스크바의 권좌에 올랐다. 그는 '돌다리도 두드리고 건널' 정도로 침착하고 조심성이 강하면서도 괴팍한 성품의 소유자였다. 전투에서는 앞장서서 지휘하는 것보다 병사들 뒤에서 지켜보는 경우가 많았다. 또한 영토 확장에는 누구보다도 욕심이 많아 수단과 방법을 가리지 않았다. 돈으로 무조건 사들이는가 하면 상속을 강요하여 빼앗고, 무력으로 압력을 가하여 조약을 맺게 한 뒤 영토를 차지하기도 했다. 이러한 방법으로 통하지 않을 경우에는 조금도 망설임 없이 전쟁을 벌여 빼앗았다.

    그의 영토 확장 과정에서 가장 큰 소득은 강력한 경쟁 관계였던 노브고로드 공국을 수중에 넣은 일이었다. 노브고로드는 한마디로 모스크바가 크기 위해서는 꼭 필요한 요충지였다. 이곳은 발트 해로 통하는 수로가 사방으로 나 있는 규모가 큰 도시들이 있으며 볼가 강 이북과 북동쪽으로 넓은 황야가 있었다. 이곳으로부터 밀랍과 모피를 생산해서 서방의 한자동맹국을 포함한 여러 나라로 팔고 있었다. 이반 3세는 이곳에서 얻을 수 있는 값진 모피에 눈독을 들이고 있었으므로 모스크바 공국으로의 흡수는 필수적인 것이었다.

사실 오래전부터 모스크바 대공들은 노브고로드를 늘 위협하고 있었다. 뿐만 아니라 이미 모스크바의 많은 세력들이 진출하여 그곳의 식민지를 시도하고 있었다. 여기서 두드러지게 활약을 보인 세력은 교회인데 이것은 미국의 경우와는 정반대 현상이었다. 즉 미국의 경우 대서부로 나가 개척한 사람들은 상인, 사냥꾼, 농민들이었고 이들의 뒤를 따라 간 것이 교회였다. 그러나 러시아에서는 황량한 벌판에 교회가 제일 먼저 진출했다. 그것은 특히 타타르 시대의 두드러진 현상인데 그 이유는 그 당시 수도자들이 그들 자신의 죄 때문에 타타르족이 쳐들어 왔다고 믿어 이를 뉘우치기 위해 황야에 수도원을 세우고 기도와 고된 노동을 통해 참회의 모습을 보이려 했기 때문이다.

러시아 수도원의 시작은 1340년에 모스크바 북쪽 숲 속에 세워진 성 트리니티 수도원에서 비롯되었다. 수도원의 창시자인 라도네즈의 세르기우스는 드미트리가 쿨리코보의 전투를 위해 갑자기 방향을 바꿔 병력을 이동시킬 때 승리를 위해 축복을 빌어준 사람이다. 그는 훗날 러시아의 많은 성인들 중에서 가장 존경받는 성인이 되었으며 그때 함께 있던 많은 수도사들이 수도원을 건설할 목적으로 노브고로드의 북쪽으로 떠났다.

수도원 중에는 높은 벽을 쌓아 담장을 둘러친 것도 있었다. 그곳에는 기독교인도 아니고 회개한 것도 아닌 개척자들이 있었는데, 그들 중에는 자신의 땅을 조금이라도 얻어 농사를 짓기 위해 온 사람도 있었고 귀족의 압박에 못 이겨 도망친 사람도 있었다. 그러나 대부분은 모피를 얻어 재산을 모으려고 온 사람들이었다. 당시의 담비털 2장은 한 농부가 집을 짓고 몇 필의 말과 동물의 가죽을 얻을 수 있을 정도였으니 담비털의 인기와 명성을 가늠

할 수 있다.

　이러한 황야로의 대이동은 국가 계획에 의한 것이 아니라 생존과 생활을 위한 자연발생적 현상이었으며 이동한 사람들도 거의 의식 없이 공국을 형성하게 되었다. 이반 3세는 우선 이 공국에 세금을 거둬들이기 위한 기관과 질서를 유지하기 위한 법 집행

러시아 초기 수도원
러시아는 자작나무, 참나무, 떡갈나무 같은 침엽수림이 풍부하여 집이나 수도원, 요새, 궁전을 지을 때 많이 사용되었다.

기관을 설치했다. 그러나 이 지역과 모스크바는 거리상으로 멀리 떨어져 있었기 때문에 연락과 통치가 원활할 수 없었고 그들 역시 모스크바의 명령과 지시에 순응하려 하지 않았다. 따라서 이반 3세가 공국 건설의 구체적인 작업에 들어갔을 때 이미 이러한 외딴 지역들에 대한 지배권은 상실하고 있었다.

그러한 지역들을 누가 지배하느냐 하는 것은 바로 그 지역에 살고 있는 사람들의 의견에 좌우될 문제일 수밖에 없었다. 당시 주민들의 대부분은 노브고로드보다는 모스크바를 지지했으나 귀족들은 모스크바 대공의 지위를 인정하지 않았다. 따라서 이반 3세의 노브고로드 대원정이 실시될 수밖에 없었다. 모스크바 군대는 노브고로드 시장의 미망인 마르파 보츠카야와 측근들을 체포하여 모스크바로 보냈다. 대귀족과 상인들도 강제 이동시켰으며 모스크바와 다른 도시의 상인과 공인들을 노브고로드로 옮기게 했다. 그런 다음 이반 3세는 노브고로드 귀족의 영토를 부하 장군들에게 나누어 주었으며 관리를 파견하여 그곳을 다스리게 하였다.

한편 몽골에서는 내분이 격화되어 그 분열의 정도가 매우 심각해 킵차크한국으로부터 여러 한국들이 떨어져 나가고 있었다. 이반 3세는 떨어져 나온 크림한국과 동맹을 맺은 뒤 킵차크한국과 조공에 대한 조약문서를 없애버렸다.

킵차크한국에서 파견 나온 사신들마저도 모스크바에서 추방시켰다. 몽골은 이에 불만을 갖게 되었고 1480년 폴란드의 협조를 얻어 우그라 강을 사이에 두고 러시아군과 대접전을 벌였다. 러시아군은 몽골군이 우그라 강을 건너오지 못하게 방어 작전만을 폈다. 건너오는 길목만 지키고 있다가 타격을 가하는 러시아의 방어망을 뚫을 수가 없었던 몽골군은 두 배로 어려운 전투를 해야만 했다. 강을 건너 공격하는 병사들을 계속 잃고만 몽골은 강을 건너는 것을 일단 포기하고 폴란드의 지원군을 기다렸다. 그러나 러시아와 동맹을 맺은 크림한국이 폴란드 남부를 공격했다는 소식뿐 지원군은 오지 않았다. 또 한편으로는 러시아의 이반 3세가 킵차크한국을 공격했다는 소식마저 듣게 되니 대기 중에 있던 몽골군의 아흐마트도 정신을 차릴 수가 없었다. 설상가상으로 추위마저 닥쳐오니 어쩔 수 없이 군대를 철수시켜야 했고 얼마 지나지 않은 1483년 아흐마트도 누군가에 의해 살해되었다. 타타르라고 하는 아성의 불꽃이 꺼져버린 것이다. 이때부터 러시아는 몽골의 지배에서 완전히 벗어났다.

칭기즈칸의 러시아 침공 이후 러시아의 부활까지 타타르족은 여러 방면에 걸쳐 러시아에 영향을 미쳤다. 그러나 문화적인 측면에서는 타타르족의 영향이 거의 없었던 것으로 보인다. 러시아에 대한 몽골의 지배가 있기 전인 11~12세기경 이미 유럽에서의 러시아 문화는 상당한 수준을 자랑하고 있었다. 러시아의 문화적 기념물로 손꼽히는 《연대기(年代記)》를 비롯하여 이골 공에 관한 이야기 등이 있었다. 문화적 가치나 예술적 가치로 코아 상당히 높은 수준이었기 때문에 타타르가 러시아에 끼친 영향이 거의 없었다고 할 수 있다. 훗날 푸시킨이 평가한 내용을 보면 이를 알 수 있다.

'타타르인들은 아리스토텔레스가 누구이며 무엇을 하는 사람인지도, 대수(代數)가 무엇인지도 모르는 야만인이었다.'

그리고 이들은 러시아인의 비잔티움이나 서구와의 교류를 차단시켰으므로 러시아의 문화적 성장을 지연시켰다고 할 수 있다. 그러나 러시아인들의 독자적인 문화 형성마저 그들에게 방해받은 것은 아니었다. 타타르는 러시아 땅에 관리를 파견할 때 러시아인과 따로 떨어져 생활하도록 했기 때문이다. 그러나 사회적인 측면에서 타타르족이 미친 영향은 매우 불행한 것이었다. 키예프 시대 각 공국들의 특징이던 자유와 민주정치의 추구, 그리고 공명정대한 법률의 적용 같은 것은 영영 사라져버리고 말았다.

러시아의 지배자들은 타타르족 영향으로 서서히 독재를 배워갔고 자신들도 모르는 사이에 독재자로 변해 있었다. 왜냐하면 그들에게 조공을 바치기 위해 그들의 언어와 행동을 모방해야 했기 때문이다. 따라서 러시아 역사의 전체를 통하여 나타난 2가지 요소, 즉 독재정치와 농노제는 바로 타타르 지배의 영향에서 시작된 것이었다.

강국 러시아를 꿈꾸며

완전한 통일을 위하여

1480년 초에 러시아는 타타르의 조공을 공식적으로 거부했다. 따라서 이반 3세는 240여 년에 걸친 타타르의 지배를 종식시킨 장본인이 되었다. 그는 스스로를 '차르'라 칭하여 비잔티움의 정통적인 후계자임을 강조했으며 통치 기간 중 많은 업적을 남겼다.

그는 주변도시를 합병시킴으로써 영토를 확장시켰으며, 농노제의 틀을 만들어 놓았다. 1497년 러시아 최초의 법전인 《수제브니크》를 편찬하였는데 이것이 농민의 이주를 일정선까지 제한함으로써 농노제의 기초를 만든 결과가 되었다. 이 밖에도 진정한 통일을 위해 많은 노력을 했으나 통일을 보지 못한 채 1505년에 세상을 떠났다.

'러시아의 진정한 통일 시대'를 열어놓은 주역은 이반 3세의 아들 바실리 3세였다. 그는 늘 말썽이 많았던 프스코프, 랴잔, 그리고 스몰렌스크까지 완전히 합병해 280만 평방킬로미터에 달하는 광대한 영토를 '러시아'라는 이름 아래 놓이게 만들었다. 이때의 인구는 900만 정도였으며, 모스크바는 중심지의 면모를 갖추었다.

러시아가 평화를 되찾으면서 주변 공후들은 모스크바 대공을 중심으로 하는 체제 속에서 대귀족으로서의 대우를 받았다. 이러한 계급 체제를 기초로 하여 대귀족회의를 구성하였으며 이 회의는 정치적으로 견제 세력의 역할을 하였다.

또한 국가의 중요한 사건이나 문제가 발생할 때 합리적인 해결책을 찾도록 도와주는 역할도 했다. 대공의 명칭은 대부분이 대귀족회의에서 표결에 부쳐졌고 만장일치로 가결되어야만 비로소 효력이 발생하는 조직 운영으로 발전하였다. 그럼에도 지난날 봉건적 체제하에서 이루어졌던 분열의 흔적은 여전히 남아 있었다. 귀족과 혈연적으로 관계가 있기만 하면 그 관계가 멀든 가깝든 상관없이 영토는 세습제에 의해 관리되었다. 또한 영토 안에서 그들의 권력 행사는 일방적이었다. 그들 자신을 위해 친위대를 둘 수도 있었고 자신들에게 유리한 규율을 만들었다. 이 같은 상황이었으므로 자신들에게 불리한 모스크바의 모든 지시나 명령을 순순히 따를 리가 없었다.

귀족들의 반발은 이반 3세 때부터 그들이 전통적으로 가지고 있었던 권리의 일부를 조금씩 잃어 왔기에 생겨났다. 이때부터 쌓인 불만이 마침내 봇물처럼 터지니 감당하기가 어려울 수밖에 없었다. 또한 주변 국가들까지도 종종 싸움을 걸어와 통일도 어렵지만 통일된 국가를 유지하는 일도 결코 쉽지 않았다.

이반 뇌제의 등극

바실리 3세의 아들인 이반 4세, 즉 '이반 뇌제'는 불과 3살의 어린 나이로 아버지를 여의고 1533년에 왕위를 물려받았다. 그렇게 되자 어머니인 엘레나의 섭정이 시작되었다. 엘레나는 그녀의 형제들인 글린스키 가문의 귀족들을 정치에 참여시켰다. 엘레나를 중심으로 한 친인척들의 섭정은 또 다른 귀족들의 불만을 가져왔고 군주의 나이가 어린 것을 이용한 왕위 계승 다툼이 귀족집단들 간에 시작되었다. 그 대표적인 집단은 바실리 3세의 형제들인 유리와 안드레이를 주축으로 하는 무리들이었다. 그러나 글린스키 가문은 더욱 더 국가 권력을 강화시켜 권력 싸움을 가차 없이 처벌하였으며 국가의 큰 문제뿐만 아니라 사소한 문제들까지도 반드시 중앙정부를 거쳐서 검토되도록 만들었다.

이렇게 중앙집권적 국가체제가 성숙해 갈 무렵 중요한 사건이 발생했다. 1538년 엘레나가 죽은 것이다. 엘레나는 누군가에 의해 살해되었다. 소문이 빠른 속도로 러시아 전역에 퍼져나갔다. 혼란은 다시 시작되었고 이 틈을 이용해 슈이스키 가문의 공작들이 권력을 탈취했다. 그들은 엘레나의 사랑을 받았던 보좌관 오블렌스키를 비롯한 다른 가문의 귀족들을 유폐시킨 뒤 굶겨 죽이는 잔인한 방법으로 숙청을 단행했다. 그러나 이 같은 공포로 인한 짧은 안정은 다른 귀족집단에 의해 사라졌다. 이후 벨리스키 가문, 브론츠프 가문, 그리고 또다시 슈이스키 가문에 이어 글린스키 가문으로 이어지는 권력 변화는 그야말로 한치 앞을 내다볼 수 없었던 당시의 혼란을 잘 반영하고 있다.

　마지막으로 권력을 잡았던 글린스키 가문의 귀족들마저도 국가의 이익보다는 자신들의 부와 명예에만 급급해 러시아는 사공 없는 배와 같이 표류하였다. 이 같은 권력 다툼 속에서 냉대 받으며 자란 이반 4세의 성격은 정상일 수가 없었다. 귀족들은 이반 4세의 친구들이나 하인들도 의도적으로 경계하였고 그의 아버지가 쓰던 침대 위를 장화를 신은 채로 뛰어다녔다. 어떤 때는 그가 자고 있는 이른 새벽에 침실로 들어와 큰 소리로 떠들며 회의를 하기도 했다. 그러나 그들은 대중이 보는 앞에서는 이반을 하늘처럼 받드는 시늉을 하였다. 어린 이반으로서는 감당하기 힘든 사건들이었고, 이런 사건들은 그에게 결국 정신분열 증세를 가져왔다.

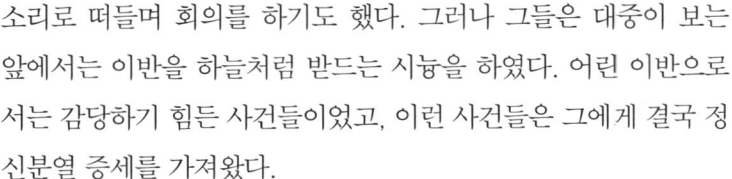

이반 뇌제 '뇌제'라는 별칭은 이반 4세가 실시한 공포 정치 때문에 붙여졌다. 강력한 전제 정치는 왕권을 우습게 여긴 귀족들을 타도하는 데 효과적이었다.

　이반 4세는 유아 시절엔 크레믈린 탑 위에 올라가 작고 힘없는 동물들을 수없이 떨어뜨려 죽게 했으며, 말을 탈 정도가 되었을 때는 말채찍으로 주민들을 마구 때렸고 상인들의 물건을 망쳐놓기도 했다. 그가 13살이 되던 해는 국가운영의 핵심 역할을 하던 귀족을 죽이기까지 했다. 그러던 중 그는 아무도 침해할 수 없는 절대적인 권력에 대한 욕망을 품기 시작했다.

　그가 17세가 되던 1547년에 '차르'에 즉위하게 되니 명실공히 러시아의 지배자가 되었다. 그 후 그는 대주교 마끼리에게 훌륭한 교육을 받았다. 또 많은 독서와 유럽 역사를 깊이 공부하여 놀라울 만큼 어른스러운 논리로 자신의 측근들을 설득하였다. 그는 귀족의 딸인 아나스타샤 로마노프를 왕비로 맞이하면서 러시아 역사상 처음으로 화려한 대관식마저 성대하게 치러 군주로서의 정통성을 확고하게 하였다.

강력한 국가를 위한 첫걸음

그는 국가 통치의 기본목표를 강력하게 중앙집권화된 국가체제를 확립하는 것이라고 생각했다. 어린 시절부터 괴팍한 성격을 드러냈던 그는 경우에 따라서는 매우 엄격하기도 했고 쉽게 이성을 잃어버리기도 했다. 갑자기 공포에 질려 떨기도 했으며 앞뒤 가리지 않고 의심부터 하여 잔인한 행동을 일삼아 죄 없는 사람을 죽이기까지 했다.

이렇게 종잡을 수 없는 성격을 나타내면서도 그는 과거 대귀족들이 통치했던 농민이나 도시주민들의 생활이 점점 더 곤란해지고 있다는 것을 깨닫고 있었다. 그래서 그는 이 같은 문제의 해결을 위해 자신의 명령에 절대적으로 복종하는 그의 관리들을 중심으로 인도주의적인 자문기구를 만들어 좋은 의견을 활용하려 했다. 그러나 귀족들은 이러한 자문기구마저도 부정적인 눈으로 바라보았다. 왜냐하면 그들은 이반 4세가 자문기구보다는 오히려 지방 실력자들의 모임인 드마에 자문을 구하는 것을 우선해야 한다고 생각했기 때문이었다.

그러나 결과적으로 귀족세력인 '드마'는 이반 4세에 의해 힘을 잃게 되었으며 대신 관할하는 자문기구가 실제적인 정책수행을 담당하기 시작했다. 이들은 귀족과 성직자들 간에 일어나는 이해관계를 절충하며 조정하고자 애썼으며 해결방향을 중앙집권화에 도움이 되는 쪽으로 유도하려 했다.

    1549년 첫 모임이 열린 이후 국가의 중요한 문제들이 생길 때마다 회의가 소집되었다. 1550년 이반 4세는 러시아의 발전을 위해 해외로부터 저명한 학자와 전문 기술자들을 초빙하라고 했다. 그리고 유럽에 사신을 파견했는데 이러한 결정도 바로 자문회의 건의를 참고하여 결정된 것이었다. 이때 소집된 회의에는 성직자, 귀족은 물론 상인대표까지 참가했다. 그래서 오늘날의 국회와 비슷한 성격을 띠기도 했으나 참된 국회라고 할 수는 없었다. 왜냐하면 구성 인원 자체가 선거에 의해 선발된 것이 아니라, 이반 자신이 임명했고 회의 방식도 왕의 제안을 승인하는 정도였기 때문이었다.

    따라서 이러한 회의 방식에 대한 비판의 소리가 높아지자 이반 4세는 문제를 수정하여 나름대로의 발전적인 체제를 구성해 갔다. 그리고 자신이 그동안 적지 않은 실수를 저질렀음을 인정하고 어릴 적 환경이 나빴기 때문이라고 용서를 구하기도 했다. 앞으로는 심사숙고하는 태도로 모든 정책에 임하여 진정으로 추앙받는 지도자가 되도록 노력을 아끼지 않겠다고 말하여 회원들을 감동시키기도 했다.

    이반 4세는 2차 전국회의를 소집한 이후 곧바로 법률개정에 들어갔다. 법률을 좀 더 포용력 있고 관대하게 바꾸라는 것이었다. 그는 자문기구의 의장인 아다세프에게 재판관을 공정하게 뽑을 수 있는 방법을 연구하도록 지시했고 이에 관한 의견을 수집할 수 있도록 특별기구를 설치하게 했다. 그래서 새로운 법전이 편찬되었고, 전쟁이 발발하면 대토지 소유자들은 자신이 거느리는 병사들을 반드시 출장시켜야 한다는 전쟁에 대비한 새로운 규정도 만들었다. 또 새로운 무기 개발과 지방행정기구 개선에 힘써 주민들의 세금으로 생활을 영위했던 지방관리에게 국가가 봉급을 주도록 했다. 세금 거두는 일과 재판하는 일을 선발된 재판관에게 위임시켰고 모스크바에 세금을 잘 바치겠다는 약속만 하면 각 지방의 징세 관리를 그들 스스로가 뽑을 수 있는 일종의 자치권도 부여했다.

그러므로 정부에서 파견된 관리가 주민들에게 합당치 못한 행위를 했을 때는 거부할 수 있는 매우 획기적이고, 꽤 민주적인 거부권도 인정하고 있었다. 그러나 그의 의도와는 달리 거부권은 결과적으로 관리들의 그릇된 착취를 방지하는 역할을 했다.

타타르족을 향한 피의 복수전

국내 문제를 과감하게 정비한 이반 4세는 눈을 좀 더 크게 뜨기 시작했다. 러시아가 타타르족의 굴레에서 벗어나긴 했으나 동부와 동남부 국경 지대에는 아직도 그 세력이 남아 있었다. 이반 4세는 그들을 공격하기로 결심하고 '복수전'이라는 명목 아래 군대를 모았다. 그동안 성장한 국력 덕분으로 러시아군은 쉽게 10만 이상의 병력과 수십 문이 넘는 대포를 준비할 수 있었다. 그러나 타타르족에 대한 복수를 외친 첫 공격은 기대 밖으로 심한 타격을 받고 물러나야만 했다. 두 번째 공격도 마찬가지였다. 공격에 실패한 그는 완전한 준비가 필요하다고 판단하여 우선 실패 원인을 연구 분석했다.

먼저 공격을 위한 전초기지 건설을 검토하였다. 타타르족의 방어망을 무너뜨리려면 우선 포탄이 다다를 수 있는 거리에 기지를 확보하는 것이 중요하다고 생각하여 언덕 위에 성을 쌓았다. 그리고 일단 포 사격의 사정권 내에 적의 성이 들어가면, 그들 성 주변의 강을 완전히 봉쇄하는 것은 어려운 일이 아닐 것으로 판단했다. 그는 곧바로 전진기지 건설작업에 들어갔다. 러시아군은 30여 일이 지나기도 전에 카잔한국의 요새와 마주 보이는 볼가 강 연안에 대규모 성곽을 건설하였다. 그곳에는 15만 이상의 병력과 기병대, 100여 문에 달하는 포와 포병부대가 전열을 갖추었다.

한편 카잔한국의 타타르족도 방어망을 튼튼히 다져가고 있었다. 성곽 주위 강과 숲을 최대로 이용하여 장애물을 설치했고 성곽 내부에는 원형으로 구덩이를 파서 전진을 지연시키도록 했다. 뿐만 아니라 숲속에는 매복조를 편성하여 적의 공격을 차단하도록 배치해 놓았다.

1552년 이반 4세가 공격 명령을 내렸다. 드디어 일전이 시작된 것이다. 처음에는 러시아군의 공격 부대가 적의 습격조에게 공격을 받았다. 그러나 잘 정비된 전열로 공격했기 때문에 동요는 잠시뿐이었다. 러시아군은 점차 포위망을 좁혀갔다. 상당히 거리가 가까워졌음에도 카잔의 성곽에는 적막만이 감돌고 있었다. 이반 4세는 군대를 일단 정지시키고 항복할 것을 권유하였다. 그러나 이반 4세의 아량은 한마디로 거절당했다. 이제 더 이상 기다릴 여유가 없었다. 곧바로 포병부대에게 포 사격 명령을 내렸다. 순식간에 카잔의 성곽 중심부에서 커다란 불기둥이 솟아올랐다. 그러나 타타르족도 만만치 않았다. 매우 신속하고 치밀하게 방어 활동을 펼쳐 그들의 저력을 보여주었다. 40여 일이나 계속된 포격에도 카잔의 요새는 동요의 기색을 보이지 않았다. 러시아 보병이 돌격할 틈이 생기질 않았던 것이다. 쌍방 간에 희생자만 증가할 뿐 전투의 양상을 크게 변화시킬 계기는 만들어지지 않았다. 따라서 이반 4세는 다른 공격법을 찾으려고 고심했다. 드디어 성곽을 폭파하여 돌파하는 작전을 택했다. 폭약을 다룰 줄 아는 병사들을 모으는 한편 폭약을 장치하기 위해 카잔의 성벽으로 굴을 뚫게 했다. 작업능률이 자연히 밤에만 이루어질 수밖에 없었으며 오랜 시간이 걸렸다. 수일에 걸쳐 작업을 끝낸 이반 4세는 새벽안개가 자욱한 날을 택해 성곽을 폭파시켰다. 카잔의 성벽이 시원하게 뚫어졌고 그 틈으로 러시아 병사들이 물밀 듯이 몰려 들어갔다. 드디어 적과 육박전이 벌어진 것이다. 수적으로 열세에 몰려 있던 타타르족은 거의 몰살당하고 말았다.

1552년 11월, 드디어 카잔의 요새를 함락시킴으로써 지금까지도 계속되는 아시아 진출의 길을 터놓았다. 이후 타타르족의 잔당들인 아스트라칸한국이 러시아에 굴복함으로써 러시아는 볼가강 전역을 차지했으며 남쪽으로 카스피 해에 이르는 국경선을 갖게 되었다.

1560년 이반 4세가 서른 살이 되던 해 그의 아내 아나스타샤가 죽었다. 조화롭지 못한 그를 어루만지고 달래주었던 그녀가 오랜 병상생활에 허덕이다가 세상을 떠난 것이다. 이것은 이반 4세의 생활에 큰 충격을 주었다. 게다가 병으로 죽은 것이 아니라 독살되었다는 소문마저 퍼지자 이반 4세의 정신상태에 또다시 이상이 생겼다. 이반 4세는 아내를 죽인 살인범을 찾는다는 명목 아래 잔인한 행동을 다시 시작한 것이다. 그는 조금이라도 의심스러운 사람은 지위 고하를 막론하고 죽였다. 정신분열증에 의한 피의 숙청이 감행된 것이다.

이반 4세의 엉뚱한 음모

피의 숙청이 계속되던 1564년 어느 날 갑자기 이반 4세가 모스크바에서 자취를 감추었다. 가족들을 데리고 알렉산드로프 마을로 떠난 것이었다. 너무나 갑작스럽게 이루어진 일이었기 때문에 어느 누구도 영문을 알 수가 없었다. 단지 어떤 외국인에 의하면 많은 물건을 가득 실은 썰매가 크레믈린 궁전을 빠져나갔다는 것과 그 썰매 앞뒤로 십여 명의 장정들이 따라갔다는 사실밖에는 알아볼 만한 것이 없었다.

한 달이 지나도록 이반 4세에 대해서는 아무런 소식을 들을 수가 없었다. 그러다가 약 30여 일이 지난 어느 날 대주교 앞으로 두 통의 편지가 날아들었다. 그중 한 통에서 이반 4세는 귀족들과 성직자들에 대한 신랄한 비판을 적고 있었다. 이반 4세가 교회에 대해 불만을 갖게 된 데는 교회 대표가 자주 그와 맞섰다는 이유보다는 교회가 소유하고 있는 땅 때문이었다. 즉 이반 4세는 자신에게 충성을 다하여 종사하고 있는 귀족들에게 나누어줄 땅이 필요했던 것이다.

당시 교회는 땅을 계속 넓혀 중앙아시아에서도 가장 기름진 땅의 1/3 이상을 차지하고 있었다. 뿐만 아니라 교회는 그들이 소유하고 있는 광대한 땅을 이용하여 많은 노동자들을 거느렸다. 모스크바에 자리한 어떤 수도원의 경우 토지를 개간한다는 명목아래 1만 명 이상의 노동자를 거느리고 있었다. 강력한 중앙집권국

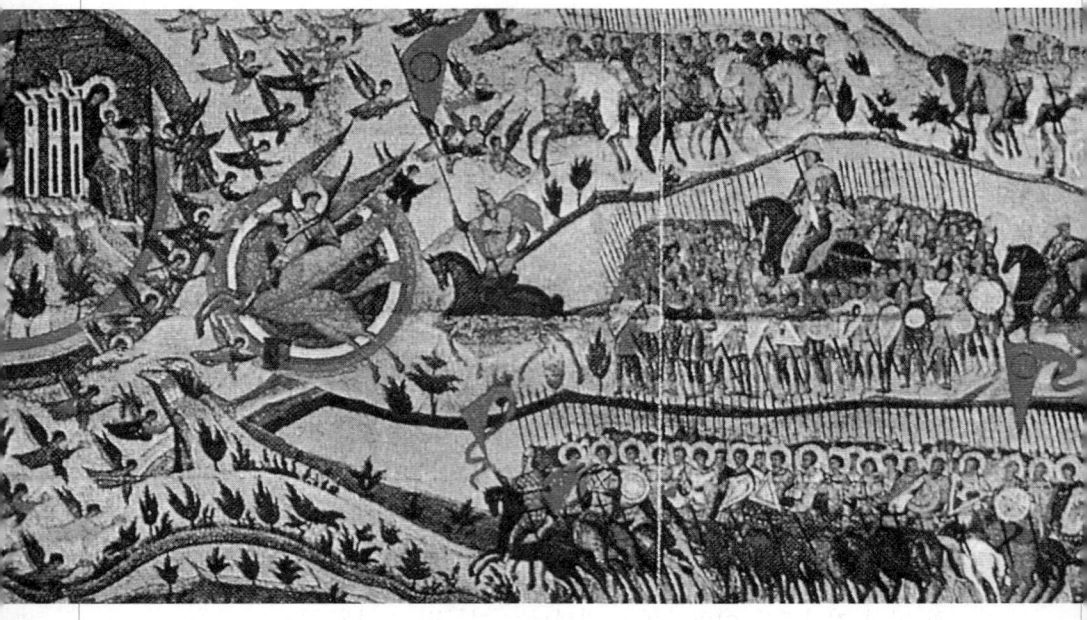

이반 4세의 카잔 점령
카잔한국은 타타르인의 후손이 세운 국가로 볼가 강을 요충지로 삼아 번영하고 있었다. 이반 4세가 카잔한국을 점령하면서 러시아는 볼가 강 전역을 손에 넣을 수 있었다.

가를 추구하던 이반 4세로서는 이러한 교회의 확장에 불만을 가지지 않을 수 없었던 것이다.

그리고 두 번째 편지에는 아주 명확한 어조로 모스크바 주민들이 자신을 화나게 한 것은 결코 아니라고 썼다. 이러한 사실이 귀족들뿐만 아니라 일반주민들에게 알려지자, 이반 4세에게 모든 노여움을 풀고 수도로 돌아와 달라는 청원서를 전달하고 사절단을 파견하자고 결의했다. 그리하여 1565년 1월 초에 사절단이 이반 4세를 만나게 되었다. 사절단은 청원서를 전하며 이렇게 덧붙였다.

"차르시여! 당신은 볼가 강 전투에서도 우리의 등불이 되셨고 지금도 그 빛을 발하고 계시며 앞으로도 계속 그 빛을 우리에게 비추시길 만인이 원하고 있나이다. 또한 당신이 없으면 러시아

는 무정부 상태가 벌어질 우려가 있나이다."

청원서를 읽고 난 이반 4세는 화가 풀려 수도로 돌아갈 의사를 밝히게 되었다. 단 조건이 있었다. 그것은 바로 이반 4세에게 특별 영지가 제공되어야 한다는 것과 반역자들에 대한 모든 처리는 오직 이반 자신만이 할 수 있도록 해야 한다는 것이었다.

권력의 상징 '오프리츠니나'

두 가지 조건이 수락되고 이반 4세는 수도로 돌아왔다. '오프리츠니나'라 칭해진 특별 영지가 그에게 주어졌고, 이반 4세는 그 영지에 대해 전권을 가지게 되었다. 그러자 그는 나머지 영토도 자신의 영지로 만들기 위하여 가까운 귀족·관리들을 중심으로 친위대를 조직했다. 오직 그에게만 충성을 다하는 친위대, 이른바 '오프리츠니크'가 만들어진 것이다. 그리하여 모스크바 중부와 북부 지역에 있는 땅들이 주변에 있는 여러 도시와 함께 황실령이 되었다.

또한 수많은 반역자들이 처형 내지는 추방당하였다. 물론 황실령으로 몰수한 땅들은 그의 충성스러운 부하들에게 분배했다. 이런 상황 속에서 오프리츠니나는 계속 불어났다. 확장 속도가 어찌나 빨랐던지 순식간에 전 국토의 1/2 이상을 차지하게 되었고 지리적으로 매우 복잡하게 엉켜 있게 되었다. 즉 한 도시에도 오프리츠니나와 순수한 지방 영지가 뒤엉켜 있어 명확한 구분이 어려웠다. 이것으로 미루어 짐작할 때 이반 4세의 오프리츠니나 확장은 사실상 치밀하게 정리된 계획하에 이루어진 것이 아니었다는 것이다. 황실 영토의 확장과 더불어 나타난 오프리츠니크의 잔인한 행동은 약 8년간에 걸쳐 러시아 전역을 공포의 도가니로 몰아넣었다. 이 기간 중에 귀족들은 물론 농민들까지도 괴롭혔으며 그들의 재산을 빼앗았고 반항하는 자는 무조건 죽여버렸다.

이와 같이 이반 4세의 오프리츠니크의 횡포가 심해지자 1566년 공작과 대귀족들로 이루어진 국민회의에서 오프리츠니나를 폐지하자는 청원서가 이반 4세에게 보내졌다. 당시 오프리츠니나는 땅의 의미를 벗어나 권력을 상징하고 있었다. 그러나 이러한 청원서는 이반 4세를 더욱 분노하게 만들었다. 청원서를 작성한 주동자들은 물론 기타 관련자들을 포함하여 200여 명이 가차 없이 처형당하였다.

그러자 다른 한편에서 수도원의 성직자들이 들고 일어났다. 그들은 이반 4세가 수도원 소유의 땅을 강제로 빼앗아갔다고 주장하면서 이를 반환할 것을 요구했다. 뿐만 아니라 이반 4세가 오프리츠니크의 활동을 방관하고 있다고 공공연히 비난하였다. 이 일로 대주교를 비롯한 수도원의 고위 성직자들이 독살되거나 감옥에 수감되었다.

피의 숙청은 좀처럼 누그러지지 않았다. 더욱이 1568년 러시아가 리보니아 전투에 참패하자 그 여파는 더욱 더 숙청의 고삐를 죄어들어가게 되었다. 이반은 이 전투에서 패배한 이유가 적과 내

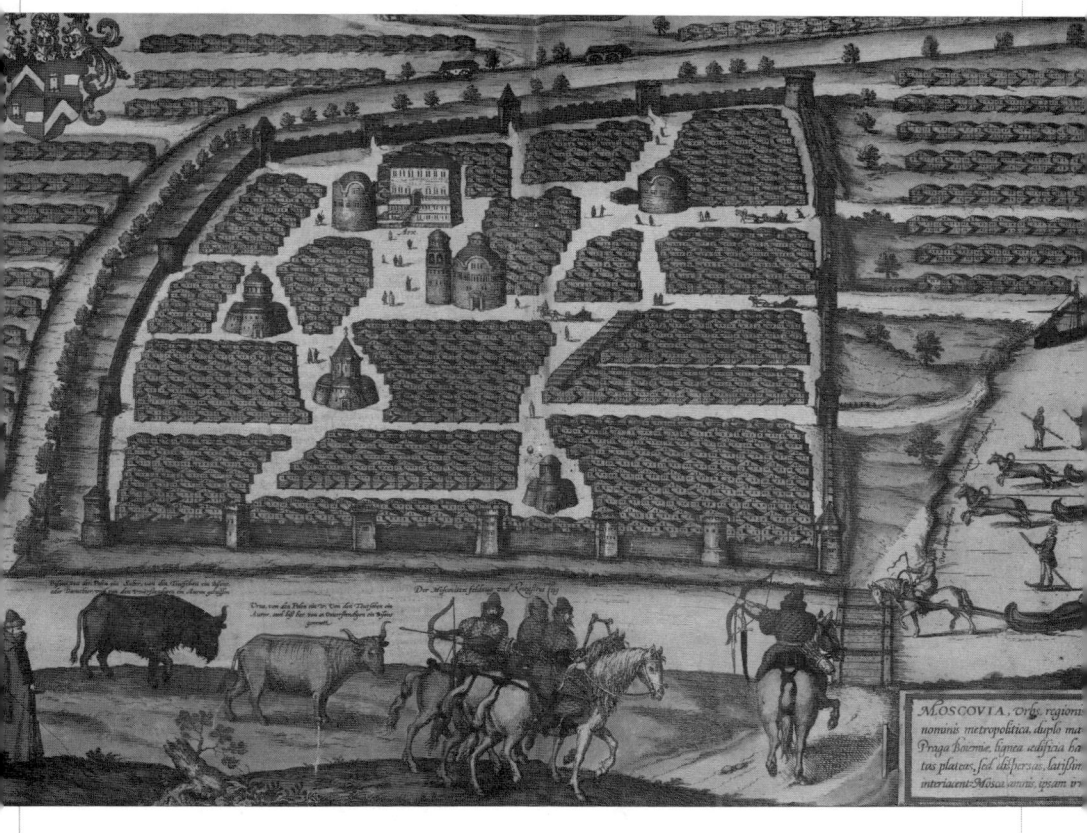

1572년의 모스크바 지도 1575년에 출판된 목판화. 농경지와 성직자, 기사 등 16세기 러시아의 생활상을 보여준다.

통한 자가 있었기 때문이라고 생각했다. 따라서 러시아 내의 주요 관리들에게 누명을 씌워 처형하였고 대귀족회의의 의장인 페트로비치 표도로프도 이반 4세에 의해 살해되고 말았다. 뿐만 아니라 이와 같이 처형된 자들과 조금이라도 친분이 있었던 사람까지도 죄과의 유무를 가리지 않고 죽여 버렸다.

주요 도시와 지방 대다수의 관청이 공포의 나날을 보내고 있던 1570년 노브고로드에 이반 4세의 철퇴가 내려졌다. 노브고로드의 주민들이 차르를 바꾸려는 음모를 꾸몄다고 비난하며 한달에 걸쳐 고문과 처형을 계속했다. 형체도 알아볼 수 없게 된 사상자들이 매일 강에 던져졌고 마을과 주변 촌락들까지도 비명소리가 그치질 않았다. 그 결과 노브고로드는 완전히 모스크바의 무릎 아래 놓여 속국의 처지로 전락하였다.

이 일이 있은 지 얼마 후 이반 4세는 그간의 자신을 돌이켜보며 마음이 동요되었다. 그래서 그는 마무리 작업으로 모스크바 내의 주요 관리들에 대한 공개 숙청을 단행한 후 1572년 오프리츠니나를 폐지하였고 대량 학살도 금지시켰다. 또한 러시아 전역에 걸친 토지구분을 폐지시키기에 이르렀다. 이러한 역사의 수레바퀴가 지나간 후 국가 통치에 있어서 새로운 귀족들의 역할이 강화되어 갔으며 봉건적 잔재가 거의 청산된 터전 위에 새롭게 중앙집권 체제를 꽃피울 수 있는 전기가 마련된 것이다.

타타르의 잔당을 몰아내라

1572년 이후 러시아 전역에서는 마라톤을 뛰고 난 선수의 휴식과도 같은 고요함이 지속되었다. 변방에서 일시적인 전투가 산발적으로 일어나긴 했으나 두드러진 사건 없이 10여 년을 보냈다.

1581년에 이르러 그동안 완전히 마무리짓지 못한 타타르 잔당들에 대한 토벌의 기회가 생겼다. 지난 1574년 이반 4세가 스트로가노프 가문에게 준 땅인 우랄 산맥 너머의 요새 부근에 카자크의 우두머리가 그의 군사들을 이끌고 나타난 것이다. 이에 러시아는 방어 준비를 하고 동태를 살폈다. 그러나 몇 시간이 지나도록 그들은 공격할 기미를 보이지 않았다. 이상히 여긴 스트로가노프는 그들의 우두머리인 예르마크를 불러 그들이 온 이유를 묻자 이렇게 대답하는 것이었다.

"우리는 카자크 부대인데, 현재 훈련 중에 있다."

이 말을 들은 스트로가노프는 이들을 잘 이용하면 타타르족의 마지막 잔당인 쿠춤한국마저 없애 버릴 수 있을 것이라고 생각했다. 그는 예르마크를 불러 쿠춤한국을 정복해 주면 차르께서 후한 보상을 하실 것이라고 유혹했다. 대신 러시아가 대포·식량·화승총 등 일체의 전쟁물자를 제공키로 제안하자 예르다크는 쾌히 이를 승낙했다.

러시아의 무기 지원을 받은 카자크 부대가 시비리에 있는 쿠춤한국을 향해 전진했다. 우랄 산맥을 넘어 기나긴 원정길에 오른 카자크군은 그해 겨울이 지나서야 타타르족의 변방에 다다를 수 있었다. 카자크 부대가 쿠춤한국에 가까워지면서 타타르군의 잦은 습격을 받게 되었다. 그러던 중 카자크부대가 가지고 갔던 무기 중에 화승총이라는 무기의 위력을 깨달은 타타르군은 그만 사기가 떨어지고 말았다. 더욱이 화승총에 생소한 타타르군에게 카자크 병사들은 모습을 나타내지 않고 화승총만을 쏘아대니 크게 놀란 타타르 병사들은 우두머리에게 허둥지둥 보고했다.

"어디서 쏘았는지 알 수가 없는데 불덩어리가 날아와 덤벼들었고 뜨거운 불인 줄만 알았더니 쓰러져가는 동료의 몸에서 피가 펑펑 쏟아져 나왔습니다."

이 말을 들은 우두머리는 새로운 방어 작전을 생각해냈다. 카자크 부대가 공격해 들어오리라고 예상되는 지점마다 굵은 쇠사슬로 덫을 만들어 놓았다. 또한 그 주위에 매복조를 편성하여 배치했으며 눈에 잘 띄는 곳에 허수아비를 꼽아놓아 병력이 많은 것처럼 위장했다. 성안에는 기름과 횃불, 그리고 끓는 물과 돌주머니를 준비시켰다. 공격해 들어올 카자크 부대의 허점을 찾아 분쇄해 버리려는 작전이었다.

그러나 카자크의 우두머리 예르마크는 그러한 작전에 쉽게 말려들지 않았다. 쿠춤의 작전을 미리 예측하기라도 한 듯 소규모 병력만 전방에 공격을 시켜놓고 주공격 부대로 하여금 후방 공격을 하도록 지시했다. 예상치 못한 후방 공격을 받게 된 쿠춤한국의 방어진이 무너지면서 대열에서 떨어져 나가는 도망병들이 계속 생겨 카자크 부대는 쉽게 1차 방어진을 뚫을 수가 있었다. 그 여세를 몰아 계속 쿠춤한국의 중심부인 카슬르이크로 향했다. 얼마나 전진했을까? 카슬르이크가 멀지 않은 지점에서 카자크 부대는 매우 강력한 저항을 받기 시작했다. 많은 화살이 소나기가 퍼붓듯 쏟아졌다. 사기가 오른 카자크 병사들은 화살촉으로 맹렬히 돌진해 들어갔다. 그러나 시간이 지남에 따라 희생자만 늘어날 뿐 카슬르이크의 성벽 근처에는 접근조차 할 수가 없었다. 쿠춤은 수도 가까이에 나무와 돌로 보루를 구축하고 1만이 넘는 병사들을 집결시켜 강력히 저항하고 있었다.

상황을 재빨리 간파한 예르마크는 작전을 급전환시켰다. 이른바 '후퇴 기습 작전'을 하기로 결심한 것이다. 그래서 곧바로 병사들에게 후퇴 명령을 내렸고 가능한 한 성으로부터 멀리까지 타타르 병사를 유인하라고 지시했다. 이 작전에 타타르 병사들이 걸려들었고 후퇴하던 카자크 병사들은 행동이 자유로운 벌판에서 불의의 반격을 가했다. 타타르 병사들은 성으로부터 지원사격을 받을 수 없는 지점에서 앞뒤로 포위하기 시작한 것이다. 타타르 병사들은 성 안에서도 반수 이상의 병력이 빠져나간 상태에서 공격을 받게 됐으니 곧 무너질 수밖에 없었다.

결국 그들은 얼마 남아 있지 않은 소수의 병력들만 데리고 간신히 성을 빠져나갔다. 예르마크는 황폐하고 텅 빈 수도를 점령하게 되었고 러시아의 차르로부터 값진 선물과 5백여 명의 소총병 부대를 받았다. 그러나 1584년 8월 소나기가 몹시 퍼붓던 날 밤에 예르마크는 그의 동료와 함께 살아남았던 타타르 병사들로부터 습격을 받았다. 예르마크는 탈출을 시도하여 이르드쉬강으로 뛰어들었으나 급류에 휩쓸려 익사했고 살아남은 병사들은 러시아로 돌아왔다.

예르마크의 활약 덕분에 러시아는 우랄 산맥 너머로 자유로운 출입을 보장받았을 뿐만 아니라 새로운 정착지로서 활용할 수 있는 영토를 확보하게 되었다.

1581년에 예르마크가 쿠춤한국을 공격해 들어가는 것과 동시에 다른 전투가 벌어지게 되었는데 그것은 러시아의 발트 해 진출 욕구와 폴란드의 모스크바 점령 욕구가 충돌하게 된 것이다. 러시아는 방어적인 입장을 취했고 폴란드의 스체판 바토리 왕은 러시아의 중요 도시 프스코프를 향해 진격해 들어왔다. 쌍방간 십여 차례에 걸친 충돌에도 프스코프는 함락되지 않았고 폴란드군은 퇴각하고 말았다. 그리하여 전투를 일단락지은 양국은 1582년에 휴전협정을 체결했다. 그 결과 폴란드는 모스크바를 점령하지 못했고 러시아도 발트 해 연안을 확보하지 못했다.

1584년 이반 4세는 세상을 떠났다. 그의 행동에 관한 기록에 의하면 죽기 며칠 전에 그는 큰 소리를 지르면서 성 안을 헤매고 돌아다녔다고 한다. 무당과 마법사들을 불러놓고 자신의 앞날에 대해 정확한 예언을 강요하기도 했다. 이것으로 그가 죽음을 맞이하면서 자신의 행적에 대해 많은 두려움을 가졌음을 알 수 있다.

그리고 그는 자신이 아직 죽을 때가 되지 않았다고 믿어보려는 방법으로 보석을 몸에 지니곤 했다고 한다. 보석의 색이 변하면 병에 걸린 것이라고 생각하며 색이 변하지 않고 있음을 확인하고 싶어 했던 것이다. 그러나 그의 운명의 시간은 더욱 더 가까이 다가왔고 숨을 거둔 날 당시의 그는 정신적인 갈등이 모두 사라져 버린 것 같았다. 그는 갑자기 목청을 돋아 노래를 부르면서 장기판을 가져오게 했다고 한다. 그러나 장기를 두려고 하는 순간에 그는 머리를 떨구고 말았다. 54세의 나이로 파란만장했던 인생을 마친 것이다.

700여 년이 남긴 것들

생활 문화의 성장

슬라브족의 초기 문화는 그들의 삶 자체가 생존을 위한 생활이었기 때문에 매우 원시적이었다. 그들은 수시로 위협해오는 맹수들과 자연 환경 속에서 적응하고 이겨야만 살아남을 수 있었고 나무의 열매나 뿌리를 거두어야 생명을 유지할 수 있었다. 주거 또한 움막을 잘 지어야 긴 겨울을 무사히 보낼 수 있었다. 이러한 생활 속에서 가장 필요로 했던 것은 맹수와 싸워 이기고 움막을 짓는데 필요한 칼, 도끼, 창 등 무기와 도구였다. 이러한 무기와 도구들을 만들 가장 손쉬운 재료는 돌이었고 여기서 초기 러시아의 생활문화가 발생하였다. 즉 돌을 이용한 기술이 발달하면서 생활에 필요한 도구를 만드는 기술들이 조금씩 발달하기 시작한 것이다.

지금까지 고고학적으로 연구된 바에 의하면 기원전 9~8세기를 전후해서 상당한 수준의 촌락이 형성되었다고 하며 촌락에는 식품 저장소가 있고 식수를 받아들일 수 있는 수로까지 만들어져 있었다. 양이나 소 등 가축도 사육했으며 어떤 목적으로 새겨 놓았는지 확실치 않지만 커다란 바위에 일종의 문자 같은 것을 새겨두기도 했다. 또 주목해야 할 사실은 돌의 이용법을 터득한 후에도 또다시 금속의 편리함을 발견해 창, 방패, 금, 은 혹은 구리로 만들어진 장신구, 꽃병 등 청동기도 발굴되고 있다는 것이다.

그들은 음악이나 가무를 매우 좋아해서 비교적 다양한 형태의 무용을 표현했다. 즐겨 사용하던 악기는 피리의 일종인 비파인데 축제 때가 되면 어김 없이 그 피리를 불며 춤과 노래를 즐겼다. 이러한 음악은 군사적인 용도로도 사용되어 군가를 부르거나 줄을 맞춰 행진할 때 쓰였고, 그들 특유의 음악을 만들어 죽은 사람의 영혼을 달래는데 연주되기도 했다.

생활방식에서 기인한 문화의 발전은 키예프 시대가 열리면서 그 빛을 더욱 더 발했다. 키예프를 중심으로 정착 생활을 하면서 세밀한 미적 문화가 형성되었고 나아가서는 정립된 종교 형태도 나타나기 시작했다.

당시 키예프 러시아의 문화는 주변의 어떤 도시와 비교해도 조금도 뒤지지 않는 조형미를 갖추어 갔다. 특히 사람들의 눈길을 끌었던 것은 11세기에 세워진 소피아 대성당이었다. 러시아인들이 이 성당을 처음 건축할 때는 기교적인 측면에서 비잔티움적인 기법을 활용하였다. 그러나 거듭 발전한 러시아의 건축 문화는 성당 곳곳에서 볼 수 있듯이 비잔티움 건축술을 능가하는 빼어난 창조물로 등장했다. 당시 사람들은 키예프를 콘스탄티노플 못지 않

우스펜스키 사원 이반 3세는 낡은 우스펜스키 사원을 개축하기 위해 이탈리아 건축가 아리스토텔 피오라반티를 초빙하였다. 15세기 말에 완성된 이 사원은 크레믈린 내 사원 광장에서 가장 역사가 깊고 아름다운 건축으로 손꼽힌다.

다고 입을 모아 자랑했을 정도였다.

또한 12세기 중엽 유리 돌고루키 시대에 와서는 모스크바 부근에 목조로 된 조그마한 궁전이 건축되었는데 이것이 오늘날 크레믈린 궁전의 시초가 되었다. 이 목조물은 15세기 말 이반 3세 때에 와서야 오늘날의 모습과 유사한 기초를 형성했지만 석조로 바뀌지기 전의 모습은 당시 목수와 목공예가들의 기술이 상당히 뛰어났음을 보여주고 있다.

또 하나 유명한 건축물인 우스펜스키 사원은 15세기 말 러시아의 미술발달 정도를 잘 나타내주고 있다. 1475년부터 5년간에 걸쳐 건축된 이 건물은 러시아 내의 모든 미술가와 그리스의 미술가들이 협력하여 벽화를 그린 건물이다. 이 사원의 벽화는 성상화(聖像畵)가 주류를 이루었고 장엄하면서도 화려한 색채로 표현했다. 그래서 황제들이 이곳에서 대관식을 할 때면 이런 말을 하곤 했다.

"마치 하늘나라에 온 것 같다."

초기 러시아 문화를 이야기할 때 빼놓을 수 없는 것이 '키릴 문자'의 탄생이다. 10세기경에 탄생된 문자가 발달하기 시작하자 주민들의 생활 자체에도 커다란 변화가 왔다. 즉 과거보다 생생하고 풍부하며 원활한 의사소통이 이루어졌고 문자 활용이 확대됨에 따라 학교도 세워졌다. 상류층 자제들로 제한되긴 했지만 서적을 통한 교육이 이루어질 수 있었다. 또한 문자의 발달로 기독교가 받아들여졌고 당시 유럽 문화의 진수였던 비잔틴 문화와 접촉할 수 있었다. 각종 번역서가 출판되었고 저작자들이 출현했다. 키예프, 노브고로드 등에서 러시아 역사서가 편찬되었으며 《러시아 토지 시대의 전설》이라는 연대기도 키릴 문자 덕분에 편찬됐다. 그 내용과 문학적 가치는 서구의 어떤 역사서보다 뛰어나 당시의 문화 수준을 높이는데 큰 몫을 하였다.

우스펜스키 사원의 내부 성당 내부는 성상화와 화려한 샹들리에로 장식되어 성스러움과 세속적 호화로움을 함께 느낄 수 있다.

신앙의 정착

러시아 문화는 여러 종류의 다양한 분야에서 영향을 받으며 형성되었다. 가장 큰 역할을 했던 것은 역시 종교였다. 러시아인들은 먼 옛날부터 오늘날에 이르기까지 모든 것을 아름다움에 집약시켜 왔다. 계절마다 변하는 자연과 더없이 맑은 어린아이의 웃음, 세상의 모든 거칠음을 다 경험한 노인의 여유, 그리고 음악, 미술,

문학 등을 통해 아름다움이란 과연 무엇인가에 대한 의문을 제기하며 느끼고자 끊임없이 노력해왔던 것이다. 따라서 그것이야말로 감동을 불러일으키는 원천이었고 그것을 느끼지 못하는 인간은 곧 죽어 넘어져 있는 고기 덩어리와 같다고 여겼다. 여기서 러시아인의 마음속에는 신앙이 싹 텄고 더 나아가 하나의 종교로서 자리를 잡게 되었다.

《연대기》에 기술된 바에 의하면 키예프 러시아가 성립하고 블라지미르 대공이 권력을 쥐고 있던 시기인 10세기 말에 동방에서부터 그리스정교회의 신앙이 들어왔다. 그리스정교는 누구보다도 키예프 사회 상류층의 관심을 받았다. 그 이유는 동방에서 온 선교사들이 가장 먼저 그들과 접촉했고 그리스정교 특유의 화려하고 장엄한 의식 때문이었다. 그 의식은 사람의 마음을 저절로 엄숙하고 아름답게 만들었다. 이러한 상류 계층의 관심은 러시아 전역에 확대되었고 예수의 모습이 담겨진 그림이나 조각 등을 무조건 사들이기도 했다. 그러므로 당시 화가들도 이런 영향을 받아 종교적 색채가 짙은 그림이나 판화 등이 갑자기 늘어났던 것이다.

러시아는 유럽과는 달리 성서 해석에 대해 융통성 있는 태도를 가졌다. 비잔티움으로부터 갖가지 요소들이 들어오긴 했지만 독창적으로 해석해 기독교를 표현하게 되었다. 비잔티움에서는 예수의 신적인 성격을 중시했지만 러시아는 예수가 행한 사랑을 중시했다. 그래서 구원에 이르는 길이 사랑, 정직, 자선 등을 행하는 데서 열려진다고 생각하게 되었다. 러시아 최초의 수도원장인 데오도시우스가 행한 활동을 보더라도 신의 사랑과 같은 인간적 행동을 숭배함을 알 수 있다. 그는 풍요로운 귀족 집안에서 태어나 훌륭한 교육을 받았지만 청년 시절부터 다 떨어진 옷을 입고

다니며 서민 생활을 체험했다. 나이가 들어 수도원장이 되어서도 그는 할 수 있는 한 남을 돕는 생활에 전념했다.

　당시 러시아의 일부 계층은 악령이 존재한다고 생각했다. 그리고 기독교로 개종하는 그 자체를 악령이 싫어한다고 생각하고 악령을 쫓기 위해 많은 노력을 했다. 또한 예수와 악령을 번갈아 믿는 신도들도 상당히 많았다. 이런 신도들의 대부분은 러시아에서 기독교를 가장 늦게 받아들인 농민 계층이었다. 그들은 청빈이니 겸양이니 하는 것들을 쉽게 이해할 수가 없었다. 뿐만 아니라 과거부터 섬긴 신이 그들 생활과 직접적으로 관련된 자연신이었기 때문에 쉽게 종교를 바꿀 수 없었다. 그러나 당시 기독교의 세력이 강한 원인도 작용했으나 그와 함께 국가 정책적인 영향도 크게 작용해 많은 농민들이 결국 기독교로 개종하였다.

　그러나 러시아의 기독교는 몽골족의 지배로 잠시 중단될 수밖에 없었다. 왜냐하면 몽골이 러시아와 비잔틴의 관계를 차단시킴으로써 비잔틴의 영향을 받고 있던 러시아의 기독교는 자연스럽게 약화되었다. 하지만 그러한 상황 속에서도 국민들의 종교적 믿음을 유지시켜준 것이 있었다. 그것은 바로 수도원이었다. 고독과 평온 속에서 겸손한 신앙인의 자세를 보여준 수도자들이 모스크바의 북쪽과 동쪽 황야에 수도원을 짓고 정착해 있었다. 수도사들이 정착해 있는 주변에 차츰 많은 사람들이 모여들었다. 따라서 수도원은 그의 활동 범위를 더욱 넓혀 멀리 떨어져 있는 삼림 지대

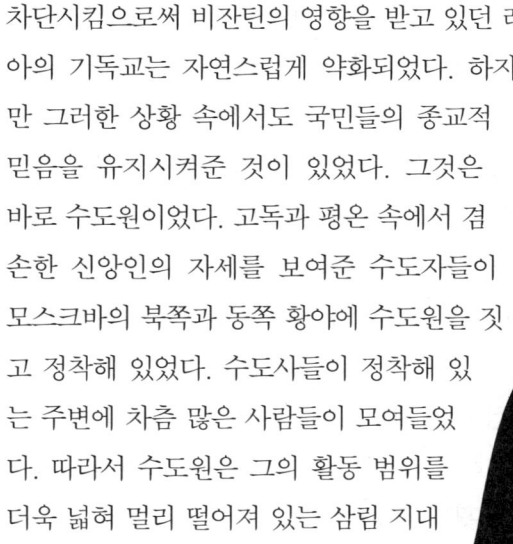

라도네츠 세르기우스
세르기우스는 철저한 금욕적 생활과 소탈한 성격으로 많은 이들에게 추앙을 받았다. 1449년에 성자로 봉해졌고 지금까지도 명성이 이어지고 있다.

까지도 전도사를 보냈다. 1340년부터 1500년까지 약 150년 동안 북방의 변경 지대에는 300여 개가 넘는 수도 집단이 생겨났다. 이들이 모여 종교의 중심지를 형성하였고 러시아의 종교 문화가 보존될 수 있었다.

이 시기의 수도사 중에 대표적인 사람은 라도네츠 세르기우스였다. 그는 모스크바에서 얼마 떨어지지 않은 북쪽 황야 지대에 성 삼위일체 수도원을 세워놓고 러시아인과 모스크바를 보호한다는 목적으로 포교 활동을 했다. 그는 데오도시우스와 비교할 때 신성을 무시한다는 점에서 공통점이 있으나 학문적인 깊이는 훨씬 뛰어났다. '신과 인간의 대화'라는 신비로운 경험을 가진 그가 러시아 정신세계에 미친 영향은 매우 컸으며 후에 러시아 최초의 성인으로 불리게 되었다.

그처럼 커다란 영향을 미친 이유는 성격이 겸손하여 일반인과 접촉을 많이 했기에 가능했다. 따라서 그는 자연스럽게 모스크바의 여러 가지 세속적인 일에 깊이 관여하게 되었다. 쿨리코보 들판에서 타타르족과 전쟁을 할 때 러시아 군대를 위해 승리의 기도를 드렸고 작전 계획도 조언했다. 종교인으로서 세속적인 일에 관여한 그의 정치·사회적 업적이 세상에 알려지자 러시아 수도원의 성격도 두 가지로 뚜렷하게 구분되었다. 하나는 세속 생활 자체에 직접 관여하는 것, 즉 정부의 모든 정책을 지지·지원해 주는 것과 다른 하나는 모든 세속적인 일은 관여하지 않고 오직 정신적인 수도사의 길을 걸어가는 것이었다.

이와 같이 서로 상반되는 종교 형태로 인해 러시아인들은 서로 긴장된 줄다리기를 하게 되었다. 그러나 황제가 교회와 국가에 대한 모든 권한을 갖는 황제 교황주의 경향이 강해지면서 이와 같은 줄다리기는 곧 무너지고 말았다. 황제는 부주교를 자기 마음대로 뽑았으며 내쫓기도 했다. 누구도 이러한 황제의 권한을 침해할 수 없었던 것이다. 따라서 교회의 지배층은 차르에게 복종하지 않을 수 없었고 오히려 가톨릭과 이단으로부터 지켜주는가 하면 수도원이 소유한 땅의 안전까지 보장해 주었다.

이러한 혜택을 가장 많이 받은 성직자는 볼로코람스크 수도원장인 요셉이었다. 그는 교회의 세속적인 사회적·국가적 역할을 옹호하는 인물이었다. 종교의 예배나 기도 같은 외면적인 형식을 중시했고 무조건적인 복종을 좋아했다. 이단자에 대해서도 그는 냉정한 태도를 취했고 그의 뜻을 어기는 자는 국가의 힘을 빌려 처벌했다.

반면 요셉과는 달리 신비주의, 겸손, 정신적인 수도 등을 중시한 닐루스 소르스키가 있었다. 그는 이단을 개종시키려면 포용과 설득, 기도만이 필요하다고 역설하였으며 차르는 정신적인 우리의 문제에 대해 아무런 권한도 없다고 주장했다. 그는 당시 많은 시련을 겪으며 국경 주변에 있는 많은 신도들을 정신적으로 이끌어가는데 전력을 다했다. 그리하여 16세기 러시아정교회는 닐루스파와 요셉파가 공존하게 되었고 2세대에 걸쳐 대립을 계속했다. 그것은 가난 속에서도 복음을 사랑하는 변경 지대의 종교와 풍요롭고 화려한 도시 종교의 대립이었다.

그러나 이반 4세 초기에 요셉파가 승리함으로써 황제는 정교회의 모든 의식과 관습을 영원히 변치 않는 규율로 확정지어 놓았다. 손으로 십자가를 표시할 때 반드시 두 손가락을 사용하도록 했고, 교인들이 열을 지어 나갈 때 태양이 움직이는 방향으로 움직이도록 했다. 또한 예배를 볼 때 '할렐루야'라는 말을 두 번 이상 반복하지 않도록 했다.

　외형 중시의 종교가 뿌리를 내리면서 30여 명에 달하는 새로운 성인들이 나타났으며 신자들도 상당히 증가했다. 그러나 종교적 형식은 갖추었지만 실질적으로는 그 종교의 우두머리가 대외적으로 만족할 만한 위치에 있지는 않았다. 러시아에는 명목상 비잔티움에 종속하는 부주교가 있을 따름이었다.

문학의 발전

러시아 생활 문화가 발전하는 데 있어서 나타나는 또 하나의 특징은 문학의 성장이었다. 고대로부터 러시아에는 다양한 구전문학이 내려오고 있었고 10세기 말에 비로소 기록 문학이 싹트기 시작했다. 고대 구전문학 중 가장 오래된 형태는 노래나 주문에 그 기원을 두고 있다. 고대 수립 시대에 사냥을 하거나 농사를 지을 때 부르던 노래, 그리고 생활에 대한 기원과 소망의 주문 등이 대부분이었다. 이러한 순수한 의미의 구전문학이 발전하여 생활을 구체적으로 표현하는 형태로 나타나게 되었다. 그리고 봉건 제도가 발달함에 따라 그 형식도 제대로 갖추어지기 시작했다. 일정한 틀을 벗어나 낙천적이고 구도적인 내용에서 보다 투쟁적이고 도전적인 내용으로 바뀌어 갔다. '계급적 요소'가 문학에도 등장하게 되었던 것이다. 전에는 자연을 노래하는 단순한 서정적인 가요가 많았던 것에 비해 귀족·천민 간의 갈등, 남편과 아내의 불화, 이별에 관한 이야기 등이 점점 더 많아졌다. 또한 영웅적인 서사시도 등장하게 되었다.

　12세기 말의 대표적 문학작품인 《이골 공 원정기》는 문학적 가치의 최고봉으로 인정받고 있다. 이 작품은 노브고로드의 영주 이골 공이 외적과 싸운 비통한 패전 기록인데, 뛰어난 자연적 묘사와 민족감정, 역사적 사실에 대한 통찰력, 그리고 한결같이 힘찬 시 형식 등으로 현재에 이르기까지 러시아 서사시 중 최고의 걸작으로 손꼽히고 있다.

15~16세기에 이르러서는 중앙집권체제가 강화되면서 정치적인 대립을 둘러싼 비판적인 문학이 나타났다. 《마그네트 사랑 이야기》, 《카잔 왕국이야기》, 《이반 4세와 쿠릅스키가 주고받은 편지》 등이 있다. 특히 《이반 4세와 쿠릅스키가 주고받은 편지》는 보수적인 대귀족 안드레이 쿠릅스키 공이 이반 4세에게 그의 전제 정치가 얼마나 잘못되었는가를 신랄하게 비판한 내용을 기록하였다. 또한 16세기 중엽에 쓰여진 것으로 작자미상의 《표트르와 페브로니야 이야기》 같은 것이 있는데 매우 사실적이고 인간적인 면을 강조하고 있다. 철학적인 면에서 상당히 진보적인 성격을 보여주고 있다.

《이골 공 원정기》 러시아의 대표적 서사시 《이골 공 원정기》는 후대에 러시아의 작곡가 알렉산드르 보로딘에 의해 오페라로 작곡되기도 했다.

책과 인쇄

종교적 문학의 발달은 또 다른 분야의 발전을 가져왔다. 성직자와 글쓰는 사람들의 교육에 커다란 영향을 주었다. 성직자들은 설교와 전도를 위해, 글쓰는 사람들은 그들 나름대로 글을 펴내면서,

일반인들과 접촉이 잦아지게 되었다. 이러한 접촉이 넓고 원활하게 이루어지기 위한 수단으로 문서와 책자 등 수요가 증가했다. 따라서 문자에 대한 정확한 지식이 요구되면서 학교가 설립되었다. 돈 많은 지주와 도시 상인들은 자녀에게 가정교사를 두고 보충 교육을 할 만큼 교육이 발전했다. 그래서 좀 더 값싸고 신속하게 책을 만들 수 있는 방법으로 인쇄술이 발달하게 되었다. 물론 그때까지도 소규모의 인쇄가 이루어지긴 했지만 그 방법이나 규모, 기술 등이 매우 원시적인 단계에 있었다. 그러다가 1553년 이반 4세 때 국가가 직접 운영하는 인쇄소가 등장해 출판에 상당한 바람이 불었다.

1564년에는 《사도행전》을 인쇄하여 보급하는 단계에까지 이르렀고 그 다음해에는 기도서를 발간하여 신도와 어린이들의 글자 공부에도 많은 도움을 주게 되었다. 이 밖에도 《러시아의 문법책》, 《러시아어 철자사용법》 등이 발간되어 '인쇄'라고 하는 문자 기록 수단을 이용한 여러 가지 책 발간의 시발점이 되었다.

볼가 강 유역의 장인들

러시아의 건축물은 고대로부터 16세기에 이르기까지 목조 건물이 대부분이었다. 따라서 장인 중에 뛰어난 목수가 많았다. 건축을 '건설' 한다는 표현대신 끌과 망치로 무늬를 '새긴다' 고 표현할 정도로 공을 들였다. 이것은 러시아가 목조건물을 얼마나 선호했으며 정성을 다했는가를 보여주는 일면이라 하겠다.

러시아 목조건축의 시초는 단순한 양식의 농가 가옥에서 찾을 수 있다. 14세기에 와서야 비로소 창이나 현관 입구에 바람막

이 문을 달고 문고리 등에 무늬를 새겨 아름다움을 나타냈다. 새겨넣은 무늬 자체도 점점 정교해져 갔고 신화 속에 나오는 인물을 조각하거나 악마를 쫓는 괴상한 글자를 새겨 넣기도 했다. 따라서 직접적으로 관련된 목수의 역할이 커지기 시작했다. 이들 중에 특히 볼가 강 유역 장인들의 조각 기술은 매우 높은 수준에 있었다.

러시아 장인의 솜씨
러시아의 솜씨 좋은 목수들은 갖가지 조각 장식으로 소박한 목조 가옥을 장식했다.

강변에 살았던 그들은 항상 배를 이용해야 했기 때문에 나무로 만든 배의 구석구석에 그들의 재능을 표현했다. 그들은 다른 지방의 목수보다 조각도의 깊이가 더 깊었고 갖가지 모양의 선을 구성하는 데 뛰어난 조화를 나타냈다. 그들은 배뿐만 아니라 그들의 집에도 크기나 모양에 있어서 거의 똑같은 여러 개의 무늬를 새겨 넣기 시작했다. 나무 면에 일정한 반복무늬를 사기기 위해서 먼저 숯으로 무늬를 넣고자 하는 도안을 종이에 그리고, 그 종이를 다른 종이와 겹쳐 숯가루가 묻어나게 함으로써 같은 모양을 만들었다. 그 도안을 판자 위에 붙여놓고 조각했기 때문에 반복적 효과를 나타내는 조각을 할 수 있었다.

목수의 조각 기술이 발달하면서 가옥은 물론 가구까지 조각을 했다. 목수들은 그들의 활동 영역을 넓혀 지방을 돌며 일했다. 그리고 이들이 만든 나무 그릇, 새장, 장신구 등 일상생활 용품이 그들의 독창적인 미술품이 되었다. 그들의 소재는 기하도형과 일정한 양식을 이용한 동·식물, 종교적 사물이나 생물체 등이었다. 이러한 형식이 변하여 색을 입히고 디자인을 서구화하는 방향으로 발전했다.

혼란의 시대

가짜 드미트리

1584년 이반 4세가 죽은 후 뒤를 이을 만한 후계자가 없었다. 이반이라는 총명한 왕자가 있었지만 이반 4세가 광적인 생활을 하던 어느 날 불행하게도 그의 지팡이에 찔려 죽고 말았다. 그래서 이반 4세가 죽은 후 그의 뒤를 이을 후손은 심신이 매우 허약한 상태에 있었던 표트르와 태어난 지 얼마 되지 않은 드미트리라는 두 아들뿐이었다. 그러나 드미트리는 태어난 지 6개월밖에 안 된 데다가 이반 4세의 일곱 번째 아내에게서 태어났으므로 왕위 계승권이 없었다. 그래서 허약하긴 했지만 첫 번째 아내에게서 태어난 표트르가 왕위를 물려받게 되었다.

차르가 된 표트르는 러시아의 현실과는 동떨어진 세계에 살고 있었다. 대부분의 시간을 기도하는 것으로 보냈으며 교회 종소리를 듣는 것 이외에는 색다른 소일거리가 없었다. 그는 러시아 안팎의 일에 관심도 없었지만 이해할 만한 능력도 없었다. 따라서

이반 4세의 아들 드미트리의 죽음 어린 드미트리는 시녀들과 뜰에서 놀고 있던 중 칼에 찔려 죽었다고 전해졌으나, 고두노프가 보낸 자객의 손에 죽었다는 설도 있다. 아래 그림은 당시의 그런 견해를 보여준다.

국가의 여러 일들이 제대로 돌아갈 리가 없었다.

이반 4세 때부터 방향을 잃기 시작했던 국내 정치적 상황과 겹쳐 국력은 크게 흔들렸고 계급과 관련 없이 모든 국민의 불만은 커져가고 있었다. 그중에서도 농민들은 늘어나는 부채 부담과 극심한 중노동을 요구하는 환경 속에서 벗어나기 위해 그들의 거주 지역으로부터 이탈하기 시작했다. 오프리츠니나 제도에 의해 작은 토지나마 분배받았던 귀족들의 생활도 점점 더 악화되어 갔다. 이같이 생활 환경이 나빠지고 토지를 개간해야 할 농민의 수효가 줄어들자 기름진 땅들도 그 가치가 크게 떨어졌다. 상인과 기술자들도 정부가 거두어들이는 무거운 세금을 감당할 수 없었으므로 변경 지대의 적당한 장소를 찾아 나갔다.

15년이 채 안 되는 표트르의 통치 기간 동안에 러시아 중심 지역의 인구가 급격히 줄어들었다. 전반적인 국가질서가 혼란에 빠지자 그늘 속에 가리어졌던 귀족 계급이 다시 힘을 얻기 시작하여 독재 정치에 대항하는 세력으로 소생하기 시작했다. 가장 강력한 힘을 갖게 된 사람은 타타르의 후예인 보리스 고두노프였는데 그는 표트르의 처남이었다. 학문에 대한 지식은 별로 없었지만 정치적인 처세술이 뛰어나 주변에 강력한 힘을 구축함으로써 당시 가장 강력한 존재로 등장했다. 그리고 사실상의 국가 권력을 휘두르고 있었다.

1591년 어느 날 뜻하지 않은 사건이 발생했다. 그동안 호위병의 경호를 받으며 우글리츠라는 조그마한 시골에서 어머니와 함께 살고 있던 어린 드미트리 공이 목에 칼을 맞아 죽은 채로 발견된 것이다. 고두노프는 즉시 진상조사단을 우글리츠로 보냈고 얼마 후 그 조사단은 드미트리가 조그마한 손칼을 가지고 놀다가 갑자기 간질병 증상의 발작을 일으켜서 자신도 모르게 그 칼로 목을 찔러 죽게 되었다고 보고해 왔다. 이 사건은 보고 내용 그대로를 인정하여 마무리되긴 했지만 의문의 여지는 여전히 남겨 놓고 있었다. 즉 드미트리는 고두노프의 지시에 의해 살해되었다는 소문이 계속 떠돌아다녔기 때문이다. 그러나 그 소문이 고두노프에게 커다란 영향을 미치지는 못했다.

1598년 표트르도 아들을 갖지 못한 채 죽었다. 스백 년 동안 근근이 이어온 바랑인의 핏줄도 끝을 보게 되었던 것이다. 그러므로 새로운 차르를 선출하기 위해 '전국회의'가 소집되었고 여기서 고두노프는 정식으로 차르에 선출되었다. 비교적 민주적인 체제로 되어 있는 전국회의에서 그가 선출된 것은 당시 가장 덕망 있고 지도력이 뛰어났기 때문이었다. 이렇게 인정받은 자로서 최고 권위를 차지한 그도 약 15년 동안이나 어지러웠던 난국을 쉽게 수습하지는 못했다.

정권을 잡은 그는 먼저 국민들을 계몽하기 위하여 모스크바에 대학을 세우려고 했다. 그러나 생각했던 것만큼 대학설립은 단순한

오페라 〈보리스 고두노프〉의 무대 의상 보리스 고두노프의 비극적 삶은 러시아의 작가와 작곡가에게 영감을 주었다. 푸시킨은 1825년 희곡 〈보리스 고두노프〉를 썼고 이를 바탕으로 1874년에 무소르크스키가 오페라로 각색했다.

문제가 아니었다. 외국의 여러 가지 잡다한 사조들을 러시아 국내에 불러들일 경우 국가 전체가 혼란 속으로 빠질 것이라는 교회의 강력한 반대에 부딪치게 되었기 때문이다. 따라서 대학 설립 계획은 중지할 수밖에 없었다. 차선책으로 국내에 있는 젊은이들을 외국으로 보내 공부하게 하였으나 별다른 성과를 거두지 못했다. 또한 1601년 운명의 여신은 고두노프를 더욱 괴롭혀 러시아 전역에 가뭄과 기근이 밀어닥쳤다. 그는 이를 해결하기 위해 밤낮을 가리지 않고 식량을 모아 국민들에게 보급하려 애썼지만 그 해에 100만 명 이상이 굶어 죽고 말았다.

식량 사정은 점점 악화되어 약탈자의 무리는 증가되었다. 어쩌면 당시 생명을 유지하는 유일한 방법은 무기를 들고 남의 식량을 빼앗는 일뿐이었을지도 모른다. 중앙 러시아 일대에서는 국민들과 정규군들 간에 싸움이 벌어졌고 먹을 것이 있을 만한 곳은 도시·농촌을 가리지 않고 유린되었다. 밤만 되면 서로의 곳간을 습격했고 이러한 사건이 잦아지자 마을을 떠나는 사람이 생겨났으며 결국에는 한마을 사람들이 모두 사라지는 경우도 있었다.

도시에서는 이미 상거래의 질서가 무너졌고 그동안 물건을 많이 팔았던 상인도 예외없이 약탈의 대상이 되어 갖고 있던 물건은 물론 생명까지 위험하게 되었다. 해가 지면 곳곳에서 불길이 치솟았고 비명소리로 도시는 아수라장이 되었다. 이렇게 혼란한 상황 속에서 드미트리가 피살되지 않고 살아있다는 소문이 퍼졌는데, 진상은 어떤 젊은이가 나타나 떠들어댄 것에서 시작되었다.

"내가 드미트리다. 고두노프가 보낸 자객들이 다른 아이를 난 줄로 착각하여 죽였고 나는 그때 구사일생으로 도망쳤던 것이다."

그러나 이 소문은 당시 고두노프를 시기하던 귀족들이 그를 합법적으로 제거하기 위해 꾸민 술책이었다. 귀족들은 한 청년을 매수하여 그러한 소문을 퍼뜨리도록 지시했던 것이다. 그 청년은 추도프 수도원에서 도망친 수도사로 그리고리 오트레피예프였다. 귀족들은 오트레피예프로 하여금 자신이 드미트리라는 소문을 퍼뜨리게 한 다음 폴란드 귀족들에게 소개하여 폴란드 왕 지그문트 3세를 만나게 했다. 여기서 오트레피예프는 폴란드 왕에게 다음과 같이 말했다.

"왕께서 제가 병력을 조직하는 것을 허락하시고 그 병력으로 모스크바 원정에 성공한다면, 폴란드에 스몰렌스크와 세베르스키 지역을 넘겨주고 영구적인 동맹을 맺겠습니다. 또한 러시아 전지역에 가톨릭 전파를 허용하겠습니다."

그러자 폴란드왕은 기뻐하며 대답했다.

"즉시 군대 조직을 지원하겠소."

이리하여 폴란드인, 농민 등으로 구성된 소규모 부대가 만들어졌다.

1604년 오트레피예프는 모스크바를 향해 진격해 들어갔다. 그의 군대는 대귀족과 지주들에게 반항하여 반란을 일으킨 농민과 도시민들의 환영과 지지를 받았다. 그리고 지방관리들까지도 그들의 편에 서니 모스크바에 들어간 병사들의 사기가 충천할 수밖에 없었다. 더욱이 1605년 차르였던 고두노프가 갑자기 사망함으로써 사실상 모스크바는 오트레피예프의 수중에 들어간 것이나 다름없었다.

대세를 알아차린 모스크바의 귀족들은 재빨리 그들의 칼을 고두노프 가문에 들이댔고, 모스크바에 입성한 오트레피예프는 드미트리가 살해된 진상을 당시의 조사관인 바실리 수이스키에게 발표하게 했다. 슈이스키는 당시 상황을 이렇게 발표했다.

"고두노프가 보낸 자객이 죽인 사람은 드미트리가 아니고 한 수도사의 아들이었다."

이에 주민들은 격분하기 시작했고 즉시 고두노프 일가로 쳐들어갔다. 그들은 고두노프의 일가친척을 살해한 후 공고했다.

"그들은 자신들의 죄를 알고 음독 자살을 했다."

마침내 고두노프 정권은 무너지고 오트레피예프가 차르에 즉위하였다. 이른바 '가짜 드미트리 1세'에 의한 통치가 시작되었던 것이다.

그는 약속을 지키기 위하여 정부의 주요한 관직을 대부분 폴란드인에게 내주었고 호화판 저택을 비롯하여 많은 금은보화를 주었다. 남아 있는 병사와 러시아 귀족들에게도 아끼지 않고 국가의 재산을 나누어주었다. 그는 국민들에게는 여러 가지 명목으로 세금을 거둬들여 자기의 심복들에게 앞뒤 가리지 않고 뿌렸고 결혼을 하기 위해 신부 아버지에게도 막대한 돈을 선뜻 내주었다. 심지어 신부를 데려올 때 금으로 만든 가마를 따로 만들었다.

국가 질서는 점점 더 어지러워졌고 오트레피예프의 부하들은 세상 무서운 줄 모르고 모스크바를 누볐다. 그들에게는 이미 법이 존재하지 않았다. 그들이 곧 법이었고 모스크바 어느 곳을 가든지 그들이 하고 싶은 대로 할 수 있었다. 물건은 물론 여자들까지도 마음대로 빼앗았다.

이렇게 국가질서가 무너지자 국민들로부터 서서히 원성이 터져 나오기 시작했다. 더는 이러한 무법천지에서 살 수 없다고 외쳐대는 무리가 늘어나자 사태가 점점 심상치 않게 돌아가는 것을 눈치챈 오트레피예프의 교활한 신하 바실리 슈이스키는 대모험을 꾀하였다. 그것은 국민들의 원성을 이용하여 현재의 정부를 무너뜨리고 자신이 권좌에 앉아 보려는 야심이었다.

1606년 어느 날 오트레피예프와 그의 신하들이 술에 취해 흥청망청하다가 깊은 잠에 빠진 틈을 이용하여 그가 포섭한 병사들을 풀었다. 일부 병사들은 기병대를 기습했고 슈이스키가 이끄는 병력은 오트레피예프와 그의 신하들을 공격했다. 동시에 모스크바인들은 그때 모스크바 곳곳에 흩어져 있던 폴란드 병사들을 닥치는 대로 죽였다. '가짜 드미트리 1세'에 의한 13개월간의 통치는 이렇게 끝이 났다. 슈이스키의 계획은 성공적으로 마무리되었고 어느 정도 안정을 찾게 되자 바실리 슈이스키는 새로운 시대의 인물로서 제위에 올랐다. 이반 4세가 죽은 지 22년 만에 다시 옛 귀족 계급이 모스크바 대공국의 주인이 된 것이다.

대권을 잡은 슈이스키

바실리 슈이스키가 차르의 자리를 차지했지만 그간의 혼란된 분위기가 완전히 가라앉은 것은 아니었다. 슈이스키를 따르는 무리와 반대하는 무리가 나누어져 대립하고 있었으며 드미트리 사건이 다시 거론되었다. 그와 동시에 키예프 동북쪽에 있는 도시인 푸치불리에 자신이 '차르 드미트리'의 지방관이라고 외쳐대는 인물이 또다시 나타났다.

그의 이름은 이사예비치 볼로트니코프로 매우 지혜롭고 풍부한 경험을 가진 사람이었다. 이러한 볼로트니코프가 소문의 물보라를 만들며 들떠있는 민중들의 지도자로 나선 것이다.

카자크인으로서 전투 포로였던 그가 차르를 자칭하며 푸치불리에 나타나자 카자크인들로 구성되어 있던 소규모 부대들과 그동안 러시아 내에서 행해진 압제에 못 이겨 도망갔던 농민, 상인, 노예 등이 그에게 환호를 보냈다. 그리하여 그는 쉽게 수만 명을 헤아리는 군대를 소유할 수 있었다. 그의 군대는 조직적인 면에서는 그리 뛰어나지 않았지만 새로운 희망에 들뜬 기쁨으로 모든 병사들의 사기만은 충천해 있었다.

볼로트니코프는 첫 목표를 모스크바로 잡았다. 첫 전투는 모스크바 남부의 작은 도시인 크로므이와 엘레츠에서 슈이스키의 정부군과 충돌함으로써 이루어졌다. 정부군은 단 며칠을 버티지도 못하고 사기가 충천해 있던 카자크 병사들에게 무너졌다. 예상과 달리 너무 쉽게 차르의 군대가 패하자 주변 도시에서도 동요가 일기 시작했다. 툴라와 칼루가의 주민들이 볼로트니코프를 지원하는가 하면 러시아 전역의 도시들에서도 봉기가 일어났다. 그간 짓눌려 있던 국민들의 불만이 노예 출신의 지도자인 볼로트니코프에 대한 기대와 함께 한꺼번에 폭발하기 시작한 것이다.

가짜 드미트리 2세 가짜 드미트리 2세는 '투시노의 악당'이라 불리며 러시아 내부를 혼란스럽게 했다.

초기에는 지주·관리·귀족들에 대한 단순한 반항적인 성격이었지만 점차 전투의 양성을 띠게 되었다. 이런 상황에서 볼로트니코프의 진군은 마치 순풍에 돛을 단 것과 같았다. 그들이 가는 곳이면 어디서나 많은 병사를 얻을 수 있었기 때문이다. 볼로트니코프 군대는 100일도 채 안 돼 모스크바에 가깝게 접근할 수 있었다. 또한 모스크바 근교에 있던 성 안에 도시서민 집단이 적극적으로 물자를 보급했다.

볼로트니코프 군대가 모스크바 외곽에 진을 친 지 약 한 달이 지난 후 양군 사이에 몇 차례의 격렬한 전투가 벌어졌다. 바실리 슈이스키 정부군의 전술은 첫 패배를 교훈 삼아 매우 조직적이었고 적절하게 공격에 대비하였다. 팽팽하게 맞서 오던 양군은 약 3일에 걸쳐 치열한 전투를 치렀다.

시간이 경과하자 정부군의 위세가 강해졌고 이 사태를 파악한 볼로트니코프군의 일부가 슈이스키 쪽으로 합세했다. 이것이 결정적인 계기가 되어 볼로트니코프군은 흔들리기 시작했고 슈이스키군은 적의 중심부를 매우 신속하게 공격해 들어갔다. 조직적인 면에서 아직 부족했던 볼로트니코프군은 모두 곧바로 사형에 처해졌다. 겨우 목숨을 건진 볼로트니코프는 도망병들을 다시 모아 칼루가에 새로운 진지를 구축했다.

이러한 소식이 슈이스키에게 전해지자 그는 소수의 병력으로 그들을 생포할 것을 명령했다. 그러나 그 병력으론 어림없었다. 수차에 걸친 공격이 실패하자 악이 오른 슈이스키는 과감한 결정을 내렸다. 칼루가 전체를 불태우기로 한 것이다. 병사들로 하여금 그들이 진을 치고 있는 성 바깥쪽의 나무 벽에 장작을 쌓게 했다. 쌓여진 장작더미는 마치 자그마한 동산 크기만 했다. 이렇게 화공 작전이 순조롭게 준비되어가던 중 갑자기 예기치 못했던 기습을 당했다. 반란군이 밤을 이용해 장작더미를 폭약으로 모두 날려버린 것이다.

시도해 볼 만한 작전이 허사로 돌아가자 슈이스키는 사기가 떨어졌다. 이 틈을 노려 볼로트니코프는 정면 공격으로 정부군의 포위망을 벗어나는 방법밖에는 없다고 생각했다.

볼로트니코프는 특공조를 편성하여 밤중에 산발적인 공격을 감행해 정부군을 혼란시켰다. 또 소수의 병력으로 계속 방어에 치중하고 있는 듯이 보이게 해놓고 모든 병력에 탈출 준비를 시켰다. 특공조가 돌파구를 만들면 신속하게 뒤따르며 일전을 벌일 속셈이었다. 결국 볼로트니코프의 작전에 정부군은 속아 볼로트니코프는 적은 병력이었지만 자신의 군대를 이끌고 툴라로 빠져나갈 수 있었다.

여기서 표트르 황제의 아들이라고 자칭하는 일리야 고르차코프라는 인물과 합류하였다. 따라서 볼로트니코프군과 고르차코프의 농민군이 연합하여 큰 힘을 이루게 되었다.

이 같은 합류 소식은 곧 바실리 슈이스키에게 전해졌다. 위기감을 느낀 그는 툴라 공략을 위한 군대를 조직했는데 특히 귀족들이 거느리고 있던 병사들을 중심으로 구성했다.

약 한 달 후 슈이스키는 툴라 요새를 포위하여 들어갔다. 요새는 생각보다 강력하게 구축되어 있었다. 병사는 2만 명 정도에 지나지 않았지만 워낙 용감하여 쉽게 대적할 수가 없었다. 성벽 자체는 통나무를 이용한 장애물로 쉽게 접근할 수 없게 만들어 놓았다. 때문에 15만 명에 달하는 슈이스키군이 100여 일 동안 계속해서 요새를 공격했지만 별다른 진전을 보지 못했다. 슈이스키는 작전을 변경할 수밖에 없었다.

그는 새로운 전략으로 적의 요새를 가로질러서 흐르고 있는 우파 강을 이용하기로 했다. 우파 강의 흐름은 요새 안으로 흘러 들어 갔다가 다시 성밖으로 흘러나오고 있었다. 따라서 요새 밖으로 나오는 강 입구를 막으면 요새는 물바다가 될 수밖에 없었다.

슈이스키 병사들이 강을 가로막아 둑을 쌓은 지 얼마 되지 않아 요새에는 대소동이 벌어졌다. 식량과 탄약이 쓸모없게 된 것은 물론 병사들의 활동도 어려움을 겪기 시작했다. 이때 슈이스키는 요새에서 무기를 버리고 나오는 사람은 누구나 자유롭게 풀어주겠다는 제안을 했다. 그러나 그는 약속을 지키지 않았다. 그는 항복하고 나오는 병사들을 모두 무참하게 죽였다. 마침내 혼란의 중요한 불씨를 없애버린 것이다. 이후에도 러시아의 곳곳에서 소규모의 항거가 있었지만 정부군의 진압으로 영향력을 잃곤 했다.

그러나 차르 바실리 슈이스키는 지방도시 귀족들과는 여전히 불편한 관계였고 국민들도 완전히 불안감을 떨치지 못했다. 때문에 안정된 권력을 유지할 기반을 마련한 것은 아니었다. 그리고 대외적으로는 1601년에 있었던 가짜 드미트리 사건의 실패에도 폴란드의 상류계급은 러시아에 대한 욕망을 버리지 않았다.

혼란이 수습되는 단계에서 폴란드가 재차 간섭해 왔다. 즉 그들은 또다시 제3의 드미트리, '가짜 드미트리 2세'를 내세워 그에게 병사와 무기를 공급했다. 그리고 러시아를 위협하기 위한 전략을 계획하기도 했다. 툴라 요새를 함락한 지 1년도 안 되어 가짜 드미트리 2세는 모스크바로 향했고 이것은 곧 러시아에 외세가 밀려오는 출발의 기적소리가 되었다.

어쨌든 가짜 드미트리 2세는 모스크바에 접근하여 투시노 마을에서 일단 전열을 가다듬으면서 강력한 진지를 구축해 갔다. 이것은 일종의 교두보였다. 러시아 내의 사정이 혼란스럽다 하더라도 무작정 뛰어 들어갈 수는 없었던 것이다. 이러한 가운데 가짜 드미트리는 새로 구축한 진지 내에서 가짜 드미트리 1세의 아내였던 므니쉐크를 아내로 맞아들였다.

모스크바에서는 슈이스키 정책에 대한 불만이 고조되어 갔다. 그러므로 슈이스키는 양면 공격을 받고 있는 것이나 다름이 없었다. 밖에서는 가짜 드미트리 2세가 조여 들어왔고 안에서는 귀족들이 반기를 들었던 것이다. 더욱이 반기를 들었던 일부 귀족들이 가짜 드미트리 2세와 손을 잡으니 상황은 이루 말할 수 없을 정도로 악화되어 갔다. 슈이스키의 상황을 눈치챘다는 듯이 가짜 드미트리 2세의 부대는 전국을 돌아다니며 약탈을 일삼았다.

자력으로 어려운 상황을 헤쳐 나가기에는 무리가 있다고 생각한 바실리 슈이스키는 스웨덴을 끌어들였다. 지원군을 받고자 군사적 동맹을 맺은 것이다. 그러나 이 동맹은 엉뚱한 결과를 낳고 말았다. 슈이스키를 지원하기 위해 러시아에 상륙한 스웨덴군이 노브고로드를 점령해버린 것이다. 따라서 스웨덴에게 러시아 진출의 기회를 스스로 제공한 결과가 되었다. 스웨덴이 노브고로드를 점령했다는 소식을 들은 폴란드가 투시노 마을에 미리 구축해 놓은 교두보를 이용하여 적극적인 공격을 시작했다. 이에 당황한 슈이스키는 그의 조카이며 총사령관인 미하일 스코빈 슈이스키에게 투시노 요새를 공격하도록 했다.

1610년 투시노 요새의 공격에는 성공했지만 실질적인 위협은 계속되었다. 이때 모스크바 내부에서 사건이 발생했다. 귀족들이 미하일 스코빈 슈이스키를 새로운 차르로 임명하려는 움직임이 일자 이에 불안을 느낀 바실리 슈이스키가 그를 독살한 것이다. 이 사실을 알게 된 귀족들은 귀족회의를 소집하여 바실리 슈이스키를 퇴위시켜 버렸다. 이로써 또다시 러시아는 통치자가 없는 상태가 되었다.

폴란드의 공격과 모스크바의 함락

최고 통치자가 제거되고 사실상 무정부 상태가 되어 버린 러시아를 외부세력들이 지켜만 보고 있을 리가 없었다. 1610년 여름 폴란드군은 잠시의 지체도 없이 모스크바를 공격해 왔다. 사건의 급박성을 느낀 귀족들은 러시아의 피해를 최소한으로 줄이는 방법은 일단 폴란드에게 모스크바를 순순히 내주는 길이라고 생각했다. 그리고 차후 기회를 노리는 것이 현명한 방법이라고 생각했다. 이러한 의견이 강력히 일게 되자 귀족 사이에서는 자연히 폴란드 쪽으로 기울어진 귀족들의 힘이 강해졌고 실질적인 권력행사를 했다. 그들은 즉시 폴란드의 어린 왕자 블라지슬라프를 권좌에 앉히기로 결정했다.

1610년 9월 러시아를 등진 귀족들은 모스크바 성문을 열어제치고 폴란드군의 입성을 환영하였다. 폴란드군은 당당하게 들어와 모스크바를 차지하였다.

모스크바로 들어온 폴란드군은 상업 중심지인 키타이고로드에 요새를 세우고 본격적으로 주인 행세를 시작했다. 그들은 모스크바 내의 모든 금은보화를 모아들였고 계급에 관계없이 모든 러시아인들의 재산을 강탈했다. 크레믈린 궁전에 있는 귀중품도 거의 폴란드의 수중에 들어갔고 모아들인 재산은 모두 본국으로 옮겨졌다. 따라서 모스크바는 뼈대만 있는 건물의 숲에 불과했다. 그들은 러시아 주민들을 모두 추방시켰고 반항하는 주민은 지체없이 죽였다. 이때 발생한 사상자 수만 해도 하루에 7천여 명이 넘었다.

폴란드가 모스크바와 주민에게 행한 이렇듯 무자비한 행위는 결코 좋은 결과를 낳을 수가 없었다. 죽어가는 이웃을 지켜보고 있던 그들이 마침내 대규모 저항을 시작했다. 수백 명 단위로 집단을 형성하여 모스크바 전역에서 유격전을 벌였다. 폴란드군은 예측하지 못한 곳에서 자주 기습을 당하곤 했다. 모스크바 시내는 주민들의 유격전과 폴란드군의 보복전으로 불바다가 되어 갔다. 양자 간의 주고받은 공방전이 계속되면 될수록 희생자는 늘어갔고 모스크바는 폐허상태로 되어 갔다. 그럼에도 주민들의 단결된 행동은 거의 흔들림이 없었다. 그들은 자신들만이 러시아를 지킬 수 있는 마지막 보루라고 생각했던 것이다.

모스크바의 상황이 만만치 않게 되어 가자 폴란드의 지그문트 3세는 스몰렌스크에서 러시아 주민과의 대치 상태를 일격에 종식시키려 하였다. 600여 일이나 잠잠해 있던 스몰렌스크에서 일대 접전이 시작되었다. 그 결과 1611년 초여름에 스몰렌스크가 지그문트 3세에 의해 완전히 함락되었다.

이와 때를 같이하여 노브고로드에 있던 스웨덴 군대도 그들의 주변 도시들을 점령해 갔다. 러시아 국민들은 동시에 3곳에서 전투를 해야 했고 자연히 힘은 분산될 수밖에 없었다. 쥐가 궁지에 몰리면 고양이를 물듯 러시아인들은 이 계기를 전화위복으로 여겨 강하게 단결했다.

마침내 러시아 전 국민이 일어나 외세에 강하게 저항했다. 이른바 '국민적 해방운동'의 파도가 일어난 것이다. 본거지를 볼가 강 유역에 있는 니쥐니 노브고로드에 설치해 놓고서 러시아를 수호하기 위한 구체적인 조직 편성에 들어갔다. 지도자는 상공인 출신의 코지마미닌이었는데 그는 국민들을 체계적으로 조

스몰렌스크 전투에서의 지그문트 3세 1611년에 주조된 금화. 앞면에는 무장을 한 지그문트 3세의 초상을, 뒷면에는 폴란드군에 의해 함락되는 스몰렌스크를 묘사해 지그문트 3세의 업적을 나타냈다.

직하는 한편 군자금을 모으기 시작했다. 군자금을 모으는 방법은 국민들의 자의에 맡기는 수밖에 없었다. 단지 그가 군자금 모금을 위해 할 수 있는 일이라고는 러시아의 사정을 국민 모두에게 좀 더 자세히 알려서 자극을 주는 것뿐이었다.

국민들의 호응은 매우 좋았다. 니쥐니 노브고로드인들은 그의 호소 연설을 듣고 감동하여 자신들의 주머니에 있는 마지막 한 닢까지 군자금 보조를 위해 내놓았다. 이러한 국민적 열기는 러시아 전역을 뒤덮어 때를 가리지 않고 자금이 들어왔다. 뿐만 아니라 국민군 창설에 참여하기 위해 니쥐니 노브고로드로 몰려드는 인파도 끊이지 않았다.

그리하여 성공적으로 부대를 편성하고 무기 공급을 할 수 있게 되자 코지마미닌은 국민군의 지도자를 뽑고자 각 대표들을 불러모았다. 여기서 드미트리 포자르스키가 국민군 총사령관으로 선출되었다. 총사령관이 된 그는 그의 밑에 군수물과 보급의 전반적인 사항을 다룰 특별 비서를 두었다. 아직도 덜 정비되어 있는 국민군을 총괄적으로 보강시키고 북방에서 니쥐니 노브고로드로 계속 밀려들어오고 있던 부대들을 통합하였다. 그리고 거대한 군단의 야영지를 니쥐니 노브고로드에서 야로슬라블리로 옮겼다. 먼저 도착한 부대부터 공격 진지를 구축하게 했다. 그러자 폴란드의 지그문트 3세는 자신이 거느리고 있던 병력의 약 3분의 1을 모스크바로 보냈다. 주요 요충지를 안전하게 확보하면서 양동 작전을 펴고자 하는 의도에서였다. 이 소식을 전해들은 국민군 총사령관 포자르스키는 그들의 의도를 알아채고 재빨리 이동 중이던 병력의 일부를 모스크바의 크레믈린과 키타이고로드 주변에 보내어 방어 진지를 구축하도록 했다.

국민군과 폴란드군의 최초 접전은 모스크바를 중심으로 이뤄졌다. 3일간에 걸쳐 벌어진 양군 사이의 전투는 서로 간에 승부를 점치기 힘들 정도로 팽팽한 상태로 유지했다. 4일째 되는 날 밤에 폴란드군이 총공세를 폈고 국민군이 조금 밀리기 시작했다. 이에 포자르스키는 재빨리 코지마미닌으로 하여금 일부병력을 이끌고 측면 공격을 시도했다. 그러자 폴란드군의 전열이 두 동강이 나면서 주춤하였다. 국민군은 순식간에 폴란드군의 중심부를 강타해 들어갔고 특히 매복병사들로 하여금 폴란드군의 지휘관과 소부대 지휘자들을 저격하게 했다. 눈 깜짝할 사이에 수십 명의 지휘자를 잃어버린 폴란드군은 완전히 무질서 상태가 되었고 많은 병사가 전선을 이탈하여 도망갔다. 따라서 폴란드군은 얼마 버티지 못하고 완전히 무너졌고 살아남은 병사들은 뒤도 돌아보지 않고 도망가기 바빴다.

한편 지원군을 받지 못하게 된 도시 내의 폴란드군도 식량과 탄약이 떨어졌다. 이것을 눈치챈 포자르스키는 야로슬라블리에 주둔해 있는 병력의 일부를 끌어들여 그간의 전투 손실을 보강하면서 도시 내의 폴란드군들에게 항복할 것을 요구했다. 그러나 쉽게 항복할 리가 없었다. 지그문트 3세가 지원군을 보낼 때까지 버텨보자는 심산이었다. 따라서 포자르스키는 그들에게 결코 여유를 주지 않았고 1612년 10월에 일제히 총공격에 나섰다. 힘이 다 빠져 버린 폴란드군의 저항은 보잘 것 없었고 국민군은 쉽게 그들을 격파할 수 있었다.

크레믈린과 키타이고로드가 완전히 포자르스키의 수중에 들어간 것을 알게 된 지그문트 3세는 남은 병력을 이끌고 모스크바로 접근해 왔다. 그러나 이때는 이미 폴란드군의 사기가 크게 떨어진 상태에 있었기에 제대로 힘을 발휘하지 못했다. 또한 먼 거리를 이동하는 동안에 상당히 지쳐 도중에 모두 국민군에 의해 무너지고 말았다. 이렇게 하여 비로소 국민군에 의한 모스크바의 해방이 이루어졌다. 그러나 폴란드와 스웨덴과의 부분적인 전투가 완전히 종식된 것은 아니었다.

어쨌든 가장 골치 아픈 외세의 개입을 중단시키자 포자르스키는 새로운 통치자를 뽑기 위하여 즉시 국민회의를 소집했다. 1613년 귀족과 농민에 이르기까지 거의 모든 계급의 사람들이 모였고 여기서 러시아 역사의 한 장을 여는 16살의 소년인 미하일 로마노프를 차르로 선출했다.

3
로마노프 시대

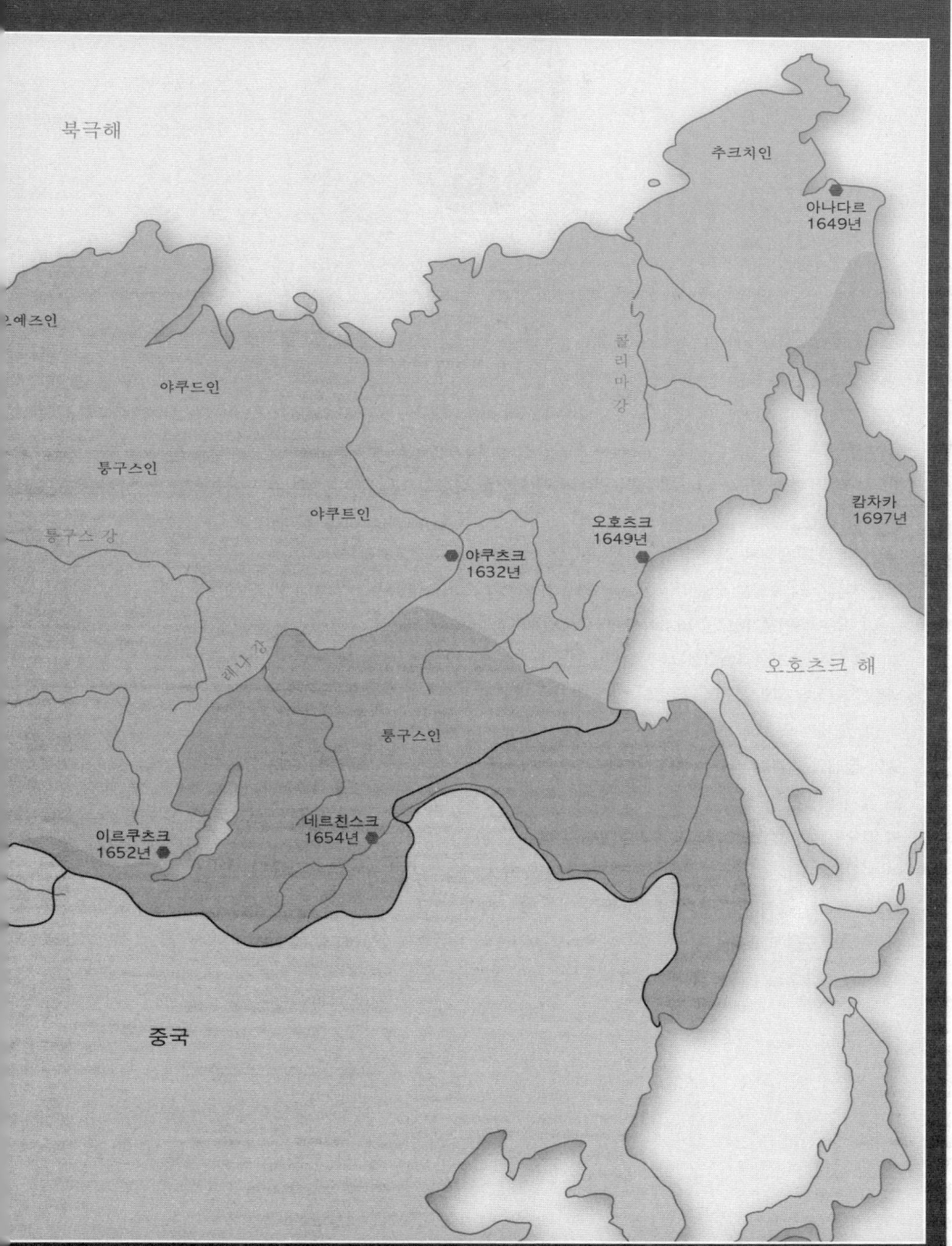

로마노프 시대

로마노프 왕조는 그 기초가 다져지기도 전에 스텐카라친을 비롯한 농민 반란과 분리파의 출현으로 인한 종교 혼란 등 시련을 겪게 되었다. 하지만 18세기 초 표트르 대제에 이르러 러시아는 큰 전환기를 맞이했다. 서구 문화의 영향으로 인한 국정 전반에 걸친 대개혁이 러시아를 '발트 해의 강국'으로 떠오르게 한 것이다. 그의 개혁은 계몽 전제군주로 알려진 예카테리나 2세와 알렉산더 1세 시대까지 이어져 스페란스키의 뛰어난 행정개혁의 토대를 이루었다.

한편 19세기 초에 이르러 나폴레옹이 전 유럽에 위용을 떨치면서 러시아의 수도 모스크바를 침략했다. 모스크바는 전소당하는 위기를 맞았으나 보로디노의 처절한 전투로 승리의 기쁨을 맛보았다.

나폴레옹과의 전쟁은 러시아에 있어서 중요한 의미를 갖는다. 젊은 러시아 장교들이 전선을 따라다니면서 배운 서구 자유주의 사상은 러시아를 근본적으로 개혁하고자 하는 움직임을 싹트게 했다. 데카브리스트 난으로 불리는 이 작은 혁명은 1917년 러시아 혁명의 뿌리로서 개혁을 꿈꾸는 지식인들에게 큰 영향을 미쳐 러시아 전통에 기반을 두는 슬라브주의자와 서구를 모델로 삼는 서구화주의로 나뉘어 세력을 키워갔다.

내정은 현상유지에 힘쓰며 '유럽의 헌병'이라는 조롱을 무릅쓰고 외교적인 성과를 거둔 니콜라이 1세에 이어 알렉산더 2세가 차르에 오르면서 개혁의 물결은 또다시 고개를 들었다. '러시아 최대의 악'으로 여겨지는 농노 제도의 철폐와 혁명을 꿈꾸는 지식인 계급인 인텔리겐치아의 본격적인 활동으로 러시아는 피할 수 없는 변화의 길을 걷게 되었다. 알렉산더 3세의 반동적인 정책과 러시아 마지막 차르인 니콜라이 2세의 몸부림도 1945년 '피의 일요일'을 기점으로 무너지기 시작했다.

이와 같은 19세기의 정치적인 소용돌이와는 달리 이 시기의 러시아 문화는 문학의 톨스토이, 도스토예프스키, 음악의 차이코프스키, 무소르크스키, 과학의 멘델레프, 블라지미르 등 뛰어난 인물들이 많은 분야에서 활약해 찬란한 문화의 꽃을 피웠다.

로마노프 왕조

로마노프 왕조의 진통

차르로 등극한 미하일 로마노프의 치세는 순조롭지 못했다. 1613년 이후 부분적으로 계속된 스웨덴과의 국지전이 난항을 거듭하다가 1617년에 이르러서는 영국이 끼어들어 러시아와 스웨덴이 평화협정을 체결하라는 중재안을 내놓았다. 따라서 여전히 국내 문제를 완전히 정비하지 못한 로마노프로서는 그러한 제안에 귀가 솔깃할 수밖에 없었다.

평화협정의 조건 중에는 핀란드 만 일대를 양도하라는 조항이 있었다. 로마노프는 국내의 사정을 숙고하여 한 가지 근심이나마 더는 편이 수월할 듯싶어 결국 중재안을 받아들였다. 이 여파는 곧 폴란드에 미쳐 다음 해인 1618년 폴란드에게 스몰렌스크와 노브고로드의 북부를 넘겨주었다. 이처럼 로마노프가 연이어 양보적인 정책을 편 것은 그 당시 국내 사정이 그가 해결하기에는 매우 힘든 상태에 있었음을 말해준다.

러시아는 그동안 치른 전투로 얻은 상처를 치료하기 위해서 무엇보다도 평화가 필요했다. 전투 상처는 매우 심각한 상태였다. 많은 가옥들이 불에 타버렸고 도시는 폐허가 되어 그 기능이 마비되어 있었다. 경작지는 잡초가 숲을 이루었고 전국 곳곳에 강도와 도둑들이 득실거렸다. 또 각 지방의 교역뿐만 아니라 외국과의 무역도 거의 두절된 상태였다. 이러한 상황 속에서 그리 강력한 통치자가 못되었던 미하일 로마노프가 사실상 큰 힘을 발휘하지 못하자 자연히 국민의회의 힘이 크게 강화되었다.

미하일 로마노프의 대관식 1613년, 로마노프 왕조를 연 미하일 로마노프의 대관식. 로마노프 왕조는 이후 304년 동안 러시아를 지배했다.

　국민의회의 역할이 커지며 상업이 점차 성장했고 도시의 기능이 회복되었다. 영국, 폴란드, 투르크, 독일 등과의 외교 및 교역관계도 회복되어 갔다. 성장 속도 또한 매우 빨라 모스크바는 당시 유럽에서 가장 큰 도시 중의 하나로 성장했다. 상인들은 이러한 성장 속에 자본을 축적해 갔고 서구의 여러 도시뿐만 아니라 이란, 중국에까지 진출하게 되었다. 이렇게 급속한 회복세를 유지하는 가운데 두드러졌던 산업은 국토방위와 밀접한 관계를 갖고 있는 제철업 부문이었다. 무기 제조에 반드시 필요한 큰 철광을 개발하게 되면서 철강 제조 기술이 크게 발전하였다.

한편 모스크바 주변 도시와 지방 농촌에서도 복구 작업에 여념이 없었다. 집단적으로 돌아가며 서로를 도왔고 도로 및 배수로를 복구할 때는 지역 전체가 합동작업을 했다. 그리하여 폐허가 되었던 곳에 다시 사람이 살게 되었고 황무지로 변해버린 경작지에 씨앗을 뿌릴 수 있게 되었다.

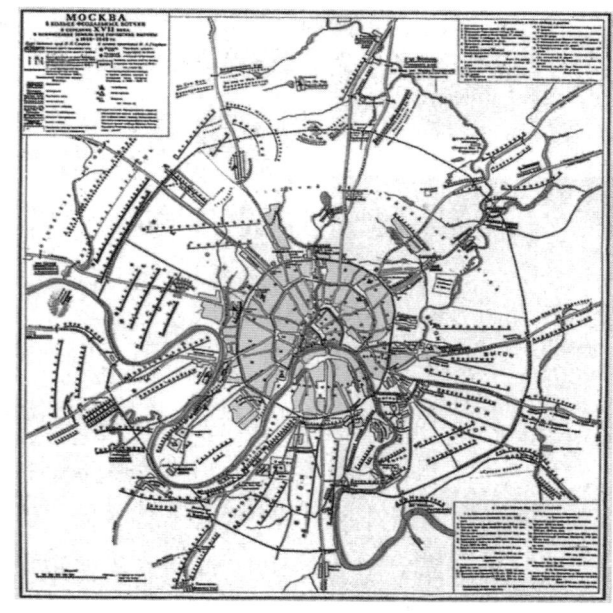

17세기 중엽의 모스크바 복구 작업이 진행되면서 모스크바는 서서히 대도시다운 면모를 갖춰나가기 시작하였다.

러시아가 서서히 정상적인 모습을 되찾아가고 있을 즈음 또 다른 문제가 발생했다. 중앙정부가 러시아 전역의 질서와 치안을 확립하고 경제를 부흥시키고자 노력하는 과정에서 후유증이 나타난 것이다. 그것은 정부의 혜택이 상류 계급에 치우쳐 국가 재건에 필요한 국민적 부담이 농민과 상공근로자들에게만 집중되자 하층 계급의 불만이 터진 것이다.

또한 이와 함께 귀족들은 농민을 그들의 영지에 영구히 묶어두려고 했다. 농민에게 법이 정한 것 이외의 의무를 강요하자 농민들은 이러한 부담을 피하기 위하여 자유로운 생활을 꿈꾸며 정부의 힘이 미치지 않는 먼 변경지방으로 도망가기 시작했다. 그들은 도주해 간 지역에서 같은 신세의 농민들을 많이 만났다. 이렇게 모인 농민들 간에 특별한 조직이나 의견 교환은 하지 않았으나 자연스럽게 의기가 투합되어 심상치 않은 분위기가 감돌았다. 즉 새로운 농민 봉기가 서서히 준비되고 있었던 것이다.

미하일로비치의 실정

1645년 미하일 로마노프가 죽고 그 뒤를 이어 알렉세이 미하일로비치가 즉위하였다. 즉위한 지 얼마 되지 않아 도시에서도 상공인 봉기가 자주 발생하였다. 그들도 농민들과 마찬가지로 정부와 귀족의 압력에 시달리고 있었다. 제위에 오른 알렉세이 미하일로비치는 실질적인 권력 행사를 하지 못하고 있었다. 대신 그를 길러 준 모로조프가 지배권을 갖고 각종 부정을 저질렀다.

그의 일가친척은 물론 주변 사람들이 국가의 모든 중요한 요직을 차지하였다. 그들도 자신의 욕심을 채우는 데 권력을 악용했다. 여러 구실을 붙여 도시 상공인들에게 막대한 세금을 징수했다. 반면 성직자와 대귀족, 부유 상인에게는 세금을 면제해 주었다. 결국 국가적 부담이 가난한 상공인에게만 주어졌고 하층 계급은 더욱 어려움을 겪게 되었다.

1646년 정부는 모든 주민의 필수품인 소금에 높은 세금을 부과했다. 소금값이 갑자기 폭등했으며 주민의 수준으로는 감당할 수 없는 지경에 이르렀다. 이것이 계기가 되어 마침내 1648년 잠재해 있던 주민들의 불만이 터졌다. 모스크바에서 처음으로 봉기의 바람이 일어났다. 봉기에 가담한 주민들은 알렉세이 미하일로

알렉세이 미하일로비치 농민의 실정을 돌보지 않은 알렉세이는 그의 치세 기간이었던 1645~1676년간 많은 위기를 겪어야 했다.

비치가 6월 초 트로이체 세르기예프 수도원으로 돌아올 계획이라는 정보를 얻어 이를 이용하기로 했다.

알렉세이가 수도원으로 돌아왔을 때 주민들은 그의 마차 주위를 에워쌌다. 그리고 알렉세이에게 직접 모로조프와 그의 족벌 관리들에 대한 비리를 알리며 처벌을 요구했다. 그러나 알렉세이의 경호병들은 주민들을 해산시키며 대표 몇 명을 잡아갔다. 이 사건은 도시 주민을 더욱 분노하게 만들었다.

바로 그 다음날 수천 명의 시민이 동시에 궁정 문을 밀고 몰려들어갔다. 그들은 잡아간 주민 대표를 석방하고 모로조프와 그 심복들을 모두 처벌하라고 외쳤다. 상황을 지켜보고 있던 모로조프는 신변의 위험을 느끼고 이를 진압하기 위해 군대를 보냈다. 그러나 뜻밖의 일이 벌어졌다. 진압하러 간 부대가 주민들과 합세해버린 것이다. 의외의 원군을 얻게 된 주민들은 더욱 더 격렬해졌다. 모로조프, 플레스체예프, 그리고 당시 악명 높았던 관리들의 집으로 쳐들어가 닥치는 대로 부쉈다. 모스크바 시내 전체가 발칵 뒤집혔고 곳곳마다 불길이 치솟았다. 가까스로 목숨을 부지하고 있던 모로조프는 집을 빠져 나와 차르와 함께 있었다. 이 사실이 시민에게 알려지자 붉은 광장은 성난 시민들의 물결로 인산인해를 이루었다. 자신들의 피를 빨아먹고 살아온 모로조프를 내놓으라는 외침이 계속되었다.

이에 크게 놀란 차르 알렉세이는 우선 모로조프와 같이 숨어 들어온 플레스체예프와 트라하니 오토프를 처형하여 시민들의 분노를 가라앉히려 했다. 그러나 시민들의 분노는 가라앉을 수가 없었다. 그들은 모로조프의 처형을 원했던 것이다. 알렉세이로서는 난처할 수밖에 없었다. 자신을 어릴 때부터 길러준 그를 자기 손으로 처형할 수는 없었던 것이다. 알렉세이는 직접 봉기자들 앞에 나아가 모로조프를 용서해 주기를 애절하게 부탁했다. 그리고 모로조프가 더 이상 권력을 넘볼 수 없도록 모스크바에서 추방하겠다고 약속했다. 그러자 시민들도 진정을 되찾으며 만족의 표시를 나타냈다.

그러나 봉기는 여기서 그치지 않았다. 그 여파가 주변 도시로 파급되어 우스추크, 벨리키가 그랬고 보로비치, 쿠르스크 등에서도 꼬리를 물고 봉기는 계속되었다. 이대로 두면 러시아 전체가 다시 혼란의 소용돌이 속으로 빠져들 것은 너무도 자명한 사실이었다. 그래서 결단을 내려야만 했다. 그는 정부가 큰 양보를 하기로 결정하고 먼저 모로조프 추종자들에 대한 완전 숙청을 시도했다. 또 주민들이 내지 못한 세금에 대해서는 처벌을 중지시켰다. 그리고 여러 부문에서 면세 혜택을 받고 있던 부유 상인과 귀족들에게도 세금을 부과할 것을 결정했다. 뿐만 아니라 정부군의 봉급도 인상시켜 군인들의 동요를 막고 한편으로는 주민들이 요구한 사항 중에 국가 운영에 치명적으로 해가 되는 것을 제외하고는 모든 사항을 받아들였다. 그 결과 1648년 가을 봉기는 어느 정도 진정되었다.

그러나 알렉세이가 겪어야 할 진통이 완전히 사라진 것은 아니었다. 도시에서의 봉기가 어느 정도 진정되자 이제는 농촌 지역에서 누적된 문제들이 나타나기 시작했다. 이 문제는 1500년대 말부터 나타나기 시작한 농촌 노동력의 부족 현상이었다.

16세기 말에서 17세기 초에 걸쳐 농민과 도시 주민들이 정부의 압제에서 벗어나기 위해 도망갈 때 정부는 이들의 도망을 억압했었다. 도망자의 경우 체포를 쉽게 하기 위해 여러 가지 조치를 강구했었다. 그러나 도망자들은 계속 늘어났고 차르의 사유지 약 660세대 중 500세대에 가까운 수가 갑자기 어디론지 도망가 버린 일도 있었다. 이처럼 도망자가 늘어나자 노동인력이 자연히 부족하게 되었다.

영주들은 농민들을 불러들이기 위하여 좋은 조건을 내놓기도

하고 공공연히 뇌물을 쓰면서 경쟁을 하였다. 때에 따라서 영주들은 노동자를 확보하기 위하여 무장 유괴단을 조직하기까지 했다. 그러나 재산이 적어 노동자들을 구할 수 없었던 영주들은 곤경에 빠질 수밖에 없었다. 이렇게 되자 그들은 중앙정부에 원조를 요청했다. 제도적으로 자신들의 피해를 줄일 수 있는 방법을 강구해 달라는 것이었다. 이런 요청에 따라 1649년 알렉세이는 그의 신하들로 하여금 새로운 법전을 편찬하게 했다. 새 법전 편찬의 표면상 이유는 이러했다.

"최고위에서 최하위에 이르는 모든 사람들에 대해 법의 과정은 환경이 어떻게 변하든 평등해야 한다."

그러나 이 법전은 정부의 다른 의도를 내포하고 있었다. 즉 정부가 필요로 하는 농민, 노동자, 상인 등과 같은 납세자와 징집병을 모스크바가 지배하기 위해 고안된 것이었다. 이 법전은 농노제를 명문화하지 않는 한편 농노제로 해석될 수 있는 우화적 규정을 삽입하였다. 농민과 영주 양자의 비위를 동시에 맞추려는 잔꾀에 불과했던 것이다.

그 내막이 조금씩 드러났고 농민이 영주 밑에 영원히 묶여버리게 되는 현상이 나타났다. 따라서 농민의 생활이 극도로 피폐해졌다. 또다시 도망자의 무리가 급증하고 농민의 봉기가 일어날 수밖에 없었다. 이 문제는 후에 발생한 스텐카라친 농민 전쟁의 불씨가 되어 점점 열기를 더해갔다.

1650년 초 알렉세이가 갑자기 프스코프와 노브고로드에서 대량으로 곡물을 사들였다. 알렉세이와 스웨덴 왕 사이에 은밀히 이루어진 협상에서 알렉세이가 스웨덴을 돕기로 하여 이루어진 것이다. 이것이 러시아 주민에게 아무런 피해를 주지 않았다면 간단히 넘어갔겠지만 너무 많은 곡물을 사들였기 때문에 곡물 가격이 급격히 치솟았다.

　그 결과 일반 주민들의 생활비 부담이 늘어났고 생활 자체에 위협을 느끼게 되었다. 사태가 이 지경에 이르자 도시 봉기는 다시 고개를 들었다. 프스코프와 노브고로드의 도시 주민들은 곡물 수매를 중지하라고 외쳐댔고 부유한 상인과 귀족들의 집을 파괴하였다. 뿐만 아니라 도시 관리 모두를 강제로 내쫓고 주민들 스스로 뽑은 대표들에게 도시의 새로운 운영을 맡겼다. 노브고로드의 행정 구조가 바뀌어갔다. 그러나 그것도 약 한 달이 지날 무렵 무자비한 정부군이 도시 성문을 밀고 들어오자 도시 주민들의 저항은 쉽게 무너지고 말았다.

　그러나 프스코프의 경우는 달랐다. 도시 주민이 행정력을 잡자마자 빠른 속도로 방어군을 편성했고 방어 진지를 성벽 안팎으로 형성했다. 또한 프스코프 외곽지의 주민들도 열성적으로 물자를 보급하여 물자 수급이 거의 완벽에 가까울 정도였다. 따라서 정부의 진압 부대가 쉽게 들어올 수가 없었다. 200여 일 동안 전투를 치르고도 프스코프는 조금도 흔들리지 않았다. 오히려 전투가 장기화할수록 정부군은 프스코프에 접근하기가 더욱 어려워졌다. 프스코프에 접근하기도 전에 주민들의 강력한 기습을 받곤 했기 때문이다. 그러자 차르는 프스코프에 협상 대표단을 파견했다. 협상 결과 정부는 진압군을 철수시켰고 프스코프에서는 봉기 전에 업무를 보던 관리들의 권한을 회복시켜 주었다. 이렇게 곡물 수매로 발생한 문제는 일단락지어졌다.

농민의 영웅 스텐카라친

1660년 말 돈강 유역에서 농민들에게 희망을 줄 수 있다고 기대되는 사람이 나타났다. 후에 스텐카라친으로 불려진 그는 카자크인으로서 상류 계급의 부유층에 태어나 수준 높은 교육을 받았다. 또 돈 강 유역의 지역 사회 특성상 하층 계급의 모습을 보고 자랐기 때문에 나이보다 성숙했으며 정신력도 대단히 강했다. 그리고 사람 다루는 일이 능숙해 통솔력 또한 뛰어났다. 이러한 그가 하위 계층에 있는 카자크인들의 지도자로 뽑힌 것이다. 그러므로 그는 모스크바에서 어려움을 겪다 도망쳐온 러시아 농민들에게는 하나의 등불이었다.

1662년 모스크바에서 불길한 일이 발생했다. 폴란드와 10여 년간 전쟁을 했던 탓에 국고가 부족해서 정부는 화폐를 이용하여 주민들을 교묘히 괴롭혔다. 정부는 기존에 있던 은화를 대신하여 동화를 발행했다. 세금을 징수할 때는 은화를 거두었고 대금을 지불할 때는 동화를 내 놓았다. 시간이 지남에 따라 동화의 가치는 급속히 하락했고 상대적으로 물가가 폭등하는 결과를 가져왔다.

주민의 어려움이 더욱 가중되어 그 해 7월 모스크바 거리에는 통화 주조와 관계를 맺고 있는 모든 귀족과 관리들은 반역자이므로 처단하라는 방이 곳곳에 붙여졌다. 모스크바 시내가 점차 술렁이더니 급기야는 폭도로 변해 버렸다. 수천 명 이상의 주민들이 격렬히 날뛰며 궁으로 달려갔다. 그러자 알렉세이 미하일로비치는 즉시 군대를 출동시켰고 주민과 군인이 대치해 있는 상태에서 알렉세이와 주민 대표가 협상을 시작했다.

알렉세이가 주민들이 제출한 반역자 명단에 오른 사람들을 철저히 조사해서 죄를 가려내겠다고 약속하자 주민들은 곧 성을

스텐카라친의 난 스텐카라친의 지도 아래 봉기했던 러시아의 농민 전쟁을 묘사한 당시의 목판화

나왔다. 돌아가던 주민들은 성을 향해 몰려오던 과격파와 다시 만나게 되었고 절반 이상이 그들과 합세하여 다시 성 안으로 몰려갔다. 알렉세이는 시간을 벌기 위해 협상을 하는 척하다가 군대를 출동시켰고 사살 명령을 내려 그곳에 있던 주민 대부분이 죽었다.

이후 주민들은 최악의 경우에 대비한 준비 없이는 더 이상 무리한 행동을 할 수가 없었다. 그로 인해 약 5년 동안 커다란 충돌은 없었지만 내부적으로 농민의 세력은 점차 성장하고 있었다.

1667년, 드디어 스텐카라친을 지도자로 한 카자크인들의 무리와 도주 농민들의 무리가 군사적 체계를 제법 갖추고 행동을 시작했다. 약 2천 명으로 조직된 원정대를 구성하여 볼가 강 주변에서부터 힘을 발휘했다. 그들은 볼가 강을 지나가는 무역선들을 모두 습격하여 배를 탈취한 후에 선원 중 지도자급에 있는 사람들만 처형하고 나머지는 대부분 금품만 빼앗고 살려보냈다.

이렇게 몇 달간의 습격 활동을 한 후 카스피 해로 옮겼다가 1668년에는 페르시아를 위협했다. 그들은 주요 도시들이 방어할 틈도 주지 않고 공격해 들어갔다. 재산을 모았고 노예나 가난한 농민들에게 자유를 주었다. 그들은 하층 계급에게 매우 관대했기 때문에 가난한 사람을 위해 싸우는 투사들이라는 소문이 눈덩이처럼 커져갔다. 여러 지역의 원정을 치르고 돈 강으로 돌아왔을 때는 인산인해를 이룬 하층 집단의 대대적인 환영을 받았다. 또한 많은 사람들이 스텐카라친의 군대에 지원하기도 했다.

이렇게 많은 군중의 지지와 갈채를 받아 급속히 규모가 커진 스텐카라친 군단은 1670년 볼가 강으로 향했다. 처음에는 싸움을 하지 않고도 소도시들을 점령할 수 있었다. 어떤 때는 이들을 진압하기 위해 동원된 차르의 정부군마저 지휘관을 살해하고 그의 군대와 손을 잡아 손쉬운 승리를 거두기도 했다.

사기가 오른 스텐카라친군은 볼가 강 상류로 이동하여 그곳의 주변 도시와 촌락에 편지를 보내 차르의 녹을 먹고 사는 모든 관리를 몰아내라고 설득하였다. 이 편지가 각지에 전해지자 반란은 순식간에 일어났다. 또한 스텐카라친의 부대를 성대히 맞아들였다.

이렇게 하여 볼가 강 유역 일대를 모두 장악하게 된 스텐카라친은 그곳에서 멀지 않은 심비르스크를 공격했다. 그러자 위협을 실감한 차르의 정부군이 진압에 총력을 기울이기 시작했다. 스텐카라친으로서는 처음으로 강력한 공격을 받았다. 정부군의 위세는 대단히 강력해서 스텐카라친의 병사는 물론 스텐카라친도 심한 부상을 입었다. 이 전투에서 스텐카라친군은 참패를 당해 돈

강 쪽으로 병력을 후퇴시켰다.

    이후 반란군은 계속 패퇴하였다. 아무래도 정규군을 상대하기에는 농민들이 주축인 반란군으로서는 역부족이었다. 반란군은 곳곳에서 집단적으로 처형당했고 관련된 사람은 남녀노소를 가리지 않고 목숨을 잃었다. 진압과정에서 죽어간 사람의 수는 약 10만 명에 이르렀고 스텐카라친도 1671년에 처형되었다.

혼란 시대의 교회

러시아의 교회는 이반 4세의 통치 중에도 대외적으로는 비잔티움에 종속되어 있었다. 그러나 이반 4세의 사망 후 1589년 다른 교회의 동의를 얻어 부주교 욥이 총주교가 됨으로써 어느 정도 어깨를 펴게 되었다. 대외적인 서열은 총주교들 중 가장 아랫자리에 속했다. 하지만 러시아 사람들이 판단할 때는 당시 대부분의 교회가 터키인의 지배를 받고 있었기 때문에 러시아 총주교 자리는 가장 큰 비중을 갖고 있었다. 따라서 이제 러시아정교회는 총주교와 일반 국민들에 의해 칭송받는 수많은 성인들을 갖게 되었다. 외관상으로도 웅장한 교회를 많이 소유하고 있어 외국인이 볼 때 러시아는 마치 나라 전체가 교회로 이루어졌으며 1년 내내 교회당 종소리가 끊이지 않는 것처럼 느껴질 수밖에 없었다.

    그러나 교회의 어려움은 많았다. 당시 교회는 요셉 세르기우스, 데오도시우스, 그리고 닐루스 같은 덕망 있는 인물을 배출했다. 그러나 배출된 학자들만으로는 감당하기 어려울 정도로 교육의 필요성은 중대했다. 글을 모르는 신자가 증가했고 교회의 지도자들도 종교의 본질을 혼동하게 되었다. 이런 문제의 가장 큰 이유는 교육을 받은 성직자가 너무 적었다는 데 있었다.

　이반 4세 때 열렸던 종교회의에서 발표된 몇 가지 조례만 봐도 근대 서구적 방식에서 보면 앞뒤가 맞지 않았다. 예를 들면, 예배 중 십자가를 그을 때 두 손가락을 사용하지 않으면 중대한 죄를 범했다고 여겼다. 즉 종교에서 정한 규칙을 표현법에서 조금이라도 벗어나면 곧 이단이라고 판단했다. 지나치게 형식에만 치우쳤던 교회의 쇠퇴는 너무도 당연한 결과였다. 이에 따라 교회의 규율 자체도 느슨해질 수밖에 없었다. 그것은 시대를 잃어버린 역사책과 같았다.

　어느 한 시점에서 적응력을 잃어버리자 저절로 그 틀이 무너지고 질서를 잃게 되었다. 성직자가 술을 먹는 일이 자연스러워졌고 단식을 지키지 않는 것은 예삿일이었다. 수도인으로서 마땅히 지켜야 할 도덕조차 무너져 가고 있었다.

　1600년 초기에 이에 대한 성직자들의 각성이 일기 시작했다. 유능한 성직자들이 중요한 개혁으로 도덕적, 행정적, 그리고 지적 분야에 걸친 전반적인 변화를 주장했다. 이를 시행하기 위해서는 먼저 체제의 통일이 필요했다. 그래서 지적인 면에서는 확실성과 정확성을 확립하기 위해 종교서의 개정을 포함시켰고 도덕적, 정신적인 면에서는 진리 체계의 단일화를 지향했다. 그러나 후자의 경우 상류 계층에서는 성공을 거두었으나 실제 내용은 현실성이 배제된 너무도 어이없는 것들이었다. 예를 들면 차르와 궁정사람의 경우 예배의식에 7시간 동안 쉬지 않고 참여해야 한다는 것이었다.

　1654년부터 약 2년간 러시아를 방문한 안티오키아 총주교 마카리우스가 이 모습을 보고 경악을 금치 못하여 이렇게 말했다.

"도대체 그들의 예배를 어떤 말로 표현해야 할지 모르겠다. 이건 인간의 생활 거의 전부가 예배에 묶여 있는 것 같다. 차르, 총주교, 대귀족, 귀부인들이 아침부터 밤까지 꼿꼿이 선 자세로 예배를 보고 있으니 말이다."

반면 종교서의 개정은 예배의식 절차와 함께 신중히 추진되었는데 이 일은 주로 모스크바의 정부 인쇄소에 머물고 있던 키예프의 학자들에 의해 이루어졌다. 그러나 키예프 학자들은 많은 난관에 부딪혔다. 키예프는 오랫동안 바티칸의 가톨릭을 국교로 하는 폴란드의 지배를 받고 있었기 때문에 모스크바 입장에서 보면 키예프의 학자들은 저주스러운 가톨릭과 서구 사상에 깊이 빠져 있는 것으로 보였다. 그러나 다행스럽게도 키예프 학자들은 그들의 일을 하나하나 처리하면서 러시아 총주교 니콘의 지지를 받을 수 있었다.

니콘 총주교 니콘 총주교가 허례허식과 구습, 민족주의에 빠진 러시아 교회를 개혁하기 위해 노력했음에도 불구하고 러시아 교회는 러시아정교와 분리파로 갈라졌다.

이것이 1652년 러시아 교회의 분열을 가져온 불씨가 되었다. 이 분열은 니콘과 성직자 사이에 대립이 생기면서 시작되었다. 니콘은 고위성직자들의 집회를 소집하여 당시 여러 갈래로 갈라져 있던 모든 종교서적들을 그리스 원본과 대조시켰다. 그리고 원본과 차이가 있는 부분은 모두 고치고 예배의식도 한 가지 절차로 통일시키려고 했다. 이에 반하여 성직자와 수도사들은 니콘이 추진하는 개혁에 반대하여 그간 자신들이 사용한 교회서적뿐만 아니라 교회 의식을 그대로 지켜나가고자 했다.

여러 반대에도 종교회의에서는 총주교인 니콘의 개혁안이 가결되어 몇 가지 종교법규와 의식절차가 변경되었다. 기도문과 성가의 일부가 개편되는가 하면 이제까지 두 손가락으로 십자가를 긋던 것을 세 손가락으로 하도록 했다. 성직자들이 입고 있는 예복의 색깔과 디자인도 변경시켰다.

이런 가운데 구신도, 즉 '분리파'를 자칭하고 나선 성직자들의 반발은 계속되었다. 이때 분리파의 지도자는 사제장인 아바쿰이었다. 그는 이미 정해져 있는 교회 의식과 엄격한 정교회 규칙의 준수를 중요하게 생각하고 있었다. 일반 성직자와 비교할 때 유난스레 믿음이 강했던 아바쿰은 매일 잠자리에 들기 전 예수를 향한 기도 600회, 성모마리아를 향해 100회씩을 철저히 이행했다. 한때는 도덕적 개혁을 위해 니콘과 손을 잡은 적도 있었으나 처음부터 총주교와 차르에 대한 호소로 일관했다. 그것은 과거의 것을 소홀히 해서는 안 된다는 내용이었다. 그러나 그의 호소는 받아들여지지 않았고 그 후 약 30년간에 걸쳐 박해를 받았다. 그는 대부분의 시간을 시베리아에 유배된 채 지내야만 했다. 그러나 박해 속에서도 구교도들의 운동은 계속되었다. 뿐만 아니라 이를 정치적으로 이용하려는 귀족들의 참여도 있었다. 즉 반대 운동을 이용하여 대귀족들은 자신에게 편리한 과거의 관습을 지키고 동시에 차르가 갖고 있는 강력한 권력을 약화시키고자 했다.

바로 이때 구교도 운동이 극렬해질 수 있는 기회가 생겼다.

차르 알렉세이와 총주교 니콘 사이에 불화가 일어난 것이다. 당시 총주교 니콘은 종교권이 세속보다 높은 곳에 있다고 생각한 반면 차르는 그것을 인정할 수 없었다. 그러므로 종교권이 위에 있다고 생각하면서 총주교 니콘이 정부의 일반 행정에까지 개입하자 차르의 불만은 커져갔다.

1658년 마침내 니콘이 공개 석상에서 차르를 비난함으로써 알렉세이의 분노가 폭발하였다. 니콘이 보스크레센스키 수도원으로 옮기자마자 알렉세이는 새로운 총주교 선출을 구체화시켰다. 얼마 후 종교회의를 개최하여 니콘의 총주교 직책을 박탈한 뒤 추방시켜 버렸다. 그리고 알렉세이는 시베리아에 유배시켰던 아바쿰과 몇몇 성직자들을 다시 모스크바로 불러들였다. 이를 계기로 구교도들의 운동은 더욱 강화되었으나 오래 가지는 못했다.

니콘이 추방당한 바로 다음 해에 열린 종교회의에서 개혁안에 반대하는 모든 성직자들은 파문당하였고, 아바쿰도 이때 화형을 당했다. 이렇게 하여 분리파의 투쟁도 끝이 났고 분리파를 옹호하는 대부분의 신도들은 변경 지대로 도망갔다. 그러나 그곳에까지 차르의 박해는 뻗쳐 17세기 말 변경 지대에서 수명의 분리파 신도들이 자기 교회에 들어가 문을 잠근 채 불을 질러 집단 순교를 감행했다.

결국 많은 희생을 치렀음에도 러시아 정부는 교회의 분열을 해결하지 못했다. 뿐만 아니라 정교회는 내부 분열로 위신이 땅에 떨어져 회복하기 힘든 상태로 빠져들어 갔다.

표트르 대제의 치적

패기와 야심에 찬 젊은 표트르

17세기 말부터 18세기 초까지 40년간은 러시아에 또 하나의 큰 전환기였다. 대내적으로는 진보된 행정 체제를 갖추게 되었고 대외적으로는 영토 확장, 문호 개방 등 강력한 국제적 지위를 다져 가게 되었다. 이것은 모스크바 공국 표트르 대제가 과감하게 전개한 개혁 정책의 결과였다.

17세기 초 러시아 개혁의 주역이었던 표트르 대제는 1672년 알렉세이 미하일로비치 황제와 그의 두 번째 황후인 나탈리아 키릴로브나 나르이쉬키나 사이에서 태어났다. 그는 어린 시절에 아버지를 여읜 탓으로 소년기와 청년기를 크레믈린 밖에 있는 외인촌에서 지내야 했다. 그래서 화려한 의식이나 불합리한 전통을 싫어했고 실리적이며 과학적인 것들에 관심을 기울였다. 뿐만 아니라 외인촌 생활은 여러 외국기술자들과 접촉할 수 있는 기회를 만들어 주었다.

12세 때에는 석공술과 목수일을 배우는 데 많은 시간을 보내기도 했다. 때문에 젊은 나이에 십여 가지 이상의 전문적이고 특수한 기능을 소유할 수 있게 되었다. 말에 편자를 능수능란하게 박는 일, 주거 공간을 힘들이지 않고 짓는 일, 대포를 주조하는 일 등의 기술을 익히게 되었다.

이렇게 여러 방면에 관심을 쏟으며 생활하던 그는 1689년 모스크바 대귀족의 딸 로푸하나와 결혼했다. 이때부터 러시아 관습에 따라 성년의 시기를 맞이하였으나 국사에는 참여하지 않았다.

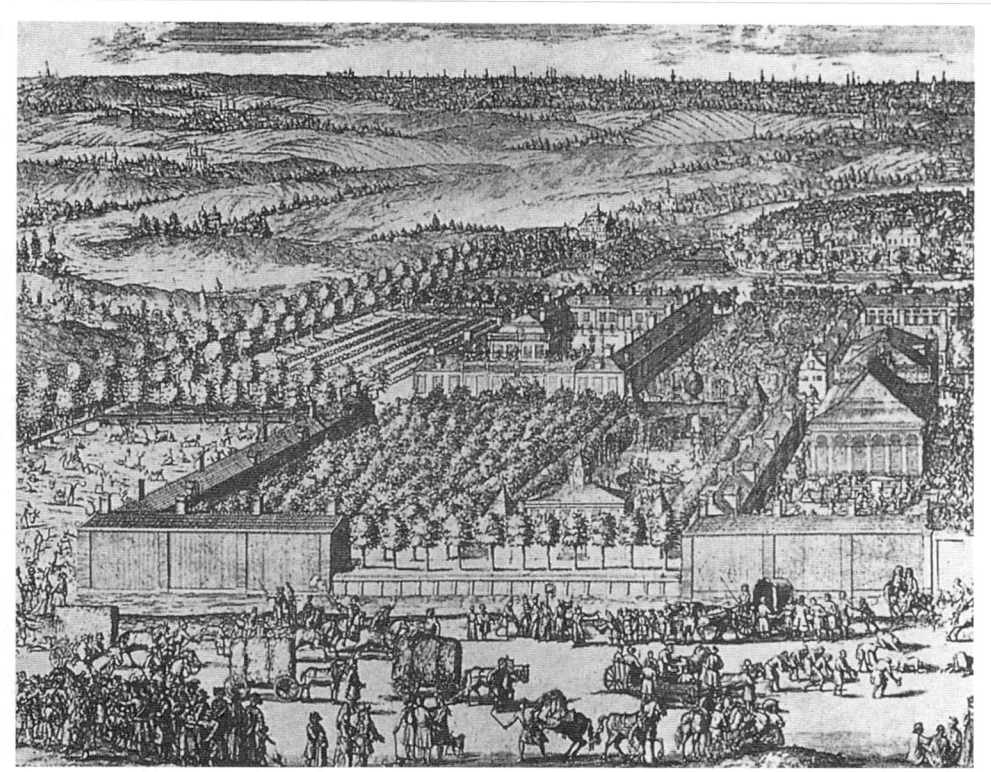

외인촌 모스크바 교외의 외인촌, 1700년경. 당시 외국인 거주지는 모스크바의 약 5분의 1 크기였으며 유럽풍의 거리를 갖추고 있었다. 전경은 외국인 중 유복한 계층이 거주하는 곳으로 표트르 1세가 거주했던 궁전도 이곳에 있었다.

소년병 부대들과 병정놀이를 하거나 기계 기구를 관찰하는 일이 생활의 전부였다. 그러던 중 1695년 모스크바 정부는 흑해 진출로를 확보하기 위해 터키와의 전쟁을 시작했다.

이 전쟁을 계기로 표트르는 실전에 참여하게 되었다. 그는 러시아 군대가 전쟁 초기에 돈 강 하구의 터키 요새 아조프를 포위할 때 포병의 신분으로 참여했다. 이 전쟁에서 아조프 포위 작전은 3개월이나 계속되었지만 쉽사리 터키 요새를 공략할 수가 없었다. 터키는 당시 그들의 함대를 이용하여 바다를 충분히 활용했기 때문이었다. 탄약이나 식량 공급은 물론 보충 병력까지도 바다를 통해 지원했다. 그러므로 함대를 소유하지 않은 러시아로서는 이를 저지하기가 어려웠다.

그러나 어린 시절부터 바다를 가까이 해왔고 특히 백해에 있을 때 영국이나 네덜란드 선장들로부터 항해술 및 선박에 관한 제반 지식을 습득했던 표트르가 이러한 난국의 타개책으로 함대 건설을 생각하게 된 것은 너무도 자연스러운 일이었다.

그는 우선 함대 건설 기지를 위한 적정 장소를 물색했다. 그 결과 보로네즈가 선정되었고, 구체적 세부계획이 완성되자마자 바로 기지 건설에 착수했다. 그가 이처럼 함대 건설에 적극적으로 참여한 것은 그 부문에 지식을 갖고 있었다는 이유도 있었지만 그의 성격적인 면이 더 크게 작용했다. 그는 빠른 속도로 함선을 건조하면서 한편으로 해군병사들을 조직하기 위해 수천 명의 젊은이를 강제로 끌어들여 훈련에 총력을 기울였다. 그리고 1696년 봄 해군을 편성하여 다시 아조프를 공략해 쉽게 함락시킬 수 있었다. 이렇게 터키와의 전쟁은 일단락지었고 이 전쟁으로 표트르는 유럽 여러 나라에 알려지게 되었다.

같은 해 표트르의 형 이반이 죽었다. 이때부터 표트르는 러시아의 유일한 전제군주가 되었다. 표트르 대제는 터키의 압력에 맞서 좀 더 강력하게 대처할 수 있는 토대를 마련하고 외국과의 동맹 계획을 생각했다. 이 계획을 성사시키기 위해 서유럽 여러 나라에 '대사절단'을 파견했고, 이때 서유럽의 문화를 배워올 수 있도록 사절단에 젊은 귀족들을 포함시켰다. 표트르 자신도 표트르 미하일로프라는 가명을 쓴 채 포병으로서 이 사절단에 합류해 행동을 같이했다.

1697년 봄, 기묘한 무리들이 서쪽을 향해 여행을 시작했다. 마부, 고적수, 나팔수, 행상인 등 다양한 사람들이었으며 관복 차

림의 사람들도 간간이 눈에 띄었다. 이들 중 유난스레 남루하고 초라한 옷을 걸친 표트르는 행렬 속에서 자신의 신분이 노출되지 않도록 주의했다. 당시 25세의 나이로 7척이 넘는 장신이었던 그는 큰 키 외에도 턱 부분에 독특한 혹과 유난스럽게 날카로운 눈초리 때문에 자신의 신분을 가리기에 어려움이 많았다.

　이동 행렬은 스웨덴 지배에 있는 발트 해의 리가 항을 지나 프로이센으로 들어갔다. 그곳에서 표트르는 포병 하사관으로 가장하여 프로이센 고위 지휘관에게 대포 조작 기술을 익혔다. 그리고 네덜란드로 가서는 목수 신분으로 선박 건조 기술을 익혔다. 이러한 여정 속에서도 그의 탁월한 성격은 자주 노출되었다. 그는 곧 여러 분야에 걸쳐 지식을 쌓게 되었고 경우에 따라서는 실제 그 일에 종사하는 전문가보다 뛰어나기까지 했다. 또한 관심의 폭을 넓혀 해부학과 응용과학에까지 손을 뻗쳤다. 한 번은 보오르하베의 외과교실에서 해부학 강의를 받던 중 그의 일행이 시체 관찰을 기피하자 표트르는 느닷없이 이렇게 명령했다.

　"저 시체의 힘줄을 입으로 물어뜯어라."

　신분노출에 대한 염려보다는 신하들에게 서유럽의 선진 과학을 많이 배워야 한다는 점을 강조하고자 이처럼 가차 없이 명령했던 것이다. 그는 과학적이고 지적이며, 나름대로의 뚜렷한 목적의식을 갖고 있었다. 이 일이 있은 후부터 표트르는 더 이상 자신의 신분을 감추지는 않았다.

　그가 영국을 여행할 때 영국은 그를 위해 스피트헤드 앞 바다에서 대규모의 모의 전쟁을 보여주기도 했다. 그러나 영국인들은 표트르 대제를 상당히 촌스럽다고 생각했다. 그 이유는 그가 영국에 체류할 때 겉옷 하나만 걸치고 윌리엄 3세를 방문했으며, 그가

반란자를 처형하는 표트르 대제 1698년 모스크바의 크레믈린 궁전 앞 광장. 표트르 대제는 반란에 가담한 자들을 가차없이 처형하여 후환을 잘랐다.

묵었던 곳은 전쟁 중의 야영장 같았고 고급식기의 사용법이 서툴렀기 때문이었다.

표트르가 서유럽 여행을 하던 중 1698년 8월 모스크바에서 반란이 일어났다는 소식이 전해졌다. 그는 약 14개월간의 여행을 중단하고 모스크바로 돌아와야 했다. 그 뒤 유럽에서는 표트르 대제에 관한 갖가지 이야기가 꼬리를 물고 퍼졌다. 여행 중 신분 노출을 꺼렸기 때문에 후에 그의 신분이 드러났음에도 유럽 사람의 눈에는 대수롭지 않은 인물로 비쳐졌다. 여러 곳을 다니며 큰 술잔치를 벌이는 습관이나 호색적인 일면 때문에 그는 우스갯거리로 생각되기까지 했다. 그러나 모든 사람들이 그렇게 생각한 것은 아니었다. 깊은 관찰력을 가졌던 철학자 고트프리트 라이프니츠는 표트르 대제를 '지혜로운 자'라고 높이 평가했다.

새롭게 떠오르는 발트 해의 강국

서유럽 여행을 마치고 돌아온 표트르 대제는 전 러시아의 통치권을 쥐고 과감한 개혁에 착수하였다. 그는 먼저 반란의 주모자로 밝혀진 밀로슬라프스키 가문을 비롯하여 그 반란과 연관된 모든 귀족들을 체포하여 사형에 처했다. 그리고 얼마 후 황태자인 알렉세이도 반란에 가담했다는 사실이 밝혀지자 가차없이 처형하였다. 자신의 황태자를 처형하면서까지 러시아 내부의 불안정한 요소들을 제거한 그는 1700년 터키와 휴전협정을 맺었다. 그리고 그의 일생 동안 가장 중요한 전투로 평가받고 있는 스웨덴과의 일전을 준비하였다.

당시 스웨덴은 핀란드와 발트 해협의 대부분을 차지하고 있어 유럽에서는 프랑스와 어깨를 같이 하는 강대국이었다. 그러나 표트르 대제는 강대국 스웨덴을 쉽게 생각했다. 그 결과 전쟁 초기에는 여지없이 쓴 고배를 마셨다. 18세의 어린 나이로 스웨덴의 권력을 쥔 카알 12세가 나이에 걸맞지 않게 노련하게 국가를 운영했고 군사적인 면에서도 탁월한 지식을 갖고 있었기 때문이었다.

스웨덴은 뛰어난 군사전략으로 발트 해협의 나르바 전투에 훨씬 적은 병력으로도 조직력이 떨어진 러시아를 쉽게 격파할 수 있었다. 표트르 대제의 러시아군 피해는 엄청나 1만 명 이상이 전사하거나 포로가 되었다. 또한 3만여 명은 무기를 버린 채 사방으로 도망가고 말았다. 만약 카알 12세가 모스크바를 향해 좀 더 돌진했다면 러시아는 스웨덴의 위협에 영원히 숨통이 끊겼을 것이라고 대부분의 사가들이 지적했을 정도였다. 러시아의 기세를 한풀 꺾은 스웨덴은 더 이상 추격하지 않았고 당시 최대의 적이라고 생각했던 폴란드와 대결하기 위해 전열을 정비했다.

한편 스웨덴이 폴란드와 접전을 벌이는 동안 시간을 벌게 된 표트르 대제는 기회를 재치 있게 활용했다. 그는 패배를 교훈 삼아 추진력 있게 정사를 관장하고 군대의 조직도 전보다 큰 규모로 성장시켰다. 그리고 사회 계급 구성상의 질서 체계도 재정비했다. 국가에 대한 귀족의 봉사 의무는 오래전부터 제도화되어 있었지만 표트르는 그것을 더욱 강화시켰다. 일정기간이었던 귀족의 군대 복무기간을 농민 출신의 병사들과 마찬가지로 일생 동안 군복무에 임하도록 변경시켰고, 러시아교회의 상징인 종들을 녹여 대포를 만들었다. 부족한 지휘관을 보충하기 위해 노련한 외국 장교들이 초빙되었고 군사 훈련 교본도 새롭게 만들었다. 이에 따른 군사 훈련도 과거와는 크게 다른 양상을 띠었다. 방어를 위한 무기로 사용됐던 총검이 이때를 계기로 무서운 공격용 무기로 바뀌었다. 이런 변화와 함께 표트르 자신도 차르로서의 새로운 임무를 자각하게 되었다. 일종의 군사적 명령인 '차르 폐하를 위하여!' 대신 '나를 위하여!' 라고 바꾸게 했다.

러시아의 급변과는 대조적으로 스웨덴의 카알 12세는 폴란드와의 분규에 계속 휘말리고 있었다. 표트르 대제는 굳이 끼어들 필요가 없다고 생각했다. 그는 이미 자신이 수행해 가고 있는 변화를 공고히 한다는 의미에서 시선을 발트 해 연안으로 옮겨 소규모의 공격전으로 작은 승리를 축적해 나가고 있었기 때문이다.

이러한 전과 중 네바 강 하구를 획득한 것은 러시아에게 큰 의미를 갖게 하였다. 1703년 바로 이곳에 러시아의 새 수도가 건설되기 시작했고, 표트르 자신의 이름을 따서 새 수도를 상트페테르부르크라고 명명했다. 그가 새로운 수도로 선택한 이 지역은 일반인이 보기에는 결코 좋은 여건을 갖춘 곳이 아니었다. 땅 자체

네바 강 하구에 면한 상트페테르부르크 스웨덴으로부터 뺏은 지역에 건설된 상트페테르부르크는 표트르 대제의 군사적 야심을 보여주었다. 상트페테르부르크에서 최초로 완공되었던 건물 중의 하나가 해군성이었다.

가 습기가 많았고 끊임없이 높은 파도에 휩쓸리는 곳이었다. 더욱이 혹독한 추위가 정면으로 밀어닥치는 황량한 곳이었다. 그럼에도 표트르 대제가 보기에는 이곳이야말로 러시아의 인습을 타파하고 새로운 세계로의 전진을 위한 수도로서 더없이 좋은 입지 조건을 갖추었다고 생각했다.

표트르는 이곳에 수도 건설을 위해 전제군주로서의 독재력을 최대한 발휘했다. 수많은 사람들을 아무런 보상 없이 무기로 위협하여 강제노동을 시켰다. 많은 사람들이 혹사를 이기지 못하고 죽어 실려나가도 그는 눈 하나 깜짝하지 않았다. 그리하여 뒷날 이렇게 주장하는 사람들도 있다.

"오늘날 레닌그라드에 세워진 이 도시는 표트르의 업적이라기보다는 오히려 이 도시를 건설하기 위해 죽어간 수많은 사람들을 위한 기념비로 보는 것이 옳을 것이다."

도시가 건설된 후에도 표트르는 고삐를 늦추지 않았다. 수천 명의 러시아 귀족들을 추방이나 사형 등으로 협박하여 새로운 수도인 페테르부르크로 이주시킨 후 그곳에 석조 저택을 짓게 했다. 그러나 전쟁비용을 위해 가혹한 세금징수와 무자비한 징병 제도가 화근이 되어 짓눌렸던 국민들의 불만이 고개를 들었다. 그리하여 표트르 대제는 1705년과 1707년 사이에 과격하게 변한 국민들과 싸워야 하는 상황에 직면하였다.

마침내 러시아 남부 아스트라칸시 주민들이 반란을 일으켰다. 그들은 콘라트 불라빈이 이끄는 변경 지대의 호전적인 자유인들과 합류했다. 그리고 이 반란은 니콘 총주교가 17세기에 실시한 종교개혁에 반대하고 있던 분리파가 주역을 맡고 있었다. 반란군의 규모는 급격히 불어났다. 이 반란으로 한때는 러시아 남부 대부분이 표트르 대제의 통치를 벗어나 터키 지배권으로 들어갈 형세에까지 이르기도 했다. 그러나 표트르는 부하 장군들 덕분으로 1708년 가까스로 불라빈을 격퇴했고 다가오는 카알 12세와의 대결에 대비할 수 있었다.

한편 폴란드와의 전쟁으로 지쳐버린 스웨덴 왕은 1708년 혹독한 추위의 겨울을 우크라이나에서 지내기로 결정하였다. 그리고 군대를 쉬게 한 다음 자포로지 변경의 자유인들의 원조를 받아 모스크바로 진군할 계획을 세우고 있었다. 그러나 원조를 받을 수 없게 되자 지칠 대로 지친 2만 5천 명에 이르는 그의 병사들만으로 전쟁을 해야만 했다. 그래서 스웨덴 군대는 1709년 7월 키예프 남동쪽에 있는 폴타바에서 4만여 명에 이르는 러시아 군대와 일전을 벌이게 되었다.

　세계 역사상 매우 중요한 20개의 전투 중의 하나로 평가되는 이 전투에서 표트르는 자신이 직접 군대를 지휘하여 대승리를 거두었다. 반면 크게 패한 스웨덴군의 생존자는 대부분이 러시아의 포로로 잡혔고 가까스로 목숨을 부지할 수 있었던 카알 12세는 남쪽으로 피해 터키의 보호를 받게 되었다. 이 전투의 승리로 러시아의 군사적 팽창은 표트르 대제의 과감성에 힘입어 날로 강력해져 갔다. 이를 두려워한 주변 국가들은 상황이 다급해짐을 인식하고 연합전선을 펼쳐 러시아를 견제하기 시작했다.

　강한 러시아 세력을 목격한 프랑스가 터키를 선동했으며 이에 터키는 1710년 표트르에게 선전포고를 했다. 표트르는 1711년 터키의 도전에 맞서기 위하여 남쪽으로 병력을 이동시켰다. 이때 표트르는 스웨덴과의 전쟁에서 승리한 기분에 몹시 들떠 자신을 과대평가하고 있었다. 그는 터키의 공국인 알라키아, 세르비아, 몰다비아, 그리고 몬테네그로의 그리스정교회 신도들이 그를 지원해 줄 것으로 믿고 있었다. 그러나 그가 병력을 이끌고 다뉴브 강에 이르렀을 때에야 비로소 그들의 지원이 없음을 알게 되었다. 마침내 프루드 강변에서 터키 대군에게 포위되자 그는 희생을 최소로 줄이기 위해 일단 항복을 하는 수밖에 없다고 판단했다.

　여기서 이유는 밝혀지지 않았지만 터키는 표트르 대제를 별달리 괴롭히지 않고 관대하게 놓아주었다. 그 대가로 러시아는 아조프와 흑해 함대를 그들에게 넘겨주었다. 그리고 이때 망명 중이던 스웨덴의 카알 12세도 무사히 고국으로 갈 수 있었다. 그러나 카알은 대북방 전쟁의 미련을 버리지 못하고 피해가 늘어남에도 전쟁을 10여 년이나 계속했다.

* 상트페테르부르크 : 제정 러시아 때는 페트르스부르크로 불렸고, 1914년 페트로그라드로 개칭되었다가, 1924년 레닌을 기념하여 레닌그라드로 명명되었다. 1991년 옛 이름인 상트페테르부르크를 되찾았으며, 페테르부르크로 약칭하기도 한다.

본국으로 돌아온 표트르는 새로운 수도 상트페테르부르크*와 근처의 요새들, 그리고 크론슈타트의 조선소에 강력하고 현대적인 대규모의 해군을 조직하도록 명령했다. 표트르가 새로이 구축한 해군은 1719년 당시 해상의 왕자인 영국이 두려워할 정도였다. 표트르는 이런 함대로 한고해전에서 스웨덴 함대를 격파한 뒤 곧바로 육군을 동원하여 핀란드를 강타하였고, 이 여세를 몰아 스웨덴 본국으로 진군해 들어갔다. 그리하여 1721년에 그 지루했던 북방 전쟁은 러시아의 승리로 일단락되었다. 스웨덴을 정복한 결과 고대 노브고로드의 영토를 회복했고 발트 해 연안에서는 가장 강력한 국가로 자리를 굳혔다. 그리고 이것을 발판으로 유럽 여러 나라와의 관계를 더욱 더 공고히 할 수 있게 되었다. 뿐만 아니라 이때부터 러시아는 제국으로 선포되었다. 표트르에게는 황제라는 뜻의 '임페라토르'라는 칭호가 붙여지게 되었다. 표트르를 '바보, 천치, 폭군' 등의 표현으로 업신여겼던 유럽도 차츰 그를 러시아 황제로 받아들였다.

1745년, 표트르가 죽은 지 20년이 지난 후에는 프랑스마저도 이 칭호를 승인했다. 이것은 표트르가 창설한 육해군이 많은 승리를 거둠으로써 러시아를 군사적으로나마 유럽 열강과 어깨를 나란히 할 수 있도록 만들었기 때문이다. 그리하여 마침내 유럽의 세력 균형을 위해서는 러시아를 제외한 어떤 동맹도 생각하지 못하게 되었다.

표트르 대제의 서구화 정책

표트르가 국내에서 실시한 개혁은 군사적인 필요에 의해 이루어진 것이 많았다. 일부 역사가들이 표트르 대제의 서구화 정책은 대부분 전쟁을 위한 목적이 전제되어 있었다고 할 정도였다. 그러나 표트르 대제가 세운 목표 자체는 여러 분야에 걸쳐 영향을 나타냈다. 왜냐하면 그것은 육군이나 해군과 같은 군사력 확장과 군을 유지할 자금 조달에만 국한된 정책이 아니었기 때문이다.

표트르는 행정기구를 비롯하여 사회, 산업, 문화, 그리고 기타 러시아가 움직이고 있는 가운데 발생하는 모든 것을 개혁하려는 의지가 있었다. 또한 그런 의지는 상황에서도 강력하게 단행되었다.

표트르는 서유럽 여행에서 돌아오자마자 직접 모스크바 귀족들의 수염을 잘랐다. 분리파와 전통주의들은 신을 내세워 신을 닮은 인간의 모습을 손상시키는 것이라고 강력하게 반발하였지만

모스크바에 도착한 외교사절 1698년, 표트르 대제의 청에 의해 오스트리아 황제 레오폴트 1세가 보낸 외교사절단이 러시아에 파견되었다.

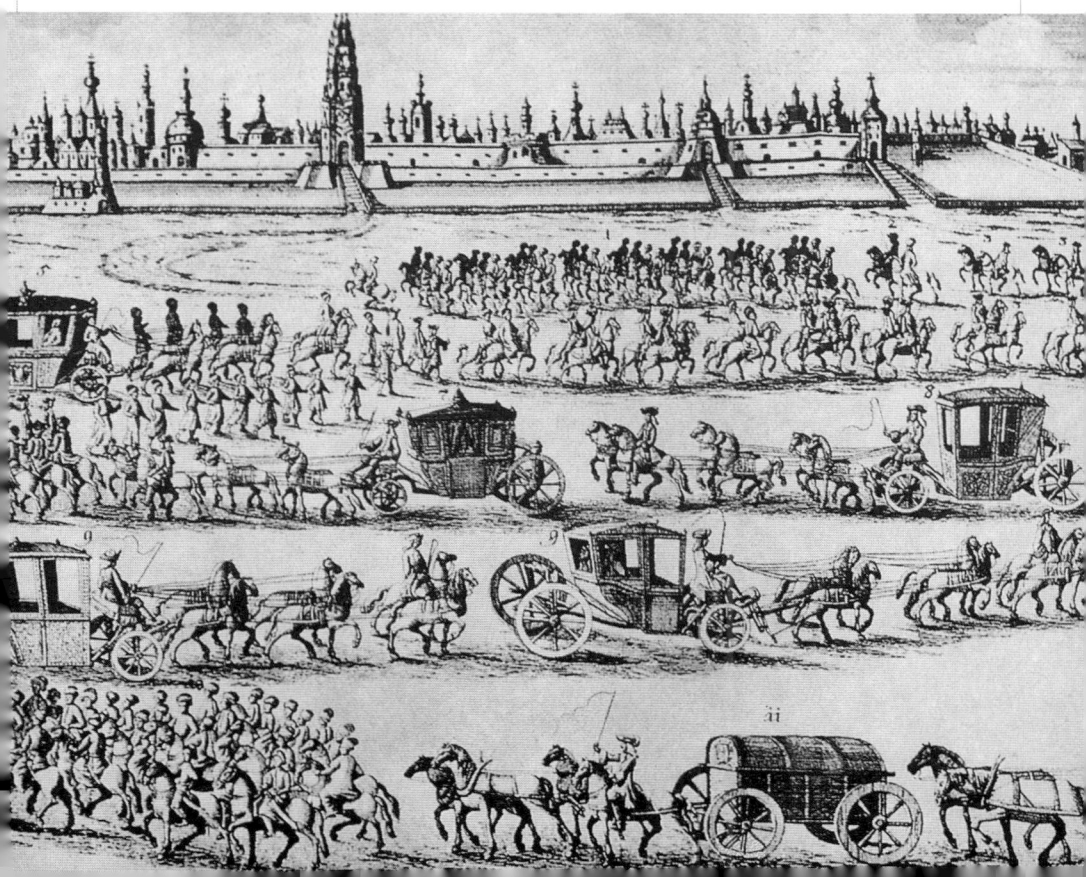

어쩔 수 없이 실천에 옮겼다. 표트르는 또 귀족과 육해군 군인에게 서구적 풍습과 제복을 받아들이고 그것을 입도록 명령했다. 러시아로 하여금 아시아적 풍습을 배제하고 유럽 기독교도들의 생활을 알리고자 했다. 이런 개혁의지에는 결코 군사적인 의미는 없었다. 오직 낡은 러시아를 좀 더 근대화하려는 의지뿐이었다.

표트르가 왕위와 더불어 계승한 러시아의 행정기구는 초기에는 매우 무질서하였고 비능률적이었다. 모든 권한이 모스크바에 있는 차르 한 사람과 몇몇 국가기구에 집중되어 있었다. 이에 국가기구가 체계없이 중복된 방법으로 치안유지를 관장했다. 법률, 외교, 무역 등도 이런 형태로 지속되고 있었다. 그래서 표트르는 우선 러시아의 전체적인 행정기구를 바꿔 그 기능상 좀 더 효율적인 임무수행을 하도록 했다. 특히 세금징수의 경우 행정기구 내에서 체계적 질서가 확립되고, 그 바탕 위에 정부가 있을 때 비로소 원활하게 수행될 수 있다고 생각했다.

이를 위해 유럽의 여러 제도를 면밀히 조사하도록 했다. 러시아의 환경에 맞는 서구의 제도를 받아들이고자 하는 의도였다. 결과적으로 스웨덴을 모델로 선택한 표트르는 행정권을 분산시키는 것이 시급하다고 판단했다. 그래서 처음에는 러시아를 8개 지역으로 나누었고 후에는 50개 지역으로 분리했다. 그 결과 지방에서 행해지는 세부적인 문제까지 중앙의 모스크바로 보고될 필요가 없어졌다. 그러나 점차 장점보다는 단점이 많이 나타났다. 표트르는 지방조직이 형성되면 각 지방 병사들이 적어도 그들 나름대로의 지도력을 발휘할 수 있으리라고 기대했었으나 그렇지 못했다.

1711년 표트르는 오래 전에 소멸된 전국회의와 귀족회의를 대신하여 9명으로 구성된 원로원을 발족시켰다. 그리고 그곳에서 국가의 행정, 사법 및 재정을 총괄하게 했다.

1717년에는 기존의 행정기관 밑에 있는 각 부서들을 폐지한 다음 참의회 제도를 수용하여 과다한 업무에 시달리는 원로원 업무의 일부를 맡게 했다. 각 참의회는 지식수준이 매우 높은 외국인 한 명 이상을 포함하여 12명으로 구성했다. 표트르는 이런 체제가 독재권을 방지하며 각종 비리를 발생하지 못하도록 하는 데 좋을 것이라고 생각했다. 그리고 여러 사람의 지혜로 독단적인 정책 결정도 줄어들 것으로 판단했다. 표트르의 판단대로 러시아의 군사, 외교, 재무, 무역, 사법 및 경제 기획을 담당한 참의회는 과거 소관 부서보다 좋은 일을 많이 했다.

표트르는 교회도 개혁하여 국가에 완전히 예속시켰다. 총주교 아드라언이 1700년 사망한 후에 고의적으로 후임을 임명하지 않아 사실상 총주교 제도를 폐지했다. 20여 년이 지난 후에야 총주교 대신 신성종무원을 만들어 이른바 '종무청'이라는 별칭으로 발족시켰다. 종무청은 차르에 예속된 채 그의 명령에 따라 교회를 통제했고 차르는 성직자의 업무에 간섭하지 않았다. 종무청 구성원 10명은 교회 조직, 교리, 재관리에 이르기까지 표트르의 재가를 받아야 실행할 수 있었다. 이러한 종무원은 1917년까지 존속했고 언제나 차르편에 서서 단 한 번도 그에게 도전한 일이 없었다.

재정적인 면에서도 표트르의 개혁은 매우 가혹했지만 계몽적인 면이 많았다. 먼저 국가 세금징수를 늘리고자 상식적으로 이해할 수 없을 정도로 징수의 폭을 넓혔다. 과거에는 상상조차 할 수 없었던 종목인 시체 넣는 관, 목욕, 꿀벌, 턱수염 등을 세입 대상에 포함시켰다. 특히 가장 큰 영향을 미쳤던 '영혼세'를 만들어 과거의 호구세와 대치시켰다. 뿐만 아니라 당시 농노와 농민들이 함께 거주함으로써 교묘히 호구세를 피하고 있었던 사실에 착안하여 1718년 해당기관에 나이와 신분을 구별하지 않고 러시아 전국에 있는 남자들에 대한 인구조사와 등록명부를 만들도록 힘썼다. 이 작업은 6년에 걸쳐서 완성했다. 그 결과 500만 명 이상이 등록되어 유사시 동원이 가능하게 되었다.

표트르는 러시아의 산업과 무역을 육성시키는 데도 많은 노력을 했다. 상인들에게 대규모 공장을 세울 수 있도록 자금을 제공했고 또한 공장을 운영하는 데 불편이 없도록 특혜를 부여하여 각종 납세의 의무를 면제시켰다. 그 결과 1700년대 초에는 수백 개가 넘는 산업공장이 건설되었다. 그곳에서 생산된 여러 가지 상품과 군수품은 국가 발전에 큰 몫을 하였다. 생산이 증가함에 따라 이에 대한 원자재원으로 철 및 구리 광산의 개발이 크게 확대되었다. 특히 우랄 산맥은 개발의 본거지가 되었는데 당시 이곳에서 개발된 광산만도 수십 개가 넘었다.

러시아의 국내 산업이 급속하게 성장할 수 있었던 것은 표트르가 외국과의 경쟁에서 국내 생산을 보호해주었기 때문이다. 국내에서 생산되고 있던 상품과 종류가 같은 경우에는 그에 대한 외국 상품의 수입을 철저히 금지하거나 높은 세금을 부과했다.

그는 국민생활 개혁에도 많은 정력을 쏟았다. 여성이 남자 앞에 나서지 못하던 관습을 폐지했고 그때부터 남녀는 여러 모임이나 집회에서도 자유롭게 교제할 수 있게 되었다. 그리고 집회의 경우 주인과 손님이 취해야 할 여러 가지 예절에 대해서도 상세히 규정했다. 뿐만 아니라 일반인들이 입는 의복의 형태나 색깔에 이르기까지 매우 융통성 있는 범위에서 세부규정을 명문화하였다. 농가의 구조에 대해서도 난로는 진흙으로 된 바닥에 놓을 것, 천장이 불에 타기 쉬운 물질로 되어 있을 경우에는 반드시 그 표면에 점토를 바르고 지지대를 받쳐 놓을 것 등을 지시했다.

이처럼 표트르는 외관상으로는 매우 가혹한 듯하면서도 사실상 국민들의 어려움을 덜어주려고 부단히 노력했다. 국민보건을 위한 일련의 규칙도 마련하였고 그 규칙을 어긴 사람에게는 묘비에까지 표시함으로써 잘 시행되도록 했다.

표트르는 모든 개혁에서 전제군주로서의 권위를 강화하였으나, 국민들의 이성에 호소하는 항목들이 더 많았고, 국민들에게 다음과 같이 양해를 구했다.

"전체가 잘 되기 위해서 개인이 조금씩 희생되는 것은 어쩔 수 없다."

그는 이런 전제하에 전통의 굴레 속에서 국민들이 빠져 나올 수 있도록 의지를 갖고 교육했던 것이다.

표트르는 교육에 관해서도 적지 않은 관심을 가지고 있었다. 그 이유는 우선 여러 분야에 전문가가 필요했기 때문이다. 18세기까지 러시아 내부에서는 인재의 필요성이 급격히 증가했는데 그 때까지도 교육기관은 교회와 학교밖에 없었다. 표트르는 무엇보다도 어린이들이 기초 지식을 배울 수 있는 터전을 마련하려 했다. 그리고 전문가를 육성해내기 위하여 여러 지역에 전문적인 학교를 세웠다.

기초 부문을 위한 학교는 산수, 기하학, 지리, 항해술 등을 중심으로 정했고 이후에는 2개의 의과대학과 공공도서관, 그리고 박물관까지도 설립했다. 대부분의 기초 학문을 가르치는 학교에는 귀족 자제들이 다녔고 귀족과 민간인 자제들의 경우 역사학에 흥미를 갖고 있는 사람들은 해양대학과 포병·공병학교를 다닐 수 있게 했다. 뿐만 아니라 공장 지대에는 숙련공을 전문적으로 양성할 수 있는 학교도 세웠다. 이러한 흐름 속에 모스크바 인쇄소 외에 페테르부르크에 2개의 인쇄소가 문을 열었다. 그리고 표트르는 러시아 최초의 신문을 발행했다.

    그는 문자를 개량하여 복잡하고 보기 힘든 슬라브 숫자를 아라비아 숫자로 바꾸고 600권 이상 되는 서적의 간행을 도왔다. 유럽의 것을 모방하여 러시아 율력을 개정하였다. 이와 같은 일련의 사업은 전쟁을 추진하면서도 꾸준히 이루어졌고 신하들의 강한 반대에 부딪히기도 했다.

    당시 러시아는 표트르 시대에 이르기까지 성서에 있는 천지창조의 순간으로부터 시간을 계산하여 새해를 9월부터 시작하고 있었다. 이에 표트르가 달력 개정을 발표하자 분리파를 비롯한 많은 사람들이 극도로 흥분하여 반론을 폈다. 인간에게 시작의 달은 사과가 익은 9월에서 시작해야 마땅하다는 것이었다. 만약 그렇지 않았다면 어떻게 뱀이 이브를 유혹할 수 있었으며 낙엽이 다 떨어진 1월에 사람을 타락시키려면 뱀이 도대체 어떤 과실을 이용할 수 있었겠느냐 하는 주장이었다. 이런 들끓는 세론 속에서도 표트르는 결국 달력을 개정했다.

표트르에 대한 역사적 평가

표트르는 그의 개혁의지를 밀고 나가는 데 정말로 정열적이었다. 그러나 그를 객관적으로 평가할 때 국민의 무지와 용감하게 싸운 기사정신의 소유자로 보기는 어렵다. 이반 뇌제와 비교할 때 잔인성에서는 그 우열을 가리기가 어려울 정도다. 그를 화나게 만들면 그의 손에 잡힌 모든 물건이 곧 무기였다. 상대방의 코를 쇠꼬챙이로 쑤셔 찢어버리는가 하면 고문이나 사형을 시킬 때도 사람을 몹시 괴롭혔다. 그렇게 괴롭힘을 당하며 죽어간 사람의 수가 헤아릴 수 없을 정도였다.

뿐만 아니라 그의 잔인성은 혈육이나 친지에게도 예외일 수 없었다. 그의 아내 에브드키아 로푸히나가 고풍스럽고 마음이 너그럽지 못하다는 이유로 1698년 강제로 수녀원에 보내졌다. 그녀와의 사이에서 태어난 아들 알렉세이도 그가 추진하는 개혁에 반대했다는 이유로 심한 고문을 가해 옥에서 죽게 했다. 그리곤 아들의 체온이 채 식기도 전에 자신이 설계한 선박의 진수식에 참여하기 위해 냉정하게 그 자리를 떠났다. 그 당시 표트르는 리투아니아 농민 출신의 예카테리나라는 여자와의 사이에 또 다른 자식을 낳고 수년 동안 함께 지냈다. 1712년에는 그녀와 정식으로 결혼하여 황후 칭호까지 주었다. 그녀와의 결혼 생활은 뒤에도 매우 순조로웠다.

그러나 표트르는 죽을 때까지 안면신경통에 시달렸고 때로는 갑작스런 발작을 일으키는 간질병과 유사한 병을 앓고 있었으며 중년이 되었을 때는 알코올중독에 걸리기도 했다. 후에 그는 합병증이 생겨 1725년 2월에 53세의 나이로 생을 마감했다.

한편 그의 업적과 가치에 대한 평가는 아직도 많은 논란을 낳고 있다. 19세기의 자유주의자 지식인들과 20세기 스탈린주의자들이 저마다 표트르 대제를 자신들의 선구자라고 주장할 정도로 여러 가지 다양한 측면을 함께 지니고 있다. 뿐만 아니라 어떤 일부 역사가들은 표트르 대제를 혁명가로 논하는가 하면, 또 다른 역사가들은 점진적인 개혁주의자로 보기도 한다. 표트르가 러시

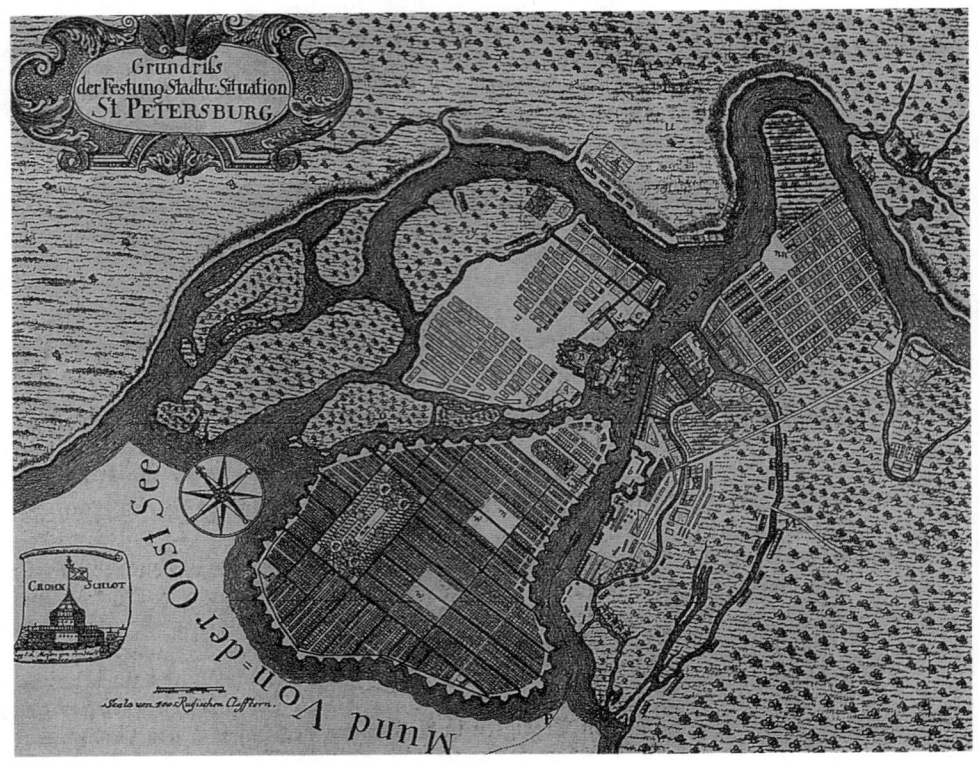

17세기 초엽의 상트페테르부르크 지도 표트르 대제가 서구의 양식에서 모방했던 것은 바둑판처럼 정비된 도로와 고전적 양식의 공공 건물이었다. 서구의 건축물은 종래의 모스크바의 크레믈린에서 보여지는 양파형 돔을 올린 건축물과는 매우 다른 모습이었다.

아에 새로운 물결을 몰고 온 것은 사실이지만 통치 형태 그 자체를 변화시키지는 못했다는 주장도 있다.

슬라브주의자들의 관점에서 표트르는 러시아 전통적 풍습과 문화를 경시한 배신자였고 서구주의자 시각에서는 시대를 바꿔놓은 진정 위대한 영웅이었다. 이처럼 표트르 대제를 놓고 붙여볼 수 있는 수식어, 정의어가 다양하지만 그 어떤 경우에도 그를 진정으로 정확하게 표현한 것이라 할 수 없다. 그가 죽은 지 200년 이상이 된 지금도 그의 모든 것을 함축하는 전기는 아직 나오지 않았다. 다만 그의 업적 중 일부분에 대한 것만 일방적인 견해로 확립되어 있을 뿐이다.

분명한 것은 표트르 자신은 위대한 애국자였고 그가 행했던 모든 일이 결과적으로 러시아 발전에 큰 영향을 미쳤다는 사실이다. 그러나 표트르는 러시아가 운명의 전환점에 있을 때 공을 세운 최초의 인물은 아니었다. 과거에 기독교와 비잔티움 문화를 수용한 키예프 대공 블라지미르도 분명히 나라를 구했던 인물이었다. 알렉산더 네프스키, 이반 뇌제도 당시 국가를 몰락의 구덩이에서 구한 위대한 인물들이었다. 그럼에도 표트르 대제가 유난스럽게 두드러진 듯한 인상을 주는 것은 그의 시대에 와서야 비로소 러시아가 세계 강국으로 인정받게 되었다는 이유 때문일 것이다.

급변하는 러시아 왕조

끊이지 않는 궁중 음모

표트르 대제의 개혁 정책에서 비롯된 전통적인 러시아와 새로운 러시아 사이의 갈등은 마침내 왕실 내의 부자 간의 갈등으로까지 나타났다. 아버지의 무관심 속에 방치된 채 성직자의 영향을 받으며 자라온 황태자 알렉세이가 표트르의 개혁 정책에 정면으로 반기를 들었다가 처형되자 표트르의 소생으로는 예카테리나 알렉세에브나에게서 태어난 두 딸 안나와 엘리자베타뿐이었다.

  1722년 표트르는 왕위 계승을 둘러싼 혼란과 음모를 막기 위해 새로운 왕위 계승법을 제정하여 군주가 후계자를 지명하도록 했다. 그러나 1725년 2월에 표트르는 후계자를 지명하지 못한 채 사망하였다. 이에 알렉산더 멘시코프를 포함한 표트르의 측근들

엘리자베타의 초상이 새겨진 화폐 제위 기간 1741~1762년간 엘리자베타의 문화 정책은 러시아 문화 발전에 많은 기여를 했다.

은 구 귀족세력의 대두를 두려워한 나머지 근위대와 결탁하여 표트르의 왕후인 예카테리나를 여황제로 옹립하였다. 따라서 죽은 알렉세이의 아들인 어린 표트르는 정통적 왕위 계승권에서 밀려났고 러시아의 제위는 볼테르가 말한 대로 '세습제도 아니고 선출제도 아닌 점령제'가 되었다.

표트르의 미망인 예카테리나 1세는 비교적 평온하고 안정된 치세를 누렸다. 하지만 그녀의 뒤를 이은 표트르 2세 때는 그 평온이 지속될 수 없었다. 그가 왕위에 오르게 된 배경은 멘시코프와 구 귀족들의 합의에 의한 것이었다. 그러나 점차 그들의 이해관계가 엇갈리자 대립 투쟁으로 일관되고 말았다.

표트르 2세가 죽은 후 이반 5세의 딸이며 쿠를란드 공국의 대공비인 안나 이바노브나가 여황제로 추대되었다. 귀족들은 안나 이바노브나를 쉽게 조종할 수 있으리라 생각했다. 때문에 후계자 지명, 전쟁 수행, 결혼 조약체결, 과세 등 중요사항에 관한 의결권을 자신들이 소속해 있는 추밀원에 부여하여, 여황제의 권한을 제한하는 조건으로 그녀를 제위에 옹립하였다. 그러나 안나 이바노브나는 그들의 생각처럼 만만한 상대가 아니었다.

그녀는 신흥 귀족과 추밀원의 중심 세력인 구 귀족 간의 불화를 이용하여 자신이 서명한 조건들을 무효화시킴으로써 독재군주로서의 권한을 재확립하였다. 그녀가 가장 아끼는 신하는 독일 출신의 비론이었는데, 그는 무식하고 횡포가 극심한데다 독일인을 요직에 임명해 러시아인들은 그에게 크게 반발하고 있었다. 뿐만 아니라 안나 이바노브나는 자신의 후계자로서 조카딸의 아들인 이반을 내정하고 비론을 섭정으로 지명했다. 안나 이바노브나가 사망한 후에 어린 이반 4세가 즉위하였고 비론의 뒤를 이어 이반 4세의 어머니 안나 레오플도브가 섭정을 했다.

이에 외국인들의 득세에 불만을 품고 있던 근위대는 1741년 쿠데타를 일으켜 이반과 섭정 세력인 독일인들을 축출하고 표트르 대제의 딸 엘리자베타를 제위에 옹립하였다. 엘리자베타는 표트르의 민족 옹호 정책을 계승할 것이라고 국민들에게 약속하였고 그녀의 치세 중에 문학적 개혁 정책은 가장 뛰어난 업적으로 꼽히고 있다. 즉 이 시기에 민족시, 연극 등이 발달하였고 러시아 최초의 대학이 창립되는 등 후대에 보다 심오한 문화와 지식의 개화를 열어주는 역할을 하게 되었다.

그러나 국가 재정적인 면에서는 많은 문제점이 나타났다. 그것은 농민의 농노화 이후 나타난 것이었지만 농민이 주거지를 이탈하여 변경 지방으로 도주하는 일이 빈번했기 때문이다. 엘리자베타는 제위 계승자로 자신의 조카인 홀슈타인 고토르프 공국의 표트르 3세를 지명했다. 표트르 3세는 루터교회의 신도로서 프로이센식 교육을 받아 러시아의 관습에 익숙하지 못했다. 그래서 표트르 3세를 러시아로 초대하여 러시아 정교신앙 및 관습에 익숙해질 수 있는 기간을 주었다.

표트르 3세는 14세가 되던 해부터 러시아 궁정에 살면서 독일 안할트 제르프스트 공국의 공주이며 후에 예카테리나 2세로 불린 소피아도르테와 결혼했다. 그러나 표트르 3세는 엘리자베타가 기대했던 것과는 달리 유년기 교육의 영향으로부터 벗어나지 못했다. 철저한 독일인으로서 러시아의 모든 생활을 독일식으로 바꾸고자 노력하여 러시아인들의 불만을 샀다. 프로이센의 프리드리히 2세를 열광적으로 숭배했던 표트르 3세는 러시아의 국익보다는 프로이센의 안위를 더 염두에 두었다. 그래서 7년 전쟁에서는 전세가 러시아에 유리하게 전개되고 있던 상황에서 군대를 철수시켜 위기에 빠졌던 프로이센에게 회복할 기회를 제공해주었다.

이러한 여러 행동으로 표트르 3세가 러시아인의 반감을 사고 있던 데 반해 예카테리나 2세는 신중하고 현명하게 처신하여 환심을 얻었다. 그래서 1762년 여름 표트르 3세의 통치 반년 만에 예카테리나 2세는 근위대의 도움을 얻어 남편 표트르 3세를 폐위하고 스스로 제위에 올랐다. 이후 그녀의 오른팔이었던 그리고리 오를로프 백작의 동생 알렉세이가 표트르 3세를 살해했다.

7년 전쟁의 발발

프로이센에 의해 시작된 7년 전쟁이 영국, 프랑스, 오스트리아, 그리고 폴란드까지 개입되어 1757년 유럽을 중심으로 발발했다. 처음에 단기전으로 예상됐던 이 전쟁은 영국이 프로이센을 지원함으로써 프랑스와 마찰이 생겨 장기전의 양상을 띠었다. 프로이센이 프랑스와 전쟁을 하던 중 오스트리아의 실레지야와 삭소니아 지역을 점령하게 되자 주변 국가들은 그 위세에 대처하지 않을 수 없었다. 이에 러시아는 프랑스 및 오스트리아와 급히 동맹을 맺으면서 이 전쟁에 본격적으로 개입하기 시작했다.

그해 러시아는 8만여 병력을 동원하여 프로이센 동부 지역을 공격했다. 그래서 메멜, 틸지트 등을 비롯해 몇몇 도시를 점령했다. 러시아군이 계속 진격하는 도중에 그로스에게르스도르프라는

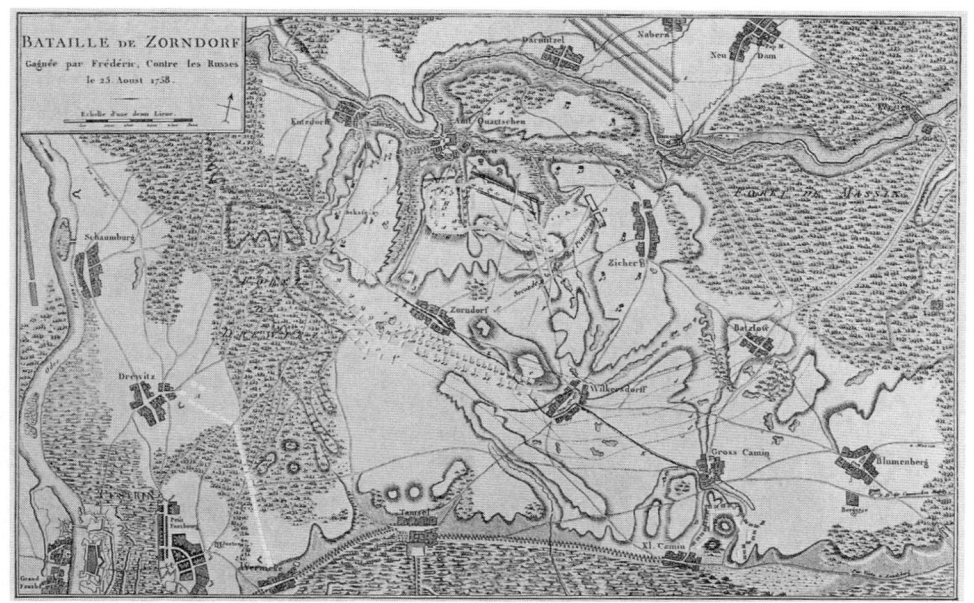

7년 전쟁 중 조른도르프 회전 1758년 8월 25일, 브란덴부르크 지방에서 벌어진 러시아군과의 전투. 7년 전쟁에서 프로이센은 승리를 거두고 유럽의 패자로 거듭났다.

촌락에서 프로이센의 가장 강력한 저항에 부딪혔으나 얼마 후 대세는 판가름났다. 프로이센은 약 7천 5백여 명의 사상자를 남기고 퇴각할 수밖에 없었다. 1758년에 이르러 러시아는 현재의 칼리닌그라드까지 점령하여 프로이센 동부 전역을 손아귀에 넣었다. 이때 이 도시 주민들은 당시 여황제인 엘리자베타에게 충성의 맹세까지 했다.

1759년 쿠네르스도르프에서 벌어진 쌍방 간의 총력전은 전쟁의 종말을 알렸다. 프리드리히 2세가 이끌던 프로이센군은 3천 명 정도의 병력만 남긴 채 대패하고 말았다. 그러나 프로이센은 그 후에도 패배를 계속하던 중 예상치 못한 호기를 잡을 수 있었다.

1761년 12월 러시아의 엘리자베타가 사망하자 왕위 계승을 둘러싼 혼전 중 독일파 표트르 3세가 제위에 오르는 사건이 발생했다. 프로이센에게는 행운이 아닐 수 없었다. 그는 제위에 오르자마자 동맹국이었던 오스트리아와 전쟁을 벌였고 프로이센의 프리드리히 2세와는 강화조약과 동맹을 맺었다. 그 결과 프로이센은 파멸의 위기에서 벗어나 국력을 회복할 수 있었다. 그러나 표트르 3세가 제위에 오른 지 1년 후 그의 아내 예카테리나가 제위에 올랐고 프로이센과의 동맹이 파기되어 그들의 정복야욕은 일단락될 수밖에 없었다.

계몽 전제군주 예카테리나 2세

예카테리나 2세가 러시아를 통치한 1762년부터 1769년까지의 기간은 러시아 역사상 커다란 전환의 시기였다. 그녀는 표트르 대제의 개혁 이후 반세기에 걸친 결실을 자신의 형태로 수용하고 발전시켰다. 제위에 오르자 자신을 도와준 근위대 장교들을 정부 고위직에 등용하였고 많은 재물을 나누어주었다. 또한 귀족들에게는 수십만 명의 농노를 분배했고 칙령을 선포하여 그들에게 특권을 부여했다. 이에 귀족들은 방대한 영지를 소유하게 되었으며 병역의 의무와 국가 봉직의 의무까지도 면제받았다. 따라서 모든 부와 사치를 누릴 수 있게 된 그들은 결국 농민을 가혹하게 착취했다. 그러자 이것이 불씨가 되어 농민들의 반발을 사게 되었다.

각지에서 농민들의 소요가 빈번해지자 귀족들은 이에 대응하여 강력한 억압 정책을 폈다. 주동자들을 처벌하고 감금, 투옥시켰으며 시베리아로 이주시켜 강제노동을 시키기도 했다. 시간이 갈수록 지주 귀족들의 잔인함은 극에 달해 농민의 생활은 더 이상 참을 수 없을 정도로 어렵게 되었다. 마침내 전국적인 규모의 농

예카테리나 2세 1762년 9월 2일 모스크바의 우스펜스키 사원에서 열린 예카테리나 2세의 대관식

민 반란이 일어났고 귀족 지주들과의 강한 마찰이 끊이지 않았다.

한편 예카테리나 2세는 이런 상황에서도 당시 가장 뛰어난 사상가인 볼테르, 디드로, 달랑베르 등과 정기적인 서신 교환을 했다. 그리고 프리드리히 2세, 마리아 테레지아, 요세프 황제 등 '계몽군주'들과도 교류하여 사상의 폭을 넓혔다. 그 이유는 여러 가지 주변 여건이 취약한 상황에서 제위에 오른 자신의 약점을 보완하여 권위를 세우고자 하는 의도 때문이었다. 그러나 근본적으로는 이상적인 군주가 되기 위한 방책을 당시의 계몽 전제군주 이론에서 구하고자 하는 노력이 더 컸다.

예카테리나 2세가 제위에 오르면서 가장 시급하게 당면한 문제는 두 가지가 있었다. 하나는 밑으로부터 올라오는 저항에 어떻게 대처하느냐와 다른 하나는 군주로서의 지위를 공고히 하기 위한 획기적인 정책수행이었다. 이런 이유로 그녀는 러시아 사회 전체를 통제할 수 있는 새로운 법전을 편찬함으로써 자신의 이상에 맞는 개혁을 추진하려 했다.

그녀는 먼저 입법을 논의하기 위해 입법위원회를 소집하였다. 이것은 러시아 제국 전지역에서 성직자와 노예를 제외한 모든 계층의 대표자인 564명의 위원으로 구성된 국가회의였다. 이 회의를 통해 입법의 틀을 기초하기 위하여 예카테리나 2세는 몽테스키외와 베카리아를 비롯한 계몽사상가들의 이론을 참고했다.

그러나 계몽사상가들이 제시한 이상적 정부 구성의 요건인 3권 분립 이론과 같은 권력 행사의 제약 요건은 받아들이지 않았다. 그러므로 당시 러시아의 전제 군주주의 원칙 수호에서는 단 한 걸음도 양보하지 않은 결과를 낳아 입법회의 소집 의의는 빛을 잃었다.

여기에는 몇 가지 이유가 있었다. 그중 가장 커다란 이유는 예카테리나 자신이 스스로 누리는 통치권을 제한할 만한 개혁의지가 없었고, 다음으로 위원들 대부분이 국정 경험이 없었기 때문에 회의를 위한 사전 준비를 하지 못했기 때문이었다. 따라서 의견이 산발적으로 제시되어 합의점을 향한 집중성을 잃었다. 또 다른 한 가지 이유는 계층 간의 심한 갈등이 내재해 있었기 때문이었다.

지주 계급은 기존의 자신들이 확보해 놓은 이익을 지키고자 함은 물론 오히려 새로운 특권을 획득하기 위해 다른 계층과 맞섰다. 특히 노예에 대한 권한을 명시하여 실질적으로 무한대에 가까웠던 지주의 권한을 제한하려는 예카테리나 2세의 의도에 필사적으로 반발했다. 이 같은 충돌로 입법회의가 사실상 유명무실하다고 느낀 예카테리나 2세는 그 위원회가 구성된 지 2년도 채 안 되어 해산시켰다.

그러나 전반적으로 그녀는 지배 계급과의 투쟁보다는 그들의 요구에 어느 정도 순응하는 쪽을 택했다. 즉 몰수했던 수도원 영지와 왕령지 중 상당한 면적의 토지를 농노와 함께 신하들에게 분배했다. 그리고 자신의 제위전에는 농노제가 실시되지 않았던 지역에도 농민들의 이동을 금지하였다. 이처럼 그녀의 농민 정책은 기본 노선이 자유주의적 계몽주의임에도 그 시대에는 사실상 농노제의 발달과 확장이 절정에 달했음을 부인할 수 없다.

국내 정치에서 어려움을 겪은 예카테리나 2세는 대외 정치에서 그 돌파구를 찾기 위한 작업을 시작했다. 처음 착수한 계획은 정교를 믿는 백러시아 민족 및 우크라이나 민족의 주거지역을 폴란드로부터 빼앗으려는 것이었다. 그녀는 먼저 콘스탄티노플을 점령하여 자신의 두 번째 손자인 콘스탄틴을 새로운 그리스 제국의 황제로 앉히고자 했다.

이 계획뿐만 아니라 대외적으로 러시아의 세력을 넓히는 데 있어서 그녀는 프로이센과 오스트리아와의 대립을 이용했다. 즉 1768년부터 1774년 사이에 벌어진 투르크 전쟁에서 결과적으로 콘스탄티노플에 정교 교회를 세우고 투르크의 지배하에 있는 기독교들을 보호 관리하는 권리를 갖게 되었다.

또한 상업을 목적으로 보스포러스와 다다넬스 해협을 비롯한 투르크의 영해 내를 자유로이 출입할 수 있게 되었다. 그 밖에도 1772년 프리드리히 2세의 제안으로 폴란드 분할에도 가담하여 프로이센과 오스트리아가 프랑스 혁명 전쟁에 몰두하는 동안 폴란드의 일부 영토를 획득하기도 했다.

예카테리나 2세는 초기에 관심을 쏟았던 입법개혁의 새로운 기회를 다시 얻었다. 1767년 입법회의의 실패를 겪고 난 그녀는 영국인인 블랙스톤의 의견에 귀를 기울여 지방의 행정적 개혁에는 프랑스보다 영국이나 발트 해 지방의 예를 많이 적용했다.

이러한 상황이 전개되던 1773년 그동안 쌓여왔던 농노제에 대한 불만이 푸카초프를 중심으로 폭발하기 시작했다. 농민 반란은 농노제에 대항한 가장 큰 봉기였다. 또한 이 봉기는 예카테리나 2세가 신봉하고 있던 계몽사상과 러시아 현실 사이의 간극을 여실히 드러낸 사건이었다.

이 반란에서 나타난 잔인성에 크게 충격을 받은 예카테리나 2세는 프랑스 혁명이 발발하자 젊은 시절의 자유주의적 이념에서 완전히 등을 돌렸다. 또 자신이 적극적으로 지원했고 러시아에 도입하기 위해 한몫을 담당하기도 했던 진보사상과 그의 대변자들을 박대하기 시작했다.

계몽 사상의 이념을 표방하며 무엇보다도 농노제의 폐단을 인도적 입장에서 예리하게 비판한 《페테르부르크에서 모스크바까지의 여행》이라는 기행문 형식의 사회 비판서의 저자인 라디쉬체프를 1790년 혁명주의자로 몰아 사형선고를 내렸다. 그 선고는 다시 10년간의 시베리아 유형으로 감형되기는 했으나 결국 그는 그러한 참혹한 경험 이후 정신적 충격을 이기지 못하여 자살하고 말았다.

예카테리나 2세가 심적인 변화를 일으키고 있을 무렵 러시아 내에는 진보적인 성격을 띤 집단들이 형성되고 있었다. 이들은 특히 루소나 볼테르 같은 프랑스 계몽주의자들의 사상을 선호했다. 계몽주의자들의 중요한 논문이 빠른 속도로 러시아어로 번역되었고 러시아의 계몽주의자들은 당시 러시아 내의 보건주의적 폐단과 전제주의에 의한 하층 계급의 고통에 대해 많은 글을 썼다.

노비코프는 페테르부르크에서 현실을 풍자한 《수펄》을 발간하여 전제 정치의 폐단과 지주들의 잔악함을 폭로했다. 제위 초기에 계몽군주로서 명성을 얻고자 했던 예카테리나 2세는 이때 몽테스키외의 작품을 관심 있게 읽었다. 디드로를 페테르부르크에 초대하기도 했으며 《백과전서》의 출판에도 커다란 관심을 기울였다.

그러나 그녀는 프랑스 사상가들의 사상을 있는 그대로 받아들이는 것이 아니고 자신의 이념에 유리하도록 이용하고자 했다. 즉 그들의 사상 속에서 절대주의자와 농노제의 정당성을 찾고자 부단히 노력한 것이다.

'노예와 하인은 이 세상이 태어날 때부터 존재했으며 이것은 곧 신의 섭리이다.'

계몽 사상가 루소 루소에게 경의를 표하는 혁명적 우의화. 루소의 사상은 프랑스 혁명의 바탕이 되었을 뿐아니라 이후 러시아를 비롯한 구미 여러 나라에도 많은 영향을 끼쳤다.

이것이 그녀의 이념이었다. 그래서 농민운동의 진압을 통해 봉건제도를 강화하는 정책을 공식적으로 펴면서 1773년 노비코프의 잡지 등을 폐간시켰다. 그리고는 자신의 관심을 정반대 방향으로 바꾸었다.

1789년 프랑스에서 혁명이 일어났다. 그 결과 루이 16세에 의한 왕정이 막을 내렸고 평등을 표방하는 제1공화국이 탄생했다. 혁명 정부는 국민의회를 중심으로 공식적으로 농노제를 폐지하고 법관직의 매매를 금지하였다. 또 모든 시민은 출생의 구별 없이 성직 및 모든 교직에 들어갈 수 있음을 선언했다. 프랑스의 봉건제도는 무너지고 상업, 공업이 발달할 수 있는 터전이 마련되었다.

프랑스 혁명이 성공적으로 이루어졌다는 소문이 러시아에 전해지자 러시아 국내에 있던 진보적인 집단들이 고개를 들었다. 이에 러시아 지배층들은 당황하게 되었고 예카테리나 2세는 유럽의 여러 군주들에게 프랑스 군주제를 부활시키자고 호소했다. 또한 프랑스 혁명의 분위기를 편승한 국내의 모든 움직임에 대해 강력한 탄압을 가했다.

1793년 프랑스의 루이 16세가 처형되었다는 소문이 전해졌다. 러시아 국내의 귀족들은 심한 갈등을 겪고 예카테리나 2세는 앓아누웠다. 이에 러시아 정부는 프랑스와의 외교 및 통상관계를 모두 단절했고, 프랑스 사상가들이 저술한 계몽주의적 색채를 띤 책들은 모두 몰수하여 불태웠다.

1796년 말 예카테리나 2세가 사망하고 그녀의 아들 바벨 페트로비치가 제위에 올랐다.

푸카초프의 난

1773년 여름 우랄 강 유역에서 새로운 변화가 일었다. 황제 표트르 3세라고 불리우는 사나이가 나타났다는 것이었다. 그런데 사실 그는 카자크인으로 본명은 에멜리안 이바노비치 푸카초프였는데 100여 년 전 스텐카라친이 태어났던 돈 강 유역의 부근 마을에서 태어났다. 17세부터 이미 프로이센과 터키 전쟁에 참가했으며 많은 용맹을 떨쳐 순식간에 초급장교까지 승진하게 되었다. 그러나 참전 후 병을 얻어 귀향 생활을 하던 중 세 명의 카자크인의 탈옥을 시도하여 범법자 아닌 범법자가 되었다.

그는 일정한 정착지를 갖지 못한 채 떠돌아다니면서 많은 백성들의 어렵고 힘든 상황을 실제로 목격했다. 이에 그는 기필코 이 어려운 현실을 시정해야겠다는 생각으로 카자크인과 농민들을 선동하여 토지를 수단으로 착취를 일삼는 지주와의 투쟁을 계획했다.

카자크인들의 적극적인 지원으로 마침내 푸카초프의 반란이 일어났고, 때를 같이하여 봉기한 농민들과 우랄 지방 노동자들의 부대가 합세했다. 뿐만 아니라 반란의 주도 세력인 바시키르 민족의 지도자인 민족시인 실리바트 율라에프도 대규모 기병부대를 이끌고 도착했다. 푸카초프의 군대는 순식간에 대부대로 변했고

푸카초프의 알라티리 시 침입 알라티리 시는 러시아의 카잔 남서에 있는 도시이다. 푸카초프는 코사크 출신으로 농민 반란의 지도자가 되었다.

1774년 초에는 그 숫자가 5만 명 이상이 되었다.

병력이 크게 확보되자 푸카초프는 먼저 여러 지방에 황제의 성명서를 보내어 몇 가지 약속을 했다. 농민에게는 토지 및 목초지와 어장을 확보해 주고 영원한 자유를 보장해 주며, 카자크인에게는 현금으로 봉급을 주고 화약과 충분한 식량을 주겠다는 약속이었다. 또한 바시키르인에게는 민족의 자유를 누릴 수 있게 하고, 구교도들에게도 예부터 지켜온 관습인 턱수염 기르는 것을 허용하며 성호를 그을 때 두 손가락을 사용할 수 있도록 했다. 이렇게 푸카초프는 자신이 어려움을 겪고 있는 사람들의 편에 서있다는 것을 보여주면서 확보된 병력을 조직적으로 편성하였다. 총감독자로는 전직 병사이자 우랄 지역의 노동자였던 벨로도르도프를 임명했다.

전반적인 체계가 형성되자 규칙적인 군사 훈련을 실시하여 우랄과 볼가 강 중하류의 광활한 지역에서 활동했다. 처음에는 볼가 강 유역의 카잔을 점령했고, 표트르 3세의 이름으로 선언문을 발표하여 토지, 수렵지, 염전, 삼림 등과 같은 모든 경제적 원천을 농민의 소유로 선언했다. 그리고 지주와 귀족을 처단하여 스스로를 해방시키라고 농민들을 선동했다.

반란의 여파는 러시아 제국 전역에 확대되어 농민은 푸카초프를 환영할 태세를 갖추는 위험한 사태가 벌어졌다. 많은 도시를 점령했으며 주력 부대가 오렌부르그를 포위하는 지경에 이르렀다. 이에 당황한 예카테리나 2세는 터키와의 전쟁을 중단하고 경험 많은 장군들과 많은 병력을 동원하여 푸카초프 군대를 저지하도록 했다. 그리하여 1774년 4월 부분적으로 반란군을 격파할 수 있었고 여세를 몰아 푸카초프 주력 부대를 우랄 지방으로 일단 퇴각시켰다.

그러나 타타르인, 마리인 등이 합세한 바시키르 기병대가 다시 공격 태세를 갖추자 정부군이 급파되어 푸카초프 군대에 대한 포위망을 좁히면서 대접전이 벌어졌다. 여기서 반란군은 강력한 정부군에 의해 수천 명의 병사를 잃고 결국 패배하고 타시키르 기병대는 우랄 지역 너머로 급히 도주했다.

그러나 푸카초프는 자신의 계획을 중단할 수 없었다. 볼가 강 유역에 거주하고 있는 여러 다른 민족이 호응해 주자 재도전의 욕망이 다시 일어났다. 재정비된 병력을 이끌고 곧바로 아랄트이리, 시란스크 등지를 점령했다. 그 위세는 초기에 구성된 군대에 못지 않았다. 그러나 푸카초프는 정규군과 비교해 볼 때 취약한 점이 많았다. 거창한 명분에 맞는 실질적인 행동을 보여주기에는 힘과 시간이 모자랐음을 뒤늦게 깨달았다. 그래서 자신의 군대를 중간 집결지로 되돌릴 수밖에 없었다.

결국 그는 배반한 동지들에 의해 정부군에게 넘겨졌고 모스크바에서 처형당했다. 이렇게 하여 농민 반란은 그들의 생활을 근본적으로는 바꿔놓지 못한 채 비참한 실패로 끝났다. 그러나 봉건주의의 뿌리를 뒤흔들었으며 봉건제도의 부패를 표면에 드러내는 큰 사건이었다. 따라서 정부측으로 하여금 농민들의 고통스런 삶에 대한 새로운 각성을 일깨웠으며 그 개선책을 강구하도록 한 계기가 되었다.

지배자는 무엇보다도 '푸카초프 쉬츠나'로 대신 칭해진 농민 반란을 매우 두려워하게 되었다. 농민 봉기로 러시아는 반봉건주의 사상이 크게 발전하고 19세기에는 농민 문제에 대한 해결방안이 여러 가지로 모색되었다.

바벨 1세와 용맹스러운 수보로프 장군

예카테리나 2세의 아들 바벨 1세는 1796년 11월에 제위에 올랐다. 그러나 그는 자신의 어머니 때문에 부왕이 살해되었고 따라서 표트르 3세를 계승할 권리를 그녀가 침해했다는 피해의식 때문에 정신적으로 불안한 생활을 해왔었다. 그는 왕자였다기보다는 정적(政敵)으로서 항상 어머니의 감시에 시달려 왔다. 그래서 그는 어머니와 연관되었던 모든 것을 혐오하였다. 어머니가 총애하던 신하와 측근들을 미워하여 국내 정치와 대외 정치의 정책 전반을 모두 거부했다.

이러한 과거의 쓰라린 경험의 영향으로 1797년 그는 법령을 발표하여 제위계승법을 장자 상속의 원칙으로 확립했다. 또한 프랑스 혁명사상과 투쟁을 더욱 거부하였고, 국내로 들어오는 모든 사상서적을 금지시켰으며 프랑스풍의 의복도 입을 수 없게 했다. 이렇게 시작된 그의 통치방식은 엄격한 병영훈련소같이 강력하고 혹독한 규제로 일관되었다. 그러나 그는 음울하고 변덕이 심한 성격의 소유자였기 때문에 그가 시행한 여러 정책들 간의 일관된 노선이 존재했다고 보기는 어렵다.

사회 문제도 예외는 아니었다. 예를 들면 영지 경작을 위한 농노들의 노동 부역 일수를 주 3일로 줄였다. 이는 사유지에 주거하는 농노들의 강제노동 부담을 경감시키기 위해서 시행한 정책이었지만, 반면 과거보다 더 많은 12만 명의 왕령지 농민을 지주 귀족에게 양도하여 결과적으로 농노의 수를 늘려놓은 정책이 되고 말았다. 바벨 1세는 이러한 정책에도 귀족들에게 인기가 없었다. 그 이유는 귀족들에게 왕권신수설을 내세우며 일방적인 충성을 강요했기 때문이었다.

1798년 바벨 1세는 프랑스와 맞서는 유럽 국가들과 동맹을 맺었고, 러시아 군대는 오스트리아 군대와 함께 스위스, 이탈리아 등지에서 활동하게 되었다. 1799년에 보나파르트 나폴레옹이 다시 프랑스를 장악하게 되자 그는 영국과의 관계를 단절하고 프랑스와 동맹을 맺었다. 바벨 1세는 그가 펼친 대외 정책의 급격한 전환, 무분별한 상식 밖의 행동, 그리고 귀족들의 특권 일부를 폐지한 것 등으로 귀족들의 불만을 사게 되었고 결국 1801년 버닝젠 백작의 음모로 살해되었다.

수보로프 장군 수보로프 바벨 1세의 아래에서 작전술과 용병술을 연구하여 많은 공적을 올렸다.

그러나 여러 가지 면에서 추앙받지 못했던 바벨 1세에게도 충성스럽고 매우 뛰어난 장군이 있는데, 그는 러시아 사령관 알렉산더 바실리에비치 수보로프였다. 1730년 장교 집안에서 태어난 그는 어릴 때부터 군사적인 일에 유별난 흥미를 가졌다. 각종 전쟁에 관한 기록물과 유명한 장군들에 관한 서적들을 탐독했으며 사격술이나 칼 다루는 기법 등에 대해서도 상당한 지식과 기술을 습득하고 있었다. 뿐만 아니라 체력 단련에 많은 시간을 투자해 군인으로서 갖추어야 할 조건들을 완벽하게 구비하고 있었다.

1789년 도우나 강 유역에서

벌어진 터키와의 접전에서 그는 불과 2만 5천여 명밖에 안 되는 병력으로 터키의 10만 대군을 격파하고 승리를 거두었다. 당시 그가 사용한 전략은 오늘날 말하는 기습전법이었다. 그는 야밤을 이용하여 우선 정예 병력을 터키 진영에 가깝게 접근시킨 후 기병대를 앞세운 공격전을 벌였다. 순식간에 기병대가 터키의 후방으로 진입함과 동시에 전방에는 보병부대가 밀어닥치는 상황이 되었다. 이러한 전법을 한 번도 경험하지 못한 터키군은 병력과 화력을 집중시키지 못한 채 뿔뿔이 흩어져 도주했다. 이때 터키는 1만 명 이상이 사망했고 대포, 식량, 폭약 등 많은 물자를 버린 채 퇴각했다.

1790년 바벨 1세는 난공불락의 요새라고 불리어졌던 터키의 이즈마일 요새를 함락시키기 위해 수보로프를 보냈다. 사실상 그 요새는 과거에 수차례 공격을 했지만 좀처럼 흔들림 없이 강력한 방어진영을 형성하고 있던 곳이었다. 수보로프도 처음에는 공략전술이 쉽사리 떠오르질 않았다. 그러나 천재적인 전술가는 어딘가에 있을 방어전의 허를 찾아내고자 골똘히 생각하였다.

먼저 터키 진영을 그대로 모방한 모방전술을 폈다. 터키 방어전에 근접하여 축소판 터키 진영을 자신의 병사들로 형성시켜 놓고 터키 장군들이 대응해 오는 양상을 관찰하기로 했다. 그래서 터키가 수보로프 진영을 기습해오는 것을 관찰한 결과 성벽장악 작전만이 유일한 방책임을 알게 되었다. 그는 곧 자신의 병사들에게 성벽타기 훈련을 반복시켰고, 기구를 사용하지 않고 인간 피라미드 전법에 의한 공략법을 연마시켰다.

약 15일이 경과한 후 총출동 명령을 내려 20개조로 편성된 성벽장악조와 나머지 15개조로 구성된 후방지원조, 그리고 10명 단

갓치나 궁에서의 군대 행진 갓치나 궁은 바벨이 1784년에 어머니인 예카테리나 2세로부터 받은 영지이다.

위로 중무장한 성벽돌파조를 터키 진영을 향하여 대기시켜 놓고 터키의 사령관에게 항복을 명하였다. 그러나 이쪽 상황을 파악하지 못한 요새의 사령관은 기세당당하게 나왔다.

"죽음이 있을 뿐 항복은 있을 수 없다."

1790년도 며칠 남지 않은 어느 날 후방지원조의 포 사격을 시작으로 수보로프의 이즈마일 돌파작전은 개시되었다. 한나절을 못 넘기고 터키 진영은 순식간에 무력화되어 함락되었다. 전투에서 3만 명 이상의 터키군이 사망했고 1만여 명이 포로가 되었다.

이렇듯 수보로프는 바벨 1세의 치세하에서 많은 공적을 세우면서 러시아군의 전반적인 작전술을 발전시키는 데 커다란 공헌을 했던 인물이다. 그러나 그는 그의 뛰어난 업적에도 불구하고 바벨

1세의 총애를 받지 못했다. 그것은 군사적인 면뿐만 아니라 정치적인 면에서 서로의 견해가 상충되는 점이 많았기 때문이었다.

수보로프는 군사 훈련에 있어서 가혹하고 기계적인 프로이센식 방법을 배격했다. 반면 바벨 1세는 한번 명령을 내리면 기계적으로 움직일 수 있는 병사가 양성되기를 바랐다. 이러한 충돌로 피해를 입은 쪽은 수보로프일 수밖에 없었다. 한 번은 군복에 대한 토의 중에 바벨 1세가 프로이센식의 인조 회장분을 발라 만든 가발과 몸에 착 달라붙는 군복이 좋겠다고 말했다. 이에 수보로프는 비웃으며 말했다.

"나는 독일인이 아니라 순수한 러시아인입니다."

이것이 화근이 되어 수보로프는 직위를 박탈당하고 멀리 유배되었다.

이후 수보로프는 몇 차례의 전쟁으로 다시 복귀되기도 했으나 1800년 초 스위스 원정을 무사히 마치고 돌아온 수보로프 장군의 개선환영식을 바벨 1세는 돌연 취소시켰다. 이 일로 낙심한 그는 중병을 앓게 되고 결국은 죽었다. 그러나 수보로프의 명성은 오늘날에도 남아 현재 소련에서는 사관학교와 무공훈장에 그의 이름을 붙여 용맹을 기리고 있다.

알렉산더 1세의 치세

알렉산더 1세의 등극

바벨 1세가 살해된 후 러시아의 황제들 가운데 가장 복잡하고 이해하기 힘든 인물이라고 평가되는 알렉산더 1세가 차르가 되었다. 후세의 사가들에 의해 자유주의자와 반동주의자로 동시에 추앙받기도 하며, '수수께끼의 차르', '스핑크스', '왕관을 쓴 햄릿' 등으로 불리는 그의 이상한 성격을 이해하기 위해서는 황제의 성장 배경을 알아볼 필요가 있다.

우선 알렉산더는 어려서부터 아버지인 바벨 1세와 할머니인 예카테리나 여제와의 궁중 암투를 겪으면서 주로 할머니 손에서 길러졌다. 사실 예카테리나 여제는 바벨보다는 손자인 알레산더를 후계자로 생각할 정도로 알렉산더를 아꼈다. 때문에 그의 교육에 대해서도 특별한 관심과 배려로 스위스 출신의 계몽주의자인 라하르프를 가정교사로 초빙하여 전담시켰다. 그러나 라하르프의 계몽주의적 가르침이 알렉산더의 사고의 틀을 형성하기는 했지만 대부분이 러시아의 현실과는 너무 동떨어져 오히려 판단에 혼란을 가져오기도 했다.

16세에 결혼을 하면서 그의 교육은 중단되었다. 다만 계속되는 궁중 음모 속에서 인간 생존의 실제적인 처세술과 정확한 지식의 뒷받침이 없는 개괄적인 개념만을 받아들이는 데 급급했다. 따라서 알렉산더가 23세의 나이로 황제에 올랐을 때는 의적인 조건들은 갖추었으나 내적인 심리 상태는 불안정했다. 그의 이러한 심리적 상태는 때로는 매우 감정적이었다가 갑자기 간교해지는 미묘한 성격으로 자주 노출되었다.

그러나 대부분의 러시아인들은 알렉산더 1세의 차르 계승을 열렬히 환영했다. 폭군이었던 바벨 대신에 완전하지는 않지만 계몽주의 사상을 가진 젊은 통치자가 그들에게 실질적으로 더 많은 것을 양보하리라는 계산 때문이었다. 실제로 알렉산더 1세는 바벨 시대에 파면되었던 사람들을 복직시켰고 외국과의 문화교류를 넓혀 주었다. 또한 정기간행물에 대한 검열 제도를 완화하고 수사에서 구문을 폐지하는 등 일련의 자유주의적 조치를 취하여 국민들의 마음을 흡족하게 해주었다.

하지만 알렉산더 1세가 즉위할 당시의 러시아는 표트르 대제 때부터 추구해온 서구화의 결과로 누적된 문제가 표면화되기 시작했다. 러시아 전통 사회와 정치 체제의 기반을 형성하고 있는 것들이 공격과 비판의 대상으로 전 러시아 사회 내부로 확산되고 있었던 것이다.

전제 왕정이 서구의 영향을 받아들이기로 결정한 배후에는 실질적인 이유가 있었다. 즉 서구화를 통하여 국방을 강화시키고 행정기구의 개선을 도모하고자 했던 것이다. 그러나 그러한 정책

예카테리나 2세와 손자들 어린 시절의 알렉산더 1세와 콘스탄틴 대공을 그린 18세기의 회화. 예카테리나 2세는 아들인 바벨 1세보다도 알렉산더 1세를 왕위 계승자로 여기고 일찍부터 후계자 교육을 시켰다.

을 수행하는 동안 전제 체제의 기반 자체를 위협하는 서로운 풍조가 생겨나는 것을 막을 수는 없었다.

서구화 과정에 있어서 선진 기술은 서구의 것을 습득하고, 문화적으로는 러시아 전통을 고집한다는 것이 말처럼 쉬운 일은 아니었다. 서구의 기술과 생활양식 뒤에는 반드시 서구의 사상이 따라오기 마련이었다. 그리고 계몽주의라는 전체적인 분위기 속에서 입헌정치, 귀족들의 특권을 제약하는 평등, 자유라는 개념 등이 어설프게나마 등장하였다. 특히 농노 제도에 대한 비판의 소리는 가장 드세어 더 이상 받아들일 수 없는 사회의 악이라고 여론화되기 시작했다.

이와 같은 정부에 대한 비판은 18세기 후반까지만 해도 교육을 받은 소수 엘리트 집단에 의해서만 행해졌다. 그 형태나 방법도 조직적인 정치 활동이라기보다는 소설이나 비평을 통한 문예 활동에 지나지 않았다. 그러나 비록 소극적인 형태나마 그들의 의견을 내세울 수 있었고 그것이 사회개혁의 기초 운동이 되었다는 것이 중요한 의미를 가진다. 그러한 움직임이 계속 성장, 발전하여 마침내 러시아의 구 질서를 무너뜨리고 새로운 사상을 형성하는 기틀이 되었기 때문이었다.

이렇게 여러 가지 사회적 욕구가 분출되어 기존 질서의 마찰이 불가피해지자 알렉산더는 결국 러시아의 전통을 계승하고 수호하는 쪽을 택하였지만 처음에는 국민에 대한 무마책과 더불어 시대의 흐름에 따르려고 노력하였다. 그 해결책으로 러시아 내부의 정치질서를 바로잡는 체계적이고 효과적인 행정기구의 창설을 서둘렀다. 이에 알렉산더는 그의 젊은 시절 친구인 노보실체프·스트로가노프·차르토리스키 공 등으로 구성된 비공식위원회를 조직하여 여러 차례 회의를 하면서 대대적인 행정개혁을 구성했다.

알렉산더 1세의 개혁

알렉산더 1세의 즉위 이후 1805년까지 비공식위원회가 주체가 되어 농노제의 폐지를 검토했다. 그러나 당시 행정부와 일반 대중은 이런 개혁에 대해 아직 이해가 부족했을 뿐만 아니라 이와 연관된 여러 가지 위험과 어려움이 뒤따랐다.

먼저 농노제의 폐지가 가져올 귀족 계급의 약화를 현재 실권을 잡고 있는 귀족들이 허락할 리가 없었고 더욱이 황제 자신도 자신이 특권을 포기하는 자유주의 물결을 쉽게 받아들이기에는 어려움이 많았다. 때문에 회의는 자주 형식적인 것이 되어 버렸고, 1805년 급기야 프랑스와의 전쟁 발발로 러시아의 개혁은 일단 보류되었다. 따라서 농노제는 무수한 반발에도 1861년까지 존속할 수밖에 없었다.

개혁의 큰 줄기는 보류되었지만 알렉산더 1세 집권 초기 몇 해 동안에는 착실한 성과도 있었다. 원로원이 부활되어 최고의 사법 및 행정기관으로 바뀌어 황제의 권한을 어느 정도 견제하였다. 또 하나의 중요한 결실은 근대적인 관료제의 도입이었다. 이것은 표트르 대제에 의해 창설되어 예카테리나 시대에 폐지된 합좌제(콜레지아)에 대치된 것이다. 1802년부터 몇 년 동안 각 부서를 한 명의 장관이 책임지는 현재의 체제와 흡사한 관료제도를 확립시켰다. 처음에는 법무부, 외무부, 재무부, 전쟁부, 상업부, 해군부, 그리고 문교부가 있었으나 나중에 상업부가 폐지되고 경찰부가 새로 구성되었다.

농민 문제와 관련된 새로운 시도도 이루어졌는데 일반적으로 18세기를 농노 제도가 확대되던 시기라고 할 수 있는 반면, 19세기는 초기부터 농민 문제의 해결에 많은 관심을 쏟았다. 1861년 농노 해방 이전에도 농민 상태를 개선하기 위한 여러 조치가 취해진 시기였다. 자유농민이 농노가 되는 것을 막았으며 1803년 자유농민법이라는 명칭으로 매우 신중하게 작성된 법령은 귀족 지주들에게 자발적으로 농노를 해방시킬 수 있도록 허용했다. 이 법령에 따르면 해방된 농노는 토지를 소유할 수 있고, 대체로 국유지 농민과 비슷한 권리를 누릴 수 있었다.

　그러나 이 법령은 귀족 계급의 호응을 받지 못했다. 1803년 이후 농노 해방에 이르기까지 이 법령의 혜택으로 해방된 농노는 5만 명을 넘지 못했다. 그 후에는 지방 농노들의 처지가 다소나마 나아졌다. 리보니아와 에스토니아의 경우 1804년과 1305년 사이에 농노에 대한 지주의 권한을 제한하는 적극적인 조치가 취해지기도 했다.

　그 밖에도 비공식위원회는 당시 국가 상황을 면밀히 분석한 결과 러시아가 매우 후진 상태에 있음을 깨달았다. 이것을 개선하기 위한 방책으로 교육에 관한 제반 계획을 세웠는데 이 계획만은 농노제 및 전제 정치의 문제와 관련된 위험과 장애물이 따르지 않았다. 따라서 알렉산더 1세는 이 계획에만은 망설임 없이 러시아 역사상 최초로 막대한 국비를 투자하여 모스크바 대학 외에도 2개의 대학을 더 설립하였으며 40여 개의 중등학교와 상당수의 기타 학교를 설립했다. 이 같은 알렉산더의 교육정책에 대한 전반적인 업적은 당시 상황으로 볼 때 그의 불분명한 성격과 자유주의가 가져온 결실이었다.

1807년 이후 5년간 알렉산더 1세의 개혁은 그의 보좌관인 미하일 스페란스키의 주도로 이루어지고 있었다. 비공식위원회의 다른 회원들과는 달리 시골 평민 출신으로 자수성가하여 출세한 그는 지적 능력과 일 처리능력, 그리고 뛰어난 순발력을 모두 겸비하고 있었다. 그는 합법적인 절차에 기반을 둔 러시아 체제 수립을 위해 노력했다.

1809년에 알렉산더 1세의 요청에 따라 스페란스키는 헌법안을 제출했다. 자신이 자주 사용하는 방법을 이용하여 러시아의 계층 구조를 크게 귀족, 중산층, 노동자로 분류했다. 이 3가지 분류에는 각각의 권리 규정도 포함되어 있었다. 귀족은 특별시민권 및 재산자격에 따른 정치적 권리를 포함한 모든 권리를 누릴 수 있었고, 중산계층은 일반시민권만 있을 뿐 정치참여와 관련된 충분한 권리는 없었다.

스페란스키가 제안한 이론 중 또 한 가지 흥미로운 부분은 지금의 국회 성격과 비슷한 전국 두마이다. 이것은 4단계에 걸친 자치제의 도입을 근간으로 볼로스치-우예즈드-구베르니야로 이루어지는 각 지방 자치지역 두마 위에 전국 두마를 최고기관으로 둠으로써 성립되었다. 여기서 각 지역의 하위 두마는 상위 두마로 보낼 대표자를 선출한다. 볼로스치 두마에서는 우예즈드 두마의 위원을, 우예즈드 두마는 구베르니야 두마의 위원을 선출하는 방법이다. 그리고 구베르니야 두마의 모든 위원은 전국 두마로 파견되는데, 이 전국 두마는 입법발의권은 없으나 국가이익, 관리의 책임문제, 기본법의 위반 등 여러 가지 문제에 관하여 발의할 권리를 가지는 기관이었다. 따라서 전국 두마의 활동은 극히 제한되어 있었다고 볼 수 있으나 다른 한편으로는 대중들이 입법과정에 참여할 수 있는 기회를 제공했다. 즉 면, 도, 군 단위별 및 전국의 위원 구성방식 자체가 간접선거로 이루어졌기 때문에 대중의 참여 기회가 그만큼 확장된 것이다.

이러한 스페란스키의 계획이 성공적으로 적용되었다면 언젠가 크게 개혁될 수 있는 중요한 계기가 되었을 것이다. 실제로 스페란스키의 개혁은 러시아의 미래에 대해 선견지명이 있었으나 실행과정이 길었고 지연되어 결국 과거사례로 그쳤다.

1812년 스페란스키는 그의 행정개혁에 자극을 받은 관리들과 귀족 계층의 반대, 그리고 알렉산더의 지나친 우려에 부딪혔다. 뿐만 아니라 친프랑스 입장에 있던 스페란스키와는 달리 알렉산더가 나폴레옹과 결별한 것 등으로 인해 보좌관 자리에서 물러나고 말았다. 그 후 다시 공직에 돌아와 몇 가지 일을 했지만 과거 자신이 계획한 사항과 연관된 근본적인 개혁을 위한 기회는 제공받지 못했다. 따라서 알렉산더 1세가 자유주의 노선을 고수했던 1810년 말까지도 러시아는 근본적인 변화가 일어나지 않았다.

1810년 러시아에서는 여전히 제한된 성격을 띠고 있었지만 중요한 입법조치가 취해졌다. 스페란스키의 조언에 따라 알렉산더 1세는 프랑스 참사원을 모방한 국무협의회를 설립하고 스페란스키를 국무대신으로 임명했다. 국무협의회는 당시의 전제주의 원칙을 제한하지 못했음은 물론 지나치게 보수적인 색채를 띠고 있었지만 부분적으로 스페란스키가 중요하게 생각했던 몇 가지만은 계속 강조되었다. 그러나 전반적으로는 명목상의 기능만 수행하는 데 그쳤다.

알렉산더 1세의 통치 기간 중에는 어느 때보다도 큰 사건이 많이 발생했다. 1801년 이래 알렉산더는 나폴레옹의 야심을 두려

틸지트 조약 예나 전투에서 러시아·프로이센 동맹군이 프랑스에게 패한 뒤 러시아와 프랑스는 틸지트 조약을 맺어 평화를 약속했다. 그림은 알렉산더 1세가 나폴레옹과의 회견을 위해 네만 강 위에 마련된 뗏목에 올라타는 장면이다.

위했기 때문에 1804년 영국이 주도하는 새로운 대불동맹에 가담하여 대나폴레옹 전쟁에 직접 참가하였다. 당시 알렉산더 1세가 프랑스의 반대 세력에 가담한 것은 너무도 당연한 일이었다. 그동안 영국과의 경제적 유대, 오스트리아와의 전통적 우호 관계, 그리고 프랑스에 대한 러시아의 전통적 적대감정 등이 고려된 결정이었다. 또 한 가지 이유로 알렉산더 1세는 오래전부터 나폴레옹을 유럽의 위험인물로 생각해 왔으며, 그 나름대로 유럽의 새로운 질서체계와 연관 지은 몇 가지 구상을 하고 있었기 때문이었다.

이후 1805년 오스트리아, 러시아, 스웨덴이 동맹한 연합군이 영국에 가담하여 프랑스와 동맹국인 스페인과 충돌하면서 대접전이 벌어졌다. 그해 12월 오스트리아와 러시아 연합군은 아우스테를리치에서 프랑스군과 격돌하여 연합군이 참패를 당했다. 여기서 오스트리아는 큰 타격을 받고 전쟁을 포기했지만 러시아는 계속 전쟁을 수행하여 1806년 프로이센을 새로운 동맹국으로 맞이했다. 그러나 프로이센이 예나와 아우에르슈테트 전투에서 프랑스에게 무참하게 격파당하였고 러시아도 프리틀란트에서 대패하였다.

알렉산더 1세는 재빨리 정책을 변경하여 나폴레옹과 강화협정을 약속하고 1807년 중기에 프로이센과 함께 프랑스와 조약을 체결했다. 그 조약의 결과는 결국 프로이센을 2등국으로 격하시켰지만 러시아는 사정이 달랐다. 러시아는 동부유럽 대부분 지역의 지도자적 위치에 있었으며 프랑스를 제외하고는 대륙의 최강국으로 대두되었다.

알렉산더 1세는 나폴레옹을 지지하여 영국과 맞서면서 프랑스와 잠정적 화해관계로 안심하고 기타 상대국들과 전쟁을 할 수 있었다. 그 결과 러시아는 국경을 더욱 확대시킬 수 있었으며 1803년과 1810년 사이에는 지배권이 서부의 그루지야 지방에까지 이르렀다. 스웨덴과의 전쟁에서도 승리하여 핀란드를 병합했다.

나폴레옹의 침입
러시아와 나폴레옹의 화해가 언제까지나 지속될 수는 없었다. 프랑스의 대륙봉쇄령 발표와 함께 양국의 감정은 다시 한 번 첨예하게 대립하였다. 영국을 고립시키기 위한 대륙봉쇄령은 유럽의 무역을 마비시켜 유럽 각국은 나폴레옹에게 많은 불만을 나타냈다. 더욱이 러시아는 농업국이어서 매년 많은 양의 곡물을 영국에 수출했으나 대륙봉쇄령으로 수출선이 끊기자 대지주인 귀족 계급들이 가만히 있을 리가 없었다.

그 밖에도 알렉산더와 나폴레옹 사이에 적대하는 개인적인 감정과 양국의 외교적 팽창 다툼 등이 1812년 평화를 깨는 주요 인이 되었다. 또한 유럽을 제패한 나폴레옹에게는 거대한 러시아의 영토가 욕심이 날 만했고 점점 남진해 내려오는 러시아 세력이 눈엣가시처럼 보였다.

1812년 6월, 드디어 나폴레옹은 러시아 국경을 넘었다. 프랑스군 15만과 오스트리아, 프로이센 등 12개국의 원군으로 구성된 약 60만 대군을 이끌고 위풍당당하게 진격을 개시했다. 병력을 각각 리트비아, 백러시아, 우크라이나 국경 지역으로 나누어 총공세의 형태를 취했다.

한편 러시아는 서둘러 터키와 평화조약을 체결하고 스웨덴 및 영국 등과도 동맹을 맺었다. 그리고 서부 국경 지대에 있던 20여 만 명의 군을 3개 부대로 나누어 나폴레옹과 맞서게 배치했다. 나폴레옹은 병력 수나 경험 면에서 러시아보다 훨씬 우수하다고 생각했으므로 러시아 방어전을 쉽게 무너뜨릴 수 있다고 판단했다. 그러나 그의 판단은 완전히 빗나갔다. 알렉산더 1세의 계획은 장기전으로 초기에는 방어전을 펴고 서서히 서부에서 동부쪽으로 후퇴하는 것이었다. 그리고 기회만 있으면 나폴레옹군의 옆구리를 찔러 피해를 입혔다.

러시아는 일차적으로 스몰렌스크를 근거지로 지연 작전을 폈다. 장교와 병사들, 그리고 도시 주민들이 하나가 되었다. 프랑스군의 수중에는 아무것도 들어갈 수 없도록 후퇴하면서 가축, 곡물 등 식량이 될 수 있는 것과 가옥마저도 모조리 태워버렸다. 그리고 항상 일부 병력을 매복대로 남겨두어 프랑스군을 기습 공격했다. 그 결과 스몰렌스크 전투에서 프랑스군은 2만 명 이상이 희생되었다.

프랑스의 계속되는 진격에 대비해 러시아는 전열을 재정비하여 총사령관으로 알렉산더 쿠투조프 공작을 새로이 임명했다. 수보로프의 제자이

쿠투조프 전장의 노련한 장군이었던 쿠투조프는 지형과 날씨의 이점을 살려 나폴레옹의 침입으로부터 러시아를 지킬 수 있었다.

자 그의 추종자인 쿠투조프는 후퇴 작전에 동의했지만 일방적인 후퇴를 원하지는 않았다. 특히 나폴레옹이 모스크바로 접근해오자 그는 옛 수도인 모스크바를 싸움 한번 하지 않고 나폴레옹에게 내준다는 것은 옳지 못하다고 생각했다. 그래서 모스크바의 서쪽 보로디노 촌락을 방어기지로 설정하고 나폴레옹과 대결전을 계획했다.

보로디노의 지형적 조건은 병력 이동로가 매우 좁기 때문에 프랑스군이 종대로 공격할 수밖에 없음을 이용하기로 생각한 것이다. 쿠투조프는 12만 병력을 분산 배치하여 최대한으로 적의 이동로에 근접시켜 후방을 기습 공격하도록 방어대형을 편성했다.

보로디노 전투 1812년 9월 7일, 러시아와 프랑스는 모스크바에서 서쪽으로 90킬로미터 떨어진 보로디노에서 격전을 벌였다. 프랑스군은 러시아군을 간신히 격파하고 모스크바에 입성할 수 있었다.

그래서 프랑스군이 동요되면 즉시 전방에 배치된 600여 문이 넘는 포로 강타하도록 했다. 이렇듯 철저한 방어망에 부딪힌 나폴레옹군의 진격은 쉽게 이루어지지 못했다.

1812년 9월 5일에 벌어진 야간 전투가 도화선이 되어 쌍방의 전투는 치열해졌다. 쿠투조프는 마지막 피 한 방울도 조국 땅을 지키는 데 바치자고 병사들에게 외쳤다. 러시아는 프랑스군을 공격하고 후퇴하는, 이른바 '치고 피하기' 전법을 폈고 프랑스는 전

형적인 공격전법을 사용했다. 따라서 시간이 갈수록 프랑스군의 피해는 늘어났다. 나폴레옹은 일단 공격을 중지시키고 전열을 재정비했다.

다음날 이른 새벽 포 사격을 신호로 하여 총공격이 시작되었다. 이것이 보로디노 전투이다. 프랑스군이 러시아군의 왼쪽 방어전을 공격했지만, 반복되는 공격 속에서도 러시아 병사들은 혼신의 힘을 다하여 막았다. 천지를 가르는 포탄 소리와 병사들의 피비린내가 새벽을 뒤흔들었다. 프랑스의 8번째 공격에서 러시아의 바크라치온 장군이 치명상을 입었다. 그러자 방어전이 흔들리기 시작해 결국 왼쪽 방어전이 점령당했다. 그러나 프랑스군도 피해가 상상외로 컸기 때문에 더 이상 진군할 수가 없었다.

보로디노 전투는 역사상 유래를 찾기 힘들 정도의 처절한 격전이었다. 또 하루 동안 진행된 전투에서 러시아군은 4만여 명이나 사상자를 냈으며 프랑스와 동맹국 측에서는 6만 명에 가까운 사상자가 나왔다. 바크라치온 공작과 그밖의 유명한 지휘관들이 사망하거나 치명상을 입는 등 사망자 중에는 다수의 장군과 수천 명의 장교들이 포함되어 있었다.

땅거미가 질 무렵 러시아 진영의 중앙과 왼쪽은 프랑스군에게 격파당했지만 우측은 끝까지 버티고 있었다. 그러나 쿠투조프는 전투를 중지하고 모스크바의 남동쪽으로 후퇴하기로 결정했다.

모스크바의 원인 모를 대화재

9월 14일 나폴레옹은 드디어 크레믈린에 입성했다. 나폴레옹의 벅찬 기대와는 달리 모스크바는 단 한 명의 사람도 없는 텅 빈 도시였다. 병사는커녕 시민들의 그림자조차 없이 도시 전체가 잠자고 있는 듯 보였다. 모스크바 정복이 곧 러시아의 정복이라고 생각했던 나폴레옹은 당황하지 않을 수 없었다.

일단 나폴레옹은 크레믈린 궁전을 총본부로 하고 전군을 분산시킨 뒤 밤이 깊어서야 잠자리에 들었다. 잠시 후 "불이야! 불이야!"라는 고함소리가 들려왔다. 놀란 나폴레옹이 급히 일어나 창 밖을 내다보니 동쪽으로부터 맹렬한 기세로 불기둥이 솟아오르고 있었다. 모스크바시는 그 커다란 불꽃으로 인해 마치 대낮과 같이 밝았다. 삽시간에 불길은 가까워져 크레믈린 궁전에 옮겨 붙기 시작했다. 프랑스군은 필사적으로 진화작업을 폈으나 사방에서 밀려오는 불길을 잡기에는 역부족이었다.

"어서 이 자리를 피하십시오."

부하들의 충고에도 아랑곳없이 나폴레옹은 어이없는 표정으로 다가오는 불길을 바라보고 있었다. 모스크바의 대화재는 4일 동안 낮과 밤을 가리지 않고 계속되어 모스크바의 대부분을 불태웠다. 궁전도 사원도 상점도 모두 불탔다.

불타는 모스크바 대화재가 일어나자 폭도들은 살인, 약탈 등을 저지르며 도시를 더욱 아수라장으로 만들기 시작했다.

"모스크바를 잃은 것이 곧 러시아를 잃은 것은 아닙니다."
쿠투조프의 말이 실현되는 순간이었다.

모스크바 대화재의 원인에 대해서는 여러 가지 이야기가 있지만 가장 신빙성이 있는 것으로는 프랑스 병사들이 민가에 들어가 식량을 약탈할 때 불이 붙어 있는 등불을 그대로 두었다가 민가에 옮겨 붙게 되었다는 설과 다른 하나는 모스크바의 수비 책임자인 로스토프친이 프랑스를 괴롭힐 목적으로 죄수들을 석방시켜 곳곳에 방화했다는 설이다.

이제 모스크바는 거의 불탔으므로 프랑스 대군이 숙영할 집도 없게 되었고 식량도 계속 모자랐다. 게다가 추위는 예년에 비해 더욱 혹독했다. 그래도 자신에 차 있던 나폴레옹은 러시아가 모스크바를 점령당했으니 알렉산더 1세가 화평을 청해 올 것이라

예상하고 있었다. 그러나 알렉산더 1세는 움직일 생각도 하지 않았고 그동안 추위는 더욱 극심해져 프랑스군 내에서 쓰러지는 자가 속출했다.

사태가 이 지경에 이르자 나폴레옹도 어쩔 수 없이 퇴군을 서둘렀다. 추위가 살을 에는 듯했고 쏟아지는 눈은 퇴각하는 프랑스군을 끊임없이 괴롭혔다. 그러한 때에 기회를 노리던 러시아 기마병들이 기동성 있게 출동하여 기습 작전으로 협공을 가하니 프랑스군으로서는 속수무책이었다. 계속되는 혹한과 배고픔에 떠는 프랑스 병사들은 죽은 전우의 의복을 빼앗아 입고 쓰러진 말의 고기를 먹으며 퇴각을 계속했다.

나폴레옹은 가능하면 선발대가 이미 통과한 길을 피하고 물자가 있을 만한 다른 길을 택하여 퇴각하려 했다. 하지만 이미 눈치챈 러시아군의 기습으로 더욱 곤경에 빠지는 결과를 빚었다. 결국 더 이상 버티기 어렵다고 판단한 나폴레옹은 11월 초에 군대를 해산하고 자유행동을 취하게 하였다. 그리하여 그해 말 나폴레옹이 본국인 프랑스로 돌아올 때는 출발 당시 60만 대군 중에 겨우 5만도 채 안 되는 숫자만이 귀국할 수 있었다.

러시아에서 퇴각하는 프랑스군 러시아의 혹한과 보급품의 부족은 프랑스군의 퇴각을 방해했다. 부상자나 병든 자는 가차없이 버려졌고 배고픔을 못 이겨 타고 있던 말을 잡아먹기까지 했다.

1812년 나폴레옹의 러시아 침공과 첫 패배 사건은 그 후 많은 러시아와 외국작가들의 작품 소재가 되었다. 특히 러시아의 대문호 톨스토이의 《전쟁과 평화》는 한 해 동안의 대격변과 인간의 갈등을 가장 잘 묘사한 작품으로 영화화되기도 했다.

　보로디노 전투를 다룬 다른 분야의 재미있는 역사 기록도 있다. 주로 러시아의 승리 요인과 모스크바 초토화가 러시아의 의도적인 작전이었느냐 하는 문제를 다룬 것들이다. 그러나 대부분의 의견은 의도적인 것이라기보다는 오히려 프랑스의 침략을 저지할 수 없었던 러시아의 무능력과 모스크바의 점령을 승리의 필수적 요건으로 보았던 나폴레옹의 오판이 빚은 결과라는 쪽으로 기울어지고 있다.

　또 러시아의 승리 요인으로는 러시아군의 조국을 지키려는 의지, 쿠투조프의 현명한 결정, 나폴레옹의 실수, 전쟁을 계속하고자 했던 알렉산더 1세의 결심, 혹독했던 추위 등을 들 수 있다. 그러나 그중에서도 빼놓을 수 없는 것은 프랑스 연합군의 물자 수송과 공급의 붕괴였다.

　나폴레옹의 병사들은 전투나 추위보다 오히려 굶주림과 전염병으로 대부분 죽었다. 보병들이 행군하기에는 너무 먼 거리, 불완전한 식량보급망, 그리고 잘못된 계획에 의한 부적절한 병참지원 때문에 전투다운 전투도 치러보지 못하고 나폴레옹은 러시아에서 참패한 것이다.

　1812년의 전쟁은 러시아 역사상 유명한 애국 전쟁으로서 평가받고 있다. 프랑스와 이해관계를 가졌던 소수의 귀족 계급을 제외하고는 러시아의 정부관료, 지식인, 일반 대중들은 농민까지도 정규군 사병으로 오직 나라를 지킨다는 한마음으로 영웅적인 게릴라전을 펼쳤기 때문이었다. 또한 1812년 전쟁으로 러시아 지식인들은 당시로서는 선진국인 프랑스의 문물과 사상을 접함으로써 러시아 개혁의 타당성과 방법론을 찾는데 큰 도움을 받았다. 이것은 곧 데카브리스트 난이라고 불리는 12월 당원 반란으로 그 모습을 드러내게 된다.

혁명의 서곡 데카브리스트 난

나폴레옹과 전쟁을 치르는 과정에서 러시아의 젊은 장교들은 농노를 비롯한 일반 대중들에 대해 많은 것을 깨달았다. 즉 모스크바가 잿더미로 변하는 참혹한 전쟁 속에서도 러시아가 살아남게 된 원동력은 바로 조국을 지키려는 국민들의 애국적 희생정신에 있었다고 본 것이다.

이런 생각을 하고 있던 젊은 장교들은 대부분 귀족 출신이었다. 이들은 나폴레옹과의 전쟁 때문에 유럽전선에서 복무한 경험이 있었다. 그곳에서 보다 자유롭고 풍요로운 유럽을 실제로 목격하게 된 그들은 러시아의 후진성을 절감하게 되었고 사회개혁에 대한 의지를 굳혔던 것이다.

그들이 유럽에서 가장 충격을 받은 것은 비교적 자유스런 농민과 그런 대로 안정되고 힘을 쓰는 중산계급 및 자유를 누리며 신축성을 갖고 있는 귀족층이었다. 그곳에는 확실히 자유로운 사회가 있었으며, 이미 자유로운데도 더 많은 자유를 요구하며 또 요구에 따라 자유가 얻어지고 있는 사회가 있었던 것이다.

이런 유럽과 비교해 본 조국 러시아는 자신들의 양심에 비추어 볼 때 너무나 부끄러운 존재였다. 러시아에서는 1800년 현재 3천 6백만 인구의 절반 이상인 2천만 명이 사람보다는 오히려 짐승에 가까운 비참한 농노생활을 하고 있었다.

정말 농노의 생활은 비참한 것이었다. 주인에게 일정한 땅을 받아 농사를 지어 그 대가로 주인에게 일정액의 돈과 농산물, 또는 가축을 바치는 경작농노의 생활은 인간으로서의 생활이 아니었으나 그래도 좀 나은 편이었다. 이에 비해 땅이 전혀 없어 주인집에 살면서 주거의 자유도 없이 그 집안의 온갖 잡일을 다하고 의식주를 해결해야 하는 가속농노의 생활은 그야말로 처참하기 이를 데 없었다.

이러한 비인도적 착취의 토대 위에 짜리즘은 서 있었던 것이며, 귀족들은 그 짜리즘의 보호아래 현실적인 즐거움과 행복을 누리고 있는 것이었다. 그러나 그들은 희망을 갖고 있었다. 그것은 다름 아닌 알렉산더 1세에 대한 기대였다. 개혁자이며 유럽의 해방자로 알려진 알렉산더 1세가 러시아를 점점 근대적인 사회로 바꿔나갈 것이라는 믿음을 갖고 있었다.

그러나 그 꿈은 오래가지 못했다. 궁정의 보수주의자들에게 눌려서 알렉산더 1세는 개혁을 위해 한 걸음도 내딛지 못하였다. 여기서 젊은 장교들은 조국 러시아를 올바르게 근대 사회로 이끌고 나갈 세력은 자신들밖에 없다고 깨닫게 되었다.

개혁을 위한 청년장교들의 모임이 처음 결성된 것은 1816년 상트페테르부르크에서였다. 근위사단의 장교들로서 가까운 친구들인 알렉산더 무라비예프와 이반 야쿠슈킨, 그리고 세르게이 트루베츠코이 공 등이 '해방동맹' 또는 '조국의 진정하고 충실한 아들들의 협회'를 비밀리에 결성한 것이다. 이 음모 조직에 대단히 중요한 역할을 수행할 인물이 나타났다. 24세의 청년 장교 이바노비치 페스텔이 바로 그 사람이다. 그는 곧 음모조직의 실질적인 수령으로 등장하게 된다.

페스텔은 그 당시 부패와 잔인성으로 악명 높았던 서부 시베리아 총독의 아들로 독일에서 교육을 받은 다음 페테르부르크 육군사관학교를 우등생으로 졸업했다. 보로디노 전투에서 부상을 당한 뒤 부관으로 복무했고 비밀결사에 가담한 뒤인 1821년 그는 27세의 나이로 대령으로 진급해 연대장이 되었다. 이때 그를 만난 푸시킨은 다음과 같이 격찬했다.

"그는 분명히 현명한 사람이며, 내가 알고 있는 사람 중 가장 독창적인 사상을 갖고 있는 사람이다."

확실히 페스텔은 타고난 지도자였다. 열정과 활동력이 대단했으나 그것을 억제할 수 있는 지혜 또한 갖고 있었다. 정치에 대한 정열은 남다른 것이었으나 오직 한 사람, 즉 차르만이 지도자로 받아들여지고 있었고 따라서 정치 활동이 금지되어 있는 나라에서 태어났기에 그의 정치적 열정은 어쩔 수 없이 음모의 형태를 취할 수밖에 없었다.

"암살을 해서라도 차르는 제거되어야 하며 짜리즘은 폐지되어야 하고 그 대신 공화정부가 들어서야 한다."

이것이 그가 주장하는 정치 사상의 핵심으로 과격한 급진주의였다. 그는 공화정부 아래서는 자유 기업과 자유 무역을 바탕으로 하는 경제 제도가 실시될 수 있다고 믿었다.

페스텔의 이런 과격주의는 청년장교단의 음모 조직에서 많은 반발을 불러일으켰다. 그러자 무라비예프로 대표되는 온건파는 입헌군주제를 제시했다. 페스텔이 주장하는 과격주의는 결과적으로 통제할 수 없는 농민 봉기를 촉진시킬 것이며 그렇게 되면 그 무지한 농민들은 파괴적인 유혈 혁명으로 빠져들 것이라고 반박했다.

이 같은 견해 차이로 조직은 양분되었다. 사람들은 그 지도자의 배속지에 따라 무라비예프를 북파(北派)라고 불렀고 페스텔파를 남파(南派)라고 불렀다. 서로의 견해는 점차 좁히기 어려울 정도로 벌어지게 되었다.

이런 논쟁 중에도 비밀결사대 동조자들은 계속 늘어갔다. 남파에서는 물론 온건파들의 결집세력인 북파에서도 과격파들이 늘어나기 시작했으며 낭만적 시인 릴리예프처럼 자신이 황제의 암살자가 되어도 좋다고 생각하는 행동파들이 출현했다. 1825년 초쯤에는 남파와 북파를 가리지 않고 이제는 결정적인 행동이 필요하다는 분위기가 지배적이었다. 이에 따라 그들은 1826년을 거사의 해로 잡았다.

그러나 1825년 12월 요양지인 타칸로그에서 알렉산더 1세가 갑자기 사망하자 그들은 거사를 앞당길 수밖에 없었다. 알렉산더 1세가 아들이나 손자도 없이 죽었으므로 제위계승권을 놓고 많은 논란이 벌어지게 되었다. 알렉산더의 바로 아래 동생으로 후계자로 여겨졌던 콘스탄틴 황태자는 황실이 아닌 한 폴란드 귀족의 딸과 결혼함으로써 비밀리에 왕위 계승권을 포기했다. 그러나 이 사실을 모르고 있던 동생 니콜라이는 왕권을 포기한 형에게 충성을 맹세하는 촌극이 벌어지기도 했다. 하지만 콘스탄틴은 제위를 끝내 거절했고 형의 왕위 계승을 권유했던 니콜라이는 러시아를 떠나버리겠다고 위협까지 했다.

폴란드 총독으로 바르샤바에 머물고 있던 콘스탄틴과 페테르부르크의 니콜라이 사이에 이러한 교신이 오가는 동안 2주일이라는 시간이 흘렀다. 이 기간 동안 제위는 공석으로 남아 있었다. 때마침 청년 장교의 모임인 비밀결사단의 음모에 관한 첩보가 정부의 손에 들어갈 기미가 보이자 청년장교들은 자신들이 배속되어 있는 근위대를 중심으로 정통 후계자인 콘스탄틴을 지지한다는 명분으로 반란을 일으키기로 하였다.

만약 일이 잘못되어 니콜라이가 정권을 잡게 되더라도 그에게 자유주의적 각료를 기용하도록 압력을 가하자는 결의까지 하였다. 그들이 거사하기로 한 날이 바로 니콜라이가 황제로 즉위하기로 된 12월 14일이었다.

즉위식의 총소리

이날 장교와 병사를 합쳐 약 3천 명이 거사에 참가했다. 보다 많은 병사들을 반란에 끌어들이기 위해 주도 세력인 청년장교들은 병사들에게 보다 나은 보수와 근무 조건을 제시했다. 그리고 황제나 짜리즘에 반대한다는 속마음은 전혀 나타내지 않고 그저 니콜라이 1세에만 반대한다고 병사들을 속였다. 젊은 장교들은 알렉산더 1세가 동생인 바르샤바의 콘스탄틴에게 제위를 물려주노라고 유언했음에도 니콜라이가 제위를 찬탈했다고 주장했다. 따라서 정당한 계승자인 콘스탄틴을 위해 총을 들자고 선동했다. 또한 유언장이 원로원에 보관되어 있는 만큼 광장 앞에서 발표되어야 한다고 선동하여 병사들을 광장에 집결시켰다. 이 원로원 광장은 원로원과 황제가 묵는 동궁을 차단시키는 곳으로 반란을 성공시키기 위한 전략적인 요새였다.

결국 상황도 잘 모르는 3천여 명의 반란군이 수도의 심장부에 있는 원로원 광장에 대열을 이루었다. 정부측은 예기치 않았던 사태에 당황했다. 양군은 몇 시간 동안 대치 상태에 있었다. 그러나 시간이 갈수록 반란군측 지도부의 배신이 늘어가고 흔들리기 시작했다. 새로운 황제인 니콜라이는 자신의 통치 첫 날을 대량학

원로원 광장에 모여든 반란군 데카브리스트의 난은 러시아 지식계급이 현 체제에 불만을 가졌다는 데서 중대한 의미를 지닌다. 그들은 차르를 퇴위시키는 것에 그치지 않고 정부의 구조를 뿌리부터 변혁하여 공화제나 입헌군주제로 전환하려 하였다.

살로 맞이하기를 주저하며 항복을 권유했다. 그러나 설득이 실패하고 겨울 오후에 황혼이 내리기 시작하자 대포가 불을 뿜었다. 단 몇 발로 반란은 진압되었으나 그로 인해 50~60명이 사망했다. 결국 페스텔과 시인 릴리예프를 포함한 5명의 주동자가 처형되었으며 거의 3백 명에 달하는 동조자들도 형벌을 받았다. 이 사건은 12월에 반란을 일으켰다 하여 '12월 당원의 반란', 즉 '데카브리스트 난'이라고 불렀으며, 기성체제를 겨냥한 최초의 정치운동으로 평가받았다.

또한 황실을 위협한 농민 반란도 여러 차례 일어났으나 반란 주체인 농민들은 오히려 황제를 깊이 존경하고 있었다. 그들에게 황제는 모든 행복과 빛의 근원이었고 태양이었다. 분노의 대상은 황제의 눈을 가리고 있는 부패한 관리와 탐욕스런 지주였다. 그러나 데카브리스트 난은 차르의 전제 정치를 겨냥한 것이었으며 공화국 건설이 아니라도 최소한 입헌군주제를 지향한 것이었다. 이런 의미에서 이 사건은 러시아 사상 최초의 민주주의적 혁명 운동이라는 의의를 갖게 되었고 후에 혁명세력의 사상적 기반을 제공한 사건으로 남았다.

니콜라이 1세의 치세

결단력의 소유자 니콜라이 1세

개인으로서나 지배자로서도 니콜라이 1세는 그의 형 알렉산더 1세와는 전혀 달랐다. 알렉산더 1세가 복잡한 감정의 소유자로 우유부단했던 반면 니콜라이 1세는 결단력과 굳은 의지를 지닌 강한 성격의 소유자였다. 그러나 그가 즉위할 때 벌어진 데카브리스트 난은 그를 항상 불안에 떨게 했으며 이로 인해 강권과 억압정치를 펼치게 했다.

  니콜라이 1세에 관한 기록을 살펴보면 건장한 체격과 수려한 용모에서 풍겨 나오는 귀족적인 위엄은 다른 사람을 항상 압도했다고 한다. 이를 뒷받침하듯 '유럽에서 가장 잘생긴 남자', '권위에 찬 엄숙한 사람' 등과 같은 전제군주의 분위기를 부각시켜 주는 수식어가 꼬리표처럼 붙어 다녔다. 이와 같은 그의 인상처럼 그는 군대의 훈련이나 병사들의 복장 상태까지 관심을 가졌다. 실제로 황제가 된 후 군인들의 제복을 정비해 줄 것을 명령했으며 심지어 단추의 수까지 지정해 주는 세심함을 보였다.

  그의 또 다른 관심사는 토목건축이었다. 특히 방어벽 구축은 그가 평생 열정을 기울인 사업이었다. 그는 어려서부터 집짓는 놀이를 즐겼다. 그때마다 반드시 대문 앞에 포를 배치할 정도로 방어에 관심을 가졌다. 후에 그는 축성을 전공하여 공병대장이 되었고, 알렉산더 1세가 통치할 때에는 군사고문으로 활약했다. 이러한 과정으로 그는 황제가 되어서도 전 국토를 난공불락의 요새로 만드는 데 전력을 다하였다. 물론 이런 상황들은 그가 살았던 시대 배경을 살펴보면 쉽게 이해할 수 있다.

니콜라이 1세는 1796년에 태어났으며, 형인 알렉산더 1세보다 열아홉 살 아래였다. 알렉산더 1세가 성장했을 당시에는 후기 계몽주의의 영향으로 온화한 사회분위기가 형성되었으나 니콜라이 1세 때에는 나폴레옹과의 전쟁, 내란 등이 발생하여 불안했다. 게다가 즉위식 때 일어난 반란으로 인해 군주체제가 무너지지 않을까 하며 항상 노심초사했다. 이러한 본능적인 공포는 그를 공격적인 성향으로 바꾸어 놓았다. 심리학자들은 그 두려움의 외적 표현이 용기, 장중함, 위엄과 같은 모습으로 나타났다고 분석한다.

결국 과도한 강경책은 군부에 대한 의존으로 연결되었다. 특히 프로이센 공주와 결혼하면서 프로이센의 군국주의 영향을 많이 받았다. 그의 치세 말기에는 온통 군인들로 채워져 있었으며 민간인의 모습은 찾아볼 수가 없었다. 정치는 대부분 장군들로 구성된 특사에 의존했으며 그들은 군주의 뜻을 즉각 실행하는 특별 임무를 수행하며 러시아 전 지역에 파견되었다. 니콜라이는 그들을 자신의 수족같이 생각했으나 시간이 흐를수록 행정적 공백으로 인한 부패와 혼란이 가중되었다.

니콜라이 1세의 치세 기간 동안 급격히 성장한 행정기구 중 대표적인 것이 황제원이다. 이 기구는 황제와 관련된 문제들을 효율적으로 처리하고, 황제의 명령을 집행·감독하기 위해 만들어졌다. 치세 말기까지 6개의 부서로 성장한 황제원의 모든 부서는 정식 채널을 무시하고 니콜라이 1세의 개인적 정책을 수행하는 주요 수단으로 황제에게 봉사했다.

특히 니콜라이 1세의 통치를 상징하는 황제원의 3부인 정치 경찰은 정부 전복과 혁명 방지를 위해 신하들을 통제하고 국민들의 사생활까지 감시하는 주요 기관으로 큰 신임을 받았다. 이로 인해 니콜라이 1세 치하의 러시아는 점점 더 어두워져만 갔다. 한 역사가는 이 시기를 일컬어 '검은 반동의 시대'라고 했다. 그리고 사회 구조의 근간이었던 농노 제도는 언제 터질지 모르는 시한폭탄처럼 위험한 모습으로 다가오고 있었다. 1842년 니콜라이 1세가 국무협의회에서 연설한 내용에는 이런 면이 잘 나타나 있다.

"현재의 농노제는 모든 사람에게 악이라는 점에서 의심의 여지가 없다. 그러나 지금 그 문제를 건드린다면 보다 커다란 재앙이 될 것이다."

니콜라이는 통치 기간 중에 발생할지도 모를 두 가지의 위험 요소를 항상 걱정했다. 그 첫째는 농노제를 지속하다가는 커다란 인민봉기가 야기될 것이며, 둘째는 농노들을 해방시키면 귀족 계급은 헌법을 요구할 것이라는 두려움이었다. 결국 정부는 미미하나마 농노들을 위한 몇 가지 법률을 만들었으나 근본적인 개혁안을 마련할 수 없었다. 더욱이 절대군주를 부정하는 1848년 유럽 혁명 이후 니콜라이 1세는 완전히 반동적 성격을 굳혔다. 특히 대내적 통제를 한층 강화하여 많은 지식인을 투옥하고 교육에 대한 탄압을 시작했다. '러시아정교, 전제 정치, 애국심'을 표방한 그의 교육방침은 황제의 절대권력을 굳히는 것에 목표를 두었다. 또한 자국민의 해외여행을 엄격히 통제함으로써 자유주의의 통로를 막아 버렸다. 이러한 일련의 조치는 교사와 학생들을 곤혹스럽게 만들었다.

의과대학을 제외한 모든 대학교의 정원은 각각 300명으로 축소되었으며 군사교육은 강화되었다. 헌법과 철학은 교과과목에서 제외되었으며, 논리학과 심리학은 신학교수들에 의해서만 강의가 허용되었다. 이와 함께 나날이 강화된 검열 제도는 검열관에 대한 검열을 위해서 새로운 기관이 설립되기까지 했다. 그리고 물리교과서에서 '자연의 힘'을 삭제하고, 수학책에 들어 있는 생략부호의 숨겨진 의미를 조사하였으며, 로마 황제들을 기술하는 내용에서 '죽임을 당했다'를 '사망했다'로 바꾸게 하는 등 전제주의의 황제와 관련된 부분에 과민한 반응을 보였다.

그는 국내 자유주의의 탄압뿐만 아니라 국외 혁명 운동 탄압에도 적극적으로 개입했다. 그리고 러시아의 전제 체제를 유지하는 것이 자신의 신성한 의무라고 여겼으며 유럽의 기존 질서를 유지하고 방어해야 한다고 굳게 믿었다. 이 때문에 니콜라이 1세는 '유럽의 헌병'이라는 조롱도 받았다. 하지만 러시아의 영토를 넓히고 강대국으로서의 면모를 갖추는데 그의 외교 정책이 이바지했음은 인정하지 않을 수 없다.

크림 전쟁

크림 전쟁은 한마디로 유럽의 질서를 자기 손으로 지키려던 니콜라이 1세의 과도한 욕심이 유럽의 열강들과 맞부딪친 사건이었다. 니콜라이 1세는 자유가 어느 정도 보장된 유럽 세계에 대해

크림 전쟁 1855년 5월, 영·프 연합군이 크림 반도 동부의 케르치에 상륙하여, 세바스토폴리 요새로 향하고 있다.

자신의 의지를 관철시키려고 했다. 1848년에 발표된 그의 선언문을 보면 '복종하라 신민이여, 신께서 짐과 함께 하시나니'라는 말로 끝을 맺고 있다. 그는 유럽을 지킬 사람은 오직 자신뿐이라고 착각하고 헝가리 민족이 오스트리아의 합스부르크 제국의 지배에서 벗어나기 위해 봉기하자 러시아 군대를 보내어 이를 진압했다. 또한 터키에 거주하는 기독교도들에 대한 보호권을 주장하였지만 유럽의 열강들은 그를 인정하지 않았다.

　　니콜라이 1세는 러시아에게 대적하는 세력이 프랑스와 영국

뿐만 아니라 헝가리 봉기를 진압해 준 은혜를 잊어버린 오스트리아까지 포함되어 있다는 사실을 뒤늦게 알게 되었다. 하지만 주변국의 입장에서는 자유주의와 민족주의 운동을 사사건건 방해하는 러시아가 부담스웠다. 이런 분위기에서 서구의 자유주의자들은 크림 전쟁이 전제 왕정에 대항하여 자유와 문명을 지키는 성전과도 같은 의미를 갖게 되었다.

1853년 10월, 터키군이 다뉴브 강 유역에 주둔하고 있는 러시아 군대를 공격함으로써 이 전쟁은 시작되었다. 이어 11월 초에 러시아는 터키에 선전포고를 하였다. 다음 해에 영국과 프랑스가 터키와 손을 잡았고, 독일과 오스트리아는 외교적 압력을 가해왔다. 결국 니콜라이 1세는 유럽과 맞서 싸우는 꼴이 되었다.

이 전쟁은 유럽의 강대국들이 참전했음에도 전선은 좁게 형성되었다. 터키의 동맹국들은 바다를 장악하고 러시아 해안에서 소규모 공격을 감행하였다. 그리고 결정적인 일격을 가하기 위해 1854년 9월 크림 반도에 상륙했다. 동맹국들은 크림의 세바스토폴리 해군 기지를 장악함으로써 전쟁에 유리한 고지를 점령하려 했다. 크림을 제외하면 전투는 카프카즈에서만 계속 되었으며, 이곳에서는 러시아가 터키의 중요 거점인 카르스를 점령하기까지 했다.

11개월 반을 견뎌낸 러시아군의 세바스토폴리의 방어전은 역사에 기록될 만한 것이었다. 특히 수비대장인 코르닐로프 제독은 주민들과 병사들을 격려해 가며 무수히 쏟아지는 영·프 연합군의 포탄을 막아냈다. 기록에 의하면 요새 안으로 쏜 포탄이 6만3천 발에 달했다고 한다. 치열한 전투 중에 코르닐로프가 파편에 맞아 숨을 거두자 병사들로부터 추앙받던 나히모프가 수비대장이 되어 목숨을 건 방어전을 이어 나갔다. 나히모프는 게릴라전은 물론 적진 깊숙이 땅굴을 파고 들어가 러시아군을 괴롭혔던 대포를 일부 파괴했다.
　그러나 날이 갈수록 전세는 러시아에 불리해졌고 열악한 도로 사정과 거친 날씨는 보급품 공급을 지연시켰다. 러시아군은 매일 2천 명이 넘는 병사를 잃는 악조건 속에서도 요새를 지켰다. 하지만 나히모프마저 죽게 되자 러시아는 함정과 요새들을 폭파시키고 후퇴했다. 이로써 영·프 연합군은 7만 명이 넘는 사상자를 내면서 폐허가 된 세바스토폴리를 점령할 수 있었다. 크림 전쟁의 참혹성과 러시아 국민의 용맹성, 애국심은 포병장교로 참전했던 톨스토이의 《세바스토폴리 이야기》에 자세히 묘사되어 있다.
　이 전쟁은 실제 전투보다 발진티푸스와 기타 전염병에 의해서 많은 사상자가 발생했기 때문에 더욱 비극적이었다. 백의의 천사로 일컬어지는 나이팅게일이 새로운 형태의 야전병원을 설립하여 간호를 근대화시키려고 했던 곳도 바로 크림 전쟁터에서였다. 여하튼 이 전쟁은 자국 내에서 벌어진 전쟁이었음에도 러시아는 패배할 수밖에 없었다. 그 결과 러시아는 군사·정치적으로 큰 타격을 입게 되었으며, 니콜라이 1세는 더 이상 국민들에게 무조건적인 복종을 요구할 수 없게 되었다. 뿐만 아니라 유럽 열강에 비해 뒤진 러시아의 경제력과 국가 운영의 문제점은 국민들의 불만 대상이 되었다. 이러한 사회적 분위기가 계속 되자 니콜라이 1세는 그의 통치체제가 한계에 이르렀음을 느끼며 1855년 2월 페테르부르크에서 사망했다. 그동안 누적되어 온 복잡한 문제들은 그의 아들인 알렉산더 2세에게 넘겨졌다.

지식인들의 반항

니콜라이 1세의 숨막히는 정치가 계속되자 이에 반대하며 보다 나은 러시아를 건설하려는 지식인층이 나타나기 시작했다. 이른바 인텔리겐치아라고 불리는 지식 계급층은 무지한 러시아 국민을 계몽하고 국가를 개조하려는 민족적 사명감을 가지고 있었다.

모든 일에 비판적 사고를 가진 젊은 지식인들은 대학가, 특히 모스크바 대학을 중심으로 활동하기 시작했다. 이들은 정치가도 아니었으며, 영국이나 프랑스의 지식인처럼 자유주의자도 아니었다. 이들은 대부분 부유한 귀족의 자제들로서 자신들의 풍족함을 위해 많은 농노들이 피와 땀을 흘리고 있다는 사실에 피로워했다. 그 결과 러시아 자체에서 개선 방향을 찾자는 슬라브주의와 유럽의 자유주의를 모방하자는 서구화주의로 갈라지게 되었다.

이들 가운데 짜리즘에 가장 충격적인 도전장을 낸 사람은 차다예프(1794~1856)였다. 그는 1836년 《망원경》이라는 잡지에 러시아의 전제 체제를 부정하는 〈역사철학에 관한 서한〉이라는 글을 실었지만 니콜라이 1세는 이를 용납하지 않았다. 그는 먼저 출판을 허용한 모스크바 대학의 총장을 해임하고, 《망원경》을 폐간했다. 그리고 차다예프를 정신병자로 몰아 매일 의사의 진단을 받게 했으며, 그 글에 대한 일체의 논평을 금지했다.

차다예프는 부유한 귀족의 아들로 태어나 1809년 모스크바 대학에 입학하였으며, 1812년에는 기마 장교로 나폴레옹 전쟁에 참전했다. 이때 그는 유럽의 자유주의 사상에 영향을 받았으며, 그 후 유럽 전역을 여행하며 많은 사상을 접하게 되었다. 1826년 모스크바로 돌아와 은거하며 서간문 형식인 〈역사철학에 관한 서한〉을 당시 지식인과 귀족의 언어인 프랑스어로 1829년에 집필했다. 그해 '제 1서한' 부터 '제 8서한' 까지 집필을 마쳤으며 얼마 동안 원고 상태로 여러 사람들에게 읽혀졌다. 그러다가 1836년 '제 1서한' 이 러시아어로 번역되었으나 이것이 그의 최초이자 마지막 출판물이 되었다.

차다예프는 다른 지식인들과 마찬가지로 러시아와 유럽 사이에는 근본적인 문화적 차이가 있음을 인정했다. 그러나 이런 차이는 니콜라이 1세를 비롯한 황실에서 주장하듯이 러시아의 독특한 우수성 때문이 아니라 오히려 낙후성 때문에 생긴 것이라고 보았다. 그리고 러시아의 비극적 상황은 가톨릭 교회에서 이탈된 러시아정교회 때문이라고 생각했다. 그에게 유럽이란 가톨릭 세계와 일치된 것이었으며, 유럽의 모든 문화적 유산이나 전통은 가톨릭에서 비롯된 것이었다. 따라서 가톨릭 세계인 유럽 사회에서는 인간의 논리적 사고 능력, 도덕적인 존재로서의 의무와 정의, 권리와 질서 등이 일상화되었지만, 러시아는 가톨릭 세계에서 벗어났기 때문에 후진성을 면치 못했다고 여겼다. 그가 이렇게 생각하는 가장 큰 이유는 유럽인들이 당연하게 여기는 개인의 존엄성이나 자유와 같은 개념들이 러시아에는 전혀 나타나지 않았기 때문이다.

"다른 민족들의 역사는 해방의 역사이다. 그러나 러시아의 역사는 농노제에 의한 전제 체제의 역사이다."

이처럼 차다예프가 러시아를 가혹하게 비판한 것은 현실에 대한 정확한 평가만이 올바른 미래를 만들 수 있다고 여겼기 때문이다.

개혁을 위한 지식인들의 논쟁

차다예프의 글은 지식인 사회에서 격렬한 논쟁을 불러 일으켰다. 우선 그들은 러시아가 유럽 열강에 비해 뒤떨어져 있음을 통감했다. 그러나 어디에서부터 무엇이 어떻게 잘못되었으며, 바로 잡을 방법이 무엇인가에 대해서는 주장이 서로 엇갈렸다. 즉 러시아의 문화와 전통은 유럽과 본질적으로 다르며 잠재적으로는 유럽보다 훨씬 우수하다고 주장하는 슬라브주의와 서구로부터의 이탈이 러시아를 후퇴시켰다는 서구화주의로 나눠지게 되었다.

서구화주의의 시작은 1831년 모스크바에서 조직된 한 철학 모임으로 거슬러 올라간다. 독일 철학을 연구하기 위해 스탄케비치가 만든 이른바 '스탄케비치 서클'이 그것이다. 벨린스키, 바쿠닌, 헤르첸 등이 주축이 된 이 모임은 주로 쉘링, 피히테, 그리고 후에는 헤겔 철학에 많은 관심을 가졌다. 후에 헤르첸은 다른 모임을 만들어 독일의 관념론보다는 프랑스의 생 시몽 같은 사회주의자들에게 관심을 가졌다.

이 모임은 공통된 분야에 관심을 갖고 있던 사람들의 단순한 토론 집회에 지나지 않았다. 이후 1845년 비밀결사대와 같은 성격을 지닌 최초의 모임이 페트라셰프스키에 의해 조직되었다. 페트라셰프스키 서클은 관념적인 독일 철학보다는 구체적인 행동

강령에 대해 연구하기 시작했다. 도스토예프스키도 이 모임의 회원이었다.

서구화주의자들의 주장과 사상은 한마디로 규정하기는 어렵다. 하지만 이들이 서구의 모든 것을 숭배하거나 러시아적인 것을 무조건 배격한 것은 아니었다. 이들은 러시아가 유럽의 전통 속에서 성장했음에도 13세기 중엽부터 시작된 몽골, 타타르족의 지배로 인해 유럽과 차단되어 후진 사회가 된 것이라고 주장했다. 차다에프, 벨린스키, 헤르첸 등과 같은 모든 서구화주의자들은 표트르 대제의 서구화 정책이 후진 러시아를 다른 유럽국가 수준으로 끌어올리려는 시도였지만 당시 성숙되지 않은 사회적 분위기가 니콜라이 전제 정치를 낳게 했다며 개탄했다. 이들의 주장은 토론 수준에 머물러 있었으나 이들에 대한 정부의 야만적인 고문과 사건 조작이 알려지면서 니콜라이 체제에 대한 반감은 신념으로 굳어졌다. 이들의 생각은 점차 정치적인 행동과 혁명으로 바뀌기 시작했다.

이들 중 훗날 러시아 혁명에 커다란 영향을 끼쳤던 벨린스키, 헤르첸, 바쿠닌의 생애와 사상을 살펴보자.

벨린스키 | 벨린스키는 1811년 러시아의 영토였던 스비보르그 군항에서 해군 군의관의 아들로 태어났다. 그의 나이 5살 때 아버지가 퇴역하자 할아버지가 신부로 있던 모스크바 동남쪽 쳄바르라는 시골로 이사를 갔다. 이곳에서의 생활은 그에게는 매우 따분했으며 잦은 말썽으로 인하여 고등학교를 퇴학당하기도 했다. 그 후 1820년 모스크바 대학에 입학했으나 3년 뒤에 농노 제도를 비판한 희곡을 썼다는 이유로 쫓겨났다. 그는 1834년 본격적인 저널

리즘에 뛰어들어 1849년 37세의 젊은 나이로 요절할 때까지 뛰어난 문예비평 활동을 했다. 이를 통해 그는 상당한 명성을 얻었지만 가난과 과로로 결핵을 얻어 죽었다. 벨린스키는 차르의 전제 체제와 농노제를 극도로 증오했다. 그는 이 체제가 깨지지 않는다면 인간성이 깨질 수밖에 없다고 주장했다. 짜리즘 타도를 공공연히 주장했는데 그 어조는 상당히 과격했다.

벨린스키 끊임없는 집필 활동으로 러시아 사상사와, 비평사에 기여했고, 도스토예프스키 등의 작가들에게도 영향을 미쳤다.

"사람들에게 행복을 가져다주기 위해 수백, 수천 명의 목숨을 내놓아도 좋다. 인간을 구제할 새로운 사회는 혁명에 의해서만 세워질 수 있다."

그는 정의 구현을 위해서라면 혁명가는 독재자가 되어도 좋다는 논리를 전개했다. 후에 역사가들은 이런 점에서 벨린스키가 볼셰비즘의 정신적 선구자 가운데 한 사람이라고 평가했다. 그에 따르면 혁명에 의해 세워진 새로운 사회는 돈 많은 사람과 가난한 사람 모두가 고르게 사는 공동체 사회, 즉 사회주의적인 성격의 사회였다. 이러한 공동체적인 사회주의 정신은 훗날 나로드니크 운동인 인민주의 운동의 기반이 되었다.

헤르첸 | 헤르첸은 1812년 모스크바의 세력가였던 아버지와 독일 출신의 하녀 사이에 태어났다. 헤르첸은 비록 서자였지만 아버지의 사랑은 지극했다. 그의 아버지는 그에게 훌륭한 교육을 받게

해주었으며, 일차 상속자로 지명했다. 하지만 그의 어머니와는 정식으로 결혼하지 않았다. 그 때문에 그는 '마음의 지식'이란 뜻의 '헤르첸'을 성으로 갖게 되었다.

　가정 교사에게 교육을 받던 그는 17살이 되던 1829년에 모스크바대학 자연과학부에 입학했다. 그는 대학을 다녔던 5년간을 가장 행복한 시기라고 회상했다. 졸업과 동시에 그는 군대에 들어가 출세하기를 바라는 아버지의 뜻과는 달리 문학과 철학에 종사하기로 결심했다. 그리고 당시 청년들이 낭만주의 철학에 매달리고 있었던 것과는 달리 프랑스 사회주의와 정치문제에 큰 관심을 가졌다. 이러한 그의 관심은 당시 그의 집뿐만 아니라 러시아 전역에서 만연되었던 농노들에 대한 가혹행위가 직접적인 계기가 되었다고 그는 술회한다. 그 뒤 그가 속했던 철학모임은 경찰의 탄압에 의해 1834년 해체되고, 그는 5년간 유형의 길을 떠났다. 이때 그는 작은 아버지의 사생아였던 자카리나와 결혼했다.

　유형이 풀리자 상트페테르부르크에서 벨린스키를 비롯한 진보적 사회주의자들과 접촉하여 평론가로 활동했다. 이 과정에서 감상주의적 생각들을 털어버리고 무신론과 사회주의로 무장하게 되었다. 이후 그는 가명으로 전제 체제를 비판하는 많은 비평문을 발표해 또다시 유배를 떠나게 되었다. 1846년 아버지가 막대한 유산을 남기고 죽자 자유로운 생활을 찾아 서구로 떠났으나 이것이 조국과의 영원한 이별이었다.

　그는 서구의 여러 도시에서 혁명을 직접 목격하고 때론 참여하며 스위스에서 시민권을 얻었다. 제네바에서는 《피안으로부터》라는 책을 집필하며 러시아에 있는 동료들에게 혁명을 독려하였다. 이후 1852년에는 런던으로 자리를 옮겨 《종》이라는 잡지를 출판하여 러시아에 있는 혁명가나 반체제인사에게 보냈다. 알렉산더 2세의 개혁이 어느 정도 진전되던 1860년대에는 비판의 목소리를 낮추고 유럽을 여행하다가 1870년 1월 파리에서 숨을 거두었다.

헤르첸이 러시아의 진정한 사회주의자로 추앙받는 이유는 그가 단순한 서구주의자가 아니기 때문이다. 그는 서구로 망명한 후 유럽의 자유스런 분위기에 큰 충격을 받았다. 그러나 그것은 단순한 감동이 아니었다. 특히 1848년 프랑스혁명 당시 부르주아지의 야비함과 부패 못지 않게 노동자 계급들의 비열함을 보며 평소에 가지고 있던 서구에 대한 환상이 깨졌다. 헤르첸은 유럽인들이 러시아에 비해 더 큰 자유를 가지고 있다는 것을 인정했지만 그 자유의 바람이 러시아로 향할 것이라는 낭만적인 기대는 하지 않았다.

서구에 대한 실망은 자연히 조국인 러시아에 대한 희망으로 연결되었다. 그는 당시 러시아의 농민공동체인 미르mir에서 희망을 찾았다. 미르는 러시아 고유의 사회주의적 성격의 제도로 슬라브주의자들은 이미 이것을 높게 평가하고 있었다. 따라서 미르를 잘 발전시킨다면 러시아는 사회주의에 도달할 수 있을 것이라고 생각했다. 이러한 그의 사상은 서구화주의와 슬라브주의를 통합시키는 하나의 실마리가 되어 러시아 특유의 인민주의 운동의 모태가 되었다.

바쿠닌 | 러시아 최초의 직업 혁명가인 바쿠닌은 1814년 부유한 귀족의 11명의 자녀 가운데 장남으로 태어났다. 그의 아버지는 수준 높은 교양을 갖추고 있었으며, 1백여 명이 넘게 거처할 수 있

바쿠닌 벨린스키, 헤르첸 등과 교제하며 자유, 국가, 종교 등에 대한 사상을 정립하였다. 오스트리아-헝가리 제국, 프라하, 드레스덴의 봉기 등에 참여하며 무정부주의를 주장하였다.

는 저택은 지식인들의 사교 장소로 자주 이용되었다.

바쿠닌은 포병학교에 입학하여 19세 때 장교로 임관했다. 그러나 어렸을 때부터 지식인들과의 토론에 익숙한 그에게 군대는 생리에 맞지 않았다. 그의 관심은 오직 토론과 철학에만 있었다. 특히 임관한 2년 뒤 군대를 뛰쳐나와 모스크바로 피신하여 그곳의 지식인들과 어울렸다. 그는 지식인들과의 토론을 통해 사랑과 폭력, 사상에 대한 독특한 생각들을 하나씩 적립했다.

1840년, 헤르첸의 도움으로 베를린으로 건너간 바쿠닌은 좌파이론에 심취하여 철학은 세계를 해석하는 것이 아니라 세계를 변화시키는 것이라는 결론을 얻었다. 그로부터 얼마 뒤 마르크스와 역사적인 만남을 가졌으며, 1848년에는 마르크스의 민주연맹에 잠시 가담하기도 했다. 바쿠닌과 마르크스는 서로에게 영향을 주는 사이가 되었지만 중요한 문제에 대해서는 합의점에 도달하지 못했으며, 오히려 상대방의 전술이나 성격을 비난했다.

아무런 직업 없이 철학만을 좋아한 바쿠닌의 생활은 말이 아니었다. 헤르첸의 도움이 없었다면 위대한 혁명가 바쿠닌은 아마도 굶어 죽었을 것이다. 이러한 힘든 상황에서도 혁명이나 반란이 일어나는 곳이면 무조건 뛰어들었다. 그 때문에 오스트리아, 헝가리 등의 형무소와 시베리아 유형지에서 반생애를 보냈지만 인류의 해방을 위해 싸운다는 신념으로 생을 바쳤다. 결국 환갑이 다 되어 스위스로 돌아왔으나 악화된 건강으로 인해 베른에서 사망했다. 바쿠닌 역시 다른 서구주의자들과 마찬가지로 짜리즘을 공격했다.

그러나 다른 서구주의자들의 주장과는 달리 제정 러시아만을 악의 근원으로 본 것이 아니라 모든 국가를 악의 근원이라고 보았다. 그는 개인의 자유와 창의성을 방해하는 국가나 종교, 모든 조직에 대해 반대했으며, 사회가 완전히 재건되기 위해서는 모든 국가가 파괴되어야 한다고 주장했다. 여기서 유명한 무정부주의가 싹트게 되었다. 또한 국가를 파괴하기 위해서는 우선 종교를 없애야 한다고 주장해 무신론과 무정부주의를 발전시켰다. 때문에 바쿠닌은 종교와 국가의 파괴를 위해 모든 형태의 혁명, 즉 테러리즘과 민중 봉기를 찬양했다.

러시아의 전통을 사랑한 슬라브주의자들

러시아가 후진성을 벗어나기 위해서는 서구로부터 새로운 문물을 받아들이는 것이 최선이라고 생각한 서구화주의자들과는 달리 러시아 문명의 특성을 강조하는 지식인들이 같은 시대에 나타났다. 이들을 슬라브주의자라고 부르는데 차르 정부에 아부하는 몇몇 사람들을 제외하고는 서구화주의자들과 마찬가지로 니콜라이 체제에 비판적이었다. 슬라브주의자들은 러시아인의 우월성과 정교에 대한 믿음에 기초한 낭만주의적 지식인들이었다. 이 그룹의 지도자들 대부분은 폭넓은 교양을 갖춘 지주와 귀족 출신 학자들이었다. 대표적인 인물로는 신학, 세계사, 약품, 기계 발명 등 다방면에 두각을 나타낸 호마코프와 슬라브주의의 철학자로 불린 키리예프스키가 있다.

그들은 러시아가 아시아도 아니며 유럽도 아닌 오직 러시아일 뿐이라고 생각하였다. 그리고 러시아의 역사와 전통, 제도, 러시아인의 신앙인 정교를 면밀히 연구해야만 러시아의 현재 위치와 함께 미래를 찾을 수 있다고 믿었다. 유럽이 러시아보다 정치, 경제적으로 부강하다는 점은 인정하지만 도덕적으로는 러시아가 유럽보다 순수하고 덜 부패됐다고 주장했다. 유럽은 로마의 가톨릭과 프로테스탄트 때문에 진정한 신앙을 잃었으며, 정복과 폭력, 인민의 예속 위에 세워졌기 때문에 인격보다는 재산권이 우선되었다고 보았다.

이에 반해 러시아는 표트르 대제의 서구화 개혁이 있기 전까지 부패되지 않은 도덕성이 있는 사회였으며, 러시아의 정교와 농촌공동체인 미르가 정신적 지주 역할을 했다고 보았다. 그리고 하느님의 뜻에 부합되는 진정한 신앙은 정교이며, 미르는 공동의 이익을 추구하는 인민의 연합체로 보았다. 하지만 표트르 대제의 서구화 정책이 정교를 국가에 예속시켰고, 평화로운 '농촌 러시아'를 '국가 러시아'로 만들어 강압적인 관료체제로 만들었다고 주장했다.

이렇듯 서구화주의자들이 표트르 대제의 개혁을 새로운 러시아의 시작이라고 생각하는데 반해 슬라브주의자들은 표트르 대제의 개혁을 러시아 역사의 악의 근원으로 보았다. 그렇다고 해서 서구화주의자들이 비판한 니콜라이 정부를 슬라브주의자들이 옹호한 것은 아니었다. 슬라브주의자들은 서구의 헌법적 장치나 제도는 여전히 반대했으며 전제 체제에 대해서도 찬성하지 않았다. 그들은 전제 체제는 절대적인 것도 종교적으로도 정당화될 수 없으며 농노 해방과 함께 개혁을 주장했다. 특히 '정신생활의 자유'를 중시하여 언론·출판의 자유를 요구했다. 언뜻 보면 슬라브주의자들의 슬로건이 '정교, 전제주의, 국민성'을 표방한 니콜라이 1세의 강압통치를 지지하는 것처럼 보이나 오히려 탄압적인 니콜라이 정권 같은 현상도 그릇된 서구화 정책의 결과라고 보았다. 슬라브주의는 서구화주의와 함께 후에 일어날 러시아 혁명의 사상적 뿌리가 되었다.

19세기 초 러시아의 변화

러시아 사회를 유지하는 것은 차르에 의한 전제 체제와 농노 제도였지만 19세기에 접어들면서 그 체제는 서서히 위협받기 시작했다. 전제 체제는 지식인들의 타도의 대상이 되었고, 세계에서 가장 오래 존속된 농노 제도는 농민들의 잦은 반란과 흉작으로 위기를 맞고 있었다. 물론 농노 제도는 1861년에 행해진 농노 해방 이전까지만 해도 러시아 농업 경제의 핵심이었다.

지주 계급은 수확량을 늘리기 위해 농노들에게 부당한 부역을 요구하였다. 특히 남부 러시아에서는 이런 과정을 통해 얻어진 곡물을 수출하기까지 했다. 그러나 아무리 무식한 농노들일지라도 부당하게 부과되는 노동에 대해 열성적일 수는 없었다. 결국 일의 능률은 점차 떨어져 생산량은 감소하였고 소작농이 크게 늘어나기 시작했다.

이렇듯 19세기 전반기에 러시아 농업은 새로운 상황과 요구에 반응하며 조금씩 근대화를 이룩하고 있었다. 주식이었던 호밀과 밀은 대규모로 경작되었고 감자와 사탕무우, 그리고 상당한 지식과 기술을 요하는 포도주까지 생산되었다. 그러나 이런 생산량 증가는 지주 계급의 배만 불렸을 뿐 러시아 국민의 대다수를 차지하는 농민들의 생활 개선에는 전혀 기여하지 못했다. 이러한 상황은 농민 반란으로 이어지면서 커다란 사회 문제가 되었다. 특히 니콜라이 1세 때에는 즉위 4년 만에 무려 40회 이상의 농민 반란이 발생했고, 1830년대에는 크고 작은 반란이 약 40여 회나 일어났다.

이러한 농민 문제에 대한 대책을 강구하기 위해 니콜라이 1세는 비밀위원회를 조직했으나 돈과 시간만 낭비했을 뿐 별다른 성과를 거두지 못했다. 결국 1842년에 이르러 농민의 신분에 관한 새로운 법령을 마련함으로써 돌파구를 찾을 수 있었다. 그 법령은 농민과 지주 사이의 자발적인 협상에 의해 예속적인 농노제를 폐지하고 농민들에게 일정 정도의 토지 배당량과 의무량을 주는 것이었다.

이러한 정부 조치와 더불어 농민 문제를 해결하기 위해 노력한 인물로 키셀레프 백작이 있었다. 그는 국가의 수입 증대나 차르 체제의 유지보다는 진정으로 농민 문제를 개선하고자 노력한 인물이었다. 발트 해 연안으로부터 시작된 그의 개혁은 1847년 러시아 각 지방에까지 적용되었다. 그러나 이러한 일련의 개혁도 농노 제도라는 두터운 장벽으로 인해 한계를 드러내며 빛을 잃었다. 정부 또한 농민 문제를 비롯한 모든 문제들이 정부 주도하에 이루어져야 한다는 원칙을 내세워 대중들은 논의조차 할 수 없게 만들었다. 따라서 농민 문제는 별다른 해결책 없이 알렉산더 2세에게 넘겨졌다.

알렉산더 2세와 러시아

알렉산더 2세의 개혁

알렉산더 2세는 37세의 나이로 아버지 니콜라이 1세의 뒤를 이어 러시아 왕위에 올랐다. 그는 나약하고 선량한 기질의 인물로서 정책에 관한 확고한 생각을 가지고 있지 못해 어떤 때는 아버지보다도 더 반동적일 때도 있었다. 그러나 니콜라이 1세의 군대식 통치와 크림 전쟁의 패배로 인해 형성된 여론은 알렉산더 2세에게 개혁의 칼을 들게 하였다. 때문에 농노 해방을 비롯한 그의 개혁은 '대개혁'이라는 칭송을 받으며 러시아 역사의 이정표가 되었다.

알렉산더 2세는 타고난 개혁자는 아니었다. 하지만 시대의 흐름을 파악할 만큼 영리하였으며, 개혁 초기에는 자신의 감정을 억제하고 국가의 이익을 고려할 만큼 용기도 있었다. 그러나 개혁 후기에 들어갈수록 정책 결정에 대한 우유부단함으로 멋진 마무리는 하지 못했다. 이에 반해 여론은 극단주의적 경향이 강해졌다. 결국 정부와 진보 세력의 간격은 점점 벌어져 1865년에 이르자 개혁의 불꽃은 사그라지며 또 다른 반동의 분위기가 나타나게 되었다.

알렉산더 2세 때 일어난 가장 중요한 사건은 1861년에 행해진 농노 제도의 폐지였다. 점진적으로 이루어진 사회개혁은 경제를 발전시켰으나, 농노 제도를 폐지하자는 여론은 농노들을 술렁거리게 했다. 정부는 이러한 동요가 대규모의 농민 반란으로 이어지지 않을까 우려하고 있었다. 처음에 그는 지주들이 솔선해서 이 문제를 해결해 주기를 바라며 기회가 있을 때마다 자신의 생각을 전했다. 하지만 귀족들은 이제까지 누려왔던 권리들을 빼앗길까 주저하는 기색이 역력했다. 귀족들의 이러한 모습은 여론을 더욱 자극했고, 마침내 알렉산더 2세는 결단을 내렸다.

우선 귀족들에게 개혁에 관해 공개토론하도록 강요했으며, 해방된 농노에게 농토를 분배해 주어야 한다는 원칙을 선포했다. 결국 알렉산더 2세는 대다수 귀족의 반대를 무릅쓰고 몇몇 계몽 관료들과 자유주의적 여론의 지지를 받으며 농노제 폐지를 선포했다.

개혁의 가장 두드러진 특징은 법적인 측면에서 나타났다. 인간의 예속을 철폐하는 부분은 농노들에게 가장 반가운 소식이었다. 농노 해방으로 인해 4천만 명의 농노가 자유로운 몸이 되었으며, 이는 '인류 역사상 가장 위대한 법적 조처'라는 후대의 표현이 결코 과장이 아니었다.

하지만 농노 해방이 완벽한 개혁이었다고 말할 수는 없었다. 경제적 측면에서 보면 지주들은 상실한 토지에 대해 국가로부터 보상을 받았지만, 토지를 분양 받은 농민들은 49년이라는 긴 기간 동안 토지 대금을 상환해야만 했다. 그리고 해방된 농노들에게 할

알렉산더 2세 1859년에 주조된 루블화. 상트페테르부르크에서 붕괴된 알렉산더 2세의 아버지 니콜라이 1세의 동상 완공을 기념하기 위해 만들었다.

당된 토지는 너무 적었으며, 상환 금액은 지나치게 부담스러웠다. 여기에 가장 치명적인 것은 토지가 개인에게 분양된 것이 아니라 농민 공동체 단위로 분양되었으며, 공동체에 속한 농민들에게 재분할되었다는 점이다. 이러한 조처는 농민들에게 납세 의무와 토지 상환금에 대해 연대책임을 지우기 위해서였다. 이러한 결정은 농민 공동체의 기능을 상쇄시켰을 뿐만 아니라 농업 발달을 저해하는 결과를 가져왔다. 하지만 농노 해방은 자체의 중대성뿐만 아니라 또 다른 개혁의 시발점이 되었다.

농노 제도가 철폐됨에 따라 종래 지주가 농노에 대해 행사했던 독점적 재판권이나 치안유지에 대한 권한 등은 자동적으로 소멸되었고, 지주들이 누렸던 권위도 타격을 받았다. 그리고 지주들에게 일임되었던 지방행정은 1864년 젬스트보 기구가 조직되어 재편되었다. 젬스트보는 지주, 농민공동체, 도시민 서 계층이 대의원으로 모두 참여하였다.

젬스트보에서는 주민의 복지에 관한 사항만을 주로 다루었으며 일반 행정과 공공권력의 행사는 중앙에서 임명한 행정관들이 맡았다. 젬스트보에서는 기구의 기능을 발휘하기 위해 필요에 따라 세금을 부과할 수 있는 권한이 주어졌다. 젬스트보에서 이루어진 선거는 지주에게 유리하게 치러졌지만 자치의 원칙이 정식으로 인정되었고, 지방의 생활조건 향상을 위해 여러 사회계층이 협동할 수 있는 기회가 마련되었다. 젬스트보의 의석은 귀족과 관리들에게 42퍼센트, 상인과 기타 계층에게 20퍼센트, 농민에게 38퍼센트가 배정되었으며, 도로 건설, 의료, 식량, 교육 등과 같은 뒤쳐진 농촌의 환경을 개선하는데 크게 이바지했다.

지방행정의 변혁 못지 않게 변화된 것이 법원의 개혁이었다.

농노 해방 그루지아에서 농노 해방령이 공포되고 있다. 농노 해방령의 내용이 농민의 기대에 미치지 못함을 알고 있었던 알렉산더 2세는 소동을 최소한으로 하기 위해서 해방령의 발표를 사순절까지 미루었다.

구식 법원제도가 러시아의 커다란 문제점임을 감안한다면 법원제도의 개혁은 그 자체로 큰 의의임을 짐작할 수 있다. 계급 차별주의 원칙을 근거로 한 개혁 이전의 재판은 권력과 금력 앞에서 쩔쩔매는 무능력한 재판관들에 의해 수행되었다. 재판은 비공개로 행해졌으며 피고를 대변할 변호인도 없었다. 또한 재판 과정이 매우 느리고 시간도 많이 소요되었다.

1864년 개혁에는 '만인에게 평등한 법'이라는 원칙이 선포되었고 계급차별도 없어졌다. 사법부는 행정부로부터 독립되고 재판관은 종신제로 임명되어 안정된 생활을 할 수 있게 되었다. 그리고 재판은 공개되었고 배심원제도가 수립되었다. 변호사협회도 수립되었다. 이로써 지방법원에서 고등법원에 이르는 전 부문이 완전히 바뀌었다. 이때부터 러시아의 법원조직은 어느 선진국과 비교해도 손색이 없을 정도가 되었다.

주요 개혁 중 1874년에 행해진 군대의 개편 또한 거론하지 않을 수 없다. 이전까지는 징병에 대한 부담을 하층계급단이 지었으나 국민징병제가 실시되었다. 복무기한도 25년에서 6년으로 축소되었고 병사들에 대한 대우도 훨씬 나아졌다. 훈련도 인도적 원칙이 강조되었다. 특히 사병들에 대한 초등교육이 실시되었다. 이로써 새로 조직된 법원과 함께 개편된 군대는 러시아 근대화의 상징이 되었다.

개혁 이후의 변화

알렉산더 2세의 개혁은 구체제가 세워놓았던 계급 간의 장벽을 무너뜨리는 혁신이었다. 즉 농노 제도의 폐지는 자유를 가진 자와 못 가진 자 사이의 근본적인 차별을 없앤 것이었다. 해방된 농노들은 젬스트보에서 그들의 옛 상전과 자리를 같이하였으며, 원칙적으로는 다른 계급의 대표들과 동등한 대접을 받았다. 새로 개편된 법원은 '만인에게 평등한 법'이라는 이상을 내걸었고 이를 실천하려고 노력하였다. 군대의 개혁도 국민 모두가 병역의 의무를 가진다는 민주적 원칙에 입각한 것이었다.

하지만 농노 해방 이후에도 농민들에게 완전한 시민의 자격이 주어지지 않았다. 그들은 농민 공동체 소속으로 부동산을 자의로 처분할 수 없었으며 이주나 여행에도 제약을 받았다. 특히 다른 계급에는 없는 인두세가 계속 부과되어 그들이 요구하는 완전한 평등은 이루어지지 않았다. 바로 이 점이 지주나 농민 모두를 만족시키지 못하는 불만의 요인이 되었다. 지주 계급은 자신들의 토지를 빼앗겼다고 생각하였고, 토지의 무상분배와 신분상의 완전한 자유를 기대했던 농민들은 이러한 결과에 크게 실망했다. 이로 인해 농민들의 봉기는 끊이지 않았으며, 이를 지원하는 인텔리겐치아의 비판도 날로 과격해졌다. 그리고 경제가 발전함에 따라 점점 더 많은 기술자와 전문가가 필요하게 되었다. 교육과 계몽에 대한 사회적 요구에 따라 교사, 문인, 언론인의 수가 증가하였다. 이때부터 의사, 법률가, 대학교수, 기술자 등과 같은 계층이 영향력 있는 중산계급으로 자리 잡게 되었다.

중산계급의 참여가 두드러진 분야는 교육 부문이었다. 농노해방은 러시아 사회 전반에 지적 분위기를 조성하였고, 젬스트보의 적극적인 참여로 인해 초등교육 분야가 새로 개척되었다. 또한 귀족층만이 누렸던 교육의 특권은 국민 각층에 부여되었으며 이제 대학이나 중등학교에서 귀족층은 소수가 되었다.

모든 변화는 러시아 혁명의 주역이 될 인텔리겐치아에게 크게 영향을 미쳤다. 초기의 인텔리겐치아는 데카브리스트 난에서 나타나듯이 급진적 성향의 귀족 출신이었으나 이제는 전문직 종사자들과 중산층 출신들이 대거 참여하게 되었다. 이로써 교육과 진보의 길잡이는 더 이상 계몽된 귀족들만이 아니었다. 비록 귀족들보다 문화적으로는 덜 세련됐지만 사회·정치적 견해에 있어서는 급진적인 중류층 지식인들이 훨씬 앞섰다. 혁명의 중요한 세력으로 인텔리겐치아가 조직적인 반정부 세력으로 자리하게 된 것은 중산층 계급이 참여한 1860년대 이후부터였다.

새로운 혁명 운동의 출현

인텔리겐치아 가운데에서 주류를 이루는 새로운 계급들은 새로운 사상을 가지고 있었다. 이전의 러시아 지식인들 대부분이 독일에서 형이상학을 공부한 낭만주의적 이상주의자였다면 새로 나타난 지식인들의 특징은 현실의 모순을 타파하기 위해 행동하는 현실주의자들이었다. 이 때문에 허무주의가 1860년대 러시아 사회를 지배하게 되었다.

허무주의는 무엇보다도 모든 전통적 권위에 대한 젊은이들의 반항이었다. 그 목표는 기존 관습으로부터 개인을 해방시키는 데 있었다. 즉 합리적 비판의 시험대를 통해 어긋나는 것은 어떤 것이든 간에 받아들일 수 없다는 입장이었다. 이런 허무주의 자체는 정치적 성격이 아니었지만 기존 권위에 대한 부정은 사회적 분위기를 혁명으로 몰아가고 있었다.

진정한 혁명 운동은 1870년대에 소위 '인민주의'라는 이름으로 나타났다. 그들은 허무주의자들과는 달리 개인의 해방이 아닌 사회 문제에 대한 해결책을 찾는 데 관심이 있었다. 그들은 귀족을 비롯한 지식인 계급의 '도덕적 의무감'을 강조했다. 즉 수백 년 동안 러시아 지식층은 농민들의 고생을 밑거름으로 살아왔고 발전했기 때문에 이제는 그 빚을 갚을 때가 왔다는 것이다. 그들은 '인민 속으로v. narod'를 외치며 농촌으로 가서 문화적·사회적 진보의 길로 인민들을 인도해야 한다는 새로운 운동을 시도했다.

급기야 1870년대 초기에는 남녀 지식층 수백 명이 농촌으로 내려가서 이러한 운동을 시작했다. 인민주의를 과학적으로 정립한 사람은 라브로프였지만 선동적인 혁명 구호를 만든 것은 바쿠닌이었다. 그는 농민공동체에서 생활한 러시아 농민들은 타고난 사회주의자이며 혁명가이기 때문에 이들에게 혁명 이념을 전파하여 혁명을 이루는 것은 매우 쉬운 일이라고 생각하였다. 그러나 그들은 준비가 너무나 부족하였다. 농민 반란을 선동할 능력이 있다고 자신한 젊은이들은 정작 농민들을 이해시키지 못하고 경찰의 주의만 끄는 결과를 가져왔다.

20세도 채 안 된 미숙한 젊은이들로 구성된 인민주의 운동을 재미있는 각도에서 본다면 소박한 십자군 운동이었다고 말할 수 있다. 그들은 농민들에 대한 열정에도 경찰들의 감시와 그들이 우상처럼 여기던 농민들에 의해 고발되기까지 했다. 이러한 사실은 그들의 이론적 기반을 이루고 있던 인민주의라는 것이 순전히 개념의 산물일 뿐 농민들의 처지와 요구를 반영하지 못했음을 입증하는 것이었다. 1874년에 나타난 통계를 보면 농촌으로 달려갔던 젊은이들 중 770명이 체포되어 215명이 투옥되었다.

상황이 이렇게 흐르자 젊은이들 가운데는 그들의 전략을 바꾸는 행동주의자들이 나오기 시작했다. 1876년에는 '토지와 자유'라는 이름의 비밀결사단이 조직되었다. 그들은 인민의 이상을 표명하는 민중 봉기를 꿈꾸었으나 농촌과 도시 어느 한 쪽에서도 성공을 거두지 못했다. 그해 가을, '토지와 자유'는 분열되어 극단적인 폭력주의를 지향하는 '인민의 의지' 단과 플레하노프의 지도하에 토지의 균등한 분배를 목표로 하는 '평등한 재분배' 단으로 나뉘어졌다.

그 후 러시아에서는 암살, 폭발사건이 계속해서 일어났다. 그 신호가 된 것이 베라자술리치라는 여성 테러리스트가 페테르부르크의 총경인 트레포프를 저격한 사건이었다. 그리고 1878년 4월에는 솔로비요프가 황제를 저격하려 했으나 미수에 그치는 사건이 발생했다. 1880년 2월에는 칼투린이라는 노동자가 동궁 식당에서 폭탄 테러를 일으켰다. 이러한 요인 암살사건에 대해서는 경찰도 속수무책이었으며 다만 충성스러운 국민들에게 신고만을 호소할 뿐이었다. 그러나 이러한 험악한 분위기 속에서도 지방 젬스트보를 비롯한 모든 여론이 더 다양하고 확실한 개혁을 바라는 쪽으로 모아지고 있었다.

동궁 식당 폭파 사건 이후 정부는 긴장하지 않을 수 없었다. 그리하여 로리스-멜리코프가 주재하는 최고위원회가 설치되었고 로리스-멜리코프에게는 일종의 독재권이 주어졌다. 그의 계획은 자유주의자들의 요구를 어느 정도 들어주어 과격한 혁명주의자들을 고립시킨다는 것이었다. 그리고 악화된 여론을 향해 전국회의를 소집하는 등 상당한 개혁의 의지가 있음을 보여주었다. 실행만 된다면 로리스-멜리코프가 마련한 안은 헌법이 제정될

테러리스트에 의한 열차 폭파 사건 1879년 11월 19일에 모스크바에서 테러리스트에 의해 열차가 폭파되었다. 그 사건은 알렉산더 2세를 노리고 벌어진 일이었으나 황제는 크레믈린에 있어 난을 피할 수 있었다.

로마노프 시대

수 있는 길을 터놓은 것이 될 수 있었다. 하지만 사태는 엉뚱한 방향으로 전개되었다. 1881년 3월 13일, 로리스-멜리코프의 안에 서명하던 바로 그날 알렉산더 2세는 소피아 페로프스카야가 이끄는 혁명 폭도들에 의해 살해당하고 말았다.

어느 시대보다도 알렉산더 2세 치하에서는 개혁의 움직임이 뚜렷하였다. 그럼에도 암살, 폭탄테러 등이 난무했던 이유는 어디서 찾아야 하는가.

당시 러시아 사회주의자들 대부분이 가졌던 특징 중의 하나는 의회민주주의에 대한 전반적인 불신이었다. 그것을 발전시키는 과정은 아무런 가치가 없다고 생각했다. 그들이 원했던 것은 즉각적인 사회혁명이었기 때문에 장기간에 걸친 점진적인 사회주의로의 접근은 참을 수 없었던 것이다. 이런 이유로 서구의 사회주의가 노동조합이나 노동당 같은 합법적인 기구를 통하여 대중운동과 손을 잡는 방향으로 나아가기 시작할 때 러시아의 사회주의자들은 혁명적 음모라는 비밀결사와 같은 위태로운 길을 택할 수밖에 없었다.

더욱이 차르로 상징되는 전제 왕정은 차르만 암살되면 전제 체제가 무너질 것이라는 단순한 생각들을 부추기는 원인으로 작용하였다. 인텔리겐치아의 성향이 급진적 폭력주의로 나아가게 된 데에는 정부의 태도에도 많은 책임이 있었다.

먼저 농노 제도의 폐지라는 어려운 숙제를 해결하면서 알렉산더 2세는 너무 많은 힘을 소모하였다. 또한 농노 제도의 철폐와 다른 개혁안들은 새로운 질서를 수용할 태도를 전혀 보이지 않았으며 귀족을 중심으로 하는 반동 세력의 거센 반발에 부딪혔다. 주관이 확실하지 못했던 황제는 자유주의 집단과 보수 귀족 집단

사이에서 끊임없이 방황할 수밖에 없었다. 특히 1863년 폴란드 반란이나 1866년 황제 암살 시도와 같은 사건이 계속해서 일어나자 개혁을 통한 회유책보다는 강경책만이 이를 막을 수 있다는 보수 귀족들의 입장을 강화시켜 주었다.

그들은 급진주의와 대결하기 위해서는 이미 이행되고 있는 개혁마저도 중단해야 한다고 알렉산더 2세를 설득했다. 급기야 검열 제도가 다시 강화되었고, 교육의 자유도 잠시 제한되었다. 언론과 정치사범들은 배심원제 판결에서 제외되었다. 개혁의 상징인 젬스트보 또한 엄격한 정부의 규제를 받게 되었으며, 지방행정관들이 젬스트보 활동에 끊임없이 간섭하였다. 그러나 이런 보수반동주의자들의 행동은 개혁으로 발전하는 러시아를 불행한 상황으로 몰아버렸다. 즉 그들은 혁명가들의 급진적인 요구와 입헌주의자들의 온건한 요구를 구별하지 못함으로써 혁명을 좌절시킬 수 있는 현명한 정책을 휴지조각처럼 날려버리고 말았다.

성공적인 대외 정책

당시 상황에서 알렉산더 2세는 훌륭한 대외 정책을 펼친 인물로 평가받고 있다. 크림 전쟁 이후 체결된 1856년의 파리 조약으로 인해 러시아는 터키 지배 하에 있는 기독교도에 대한 보호권을 유럽국가로 넘겨주게 되었다. 그리고 흑해의 러시아 함대는 철수하였고 그 일대는 다뉴브 강 유역의 공국들에게 맡겨졌다. 그러나 알렉산더 2세가 등극한 후 고르차코프 공작의 활약으로 1863년의 폴란드 봉기를 계기로 패권을 노리는 나폴레옹 3세의 야심을 무력화시켰다. 또한 독·프 전쟁을 틈타 러시아의 해군 병기청 건립

산 스테파노 조약
1878년 3월 3일, 상트 스테파노에서 러시아와 터키 간에 종전 교섭이 이루어졌다. 이 조약에 따라 러시아는 발칸 반도 및 지중해까지 그 세력을 뻗칠 수 있었다.

을 금지한 파리 조약의 조항을 폐기하고, 1870년부터는 흑해에 함대를 주둔시켰다.

1872년에는 독일, 오스트리아, 러시아의 황제들이 베를린에서 3제 동맹을 결성하여 비밀 군사 협정을 체결하였다. 1875년, 독일이 프랑스를 침공할 것이라는 근거 없는 소문이 나돌며 비스마르크를 당혹스럽게 했다. 이 틈을 이용하여 고르차코프는 프랑스와 유럽 평화의 수호자 역할을 자처하고 나서며 러시아의 위력을 보여주었다.

1876년에는 불가리아가 터키의 세력에서 벗어나기 위해 독립 운동을 일으켰다. 러시아는 열강들에게 공동보조를 취하자고 제의하였으나 영국의 디즈레일리 수상이 비밀리에 터키를 지원하고 있다는 사실이 알려지자 1877년 알렉산더 2세는 터키에 선전 포고를 하였다. 이후 러시아 군대가 콘스탄티노플 성벽 근처까지 진격하자 산 스테파노에서 러시아와 불가리아에게 매우 유리한 조건의 조약을 체결함으로써 일단락되었다.

그러나 무엇보다도 알렉산더 2세의 대외적인 업적은 아시아에서 영토를 획득한 사실이다. 1864년이래 러시아의 장군들은 시베리아 변경 지대를 침략하는 키르키즈인과 투르크멘인에 대해 소탕전을 전개하였다. 이를 계기로 러시아는 히바 사막을 횡단하여 카스피 해까지 영토를 넓혔으며 아프가니스탄과 중국령인 투르케스탄에 이르렀다. 극동지방에서는 1858년에 맺어진 아이훈 조약에 따라 흑룡강에서 우수리 강을 따라 태평양 해안에 이르는 지역을 중국으로부터 획득하고 블라디보스토크에 해군 기지를 건설하였다. 1865년에는 쿠릴 열도 중 두 개의 섬을 일본에 양도하는 대신 사할린을 획득했다. 1867년에는 러시아가 아직까지도 최대의 실수라고 생각하는 알래스카를 미국에 양도하는 사건이 일어났는데 그 가격은 불과 720만 달러였다.

알렉산더 3세의 치세

반동으로 돌아서다

알렉산더 3세는 아버지인 알렉산더 2세가 암살된 후 즉위하였으며 처음에는 아버지의 개혁 정책을 계승할 것으로 기대되었다. 그러나 알렉산더 3세는 이미 황태자 시절부터 반동 세력에 가담하여 자유주의 세력에 대항했으나 아버지의 죽음은 그의 태도를 더욱 강하게 만들었다. 이 비극적 사건으로 인해 알렉산더 2세가 이미 승인했던 로리스—멜리코프의 안을 알렉산더 3세는 묵살해버

알렉산더 3세 범슬라브주의를 정치의 기본으로 삼아 복고 왕정을 꿈꾸다가 혁명을 맞이하였다.

렸다. 그리고 왕위에 오르자마자 자신의 확고한 생각을 선언문을 통해 국민들에게 알렸다.

"전제 체제를 저해하는 요소는 어떠한 것이라도 인정할 수 없으며 이를 강화하고 수호하는 데 노력을 아끼지 않을 것이다."

즉위 초기에는 약간의 주저와 동요가 있었고 아버지가 만들었던 개혁의 분위기가 다소나마 지속되는 듯하였으나 시간이 흐르자 본격적인 반동 정치로 일관하였다. 또한 후계자인 아들 니콜라이 2세에게도 개혁을 외면하는 유산을 물려줌으로써 러시아 혁명이라는 폭풍을 맞게 했다. 알렉산더 3세의 반동 정치는 콘스탄틴 파베도노스체프의 아이디어에 의해 구체화되었으며 그는 바로 반동의 상징이 되었다. 모스크바 대학의 민법교수를 역임한 파베도노스체프는 알렉산더 3세의 교육을 담당하며 황제의 가치관에 절대적인 영향력을 미쳤다. 그는 종교회의 의장으로서 정부 각료 가운데 가장 영향력 있는 인물이었으며, 알렉산더 3세 치세의 전 기간과 니콜라이 2세의 집정 초기까지 강력한 영향력을 행사했다.

그는 반동적 정치가였을 뿐만 아니라 이론가이기도 했다. 그리고 매우 설득력 있고 감동적인 어조로 의회민주주의와 언론의 자유, 보통 교육 등과 같은 기본적인 것들마저도 용납하지 않았다. 그는 오직 러시아정교와 황제에 의한 전제 정치, 그리고 국가를 우선으로 하는 국가주의만이 러시아를 구하는 길이라고 생각했다. 이 때문에 한 동안 혁명분자들의 활동은 물론 온건한 자유주의자들까지도 억압받고 투옥되었다.

옛 러시아로 돌아가고자 하는 파베도노스체프의 노력은 여러 곳에서 마찰을 일으켰다. 검열 제도가 강화되고 교육의 자유는 줄어들었다. 지방행정의 기수인 젬스트보에는 점차 귀족층의 비중이 늘어났고 정부의 통제 또한 강화되었다. 1889년에는 농노 제도를 다시 생각나게 하는 지방관리관이라는 직책이 새로 만들어졌다. 지방관리관은 정부가 지명한 지주층 귀족들로서 각 지방의 행정권과 사법권까지도 행사할 수 있었다. 이와 함께 러시아정교를 앞세우는 그의 정책은 소수민족에 대한 태도에서 잘 나타나고 있다. 특히 반란에 실패했던 폴란드와 유대인에게는 교육의 차별은 물론 제한구역을 두어 거주 이전의 자유도 빼앗았다.

결과적으로 알렉산더 3세의 반동 정책은 시대착오적인 졸작이었다. 그것은 이미 재생의 의미와 가능성이 없는 과거를 회복하려는 시도였다. 전제 왕정과 귀족 계급의 동맹을 통해 기반을 잡으려한 그의 발상은 농노 해방 이후 발전된 러시아의 사회의식을 너무 무시한 것이었다. 이미 러시아에서는 농노 제도의 폐지와 함께 귀족층의 영향력은 줄어들었으며 모든 면에서 귀족층은 이제 나라 전체에서 주도권을 잡을 위치에 서있지 못했다.

산업 발전과 농민의 위기

농노 해방 이후 러시아는 산업혁명이 일어났다고 할 만큼 산업이 급속도로 발전했다. 특히 19세기 후반에 시행된 철도 건설은 놀랄 만한 것이었다. 철도 건설 초기에는 정부가 민간기업에 도급을 주었으나 민간기업에 나타난 불미스러운 뒷거래와 비능률성으로 인해 원활히 진행되지 못했다. 결국 정부는 몇 개의 사유철도를 매입하고 본격적인 철도 건설을 시작하였다. 얼마 지나지 않아 러시아에서는 국유철도가 압도적인 숫자를 이루게 되었고, 민간기업체가 부설한 철도도 심한 정부의 통제를 받게 되었다. 19세기 말에 이르러서는 러시아의 철도 건설 속도는 유럽의 어느 나라보다도 빠르게 진행되었으나 광대한 국토로 인해 완벽하게 수요를 충족시키지는 못했다.

철도와 함께 또 하나 중요한 변화는 은행의 출현이었다. 개혁

이전의 러시아에서는 대출제도라고 말할 수 있는 것이 없었으며, 농노 해방 이후에야 비로소 현대식 은행제도가 시작되었다. 물론 민간기업체의 비중이 컸지만 이 분야에서도 정부의 참여는 서구 어느 나라에 뒤지지 않았다. 정부는 흔히 볼 수 있는 국채은행 이외에도 특별한 신용대출 기구들을 수립하였다.

마지막으로 이 시기에 정부의 중요 관심사는 통화문제였다. 크림 전쟁 이후 러시아는 화폐가치를 상실한 지폐를 사용하는 불안한 상태를 유지하고 있었다. 1862년부터 몇몇 유능한 재무대신들이 국고의 금 보유량을 점차 증대시켜 금 보유제도를 수립하려고 꾸준히 노력하였다. 그 결과 1897년에 나타난 통화개혁은 국내의 상거래를 안정시킴과 동시에 러시아 화폐를 다른 나라의 것과 대등한 위치에 올려놓음으로써 차관이나 투자의 형식으로 외화가 유입되었다.

또 러시아 남부에 매장된 대량의 석탄과 철이 발견되어 광산업이 큰 붐을 일으키기도 했다. 19세기 말엽부터 중부 지방을 중심으로 시작된 방직산업은 괄목할 만한 성장을 보인 산업 중에 하나였다. 이와 같은 전반적인 러시아

철도의 건설 극동의 철도역. 시베리아 철도의 건설이 시작된 지 5년 후인 1896년에 철도의 건설을 선전하기 위해 발표된 판화

경제의 활발함은 러시아인에게는 생소한 주식회사의 출현도 가져왔다.

러시아 정치가들 가운데 1892년에서 1903년까지 재무대신을 지낸 위테는 러시아 산업화을 성장시킨 위대한 인물이었다. 파베도노스체프가 반동 정치의 상징이었다면 위테는 경제발전의 상징이었다. 그는 자유주의자는 아니었지만 현실적인 감각이 뛰어난 실업가였다. 그러나 인간적인 매력이 없어 주위로부터 신뢰를 받지 못했다. 하지만 거대한 계획과 그것을 실행시키는 추진력을 가진 인물이었다. 강력한 반대 세력에도 통화개혁을 성공시킨 것도 위테였고, 러시아의 철도 건설을 지휘하여 그 유명한 시베리아 횡단철도를 건설한 사람도 그였다.

이러한 눈부신 산업 발달의 결과 러시아는 역사상 처음으로 현대판 노사문제에 직면하게 되었다. 자본주의 발달의 초기였던 이 시기는 노동조건이라고 할 만한 것조차 없었다. 이제 겨우 농노 제도를 탈피한 나라가 지니는 후진성 때문인지 대부분의 공장 노동자들은 과중한 작업시간에 비해 매우 적은 임금으로 생계를 유지해야만 했다. 러시아 자본주의 초기의 노동자들은 심한 착취에도 가끔 우발적으로 불만을 표시하는 파업 외에는 조직적인 힘을 갖고 있지 못했다.

공업이 상당한 수준으로 발전해가고 있는 동안 농업은 당시 모든 유럽국가가 안고 있는 침체기를 맞고 있었다. 여기에 농노제에 익숙한 지주들은 새로운 상황에 적응할 수 있는 독창성과 자본을 가지지 못했기 때문에 더욱 어려운 처지에 놓여 있었다. 이것보다 더 중요한 것은 농민들의 절대적인 빈곤이었다. 농민들의 극심한 빈곤의 원인은 농노 해방과 함께 농민들에게 분양되었던 토지의 양이 너무 적은데 반해 그에 대한 토지상환금은 지나치게 높았다는 점이다. 게다가 농촌의 인구는 점차 늘어나고 기술 발전은 거의 없었다. 여기에 농촌의 잉여노동력을 흡수하기에는 러시아의 공업화가 너무 늦게 시작된 점도 있다.

　이러한 상황을 정부가 모르는 것은 아니었다. 알렉산더 치세 때 농민들의 부담을 줄여주고 농촌의 위기를 극복하기 위한 여러 조처가 취해지기도 했다. 1881년에는 토지 상환금의 30퍼센트가 삭감되었고, 5년 후에는 인두세가 폐지되었다. 1882년에는 토지를 매입하고자 하는 농민들에게 대출을 해주는 농민은행이 설립되었으나 기능을 발휘하게 된 것은 1905년 이후였다. 또 농촌인구 분산을 위하여 아시아 지역으로 이주를 추진했으나 시베리아 횡단철도가 건설되기 전까지는 별다른 효과가 없었다. 결국 정부의 농민 정책이 크게 성과를 거두지 못하자 전 국민의 80퍼센트가 농민인 러시아의 상황은 악화될 수밖에 없었다.

마지막 황제의 등극

1894년 10월 말, 알렉산더 3세의 죽음으로 니콜라이 2세가 황제의 자리에 오르게 되었다. 알렉산더 3세의 사망은 40년 전 니콜라이 1세의 사망 때와 마찬가지로 사회개혁을 원하는 대다수의 국민들에게 희망을 불어넣었다. 그러나 니콜라이 2세에게 이러한 희망을 품는 것은 무리한 요구였다. 그는 사람을 압도하는 풍채를 소유한 것도 아니었고 강한 의지를 소유하지도 못했다. 그저 지방 귀족들이 갖추어야 할 지식들을 갖춘 인물로 만약 황제라는 자리에 오르지 않았다면 한 가정의 가장으로 행복한 삶을 보냈을 평범

니콜라이 2세의 대관식 1896년 5월 14일 니콜라이 2세의 대관식이 거행되었다. 화려한 즉위식과는 달리 그의 말년은 매우 비참했다.

한 인물이었다.

    그는 차르라는 권위에 대해서는 거의 관심이 없었으며 시대에 뒤떨어진 러시아의 정부기구를 다룰 만한 능력은 더욱 없었다. 불행히도 그는 인덕도 없어 훌륭한 인물을 심복으로 선택할 눈도 가지지 못했다. 게다가 변덕도 심해 맨 마지막으로 대화를 나눈 사람의 견해를 채택하는 행동을 자주 보이자 많은 사람들로부터 멀어지게 되었다. 또한 영국의 빅토리아 여왕의 손녀이며 독일 헤센 공국의 공주인 알렉산드라를 아내로 맞이한 다음부터는 위압적이며 강한 그녀에게 눌려 현명한 판단은 기대할 수 없게 되었다.

정당으로 자리 잡은 혁명 세력

알렉산더 3세 때에는 정치적 불만과 사회적 동요가 대체로 수면에 잠겨 있었으나 니콜라이 2세의 등극과 함께 러시아는 혁명의 새로운 전기를 마련하였다. 로마노프 왕조의 마지막을 장식할 운명을 타고난 그는 아버지의 뒤를 이어 확고한 전제 체제를 굳힐 것을 다짐했다.

"아버지의 뜻을 이어 전제 왕정의 체제를 투철하게 수호하겠다."

그의 이러한 생각은 알렉산더 3세의 반동 정책을 그대로 답습하였고, 어떤 경우에는 더욱 강화하기도 했다. 니콜라이 2세의 등극에 기대를 걸었던 젬스트보 대표자들의 개혁의지는 여지없이 꺾이게 되었고 정부의 요직은 반동주의 정치인들이 차지하게 되었다. 그러나 얼마 지나지 않아서 정부는 탄압만으로 반정부세력을 억제할 수 없다는 것을 깨달았다. 1890년대 말엽부터 반정부세력은 더욱 확대되어 '혁명'이라고 표현할 만한 분위기가 조성되었다.

러시아 역사에서 '자유화 운동'이라 알려진 이 운동은 이전의 혁명 운동과는 상당한 차이가 있었다. 자유화 운동은 알렉산더 3세 이래 추진되었던 러시아의 점진적 민주화와 산업혁명의 결과로 반정부세력은 이전보다도 더욱 조직화되었고 폭넓은 기반을 가지게 되었다. 이러한 배경으로 노동자 계급의 혁명적 사명과 계급 투쟁의 근본적 중요성을 강조하는 마르크스 신봉자들의 활동이 더욱 활발해졌다. 급기야 1898년에는 러시아 사회민주노동당(이하 사민당)이 결성되었으나 몇 년 후에는 플레하노프가 주도하는 멘셰비키와 레닌이 이끄는 볼셰비키로 분열되었다.

멘셰비키는 다가오는 혁명은 사회주의를 지향하는 과정의 한 단계인 부르주아적 성격을 띠게 될 것이며 궁극적으로 러시아에 정치적 민주주의를 수립할 것이라고 주장했다. 이에 반해 볼셰비키는 전제 왕정의 전복을 위해서는 굳이 부르주아 단계를 거치지 않고 러시아의 실정에 맞는 사회주의의 이상을 완벽하게 실현해야 한다고 주장했다. 그와 비슷한 시기에 농촌문제에 관심을 기울이는 사회혁명당이라는 또 하나의 사회주의 정당이 탄생했다. 이들은 굶주림에 허덕이는 농민들에게 '우리에게 토지를'이라는 구호로 대단한 호응을 불러일으켰다. 이들은 국민들에게 크게 원망을 받는 관리나 귀족을 암살하는 전술을 구사하였으며, 당시 상당수가 이들의 손에 죽었다. 이와 같이 사민당이나 농촌에 기반을 둔 사회혁명당 모두 대중에게 큰 호응을 얻고 있었으나, 아직까지 대학생을 중심으로 한 지식인 계급이 주도권을 쥐고 있었다. 사회주의 정당들의 성장과 함께 러시아에 영국식의 입헌 체제 수립을 목표로 하는 자유주의 운동도 일어났다.

러시아의 자유주의는 젬스트보에서 태동했다고 볼 수 있다. 정부는 젬스트보를 비정치적인 지역적 문제에만 관여하도록 압력을 가했으나 날이 갈수록 정치 활동이 커져 갔다. 유럽식의 의회 제도가 없는 러시아에서 젬스트보는 자연스럽게 자치정치의 훈련장이 되었고, 19세기 말에 이르러서는 농노 해방 이후 계속 성장해 온 각종 전문직업층이 자유주의에 동조하게 되었다.

1903년, 젬스트보 의원들과 지식인들은 '자유화 연맹'이라는 새로운 단체를 탄생시켰다. 스트루베와 밀류코프 같은 훌륭한 학자나 문인들이 지도자로 나선 이 운동은 반정부운동에서 지도적 역할을 하기도 했다. 그리고 이 단체는 후에 '카데츠kadets'라고 불리는 입헌민주당의 핵심이 되었다. 이제 당당한 혁명 세력으로 자란 사회민주당, 사회혁명당, 카데츠 등은 시시각각 다가오는 혁명의 분위기 속에서 새 시대의 패권을 차지하기 위한 뜨거운 싸움을 벌이게 되었다.

19세기 러시아의 문화

러시아의 문학
표트르 대제의 서구화 정책 이후 러시아의 문화는 서구의 것을 배우는 과정이었다. 이 과정에서 특히 문학은 19세기 러시아의 암울한 현실 속에서 민중의 꿈을 말해 주는 대변자였다. 러시아는 이전과는 달리 이제 유럽 문명의 일부로 변모하였고 단시일에 유럽인들이 이해할 수 있는 위대한 문학작품과 음악작품을 내놓았다. 또한 러시아는 과학과 화학 분야에서도 크게 기여하였으며 고등 수학과 물리 등에서도 그 능력을 인정받게 되었다. 특히 푸시킨에서 시작되어 도스토예프스키에 이르는 러시아의 근대 문학은 국민적·민족적 자각의 성격을 갖춘 러시아의 국민 문학과 민족 문학의 시조라 볼 수 있다.

푸시킨 | 푸시킨은 러시아 근대 문학의 서장을 장식한 사람이다. 러시아 문학의 아버지라고 불리는 푸시킨은 가장 러시아적이며 19세기 러시아 국민 문학을 창조한 작가로 높이 평가받고 있다.

그는 1799년 모스크바에서 퇴역 육군 소령인 아버지와 이디

오피아계의 혈통인 어머니 사이에서 태어났다. 그의 천재성은 일찍부터 나타나기 시작했다. 이미 14세 때 첫 시를 발표했고, 20세가 되기 전에 명성을 얻었다. 그런데 재미있는 것은 당시 그가 두 가지 면에서 두각을 떨쳤다는 것이다. 물론 하나는 문학에 대한 천재성이었고, 다른 하나는 명예롭지 못하지만 귀족 여성이나 발레리나, 사창가의 창녀 등 신분을 가리지 않고 행했던 방탕한 행적이었다.

푸시킨이 러시아가 낳은 최대의 시인으로 칭송 받는 까닭은 여러 가지가 있겠지만, 특히 러시아 근대 문학을 그에 알맞은 러시아어로 발전시켰기 때문이다. 가장 대표적인 작품은 〈예프게니 오네긴〉인데 이 작품은 8년이라는 오랜 기간에 걸쳐 완성되었으며, 러시아가 안고 있는 문제점들을 날카로운 통찰력으로 다루고 있다. 또한 러시아인의 감정을 세련되고 아름다운 언어로 잘 표현하여 러시아 문학의 최고 걸작으로 평가된다.

그가 활동했던 시기는 서구의 자유와 민권 사상이 러시아로 한창 유입되는 시기였다. 이러한 혼란스런 상황 속에서 그는 민족적 자각과 혁명의 기운을 싹 틔운 진보적인 지식인들과 함께 영광스러운 투쟁의 길을 선택했다. 특히 국민적 입장에서 전제 정치와 농노제를

푸시킨 푸시킨은 러시아 리얼리즘 문학의 기반을 다졌다고 해도 과언이 아닐 만큼 이후 러시아 작가들에게 많은 영향을 끼쳤다. 그의 죽음은 푸시킨의 진보적인 사상을 두려워하는 세력이 꾸민 일이라고도 한다.

저주하며 사회 전반에 대한 개혁과 자유에 대한 마음을 작품을 통해 세상에 알렸다. 그의 이러한 개혁 정신은 관료와 교회, 국가를 조롱하는 풍자시나 〈자유에 부치는 시〉 등에 잘 나타나 있다. 이러한 작품들로 인해 그는 유배당하기도 했지만, 유배 기간 중에도 그는 문학에 대한 열정, 도박, 호색 행각 그리고 결투는 끊이지 않았다.

그의 호색 행각에 대한 재미있는 일화가 있다. 그는 자신이 정복한 여성의 명단을 두 부류로 나누어 보관했다. 하나는 정신적인 사랑으로 만난 여성들의 명단이었고, 다른 하나는 육체적으로 사랑한 여성들의 명단이었다. 그의 이런 음탕한 재질과 매력은 상트페테르부르크 사교계의 총아로 이름을 떨쳤다. 또한 경찰기록에 'No. 36. 푸시킨, 유명한 노름꾼'이라고 적혀 있을 정도로 카드놀이에도 악명을 떨쳤다.

《대위의 딸》이란 작품은 러시아의 산문 발전에 커다란 기여를 했는데, 이로 인해 푸시킨은 시보다는 산문에서 러시아 문학의 주류인 사실주의의 창시자로 추앙받기도 했다. 또한 그의 영향력은 언어와 문학을 넘어서 음악에까지 지대한 공헌을 했다. 유명한 〈보리스 고두노프〉를 비롯한 20여 편의 오페라가 모두 그의 작품에 근거한 것들이다. 특히 그의 작품 전반에 흐르는 국가와 개인 간의 갈등, 자연의 위력 앞에 무기력한 인간 존재, 인간의 내부에 존재하는 위험한 불합리성 등은 그의 뒤를 이은 시인 레르몬토프와 희곡작가이자 소설가인 고골리 등과 같은 후대 작가들에게 커다란 영향을 미쳤다.

1825년, 니콜라이 1세가 등극하자 푸시킨은 수도로 소환되어 차르의 개인교사 역할을 맡게 되었다. 그리고 1831년에는 자유분

방한 생활의 종지부를 찍으려는 듯 결혼하였다. 하지만 이 결혼이 죽음에 이르는 길인 줄 꿈에도 생각하지 못했다.

푸시킨의 부인 나탈리아는 결혼 당시 18세로 뛰어난 미모의 소유자였다. 그런데 그 아름다운 미모와는 정반대로 머리는 텅 비어 있었다. 하지만 남자들에게는 그녀의 뛰어난 미모만이 눈에 들어왔을 뿐이었다. 푸시킨과 함께 궁에서 생활하던 나탈리아에 대한 소문은 어느새 차르의 귀까지 들어가게 되었다. 얼마 후 차르는 푸시킨을 의원으로 임명했다. 갑작스런 결정에 혼란스러웠던 푸시킨은 금세 그 배경을 눈치 챌 수 있었다. 그는 치욕감에 몸을 떨었으나 상대가 차르인 이상 어쩔 수 없었다. 하지만 프랑스 남작 단테스와 그의 아내 나탈리아와의 불륜은 그를 죽음으로 몰고 가는 결정적인 계기가 되었다. 아내의 불륜은 그에게 커다란 충격이었다. 게다가 이 사건을 지켜보던 궁중의 귀족들은 푸시킨을 제거하기 위해 유치한 공작을 꾸몄다. 그들은 익명으로 푸시킨에게 쪽지를 보냈다.

'사방의 남자들에게 아내를 빼앗기고도 가만히 앉아 있는 멍청이'

이 쪽지 한 장으로 인해 그동안 참았던 푸시킨의 인내심은 폭발하고 말았다. 그는 주변 상황을 가늠해 볼 틈도 없이 곧바로 단테스에게 결투를 신청했다. 하지만 끓어오르는 분노만으로 상황을 정리할 수는 없었다.

'탕'

단테스 남작의 총탄은 푸시킨의 복부를 뚫고 깊숙이 박혔다. 이틀 동안 고통 속에서 신음하던 푸시킨은 1837년 38세의 나이에 비극적인 생애를 마치고 말았다. 푸시킨은 뛰어난 천재성과 조국에 대한 사랑으로 불멸의 작품을 남겼지만 아름다운 아내로 인하여 아깝게 요절하고 말았다.

레르몬토프 | 레르몬토프는 1814년에 태어나 푸시킨보다 더 짧은 26세의 나이로 세상을 떠났다. 푸시킨에 버금가는 시인으로 인정받는 레르몬토프 역시 결투로 목숨을 잃었다.

레르몬토프는 그 기질과 사고방식이 푸시킨과는 아주 달랐다. 또한 러시아의 낭만주의를 대표하는 시인이었으며 '러시아의 바이런'이라고 불렸다. 그의 일생은 환경에 대한 반항으로 일관되었고, 주로 지배층의 위선과 우둔함을 공격하는 정치색 짙은 시를 썼다. 그는 〈나의 조국〉이라는 짤막한 시에서 조국에 대한 각별한 사랑을 표현하였다.

레르몬토프 근위사관학교를 졸업하고 청년사관으로 근무하며 활발한 저작 활동을 했다. 24살 때, 《시인의 죽음에》를 통해 푸시킨의 죽음에 대한 궁정 세력의 모함을 폭로하였다 하여 카프가스로 유배당하였다.

> 나의 조국을 사랑한다.
> 그러나 그것은 짝사랑이다.
> 그것은 내 이성이 하는 일이 아니다.

이 시를 통해 그의 러시아적인 애증과 조국에 대한 끔찍한 사랑을 느낄 수 있다. 그는 생애의 대부분을 장편서사시 〈악마〉를 집필하는데 보냈으며, 산문에서도 푸시킨을 능가한다는 평을 받았다. 26세의 젊은 나이에 죽지 않았더라면 우리는 힘차면서도 간결하고 투명한 그의 산문을 좀 더 맛볼 수 있었을 것이다.

고골리 | 19세기 초 러시아 문학을 얘기할 때 빼놓을 수 없는 사람이 고골리이다. 산문에서 고골리는 푸시킨과 레르몬토프를 능가하는 작가였다. 우크라이나 귀족 출신인 고골리는 1809년에 태어나 1852년 신경쇠약에 걸려 죽을 때까지 주로 풍자적 사실주의 작품을 썼다. 특히 고골리의 작품에 나타난 사실적 묘사는 이런 찬사까지 받고 있다.

'고골리 작품의 사실성은 생활보다 훨씬 더 사실적이다.'

그는 대표적인 풍자희곡 〈검찰관〉에서 하층 계급의 생활을 매우 사실적으로 표현하고 있으며, 〈죽은 혼〉에서는 천재성이 유감없이 발휘되었다. 〈죽은 혼〉은 죽은 농노들을 사들여 살아 있는 농노로 속여 팔기 위해 지방 지주들을 방문하는 악당 치치코프에 관한 이야기이다. 이 작품은 니콜라이 1세 때의 러시아 농촌 현실을 사실적이고 풍자적으로 묘사하여 높이 평가받고 있다. 그의 작품은 기존 체제에 반대하는 사람들로부터 높은 찬사를 받았다. 이에 고무된 고골리는 종교적 경험을 통해 자기 자신과 러시아의 구제를 그린 작품을 시도했으나 역부족이었다. 이후 러시아 문학은 투르게네프, 톨스토이, 도스토예프스키 등과 같은 작가들을 통해 시보다는 산문에서 황금시대를 누렸다.

투르게네프 | 투르게네프는 1818년 부유한 가정에서 태어났다. 그의 집안은 한때 5천 명의 농노를 거느릴 정도로 큰 부호였지만 그는 농노 제도에 매우 비판적인 입장이었다. 이러한 그의 비판의식으로 인해 짧은 기간이지만 투옥당하였으며, 2년간 가택연금을 경험하기도 했다.

1850년 《사냥꾼의 수기》를 발표하면서 유명해진 투르게네프는 러시아의 전원에 대한 섬세하고 우아한 묘사에 뛰어났다. 그의 대표작품으로는 《아버지와 아들》이 있으며, 이외에도 5편의 소설을 통해 지식인 사회와 러시아 사회의 발전 과정을 묘사하였다. 특히 1840년대의 관념론자와 이후의 자유주의자, 허무주의자 및 인민주의자들에게 큰 관심을 가졌다. 투르게네프는 장편소설 외에도 희곡과 많은 단편을 썼으며 장편보다는 오히려 훌륭한 단편 작가로 더 잘 알려져 있다. 현재까지도 러시아에서는 그를 추앙하는 협회가 있으며, 매년 학생들을 상대로 백일장을 열어 투르게네프 상을 수여하고 있다.

도스토예프스키와 톨스토이 | 도스토예프스키는 19세기의 후반을 압도했던 작가들 중에서 고골리를 가장 숭배했다. 그리고 그의 작품 역시 러시아의 암울한 사회상을 그린 것들이 대부분이다. 푸시킨은 외국인들한테 높은 평가를 받지 못하는 불운을 겪었지만 톨스토이와 도스토예프스키는 외국 문학에 큰 영향을 주고 많이 읽히는 행운을 경험했다. 도스토예프스키는 어느 시대이든 인간이 가지고 있는 궁극적인 문제를 주제화했기 때문에 현재까지 큰 인기를 구가하고 있다.

도스토예프스키는 1821년 모스크바에서 빈민 구제 병원의 군의관인 아버지와 모스크바 상인의 딸인 어머니 사이에서 둘째 아들로 태어났다. 간질병을 갖고 있던 그는 원래 문학 소년이었으나, 아버지의 뜻에 따라 공병 사관학교에 들어갔다. 소위로 임관한 후부터는 평생 나쁜 버릇이 되어버린 노름을 시작했으며 문학에도 열중했다. 그는 공병학교 시절 형 미하일에게 보낸 편지에서 문학에 대한 열정을 이렇게 표현하고 있다.

'쉴러의 이름은 나의 일부가 되었고, 신비스러운 음성은 무수한 꿈을 불러일으킵니다.'

그는 《가난한 사람들》로 화려하게 문단에 데뷔했으나 급진적인 단체에 가입함으로써 극형이 내려졌다. 1849년 도스토예프스키는 여러 사람과 함께 흰 수의 차림으로 사형대에 올라섰다. 젊은 나이로 세상을 하직하는 그에게 모든 것은 참담했다. 하지만 황제가 내린 사면령은 그에게 광명의 빛을 내려주는 것과 같았다.

그의 이러한 극적인 경험은 《백치》에서 묘사된 주인공의 공포로 표현되었다. 작품의 주인공이 느끼는 공포는 그가 겪은 실제의 고통이었다.

'처형된다는 것은 강도에 의해 살해되는 것보다 훨씬 두려운 것이다…. 예정된 죽음…. 이보다 더 큰 고통이란 세상에 없다.'

그는 알렉산더 2세의 극적인 사면으로 시베리아 유형에 처해졌다. 한 권의 성경을 유일한 반려자로 삼고 지낸 시베리아에서의 체험은 도스토예프스키를 크게 성장시켰다. 유형 생활 10년 만에 돌아온 그는 강인한 혁명가로 변모한 것이 아니라, 오히려 슬라브 지성주의자가 되어 돌아왔다. 특히 유럽 여행 후 슬라브족과 러시아정교회의 신앙인이 서구 물질문명으로부터 러시아를 구원해 줄 수 있다는 신념을 가지게 되었다.

1857년 도스토예프스키는 마리아와 결혼을 하였다. 그러나 이 결혼은 사랑에 의한 것이 아니라 궁핍과 불편함에서 벗어나기 위한 것이었다. 결혼 후에 알려진 그의 병력은 아내를 몹시 괴롭혔으며 결혼 생활은 순탄치 못했다. 이후 속기사인 안나와 두 번째 결혼을 하였다. 그는 안나의 보살핌으로 궁핍에서 벗어나 편안하게 작품 활동을 할 수 있게 되었다. 이 시기에 쓰여진 작품들로

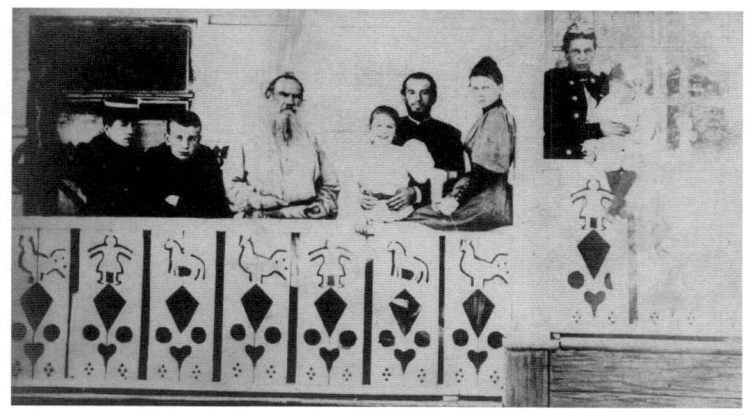

톨스토이와 가족들
1862년 톨스토이는 소냐 안드레예브나 베르스와 결혼하여 13명의 자녀를 두었다. 말년으로 갈수록 그의 금욕적이고 신앙적인 생활을 이해하지 못한 아내와 불화가 잦았으며 그 때문에 여러 번 가출을 시도했다.

는 《도박사》, 《죄와 벌》, 《악령》 그리고 《카라마조프의 형제들》로 모두가 대표작이라 할 수 있다. 특히 《카라마조프의 형제들》에서는 존속살해라는 독특한 소재를 다루고 있다. 이 소재는 천박하고 인색했던 그의 아버지가 농노들에 의해 무참히 살해된 것을 하나하나 떠올리며 그 속에 묻힌 폭력과 범죄적인 인간성을 추리기법으로 묘사하였다.

또한 《죽음의 집의 기록》에서는 최초로 러시아 감옥생활을 다뤘으며 솔제니친의 《이반 데니소비치의 하루》와 이어진다. 도스토예프스키는 폐동맥 파열로 1881년 59세로 생을 마감하였다. 그는 러시아적 구세주의와 러시아 정신의 신비라는 측면에서 가장 러시아적인 작가로 손꼽힌다. 그러나 그 반대로 인간의 본질에 대한 커다란 관심과 통찰력 때문에 도스토예프스키는 가장 세계적이며 인간적인 작가로 불린다.

도스토예프스키 못지않게 러시아 문학을 대표하는 작가로는 톨스토이가 있다. 도스토예프스키의 문장이 격렬함으로 가득 찬데 반해 톨스토이의 산문은 명료하고 느긋하며 심장박동처럼 자연스러운 것이 특징이다.

　1828년 귀족 가문에서 백작의 상속자로 태어난 톨스토이는 1854년 〈유년시대〉로 문단에 등장했다. 특히 1864년부터 1869년에 걸쳐 출간된 《전쟁과 평화》는 19세기 소설의 대표작이라 할 수 있다. 러시아 역사상 가장 흥미 있는 시대를 재현한 이 소설은 단순히 역사소설이라고 부르기에는 너무나 아쉬운 러시아의 생생한 기록이었다.

　이 작품은 60명의 주인공과 약 200명의 인물들이 등장한 대작일 뿐만 아니라 등장하는 개까지도 모두 개성을 갖고 있다고 일컬어질 정도로 성격 묘사가 뛰어난 작품이었다. 그러나 톨스토이는 이러한 대작을 완성시켰음에도 만족하지 않았다. 그는 1876년 러시아 상류 사회를 주제로 한 《안나 카레리나》를 세상에 내놓았다. 이 작품은 이미 소설이 아니라 실제의 인생 그 자체라고 평가받았다. 심지어 도스토예프스키는 이 소설을 읽고 너무나 흥분한 나머지 거리를 뛰어다니며 톨스토이를 찬양했다.

　"톨스토이는 예술의 신이다."

　그러나 세계 문학에서 가장 위대한 작가로 칭송받은 톨스토이는 정작 자신의 창조물을 못마땅하게 생각하였다. 그는 말년에 죽음의 공포와 삶의 의미에 대해서 사상적 동요를 경험한 후 관심 방향을 종교로 바꾸었다. 더 나아가 자신의 문학마저 부정하고 복음서 안에서 인생의 의미를 찾아나갔다.

　그는 자기가 탄생시킨 안나까지도 '나에게 더 이상 존재 가치가 없는 역겨운 인물이다.' 라고 말했다. 그는 자신의 독특한 기독교 신앙을 발전시키며 정부와 교회를 무자비하게 비판했다. 그는 야스나야 폴랴나로 돌아와 농민학교를 설립하였다. 그리고 그곳에서 농민들과 함께 생활하며 봉사활동을 했다. 또 육식과 술, 사냥, 담배를 금하는 금욕생활을 하였다.

자신의 괴벽스런 충동에 따라 생활한 톨스토이는 1910년 자신의 추종자들을 만나기 위해 코카서스로 가던 중 한 시골 역사에서 82세의 일기로 생을 마감하였다. 도스토예프스키와 톨스토이는 같은 시기, 같은 나라에 살았으면서도 상반된 성향을 보였다. 예를 들면 도스토예프스키는 인간의 본질이 비논리적이라고 본 반면, 톨스토이는 인간의 본질을 신과 같이 아름다운 존재로 보았다. 또 도스토예프스키가 상처를 들추어냈다면, 톨스토이는 강한 정열을 보여주었다. 그러나 두 사람에게 한 가지 공통적 특징이 있다. 그것은 사회적 계급의 인간이 아닌, 인간이 가진 원초적 본성에 기인하여 인간을 표현한 점이다.

투르게네프, 도스토예프스키와 같은 거장들이 역사 속으로 사라지고 톨스토이마저 창작활동을 중단하자 러시아 문학의 황금시대는 종말을 고하는 것처럼 보였다. 그러나 문학의 불꽃은 쉽게 꺼지지 않았다. 체홉, 고리끼, 그리고 그밖의 뛰어난 작가들이 러시아 산문의 위대한 전통을 이어 나갔다.

체홉 │ 19세기 최후의 위대한 작가인 체홉은 1860년 지방 도시의 가난한 가정에서 태어났다. 그는 1904년 44세로 일생을 마칠 때까지 러시아 문학과 세계 문학에서 지울 수 없는 발자취를 남겼다. 그는 고학으로 의학을 공부하면서 신문과 잡지에 희극 소품을 게재하며 가족까지 부양했다. 그 스스로도 '의학은 아내, 문학은 정부(情婦)'라고 말하였다. 이 어려운 시기를 체홉은 결코 낙심하는 일 없이 견디어냈다.

한 친구에 의하면 '체홉은 언제라도 가수들과 어울려 노래할 수 있고 술꾼들과 어울려 고주망태가 되도록 마실 수 있는 아주 쾌활하고 사교적인 사람'이라고 했다. 게다가 헌신적인 품성을 갖고 있어 오랜 세월을 모스크바 근교의 빈민가에서 내과의사로 일하면서 무보수로 빈민들을 돌보기도 했다. 또한 농촌 아이들을 위해 자신의 돈을 모아 학교를 짓기도 했다.

중편《광야》, 단편〈등불〉등을 발표하였고, 1890년에는 시베리아를 횡단하여 사할린으로 여행을 떠나《사할린 섬》을 완성시켰다. 그는 단편소설의 창시자이자 대가로 확실한 위치를 굳혔으며 그의 작품집인《체홉 단편집》에서 농부, 지식인, 귀족, 성직자, 지주, 희망을 잃은 극빈자들 등 온갖 계층사람들의 생활상을 담백한 언어로 묘사하였다. 체홉의 단편소설에는 유머가 엿보이지만, 그 유머 속에는 항상 슬픔이 얼룩져 있다.

체홉은 극작가로서도 뛰어난 재능을 보여〈갈매기〉,〈바냐 아저씨〉,〈세 자매〉,〈벚꽃동산〉등 4대 희곡을 남겼다. 이 작품들은 모두 모스크바 예술극장에서 공연되어 성공을 거두었다. 그는 모스크바 예술극장의 유명한 여배우와 1901년에 결혼했으나, 그 후 3년 뒤 지병인 결핵으로 독일에서 숨졌다.

막심 고리키 | 작가로서 러시아 혁명의 정신적 기반을 제공한 사람으로 고리키를 빼놓을 수 없다. 막심 고리키는 본격적인 소비에트 문학의 창시자로 수많은 진보적 예술가를 키웠으며 세계 문학 발전에 큰 영향을 미쳤다. 1868년에 가난한 집안에서 태어난 고리키는 11살의 어린 나이로 생계를 꾸려 나가기 위해 갖가지 직업을 전전해야 했다. 거의 독학으로 글을 깨우치고 정식 교육을 받

지 못한 그는 러시아 사회의 문제점을 사회주의 시각에서 날카롭게 분석, 비판하였다.

그는 러시아를 개혁할 수 있는 유일한 세력으로서 민중의 가장 적극적인 부분인 혁명적 프롤레타리아트를 점차 작품 속에 뚜렷하게 부각시켜 나갔고, 가장 유명한 작품은 역시 1906년에 쓴 《어머니》이다. 이 작품의 주인공들은 노동자들이다. 고리키는 이 작품에서 혁명적 지식인이 노동 운동에 사회주의 사상을 어떻게 접목시키고 어떤 방향으로 이끌어 가는지를 보여주고 있다. 《어머니》의 주제는 새로운 의식을 가진 인간의 탄생이다. 즉 항상 수동적이고 핍박만 받던 문맹의 여성이 의식적인 혁명투사로 변화되어 가는 과정을 이야기하고 있다. 혁명과 어머니의 모성애, 그리고 자유는 고리키에게 같은 의미를 지니고 있는 것처럼 보인다.

일반적으로 고리키는 레닌의 가장 친한 친구 중의 한 사람으로 알려져 있다. 이 두 사람은 애증으로 뒤엉킨 기묘한 관계를 유지해왔다. 고리키는 혁명 직후 벌어진 무정부 상태의 혼란을 수습

막심 고리키 다양한 작가들과 모임을 갖고 사상을 교류했다. 뒷줄 오른쪽이 막심 고리키이다.

할 수 있는 힘은 오직 레닌에게만 있다고 생각했으나 레닌의 지식인 탄압에 관해서는 끓임없는 언쟁을 벌였다.

레닌과 고리키는 가슴으로는 절친한 친구였고 머리로는 적대 관계였다고 자주 표현되고 있다. 레닌의 사망 소식을 접한 고리키는 이렇게 말했다.

"레닌은 위대한 러시아인이다. 러시아에는 두 명의 위인이 있는데 하나는 톨스토이고 다른 하나는 레닌이다."

또한 레닌을 '분노를 갖고 사랑한 사람' 이라고 고백하기도 했다.

그는 러시아 혁명 이후에도 소설, 시, 평론 등 창작 활동을 벌였다. 또한 소비에트 작가동맹을 결성하고 외국작가들과의 빈번한 교류를 통해 러시아 사회주의를 작품과 행동으로 보여준 사람이었다. 이런 그의 업적에도 스탈린 시대에는 탄압에 못 이겨 조국을 등져야만 하는 쓸쓸한 운명을 맞았다.

러시아의 음악

러시아 문학의 황금기인 19세기는 다른 예술분야도 크게 발전했다. 특히 음악과 무용 부분에서 창조적 천재들이 탄생하며 세계적 수준으로 발돋움했다.

러시아 문학이 사실주의적인 것과는 달리 음악은 러시아 고유의 자질을 흡수하는데 노력하였다. 19세기 후반에 들어서자 러시아 내에서는 음악에 대한 관심이 높아지고 음악교육이 크게 확대되어 뛰어난 작곡가들이 등장하게 되었다. 그들 가운데 유명한 사람들로는 차이코프스키와 유명한 5인조의 음악 애호가들인 무소르크스키, 림스키-코르사코프, 보로딘 등을 꼽을 수 있다. 5인조는 민요, 옛날 이야기, 전설 등을 소재로 유명한 오페라를 작곡함으로써 러시아의 국민음악파를 형성하였다.

보로딘, 무소르크스키, 림스키-코르사코프 | 화학 교수였던 보로딘은 바이올린과 첼로를 스스로 익혔으며, 13세 때 이미 첫 협주곡을 작곡했다. 러시아의 아시아적 색채를 강하게 풍긴 미완성 오페라 〈이골 공〉은 보로딘의 대표작으로 그가 죽은 뒤 림스키-코르사코프가 러시아의 발성법과 자유로운 율조를 사용하여 자연의 소리로 재창조하였다. 대표 작품으로는 11일 만에 완성한 〈민둥산에서의 하룻밤〉, 1874년에 완성한 대표 가극 〈보리스 고두노프〉가 있다.

림스키-코르사코프는 셋 중에서 가장 나이가 어렸으며 또한 가장 많은 작품을 남긴 사람이다. 그는 황실 함대 소속의 해군 장교로 3년 동안 세계를 항해했다. 그 후 황실에서 그의 음악적 재능을 인정받아 자유롭게 작곡에 전념할 수 있었다. 그는 15편의 오페라를 작곡하였으며, 대표 작품으로는 교향곡 〈세헤라자데〉가 있다. 말년에 러시아 황실교향악단의 지휘자를 역임했으며, 프랑스아카데미의 유일한 외국인 회원이었다.

차이코프스키 | 차이코프스키는 1840년 우랄 지방의 중류 가정에서 태어났다. 그는 정식으로 음악교육을 받지 못했지만 7살 때 피아노 공부를 시작하여 14살 때 처음으로 작곡을 했다. 그 후 페테르부르크로 이사한 뒤 정식으로 피아노와 음악 이론을 배웠다. 아버지의 뜻에 따라 법률을 공부하여 사법성에 들어갔지만 1863년

그곳을 그만두고 작곡에만 전념했다. 음악원을 졸업한 후 10년간 모스크바 음악원에서 화성학(和聲學) 교수를 지내며 왕성한 창작 활동을 펼쳤다.

그의 대표적 작품으로 교향곡 1번, 6번과 〈만프레드 교향곡〉 등 7개의 교향곡이 있으며, 발레곡으로는 현재까지 공연횟수가 가장 많은 〈백조의 호수〉, 〈잠자는 숲속의 미녀〉, 〈호두까기 인형〉으로 너무도 유명하다. 이 밖에도 오페라 〈예프게니오네긴〉, 〈스페이드의 여왕〉 등 다수와 피아노 협주곡과 바이올린 협주곡, 기악곡, 성악곡도 많이 남겼다.

백조의 호수 차이코프스키의 유명한 발레곡 〈백조의 호수〉는 지금도 가장 인기 높은 발레 레퍼토리이다.

차이코프스키의 음악에는 독특한 애수와 멜랑콜리의 세계로 유인하는 흡인력이 있어 사람들의 영혼을 뒤흔드는 매력이 있다. 특히 제4교향곡에는 그의 음악을 사랑한 메크 부인의 이야기가 숨겨져 있다. 메크 부인은 철도 경영자의 미망인으로 엄청난 재력가였다. 그녀는 차이코프스키의 음악을 너무나 사랑한 나머지 14년간 6천 루블을 차이코프스키에게 보내주었다. 긴 세월 동안 그들은 서신을 통해 서로의 마음을 주고받았다.

"진정으로 선생님을 뵙고 싶을 때도 있지만, 선생님의 음악을 들을수록 두려워졌습니다. 오직 음악을 통해서만 선생님의 마음속으로 들어가는 것이 좋을 듯합니다."

서신으로 메크 부인의 마음을 전해받은 차이코프스키 또한 차분한 답장을 보냈다.

"저와의 만남을 통해 제 음악에 대한 사랑이 깨져버릴까 우려하시는 부인의 마음을 충분히 이해합니다. 저 역시 인간이기에 부인과 같은 생각을 합니다."

두 사람의 애틋한 연민의 정은 서신으로만 전해졌을 뿐 실제로 만난 적은 없다고 한다. 우연한 기회에 모스크바 교외의 호숫가에서 한 번 마주친 적이 있었지만, 두 사람은 두근거리는 가슴을 억누르고 그냥 지나쳤다는 일화가 전해진다. 이러한 부인을 위해 작곡한 것이 제4교향곡이고 메크 부인의 청에 따라 '나의 가장 좋은 벗에게'라는 부제가 붙여졌다.

또 하나 기억할 만한 작품으로는 제6교향곡 〈비창〉을 들 수 있다. 차이코프스키는 이 작품에 대해 '이 곡을 작곡하면서 여러 번 울었다.'고 한다. 이 곡은 우아한 악상의 흐름 속에 절절한 비애가 넘쳐 그의 어떤 작품보다도 최고의 걸작으로 꼽힌다. 차이코프스키는 이 곡이 초연된 지 1주일 후 1893년 11월에 콜레라로 세상을 떠났다.

러시아의 과학

문학과 예술의 발전과 더불어 러시아의 학문 수준도 크게 성장했다. 러시아는 재능 있는 학자들의 업적으로 서구의 지적 수준을 향상시키는 데 크게 이바지했다. 러시아의 학문을 높이 끌어올린

학자들 중에는 1869년 원소 주기표를 만들었던 멘델레프, 자기학과 전기분야에 이바지한 스톨레토프, 빛의 성질에 관한 뛰어난 연구가였던 레베제프, 이 외에도 에디슨보다 먼저 전기에 관한 연구를 했던 야볼로츠코프, 그리고 1895년에 라디오를 발명한 포포프 등이 있다.

생물학 분야 또한 뒤지지 않았다. 동물학과 발생학의 코발레돈스키와 고생물학의 블라디미르는 다윈도 인정할 정도의 뛰어난 업적을 남겼다. 발생학자이자 세균학자로 파리의 파스퇴르 연구소에서 일했던 메치니코프는 백혈구 기능, 면역, 노화과정 같은 문제들을 연구했다. 특히 생리학에 대한 러시아 학자들의 기여는 대단히 컸다. 세체노프는 혈액 내의 가스, 중추신경, 신경의 반응에 관련된 문제들에 대해 뛰어난 연구업적을 남겼다. 파플로프는 음식에 대한 개의 반응을 연구하여 조건반사의 존재를 밝힌 학자로 누구보다 잘 알려져 있다.

그러나 러시아의 학자들은 세계적으로 인정을 받지 못하는 경우가 많았다. 왜냐하면 당시 유럽에서는 러시아어를 잘 몰랐으며, 발명된 발명품들은 기술의 낙후성으로 실제로 사용할 수 없었기 때문이다.

1905년 러시아 혁명

러 · 일 전쟁과 1905년 혁명
정치적으로 무능했던 니콜라이 2세에게 자신의 힘으로는 해결할 수 없는 일들이 계속 닥쳐왔다. 국내적으로는 혁명의 기운이 점차 고조되고, 국외적으로는 극동의 패권을 놓고 자본주의 열강들이 치열한 싸움을 하는 가운데 러시아와 일본의 충돌이 불가피해졌다. 일본은 중국, 조선, 만주 및 러시아의 극동 지역을 점령하고자 하였고, 러시아 역시 만주와 조선을 장악하고자 했기 때문에 그들의 이해관계는 충돌할 수밖에 없었다. 더욱이 러시아 내부에서 혁명의 분위기가 무르익자 플레브 내상은 일본과 전쟁을 일으켜 국민들의 관심을 외부로 돌리고자 하였다.

이러한 상황에서 전쟁을 먼저 일으킨 쪽은 일본이었다. 1904년 1월 27일과 28일 사이에 일본의 함대가 선전포고도 없이 여순항의 러시아 함대를 기습했다. 불시에 공격을 받은 러시아는 군함 3척이 침몰되었다. 조선의 제물포에서는 14척의 일본 전함이 2척의 러시아 군함을 유린하였다. 러시아 함대는 14대 2라는 수적 열세에도 필사적인 함포 사격으로 일본의 순양함 2척을 침몰시켰으나 포위망을 벗어나기에는 역부족이었다. 1904년 3월, 일본 함대와 다시 전투를 벌인 러시아 함대는 어뢰를 맞아 패하고 말았다. 이 사건으로 해군 제독이었던 마카로프, 유명한 화가였던 베레스차긴 등 29명의 장교와 600여 명의 수병들이 죽었다. 지상전 또한 러시아의 뜻대로 움직여지지 않았다. 전쟁의 주요 무대인 동북아시아는 러시아의 전력이 동원되기에는 너무 먼 거리였기 때문에 모든 면에서 불리한 싸움이었다.

하지만 플레브 내상의 예상은 적중했다. 전쟁이 시작되자 러시아 내부의 혁명 열기는 가라앉았으며 애국적 정열이 러시아 전역에 퍼져나갔다. 그러나 계속되는 전쟁의 패배는 러시아의 허약함만을 드러낸 채 국민들의 애국심마저 사그라지게 했다.

러·일 전쟁 1904년 5월 25일, 일본군은 여순의 전초 기지인 남산(南山)의 러시아 요새를 점령하였다.

본격적인 지상전으로 돌입한 일본군은 1904년 요동 반도에 상륙한 뒤 여순항을 포위했다. 당시 여순항을 수비하고 있던 러시아 수비대는 고립된 상태였으나 용감한 콘트라젠코 장군의 지휘 아래 7개월 이상을 버텼다. 이 전투에서 일본군은 11만 명의 사상자를 냈으며, 러시아군은 3만 5천 명이 전사했다. 많은 사상자를 내며 대치하던 여순항 사태는 영웅적으로 전투을 지휘하던 콘트라젠코의 전사로 극적인 전환을 맞게 되었다.

러시아의 장교와 수병들은 끝까지 여순항을 지킨다는 비장한 결의에 차있었지만 콘트라젠코의 뒤를 이은 스체셀리 장군은 1904년 12월 여순항을 넘겨주며 조국을 배신했다. 이 사건은 러시아군의 사기에 커다란 타격을 주었으며, 이로 인하여 정부에 대한 분노의 물결이 다시 일어났다.

만주에서의 지상전 역시 탄약조차 지급이 안 될 정도로 보급품이 부족했으며, 작전 지휘부의 우유부단함과 무능함만이 갈수록 더해졌다. 1905년 2월 봉천 부근에서 전투는 러시아에게 다시 한 번 패배를 안겨주며 지상전의 마지막을 장식했다. 하지만 여순항이 이미 일본의 수중으로 들어가고 태평양 함대가 대패했지만 차르는 이 전쟁을 끝내지 않았다. 차르는 이 전쟁에 발트 함대를 극동에 진출시키는 무리수를 두었다.

1905년 5월, 쓰시마 해협으로 진입하던 발트 함대는 일본의 무차별적인 공격을 받으며 최후의 전투에서 대패하였다. 일본을 작은 섬나라라고 얕잡아보았던 러시아는 국제적인 망신을 당했으며, 황실에 대한 국민들의 실망은 다시 혁명 운동으로 돌아섰다. 황실의 기대는 완전히 무산되었고 오히려 역전의 위기에 처했다. 혁명의 위협이 서서히 거세지자 차르는 체면 차릴 여유도 없이 실각해 있던 위테를 다시 불러들였다.

"국내 상황이 심각하오. 일본과의 전쟁을 그만 두어야겠는데 그대가 미국으로 건너가 일본과의 조약을 주선해주시오."

결국 위테의 외교적 활약과 루즈벨트 대통령의 주선으로 러시아는 일본과 포츠머드에서 1905년 조약을 맺고 가까스로 전쟁을 끝냈다.

1905년 피의 일요일

1905년 1월 9일은 '피의 일요일'로 불린다. 20세기 초 전 세계에 몰아닥친 생산과잉 현상이 러시아에도 닥쳤다. 공산품이 제대로 팔리지 않고 재고가 쌓이게 되자 자연히 자본가들은 생산을 줄이고 고용인력을 해고할 수밖에 없는 상황에 이르렀다. 더욱이 일본과의 전쟁으로 국민들의 세금 부담이 늘어났을 뿐만 아니라 급격히 상승하는 생필품의 가격은 도시 빈민층의 불만을 고조시켰다.

이에 대한 대응책으로 정부는 어용색이 짙은 '러시아 노동자협의회'라는 단체를 만들었다. 이 단체의 지도자는 경찰에 관계하고 있던 신부 가폰이었다. 가폰은 우크라이나에서 농부의 아들로 태어나 혁명 당시 32세에 불과했다. 톨스토이의 영향을 많이 받아 상당히 지적이며 명상적이었고, 빼어난 외모에 웅변술까지 겸비해 지도자로서의 소양을 충분히 갖춘 사람이었다. 형무소의 신부로 있을 당시 죄수들을 아주 잘 다루어서 정부의 인정을 받았던 가폰은 자신을 지도자로 하는 '러시아 공장노동자 동맹' 안(案)을 플레브 내상에게 제출해 인가받았다. 1904년 말이 되자 페테르부르크의 모든 노동자가 이 단체에 가입할 정도로 그 세력이 커졌다. 그는 노동자들의 불만과 타도의 대상이 차르가 아닌 고용주임을 노동자들에게 강조했다.

"여러분! 차르가 백성들을 염려하는 것은 마치 어버이가 자식을 걱정하는 것과 같습니다."

1904년 12월 말, 페테르부르크의 프치로프공장에서 러시아 노동자회 회원인 4명의 노동자가 해고되는 사태가 발생했다. 이에 항의하는 15만 노동자의 파업이 일어났다. 사태가 심각해지자 1905년 1월 7일 가폰은 차르에게 직접 탄원서를 제출하자고 제안했다. 탄원서의 내용은 다음과 같았다.

'폐하! 저희 노동자들과 가족들은 폐하로부터 정의와 보호를 구하고자 왔습니다. 저희들은 경멸당하고 착취당하여 인간 이하

러시아 노동자의 연대
19세기 말 농민과 노동자들은 가혹한 노동 조건에서 벗어나기 위해 조직을 형성하고 연대하기 시작했다.

의 대접을 받고 있습니다. 바라옵건대 폐하의 도움을 구하는 국민들의 간청을 거절치 마시옵고 저희들을 무법과 빈고, 무지의 늪에서 구원해 주소서. 만약 폐하께서 저희의 청에 답해 주시지 않는다면 궁전 앞에서 죽으려 합니다.'

그런데 탄원서를 올리기로 한 전날 밤에 가폰은 차르의 이해를 얻기 위해 현재까지의 상황과 자신의 뜻이 담긴 비밀편지를 보냈다.

'폐하! 장관들을 믿지 마십시오. 그들은 사태의 진실을 속이고 있습니다. 국민들은 폐하를 믿고 있습니다. 내일 오후 2시 자신들의 요구를 내보이기 위해 동궁에 모이기로 결정했습니다. 만약 폐하께서 그들 앞에 서지 않는다면 폐하와 국민들을 연결시키고 있는 정신적 고리는 끊겨버릴 것입니다.'

그러나 니콜라이 2세는 즉위 직후 민주적 헌법과 같은 꿈은 잊어버리도록 공언했었다. 사실 니콜라이 2세의 등극은 지하에서 자생된 혁명 운동의 폭발을 이미 암시하고 있었는지도 모른다. 알렉산더 3세에게는 아버지의 죽음이 국민에 대한 뿌리 깊은 불신으로 연결되어 반동 정치로 이어졌다. 니콜라이 2세 또한 알렉산더 3세의 모습을 그대로 이어 정치를 답습하였다. 그는 지방정부의 권한을 축소시켰으며 언론 검열을 강화하며 아버지보다 더한 보수정책을 강행하였다.

이런 그의 정치 행태를 가폰 신부의 편지 한 장이 바꿀 수는 없었다. 그는 현실을 제대로 파악하지 못한 채 시위대를 진압할 것을 명령하며 교외로 빠져나갔다. 1월 9일 새벽, 공장 외곽 지대와 도심에는 그의 명령대로 군부대가 배치되었다. 사태의 심각성을 절감한 혁명 세력의 수뇌부는 고리키의 지도 아래 유혈 충돌을 막기 위해 내무대신과의 회담을 시도했지만 성사되지 않았다.

1월 9일 아침, 모여든 군중들의 물결이 동궁으로 향하기 시작했다. 군중은 축제일처럼 나들이옷을 챙겨 입었고, 행렬의 선두는 교회의 깃발과 성상, 그리고 그때까지도 믿음을 가지고 있던 차르의 대형 초상화를 높이 들고 행진했다.

선두에 선 가폰 신부는 이번 시위가 어떠한 결과를 낳을지 그저 착잡하기만 했다. 평화적인 시위를 위해 가폰 신부는 군중에게 비무장으로 시위에 참가할 것을 요구했다. 그러나 일부 강경파나 테러리스트들로 추정되는 자들에 대해서는 철저히 수색하여 무기를 모두 빼앗았다.

발포

"신이시여! 차르를 보살피소서."

시위에 참가한 20여만 명의 노동자와 그들의 가족들은 찬가를 소리 높여 불렀다. 경찰은 그들을 위해 마차와 차량을 정지시키는 등 길을 정리해 주었다. 길가에 늘어서서 구경을 하던 사람들은 차르의 초상화를 보고는 성호를 그었다. 그런데 갑자기 시위대의 앞줄이 더 이상 나가지 못하고 멈춰 섰다. 동궁으로 가는 길목을 무장한 군대와 경찰이 막고 있었다. 시위대는 비로소 그들을 기다리는 것이 차르가 아니라 무장한 군대와 경찰 그리고 바리케이트임을 알았다.

"정지!"

더 이상 행진을 허락할 수 없다며 경찰이 시위대를 막아섰다. 그러나 20만 명의 시위대는 그들이 요구하는 사안의 정당함과 자신감으로 동궁으로 향하는 발길을 멈추지 않았다. 시위대가 동궁에 점점 가까워질수록 긴장이 감돌았다. 마침내 일제히 사격을 알리는 나팔소리와 함께 총소리가 요란하게 울렸다. 순식간에 시위대의 눈앞에서는 좀 전까지 같이 웃고 떠들던 동료들이 피를 흘리며 쓰러져갔다. 시위대는 눈앞에 벌어진 참상을 믿지 못하며 차르가 있는 동궁으로 행진을 계속했다. 그러나 궁에는 수비대장 바실치코프가 주둔시켜 놓은 2만 명의 병력이 주둔하고 있었다. 시위

피의 일요일 1905년 동궁 앞에서 평화롭게 시위하는 민중들을 니콜라이 2세는 군인을 동원하여 잔인하게 진압했다.

대가 궁으로 몰려들자 기병들은 말발굽으로 시위대를 짓밟고, 총검을 마구 휘둘러 댔다. 평화적 시위를 한 무방비 상태의 시위대에게 가해진 이 가혹한 행위는 잔혹한 살인극이었다.

'피의 일요일'이라고 명명되는 이 사건으로 말미암아 차르는 이제 더 이상 국민의 아버지가 아니었고, 그 스스로가 아버지로서의 권위와 믿음을 저버리는 행위를 했다. 이 사건으로 1천 명 이상의 사람들이 죽고, 4천 명 이상이 부상당한 것으로 전해진다. 이 사건으로 말미암아 국민들의 사고는 피의 일요일 하루 동안 중세기에서 근대로 뛰어나온 것과 같았다. 니콜라이 2세는 정말 무능한 황제였다. 자신을 믿고 찾아온 국민들에 대한 발포가 어떤 결과를 가져올지 제대로 파악하지 못했었는데, 그의 일기장에는 그 날의 사태가 겨우 이렇게 쓰여 있다.

"슬픈 날이다. 페테르부르크의 곳곳에서는 무질서한 상황이 계속됐으며 궁중으로 들어오는 시위대를 향해 총을 쏘지 않으면 안 되는 상황이었다. 주여! 얼마나 고통스럽고 슬픈 일입니까!"

이날 저녁 페테르부르크의 노동자들은 무장하고 시내 곳곳에 바리케이트를 쳤다. 한편 노동자들을 앞세우고 시위를 주도했던 가폰 신부는 노동자들의 분노가 거세지자 런던으로 도주하였다. 페테르부르크의 잔혹한 학살 소식은 삽시간에 전국으로 퍼져 국민들을 분노케 했다. 그 결과 66개 도시의 노동자들이 항의의 표시로 작업을 중단했다. 1월 한 달 동안 이 같은 동맹파업에 참여한 노동자들의 수는 44만 명에 이르렀다. 이 숫자는 지난 10년 동안에 파업에 참여한 수보다 훨씬 많은 것이었다.

국민들은 이번 사건을 계기로 차르는 노동자의 편이 아니며 지주 및 자본가들과 한통속이라는 사실을 깨달았다.

"차르는 물러가라. 공화국 만세."

이 같은 구호는 전국 도처에서 들려왔으며 집회와 시위는 끊이지 않고 일어났다. 러시아에서 발생한 이 사건은 러시아뿐만 아니라 국제 사회에까지 영향을 미쳐 외국의 러시아 공관 앞에서는 연일 항의시위가 일어났다.

먹구름이 드리워지는 황실

니콜라이 2세의 황후 알렉산드라는 이제 6살밖에 되지 않은 황태자 알렉세이를 안고 초조해 하며 방안을 헤매고 있었다. 어찌하면 성난 군중의 눈을 피해 살아남을 수 있을까 하는 생각뿐이었다.

황후에게는 알렉세이가 태어나기 전에도 위기의 상황이 있었다. 1900년, 차르가 얄타에 가 있을 때 병에 걸려 목숨이 위태로웠던 적이 있었다. 정부에서는 이 때문에 급히 대책회의를 열었다. 당시 알렉산드라 황후는 임신 중이었기 때문에 출산 때까지 섭정하자는 의견이 나왔다. 그런데 위테가 이를 반대하며 차르의 동생 미하일 알렉산드로비치가 제위에 올라야한다고 주장했다. 대신들 중에는 위테의 주장에 찬성하는 사람이 많았고, 이미 미하일 대공에게 충성을 맹세할 준비를 했다. 그런데 뜻밖에도 황제의 병이 낫자 모든 것이 제 위치로 돌아가게 되었다. 황후는 이 모든 것이 위테가 꾸민 음모라고 생각하며 그에게 적의를 품게 되었다.

"위테를 쫓아버리겠어."

그러나 위테의 뒤에는 궁정의 모든 소식에 능통하고 사교계의 꽃으로 불리는 그의 아내 마틸다가 있었다. 원래 마틸다는 고관의 부인이었는데, 남편이 갑작스럽게 사망하자 평소 친분이 깊었던 철도 관리인 위테와 다시 결혼하였다. 마틸다는 당시 사교계에서 미모와 권력을 모두 가진 사람이었다. 그녀는 위테와 결혼 즉시 황후에게 그를 소개하며 탄탄대로를 걷게 했다. 위테 또한 대단한 능력을 가진 사람이었다. 그는 네덜란드인과 러시아인의 혼혈로서 능력과 배짱을 겸비한 사람이었다. 그는 주어진 기회를 놓치지 않고 노력한 끝에 재상에서 수상이 되었고, 러일전쟁 후에는 평화교섭원 자격으로 포츠머드 조약의 전권대사를 맡기도 했다. 이로써 위테는 황실의 신임을 받으며 막강한 권력을 가지게 되었다.

트로츠키와 소비에트

1905년 10월 14일은 러시아 역사에 새 장을 여는 날이었다. 500명에 1명 단위로 뽑힌 40명 가량의 노동자 대표와 혁명주의자가 공업학교에 모여 최초의 소비에트soviet를 결성하였다. 소비에트의 의장은 당시 25세의 트로츠키였으며, 도시 곳곳에는 소비에트가 생기게 되었다.

    트로츠키는 그 당시 신문사 주필과 언론인으로 유명했다. 러시아의 혁명 지도자들이 대개 그러했듯이 트로츠키는 가명이었으며 본명은 레브 다비도비치 브론슈타인이었다. 그의 아버지는 폴타바성의 작은 유대인 마을에서 태어났는데 그가 어렸을 때 캘손성의 초원 지대로 옮겨왔다. 그는 문맹이어서 글을 읽지 못했고 훗날 유명해진 아들이 쓴 책들의 제목만이라도 읽어 보려했으나 실패했다. 하지만 그는 성실한 농민이었고 생활력이 강했다. 그의 아내 안나는 그보다 교육 수준이 좀 나아 글을 읽을 정도의 교육은 받았는데 당시 여성으로서는 대단한 것이었다.

    1879년은 트로츠키의 인생에 있어서 2가지의 중요한 사건이 일어난 해이기도 했다. 그 하나는 그가 태어나기 두 달 전에 인민의 의지당이 차르에 대해 사형선고를 내렸는데, 그것은 훗날 알렉산더 2세의 암살을 가져왔다. 또 다른 하나는 그의 최대 정적이었던 스탈린의 출생이었다.

    트로츠키의 어린 시절을 보면 따스함이나 문학적 분위기, 즐거움 등과는 거리가 멀었다. 브론슈타인 내외는 들에 나가 항상 일을 해야 했기 때문에 자식들을 거의 돌보지 못했다. 그러나 아버지의 부지런함으로 인해 트로츠키는 부유한 환경에서 일찍부터 쓰기와 읽기를 배울 수 있었다. 이때부터 그는 글 쓰기에 놀라울 정도의 자질을 보였다. 트로츠키는 시도 즐겨 썼는데 그의 아버지는 동네사람들을 불러놓고 그가 쓴 시를 암송하게 했으며 자신의 아들을 시인이라고 생각했다.

    그는 책의 마력에 빠져들면서 양분된 두 가지 세계에 대해 큰 혼란을 느끼게 되었다. 책 속의 사람들은 항상 고상하고 세련됐으며, 시적인 말투로 사랑을 나누고 점잖고 섬세했다. 하지만 그가 살고 있는 농촌에서는 일꾼들이 마른 풀을 쌓아놓은 외양간이나 다락에서 성교하고, 자기 앞에서 아버지를 욕하는 얘기를 듣기도 했다. 그리고 일꾼들의 생활은 비참하고 힘든 생활이었다. 그래서 어쩌다 그의 아버지와 일꾼들 사이에 언쟁이 벌어질 경우 그는 일꾼들의 편을 들기도 했다. 트로츠키는 이 두 세계를 면밀히 관찰하며 그 해결책을 찾으려고 많은 노력을 기울였다. 그의 이러한 열망에 부응하듯 여덟 살 되던 해 오데사 출신인 사촌형 슈벤처를 만나면서 인생의 새로운 장을 맞았다.

오데사 1850년대, 독일 뮌헨에서 발행된 오데사의 지도이다. 19세기 후반 오데사는 러시아 남부 최대 항구였다. 수출량이 늘어나고 도시가 성장하면서 체계적인 도시계획으로 정비된 시가를 갖추었다.

저널리스트로서 사회개혁에 강한 의지를 가지고 있던 슈벤처는 트로츠키에게 공부에 대한 강한 열망을 심어주었다. 그는 결혼과 함께 오데사로 가면서 트로츠키도 데리고 갔다. 오데사에서의 생활은 고립되고 폐쇄적인 시골에서 성장한 트로츠키를 문화인으로 만들어 주었으며, 훗날 대중을 선동하기 위해 쓰여진 소책자인 팜플렛의 기초 지식을 다져주는 계기가 되었다.

트로츠키는 사촌형이 운영하던 슈벤처 집안의 출판사에 큰 관심을 가졌고, 기획, 편집, 교정, 인쇄, 제책 등 출판에 관한 지식과 기술을 이곳에서 배웠다. 1896년, 트로츠키가 리콜라예브로 옮겨오면서 그의 인생은 다시 한 번 중대한 전환점을 맞게 되었다. 그 해에는 러시아에서 처음으로 일어난 노동자들의 대대적인 파업 때문에 인텔리겐치아들의 노동 운동 방향이 막연한 인민주의로부터 정통적인 마르크시즘으로 넘어가는 시기였다. 트로츠키도 이러한 사회적 분위기에 영향을 받았고, 리콜라예브라는 지역적인 특성도 크게 작용했다.

이 마을은 오데사보다 작고 폐쇄적인 항구 도시였으나 시베리아에서 유형을 마친 인민의 의지당원들을 강제로 수용한 지역이었다. 따라서 경찰보다는 인민주의자들과 마르크시스트들이 득실거리는 곳이었다. 이러한 분위기에서 그는 혁명가들과 자연스럽게 어울리게 되었고 철저한 마르크시스트인 알렉산드라와 결혼하여 브론슈타인가를 이뤘다.

그는 1898년 남러시아 노동자동맹에서 활동을 하던 중 노동자들 사이에 잠입해 있던 스파이에 의해 체포되었다. 그 후 니콜라예브 형무소와 켈손 형무소에 수용되어 있으면서 비로소 마르크시즘에 대해 깊은 명상을 할 기회를 가질 수 있었다. 수용소 생활은 트로츠키에게 오히려 인민주의로부터 마르크시즘으로 완전히 전향하는 계기를 제공했다. 이 형무소에서 트로츠키는 레닌이라는 이름을 처음 대하게 되었다. 그곳에서는 레닌이 블라디미르 일린이라는 익명으로 출간한 《러시아에 있어서 자본주의 발달》이란 책이 유행하고 있었다.

1900년 5월, 남러시아 노동자 연맹 사건으로 연루된 사람들은 동시베리아로 강제 이주됐다. 이곳에서 그는 두 딸을 낳았고 한 평론지의 기고가로 일하게 되었다. 그의 글에 대한 반응이 상당히 좋았으며 그에 상응한 명성도 얻게 되었다. 하지만 당시의 유배생활은 한 곳에서 오래 머물지 못하게 하였으며 트로츠키도 예외는 아니었다. 그는 옮기는 곳마다 수정주의자, 마르크스주의자, 무정부주의자들과 논쟁을 즐겼고 대체로 그들을 설득시키곤 했다.

　트로츠키가 무정부주의자(아나키스트)를 처음 만난 곳은 베르홀렌스크였다. 무정부주의자들은 국가의 폭정에 일격을 가한다는 뜻으로 한 지방의 경찰서장을 암살하는 사람들이었다. 그가 이곳으로 옮긴 후 톨스토이가 파문됐다는 소식과 문교장관과 내무장관이 학생에 의해 각각 암살됐다는 소식 등 중앙의 여러 소식들이 들려왔다. 이런 소식들은 유형자들에게 커다란 영향을 주었다. 이러한 때에 만나게 되는 레닌의 소책자《무엇을 할 것인가》,〈이스크라〉는 트로츠키에게 큰 설렘을 주었다.

　혁명의 기운이 충만해 있다는 것을 감지한 유형인들 사이에서는 혁명에 참여해야 한다는 절박감이 전염병처럼 번져갔다. 혁명에 참가하려는 유형자의 수는 나날이 늘어났고, 트로츠키도 그의 아내와 이 문제를 의논하기에 이르렀다.

　"혁명의 열기가 충만해 있소. 나는 더 이상 머무를 수가 없소. 그런데 당신이 니나를 출산한 지 이제 겨우 넉 달밖에 안 되어서…."

　"당신은 반드시 떠나야 해요."

　그의 아내는 조금의 망설임도 없이 그에게 떠날 것을 권했다. 평소처럼 감시원은 그를 확인하기 위해 그의 집을 찾아왔다.

　"남편이 너무 아파요. 아마도 전염병에 걸린 것 같아요."

　그녀는 이런 말로 감시원의 접근을 막고 창 밖에서 허수아비를 덮어놓은 침대만을 확인하게 하였다. 그는 무사히 유형지를 탈출하여 위조된 '트로츠키'라는 여행증명서로 혁명에 참여하기 위해 대장정을 시작했다.

사마라에 도착한 트로츠키는 당시 혁명가들에게 가장 인기가 좋았던 불꽃이란 뜻의 〈이스크라〉라는 잡지의 국내 책임자인 클레어에게 자신의 탈출을 알렸다. 트로츠키는 사마라의 모든 혁명가들에게 강렬한 인상을 주었다. 클레어는 레닌에게 보내는 편지에 트로츠키에 대한 칭찬을 아끼지 않았다.

'트로츠키는 〈이스크라〉의 열렬한 지지자이며 탁월한 재능을 갖춘 젊은 독수리이다.'

클레어의 편지에 깊은 감명을 받은 레닌은 트로츠키를 〈이스크라〉에 동참시키기 위해 런던으로 불러들였다. 당시 트로츠키는 런던에서의 생활을 '나는 〈이스크라〉와 사랑에 빠졌다.'고 표현할 정도로 〈이스크라〉에 열정적이었다.

레닌은 트로츠키와 다가오는 당 대회에서 발표할 프로그램을 준비하였으며, 트로츠키의 논문들은 〈이스크라〉에 게재되기 시작했다. 그는 주로 형무소나 유형지에서의 연구를 바탕으로 한 정통 마르크스주의의 역사적 유물론을 옹호하는 글을 썼다. 인민주의 계열이나 무정부주의자들 중에서는 이를 반박하는 이들도 있었으나 이론가인 동시에 뛰어난 연설가의 자질을 지녔던 트로츠키는 청중을 설득시키는 비상한 재주를 가지고 있었다.

트로츠키는 알렉산드라와 두 딸이 있었음에도 러시아 혁명운동에 뛰어들어 활동하고 있던 나탈리아라는 여인을 유럽 순회 강연 중에 만나 새로운 인연을 맺게 되었다. 나탈리아는 러시아 출신의 교양 높은 여성으로 러시아 혁명 운동에 일찍부터 참가하고 있었다. 그녀는 파리에 머물면서 그녀를 찾아오는 혁명 운동가에게 도움의 손길을 주었다. 트로츠키가 순회강연을 하기 위해 파리에 있는 그녀의 여인숙에 들렀을 때 그녀는 그의 젊음에 놀라움을 금할 수가 없었다.

"저널리스트로 뛰어난 이론가로 당당하게 평가받고 있는 이가 스물두 살에 불과하다니…! 그의 젊음과 명성 그리고 뛰어난 혁명가의 기질은 정말 사랑하지 않을 수 없어."

나탈리아는 파리의 강연이 성공적으로 끝난 뒤 그와 함께 파리 관광에 나섰다.

"러시아에 비해 개화된 파리의 느낌은 어떻습니까?"

"파리는 오데사를 닮았군. 그러나 오데사가 더 나은 걸."

트로츠키는 정치와 마르크시즘 외에는 관심이 없는 것 같았으나 그들의 사랑은 대단히 열정적이었으며 이때부터 나탈리아는 트로츠키와 함께 있었다. 하지만 나탈리아는 트로츠키에게 베풀기만 할 뿐 무언가를 전혀 기대하지 않는 헌신적 사랑이었다. 게다가 그에 대한 존경과 동지애까지 합쳐서 나탈리아의 내조는 훗날 트로츠키가 역경을 헤치고 나가는 데 커다란 힘이 되었다.

로마노프 왕조의 몰락

국회의 소집

1905년 10월에 들어서자 소비에트를 중심으로 하는 혁명의 기운이 절정에 달했다. 정부측의 위테는 이렇게 외쳤다.

"친애하는 노동자의 형제 제군. 차르께서는 할 수 있는 모든 일은 하겠다고 하니 믿고 일터로 돌아가 주기 바랍니다. 처자들이 불쌍하다고 생각하지 않습니까?"

그러나 소비에트의 대답은 차갑고 냉정했다.

"형제라고? 그렇게 불릴 의리도 없고 차르에게 기대도 하지 않는다. 보통선거로 헌법제정 회의를 열어다오. 위테가 수상이 되고 나서 얼마나 많은 과부와 고아가 늘어났는지 생각해 보라."

당시 러시아의 산업노동자 수는 200만 정도였으나 실제로 10월 파업에 참가한 수는 무려 280만 명이나 되었다. 노동자들의 동맹파업에는 실제 노동자뿐만 아니라 사무직 근로자를 비롯하여 의사, 교사, 변호사 심지어 배우들까지 노동자들에게 합세하여 시위에 참여하였다. 소비에트는 파업을 지도하고 각종 집회와 모임을 조직하여 무리한 경제 정책에서 빚어진 11시간 이상의 노동을 철폐하고 8시간 노동제를 확립할 것을 요구했다. 그리고 인쇄매체를 활용하여 노동자와 사무원들의 노동조합을 결성했다. 이러한 상황에서 차르는 작은 양보보다는 무력을 행사함으로써 노동자들을 더욱 분노케 했다.

하지만 사태는 예기치 않은 곳에서 발생했다. 군인들이 국민을 향해 총부리를 들이댈 수 없다며 발포명령을 거부하는 사태가 발생했다. 그러자

10월 파업 1905년 10월에 모스크바에서 열린 노동자 데모 행진. 플래카드에는 "전국 노동자여, 단결하라!" "전제 타도" 등 슬로건이 쓰여 있다.

상트페테르부르크의 바리케이트 차르 니콜라이 2세는 노동자들의 파업을 군대를 보내 무력으로 진압하려 하였다. 데모에 참여한 노동자들은 바리케이트를 쳐서 군대와 대치하려 하였다.

위기감을 느낀 정부는 교활한 술책을 내세웠다. 국민에게 정치와 언론 및 결사의 자유를 허가하며 국민들의 각계각층이 참여하는 국회에 입법권을 부여하겠다고 약속하였다. 이로써 사태는 일단 수습되었지만 차르가 국민에게 양보한 것이 아니고 단지 한 걸음 물러나는 몸짓에 불과했다.

1906년 4월 차르는 국회를 소집하였다. 그러나 완전한 혁명을 원하는 사회민주당과 사회혁명당이 불참하여 참여한 의원들 대부분은 자유주의자였다. 그들은 정치범 석방과 군법회의에 의한 사형제도 폐지 등을 주장했으나, 국회는 가장 중요한 군사나 국가예산에 간섭할 수 없었다. 다시 차르의 본색이 드러나고 새로운 법률 대신 황제의 칙령이 내려졌다. 국회가 당시 가장 심각한 문제인 농업개혁을 제안하자 차르는 군대를 동원하여 국회를 포위하고 해산명령을 내렸다. 그러자 일부 의원들이 핀란드의 비볼그로 탈출하여 비볼그 선언을 발표하였다. 선언문은 다음과 같았다.

'국민 여러분께서는 새로운 국회가 열릴 때까지 한 푼의 세금도 내지 마십시오. 그리고 단 한 사람이라도 군대에 나가지 마십시오.'

의원들은 이 사건으로 3개월의 투옥형을 받았다. 6개월이 지나서야 제2국회를 열게 되었는데 이번에는 온건파보다는 혁명을 원하는 좌파 세력이 많았다. 그러자 제2대 국회는 또다시 해산되었고 사회민주당의 의원 37명이 군주제 반대의 무력봉기를 꾀하였다는 이유로 강제노동이나 시베리아로 추방당했다.

무력뿐인 제정 러시아

1907년 11월, 차르는 지금까지의 선거법을 폐지하고 노동자나 농민 그리고 비러시아 민족은 선거에 참여치 못하게 하였다. 결국 의회에 참여하는 사람들은 지주나 자본가들뿐이었다. 이렇게 구성된 의회에서조차 차르의 간섭은 계속되었고 정치범에게 행해진 가혹한 고문은 날이 갈수록 더해갔다.

1906년 8월, 관보에는 비볼그 선언서를 건네준 16세의 소년이 고문으로 죽은 사실에 대해 진상을 밝힐 것을 의원들이 요구했다.

'눈을 빼고 손톱을 뽑고 다리를 인두로 지지면서 경찰관은 담배를 피우고 있었다. 어떻게 이런 일이 있을 수 있는가?'

그러나 대신들은 한결같이 발뺌하며 혁명주의자를 테러리스트로 몰아붙였다. 이런 가운데 위테가 황후에게 총애를 잃고 쫓겨나자 스톨리핀이 그 뒤를 이었다. 스톨리핀은 어지러운 국내 상황을 탄압정책으로 일관했으며 대외적으로는 침략적 제국주의를 선택함으로써 여론의 방향을 돌리고자 하였다. 그러나 상황은 점점 악화되었으며 1911년 말에는 기아 상태에 놓인 자들이 2천 5백만에 이르렀다. 레나의 금광에서 파업이 일어나자 정부는 노동자들을 총살했다. 이제 러시아의 짜리즘은 오직 총검으로만 유지되고 있었다.

니콜라이 2세의 가족

제정 러시아 최후의 황제인 니콜라이 2세는 그의 나이 26세 때 즉위하게 된다. 그는 수줍고 사색적인 젊은이였으며 어렸을 때부터 가정교사에게 모든 정치이론 중에서 가장 잘못된 것은 주권재민론(主權在民論)이고, 불행하게도 일부 러시아인들은 이 이론에 기만당하고 있다고 교육받았다. 이러한 교육 때문에 후에 벌어진 커다란 정치적 변동은 당연한 것이었다고 할 수 있다.

그가 26세의 어린 나이로 즉위하게 된 것은 알렉산더 3세가 49세의 젊은 나이에 신장장애로 급사했기 때문이다. 그의 조부가 테러를 당한데 이어 아버지 역시 암살의 대상이 되었지만 그 사건은 미수로 그쳤다. 암살미수 사건은 의학서 속에 숨겨두었던 수제(手製) 폭탄이 발견되어 관련된 5명의 대학생이 처형되었다. 그런데 이 사건에는 알렉산더 우리아노프라는 주목할 만한 학생이 끼어 있었다. 그는 훗날 러시아의 대혁명가로 이름을 떨치는 레닌의 형이었다.

전환기 러시아에 일어난 큰 사건들은 레닌의 가문과 니콜라이 2세의 가문을 숙명적인 관계로 만들었다. 니콜라이의 부왕은 그에게 국정에 관한 것은 아무것도 가르치지 않았지만 지구의 6분의 1에 달하는 거대한 나라의 지배자가 되었다. 갑작스럽게 벌어진 상황은 니콜라이를 당황케 했다.

"나는 황제가 될 준비도 되어 있지 않고, 황제가 되려고 생각해 본 일도 없다. 정치에 관해서는 하나도 아는 게 없는데, 나와 러시아는 어떻게 될 것인가?"

그의 생각대로 그의 재위기간은 한마디로 혼란의 연속이었다. 첫 출발은 다가올 미래를 암시라도 하듯 상서롭지 못한 일로 시작되었다. 1896년, 대관식이 진행되던 중 무거운 목걸이가 그의 어깨에서 떨어졌다. 모두들 좋지 않은 징조로 여기고 목격자들에게 함구할 것을 명령했다. 그러나 다음날 일어난 사건은 숨길

니콜라이 2세 일가 알렉세이 황태자가 황후 알렉산드라의 앞에 앉아 있고 황녀 아나스타샤는 황제 옆에 앉아 있다. 황제와 황후의 뒤에 마리아, 타치아나, 올가가 서 있다.

수가 없었다. 옥외에서 열린 즉위 행사에 많은 군중이 몰려 1백여 명의 사망자를 내고 수천 명의 부상자가 발생했다. 니콜라이는 더 이상 행사를 진행시키지 못하고 그들에게 애도의 뜻을 표하고 행사를 취소했다.

니콜라이 2세의 신부는 독일 헤센의 대공녀 알렉산드라라는 여인으로 니콜라이 2세는 양친의 거센 반대를 거역해가며 그녀와의 결혼을 고집했고, 결국 아버지의 장례를 치르고서야 결혼식을 올릴 수 있었다. 이 때문인지 그녀에 대한 국민들의 평판은 '관(棺)을 따라 러시아로 들어온 독일 여자'라는 별명과 함께 처음부터 좋지 않았다.

그러나 니콜라이 2세에게는 황후 알렉산드라와 5명의 자녀들이 행복의 원천이었다. 그는 차르가 된 후에도 가족에게 체홉의 단편이나 고골리의 작품을 읽어주는 것이 커다란 즐거움이었다. 장녀 올가는 독서를 좋아했고, 고독을 즐기며 시를 썼다. 또한 그녀는 카자린 2세를 무척 좋아했는데 한 번은 황태자 알렉세이가 하인을 큰소리로 꾸짖자 그녀는 차분히 말을 건넸다.

"카자린 2세는 하인을 꾸짖을 때도 작은 소리로 했어요. 그대도 그렇게 해요."

그녀의 따뜻한 성품은 여러 곳에서 나타났다. 알렉세이가 6살 때 보이스카웃의 행진을 보러갔을 때의 일이다. 행진을 한참 동안 재미있게 바라보고 있던 알렉세이가 갑자기 자신도 참여하고 싶다고 떼를 쓰며 주변 사람들을 난처하게 했다. 그때 올가가 이를 저지하자 알렉세이는 올가의 뺨을 힘껏 올려쳤다. 갑작스런 상황에 모두들 놀라 어쩔 줄 모르고 있었으나 올가는 표정 하나 변하지 않은 채 동생을 향해 웃고 있었다. 알렉세이는 건강하지 못한 신체의 소유자였기 때문에 그에게서 창출되는 행동들도 역시 병약하고 미숙한 것이었다. 이러한 점들 때문에 대신들 사이에서는 올가를 황위 계승자로 생각할 정도였다.

둘째 딸 타치아나는 차르의 비서역을 담당할 정도로 사무적 능력이 뛰어났으며 자선 사업에도 열정적이었다. 셋째 딸 마리아는 매우 소박한 성격으로 농부들과 교재를 할 정도로 서민적이었다. 그리고 막내딸 아나스타샤는 똑똑하면서도 유머러스한 감각을 가진 여성으로 시를 쓰기도 했다. 이처럼 차르는 따뜻한 가정을 이루고 있었지만 정치적 감각은 상당히 뒤떨어져 있었고 유능한 인재를 키울 만한 능력도 갖추지 못했다. 그의 이러한 면모를 훗날 위테는 다음과 같이 술회했다.

"차르는 자기보다 어리석은 사람만 주변에 두고 싶어했다."

그러나 니콜라이 2세 때 재상으로 있었던 위테는 가장 강력하고 유능한 실력자였다. 그는 급속한 공업화 정책을 강행했고, 1892년 재상에 발탁되어 11년간 러시아 경제를 발전시킴으로써 기울어 가는 로마노프 왕조를 살려 보려 애를 썼다. 그의 경제 철학은 독일의 경제학자 리스트의 국민경제이론을 전적으로 받아들여 중공업을 먼저 일으킨 뒤 경공업을 발전시켜야 한다고 주장했다. 두 사람 사이에 차이점은 리스트가 존중한 입헌정부제도를 위테는 거부했고, 진보적 전제주의progressive autocracy를 통해 산업화를 추구했다. 그리고 이를 바탕으로 사회적·문화적·경제적 이익을 취해야 한다고 주장했다. 그러나 위테의 급격한 공업화 정책은 많은 무리가 따랐다.

공장의 노동자는 크게 증가했으나 작업 환경과 생활상은 비참했다. 여섯 살짜리 노동자가 생겨났고 부녀자들이 힘에 겨운 제

철공장의 중노동에 시달려야만 했다. 이렇게 노동자들의 비참한 삶을 동반한 공업화 정책은 혁명을 열망하던 지식인과 노동자들에게 혁명의 열기를 부채질하는 결과를 가져왔다.

    이러한 상황에서도 황제 일가는 봄이면 남쪽의 크림 궁전을 찾고, 여름에는 발트 해안의 별궁에서, 가을이면 폴란드의 산장에서, 그리고 날씨가 추워지면 다시 페테르부르크로 돌아오는 생활을 되풀이했다.

라스푸친과 알렉산드라 황후

독일 출신의 황후 알렉산드라는 황후가 되면서 러시아적인 여인으로 변해갔지만, 그녀 역시 군주로서의 능력은 차르 이하였으며 감정적이며 변덕스러웠다. 1915년부터 1916년까지 그녀는 사실상의 실권을 쥐고 있었으나 차르 주위에 있던 유능한 인재들을 하나 둘씩 멀어지게 했다. 황태자 알렉세이는 알렉산드라의 조모인 빅토리아 여왕으로부터 유전된 혈우병을 앓고 있었다. 그래서 조그만 상처에도 피가 멎지 않아 주변 사람들을 애태웠다. 황후는 체홉과 그의 친구인 의사가 궁에 오면 의사의 손에 키스하며 어떻게든 자식의 병을 낫게 해달라고 사정했다. 알렉세이는 출생 후 여러 차례 위독한 상태에 빠졌고 시의들조차 치료 방법을 몰라 애만 태웠다.

    알렉산드라가 절망의 나날을 보내고 있을 때 요승 라스푸친(방랑자)을 만나게 되었다. 그의 주변은 신비주의자들과 사교계의 부인들이 가득 메우고 있었다. 아들의 치료 방법을 찾지 못한 황후는 기적적인 치료 능력과 예언 능력을 가졌다는 라스푸친에게

라스푸친 라스푸친이 그의 숭배자들로 둘러싸여 있다. 라스푸친의 신봉자 중에는 황후의 친구 안나도 있었다. 안나는 라스푸친의 신비한 힘을 깊게 믿었고 황후에게 그를 소개시켜 주었다.

매달렸다. 라스푸친은 알렉세이의 병을 완치시킬 수 있다며 황후를 안심시켰다.

"저를 믿으십시오. 저를 믿기만 하면 황태자의 병은 고칠 수 있습니다."

그러나 통찰력이 뛰어났던 장녀 올가는 그의 정체를 꿰뚫어 보고 황후에게 그를 믿지 말 것을 호소했으나 황후는 이미 그의 신비한 능력에 빠져버렸다.

황후는 시의들이 손을 쓸 수 없을 때마다 라스푸친에게 기도를 부탁했고 그가 주문을 외고 기도를 하면 그때서야 안심할 수 있었다. 이성보다는 감정이 앞섰던 황후는 라스푸친을 아들을 구하기 위해 하늘이 보낸 사람이라고 믿었다. 황후는 라스푸친을 너무 숭배한 나머지 정치에 대해서도 그에게 의지하였다. 그러나 라스푸친은 궁정 밖으로 한 걸음만 나서면 페테르부르크 상류 사회에서 주정뱅이에다 호색 행각까지 하고 다녔다. 황후와 황녀들이 모두 라스푸친의 정부라는 소문이 쫙 퍼졌다. 터무니없는 소문이었지만 알렉산드라가 라스푸친에게 얼마나 의지했는가를 보여주는 단편적인 예이다.

라스푸친이 황후에게 귀엣말을 하면 황후는 어김없이 차르에게 전했다.

"당신은 너무 마음이 좋고 지나치게 온순하십니다. 국민을 위하는 일이기는 하나 때론 엄격한 얼굴을 해보십시오. 큰소리로 호통치면 기적이 나타나는 법입니다. 좀 더 굳건하게 자신을 가지세요. 당신은 무엇이 옳고 그른지 알고 있지 않습니까. 당신의 의견을 관철시키세요. 차르의 힘이 어떤 것인지 보여주는 거예요."

절대주의 주장 역시 라스푸친의 꾀였다. 황후는 어떻게든 절대왕정을 유지하여 알렉세이에게 넘겨주려고 거의 광적으로 매달리고 있었다. 개혁의 목소리는 이미 궁정의 담을 넘어 들려왔으나 황후에게는 전혀 들리지 않았다.

4
격변의 혁명기

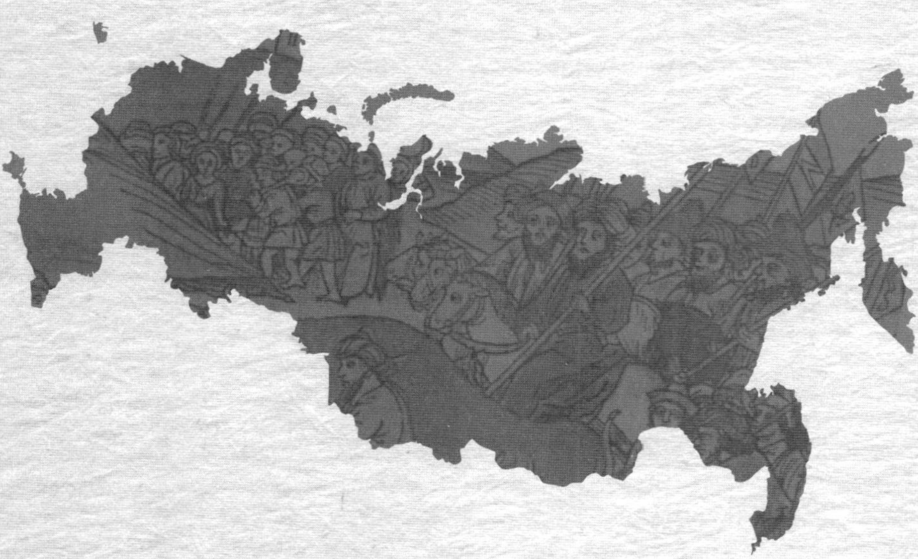

19세기 이후의 러시아 영토

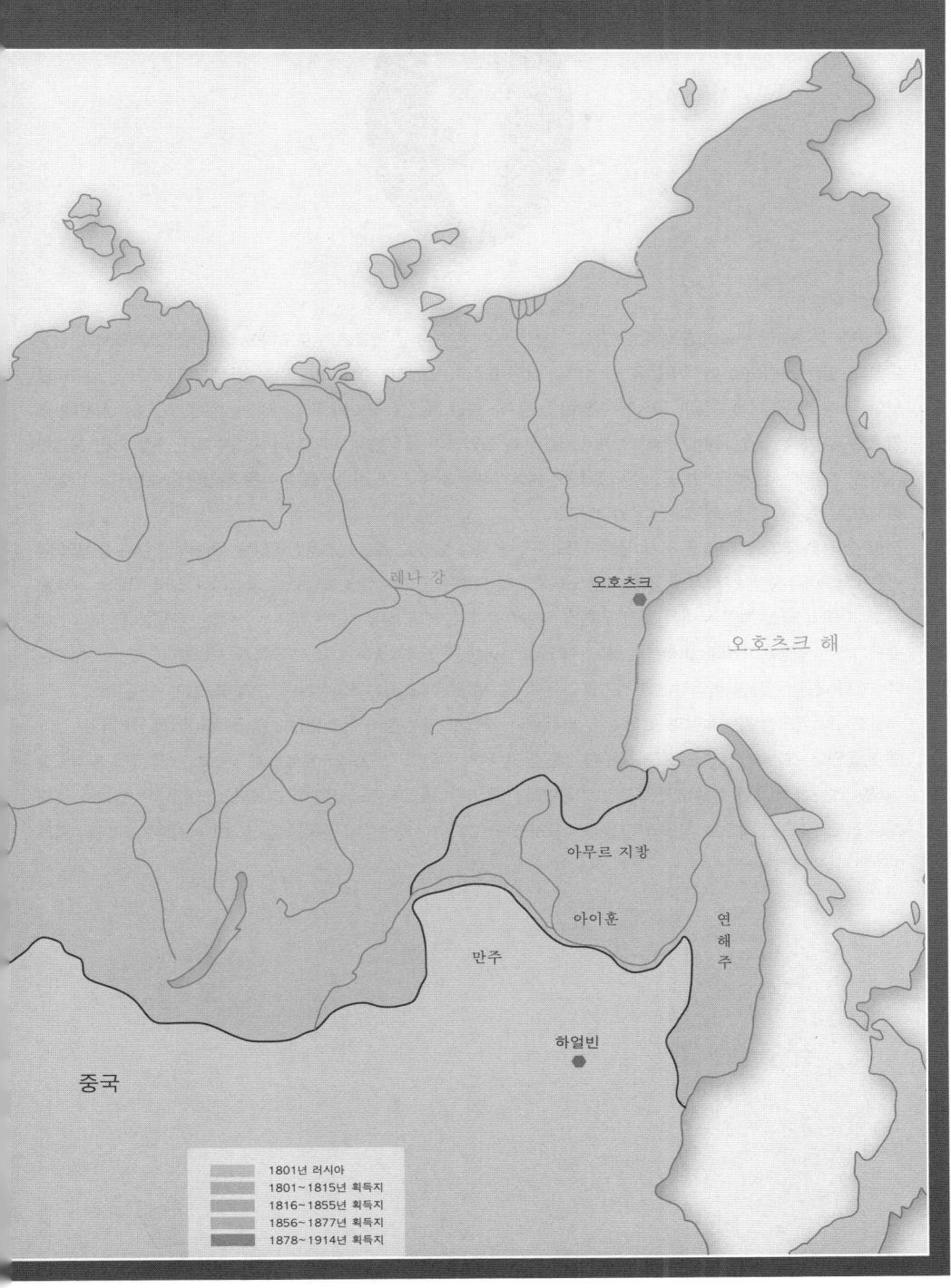

격변의 혁명기

러시아에 본격적인 혁명이 도래하고 있음을 실질적으로 알린 것은 트로츠키 주도하에 이루어진 소비에트의 탄생이었다. 물론 소비에트 이전에도 많은 정치 사상과 조직이 있었지만 소비에트만큼 전국적이고 단단한 결속력을 보여주지는 못했다. 배고픔과 폭정에 절망한 노동자·농민 계급을 구호와 파업이라는 적절한 방법을 사용해 혁명으로 유인하는 직업 혁명가들이 소비에트를 통해 활약하기 시작했다. 이때부터 사회주의 단계를 거친 온건한 개혁을 주장하는 멘셰비키와 공산주의로 바로 넘어가려는 소수 정예 혁명가로 구성된 강경파 볼셰비키의 마찰이 심해지는 가운데 제1차 세계대전이 일어났다.

전쟁은 국내외적으로 어려운 러시아를 파멸의 구렁텅이로 몰아넣었고, 라스푸친이라는 요승이 출현해 황실의 앞날은 더욱 어두워졌다. 식량 배급에 지친 노동자들의 파업은 급기야 2월 혁명으로 발전하여 결국 차르의 시대는 가고, 지금의 국회 격인 두마가 모든 권한을 위임받았다. 그러나 우유부단한 두마는 산적한 문제를 한꺼번에 해결하기에는 역부족이었다. 이때를 기회로 해외로 망명했던 혁명가들이 속속 귀국하기 시작했다. 레닌도 예외는 아니었다. 상황은 분명 혁명적인 분위기였고 누가 칼자루를 쥐고 러시아의 앞날을 개척할 것이냐가 문제였다.

케린스키의 임시정부는 식량과 토지 문제를 너무나 가볍게 여겨 결국 유리했던 상황을 레닌에게 넘겨주는 결과를 만들었다. 그 후 코르닐로프를 비롯한 장군들의 우익 반란이 있었으나 트로츠키가 이끄는 적군의 활약으로 대세는 레닌을 비롯한 볼셰비키 쪽으로 기울었다. 이때부터 소비에트의 권한이 강화되고 1918년 독일과의 브레스트 리토프스크 조약으로 서둘러 전쟁을 수습하였다. 그리고 신(新)경제 정책을 추진하며 사회주의 국가의 틀을 마련하기 시작했다.

소비에트와 혁명

소비에트 결성의 주체 세력

소비에트가 탄생함으로써 러시아의 운명은 노동자에게 넘어가는 결과를 낳았다. 물론 이전에도 많은 정치 사상과 조직이 있었지만 소비에트만큼 전국적인 결속력을 갖지는 못했다.

러시아 혁명의 시작은 1825년에 일어난 데카브리스트 사건까지 거슬러 올라가지만 보다 뚜렷한 사회변혁과 이념이 시작된 것은 1861년 농노 해방부터였다. 당시 인구의 약 80퍼센트 이상이 농노인 상태에서는 산업발전과 자본의 축척이 불가능했다. 이러한 상황에서 농노 해방은 사회 변화와 산업화의 원천이 되는 자유로운 노동력을 제공하는 계기가 되었다.

1860~1870년대에 인텔리겐치아라고 불리는 러시아의 지식인들은 농민에 대한 믿음을 신앙처럼 간직했다. 러시아 민족주의가 기초가 된 이런 맹목적인 믿음은 미르(농촌 공동체)에 걸었던 희망과 함께 인민주의 운동(나로드니크)의 사상적 뿌리가 되었다. 지식인들은 러시아의 농촌 공동체가 이미 사회주의적 성격을 갖고 있기 때문에 이를 잘 발전시킨다면 자본주의의 모순을 거치지 않고 사회주의로 직행할 수 있다고 믿었다.

그러나 나로드니크 운동은 실패했다. 실패의 원인은 인텔리겐치아가 농민들에게 가졌던 기대가 애초부터 없었으며 농민들은 교육을 받은 사람들을 불신해 그들의 생각을 받아들이지 않았다는 데 있었다. 또한 농민들의 교육 수준으로는 나로드니크의 의미를 이해할 수 없었다.

체르니쉐프스키

나로드니크가 실패하자 사회주의의 평화적 이행을 기대한 헤르첸의 사상보다는 바쿠닌의 급진주의가 부각되었다. 급진주의는 폭력을 통해 무정부주의 상태를 만들어 전제 정권을 전복시킬 수 있다고 믿었다. 이들은 어떠한 힘(단체, 종교)도 인정하지 않았고 절대적 평등만을 주장했다. 그리고 차르만 죽는다면 전제 권력이 없어진다고 굳게 믿었다.

무정부주의자들의 파괴주의는 1866년부터 1881년 사이에 일어났던 알렉산더 2세와 정부 각료에 대한 암살과 암살미수 사건으로 나타났다. 그러나 만민 평등을 추구하는 이들의 이상주의적 사상은 현실성이 결여됐고 국민의 강제적 평등과 집단화를 추구하는 경향으로 나타나 자체 모순에 대한 비판을 받았다.

이들의 사상은 바쿠닌의 영향에서 점차 벗어나 체르니쉐프스키의 영향을 받았다. 그리고 프랑스 사회주의적인 온건한 공산주의에서 벗어나 구체적인 혁명적 행동을 원하게 되었다. 체르니쉐프스키의《무엇을 해야 하나》는 후일 레닌의《무엇을 할 것인가》의 모델이 되어 볼셰비키당의 조직강령으로 발전했다.

트카초프는 1870년 순수 혁명이론을 전개하며 국가 권력기구의 파괴로만 일관할 것이 아니라 음모와 쿠데타로 이를 장악하고 마지막으로 국가 기구를 이용해야 한다고 주장했다. 트카초프의 프롤레타리아 독재와 러시아의 사회주의 이행에 관한 관점은 레닌주의와 많은 부분이 일치한다.

　이론과 방향을 달리하던 혁명세력들도 농노 해방 이후 경제적 불균등과 농민 불만이 높아지자 혁명적 선전활동을 농민 문제로 집중시켰다. 1876년 나로드니크 과격파는 '토지와 자유'라는 조직을 결성했으나 테러의 사용을 놓고 분열되었다. 과격파는 '인민의 의지'라는 조직을 만들었고, 온건파는 '토지의 재분할'이라는 농촌 사회주의적 조직을 결성했다.

　알렉산더 2세는 1881년 자신이 승인한 헌법 초안이 발표되기도 전에 과격파인 '인민의 의지' 집행위원회에 의해 암살당했다. 이 헌법은 국가위원회 소비에트의 일부 위원을 선거를 통하여 선출하는 정도에 불과했지만 정치개혁의 첫 발자국을 내디딘 것으로 평가받았다.

　알렉산더 2세의 뒤를 이어 즉위한 알렉산더 3세의 반동정치가 극도의 탄압으로 나타나자 혁명 운동은 지하로 숨어들었다.

　한편 산업화의 움직임으로 산업 노동자의 수가 증가하여 노동자 계급이 형성되기 시작하였고, 마르크시즘을 수용하려는 세력이 등장했다. 노동조합의 역사가 길지 않았던 러시아에서 소비에트를 탄생시킨 10월 총파업은 노동조합에 의한 것이 아니라 자연 발생적으로 이루어졌다고 볼 수 있다.

소비에트와 10월 총파업

1905년 10월에 벌어진 전국적 총파업은 모스크바의 인쇄 식자공들로부터 시작되었다. 인쇄 식자공들이 임금인상을 요구하며 파업을 시작하자 곧이어 제빵공과 철도 노무자들이 합세해 파업은 번져갔다. 철도 노동자들이 파업에 들어가자 2만 6천 마일의 러시아의 철도가 정지했고 산업은 마비되었다. 확실히 10월 총파업의 결과는 정부와 사회주의자 그리고 파업에 참여했던 모든 사람들을 놀라게 했다. 노동자들이 시작한 파업에 지식인들과 전문 직업인들로 구성된 '동맹들의 동맹The union of unions'도 동조하여 법정, 병원, 관청 등이 모두 파업했다.

10월 26일은 소비에트에 보낼 노동자의 대표들, 즉 최초의 대의원들이 선출된 날이었다. 이 날을 기점으로 의사와 변호사 그리고 국립은행과 재무부 관리들까지 파업에 가담하자 정부 기능은 완전히 마비되었다. 사흘 동안 신문도 한 장 나오지 않았으며 온 도시는 루머만이 가득하였다.

10월 30일 드디어 소비에트의 공식 기관지로 뉴스라는 뜻의 〈이즈베스차〉가 나왔다. 그리고 시골 지역에서는 농민들이 영주의 집을 불사르거나 곡식을 빼앗고 토지를 점거하는 등 전국에서 산발적으로 파업이 일어났다. 이런 엄청난 파업을 이끈 소비에트는 결코 어떤 이론이나 세력에 의해 만들어진 것은 아니지만 그 핵심은 페테르부르크의 온건한 좌익세력인 멘셰비키가 형성했다.

한편 핀란드에서 은신 생활을 하던 트로츠키는 10월 총파업과 더불어 서둘러 귀국했다. 트로츠키는 이 사건의 중요성을 간파하며 그가 구상한 '노동자 대표 협의체'를 내놓았다. 그의 생각은 노동자 1천 명 당 1명의 대의원이 선출되는 것이었으나 멘셰비키는 여러 공장들과 노동조합에서 1백 명 당 1명 꼴로 대의원을 선

멘셰비키의 시민군

출하여 협의체를 구성하였다. 이제 소비에트는 멘셰비키의 주도 아래 놓였으며 대의원들 대다수가 이를 지지했다.

혁명의 소용돌이에 몰린 정부는 국민들의 신임을 얻기 위해 10월 선언을 발표했다. 니콜라이는 10월 선언에 관해 모든 일을 위테 수상에게 일임하였다. 하지만 니콜라이는 이에 대해 치를 떨었다.

"10월 선언을 생각만 해도 짜증이 난다."

10월 선언을 읽어본 위테 역시 같은 입장이었다.

"머릿속에서는 헌법을 생각하지만 가슴 속에서는 그것에 침을 뱉는다."

사실 10월 선언에는 별다른 내용이 없었으며 좀 더 구체화되어 1906년 3월 칙령으로 내려졌다. 그 내용은 다음과 같다.

"민선의회는 일종의 하원이 되어 국가회의를 견제한다. 황제의 동의 없이는 민선의회에서 예산과 법률을 고칠 수 없다. 또한 황제에게는 신이 부여한 최고의 전제권이 주어진다."

10월 선언은 당시 주변국들의 제도와 비교하면 전근대적이었으며 현실에 맞지 않았다. 정부는 이것을 통해 혁명 세력을 공격할 수 있는 시간을 벌어보려는 의도였다.

10월 선언 이후 파업은 일단 멈추었으나 파업위원회는 계속 활동했다. 정부 또한 자유를 약속했지만 전제 정치는 계속 되었다. 트로츠키는 당시 상황을 이렇게 말했다.

"모든 것이 주어졌으나, 사실 아무것도 주어지지 않았다. 프롤레타리아는 헌법으로 보장되어 있는 채찍을 원하지 않는다."

10월 파업을 기점으로 트로츠키의 활동은 두드러졌으며 모든 혁명가들에게 주목을 받았다. 그런데 재미있는 것은 당시 소비에

프리츠 플라텐 레닌의 동지이자 혁명가인 프리츠 플라텐. 레닌이 독일의 봉인열차로 러시아에 돌아갈 수 있도록 힘썼다.

트에 대한 레닌의 견해는 상당히 부정적이었다는 점이다. 레닌은 소비에트가 사회민주당의 강령을 인정하고 당으로 들어와야 한다고 주장했다. 이는 볼셰비키의 기본 입장이었다. 그러나 소비에트는 대중의 열광적인 지지를 받으며 역량을 발휘하였다. 그러자 레닌은 이틀 만에 태도를 바꿔 소비에트에 대한 전폭적인 지지를 표명하며 "소비에트는 노동자들의 의회도, 프롤레타리아의 자칭 정부기관도 아니며 목표달성을 위한 혁명조직"이라고 선언하였다. 그리고 소비에트에서 무정부주의자를 제외할 것을 주장했다. 이렇게 레닌의 입장은 상황에 따라 신축성 있게 움직였지만 볼셰비키와 멘셰비키의 갈등은 계속되었다.

멘셰비키의 지도자 악설로드와 볼셰비키의 레닌은 견해가 서로 달랐다. 악설로드는 러시아가 행하지 못했던 자치정부의 능력을 장기적으로 발전시키자는 서구적인 입장을 취했다. 반면에 레닌은 러시아 전통에 바탕을 둔 이론을 주장해 보다 설득력이 있었다. 그러나 멘셰비키가 소비에트의 중요성을 일찍부터 간파하고 그 형성에 자극을 준 것은 부인할 수 없다.

10월 파업으로 두각을 나타낸 트로츠키와 레닌은 대조되는 면이 많았다. 피셔는 두 사람의 차이점을 이렇게 말했다.

"트로츠키는 일차적으로 대중에게 호소하는 인간이며, 레닌은 조직형 인간이었다. 트로츠키는 추종자를 원했으며, 레닌은 복종적인 집행부를 원했다. 특히 레닌에게 중요했던 당은 트로츠키에게는 아무런 의미가 없었다. 트로츠키는 어떤 단체에 종속되는 것보다 무리 밖에서 뛰는 외로운 늑대의 역할을 좋아했고, 혀와 펜의 힘에 의한 것이 아니면 어떤 단체에도 소속되고 싶지 않았다. 반면 레닌은 사회주의 정당들에 대한 지배권을 추구했다."

이 극적인 대비는 훗날 레닌이 정권을 장악하는 데 중요한 요소가 되었다. 그렇지만 1905년의 상황은 트로츠키를 필요로 했고, 그의 지도력이 커지자 볼셰비키의 태도도 바뀌었다. 트로츠키는 감동적인 연설로 대중을 이끌어가는 혁명가였고, 소비에트를 움직이는 핵이었다.

파업은 러시아 전체를 힘들게 했다. 파업은 정부를 마비시킬 뿐 더 이상 큰 힘을 발휘하지 못했으며, 10월 선언으로 상당수의 국민들이 파업에서 떨어져 나갔다. 소비에트의 지도층은 10월 선언에 숨겨진 '헌법에 싸여 있는 채찍'을 인식시키려 하였으나 효과가 없었다. 소비에트는 파업을 중지하는 대신 10월 선언에 약속되었던 자유를 획득하는 것으로 눈을 돌렸다. 첫 번째 시도는 정치범에 대한 특사요구였다. 그들은 시위대를 동원하여 시가지를 행진하며 자신들의 요구를 국민들에게 알림과 동시에 행진방향을 형무소 쪽으로 돌렸다. 사태가 급박하게 돌아가자 위테 수상은 제2의 유혈충돌을 막기 위해 황제에게 특사령을 요구했다.

소비에트의 다음 목표는 출판의 자유였다. 트로츠키는 인쇄공들을 앞세워 행동에 들어갔고 그들은 정부의 검열을 완전히 무시한 채 스스로 검열하는 상황을 만들었다. 그들은 소비에트를 공격하거나 유대인 학살을 조장하는 문서의 인쇄는 일체 거부했다. 인쇄공들의 동맹이 힘을 발휘하자 정부에서는 10월 선언에 약속된 언론 및 출판의 자유를 허용했다. 이로부터 6주간 러시아의 신문들은 역사상 가장 많은 자유를 누릴 수 있었다.

소비에트의 다음 목표는 8시간 노동제였다. 이 목표는 지도층이 시작한 것이 아니고 노동자들이 스스로 취한 행동이었다. 그런데 10월 총파업 때와는 달리 고용주들은 8시간 노동제에 대해 비협조적이었다. 8시간 노동제는 고용주들에게 자유의 선을 넘는 방종으로 비쳤기 때문이었다. 고용주들은 정부와 입장이 같다고 생각하며 노동자들 요구에 맞서기 위해 조합을 결성했다. 이러한 생각은 주로 대기업과 국가기관이 주도했으며, 8시간 노동제를 관철시키려는 노동자는 해고하겠다고 공포하였다. 이러한 조치는 폴란드 포위령과 크론슈타트 해군과 선원들의 반란으로 이어졌다. 하지만 크론슈타트의 반란은 곧 진압되었고 주동자들은 모두 군법회의에 회부되었다. 소비에트는 반란 병사에 공감하는 표시로 다시 총파업을 결의하였다. 그러나 고용주들의 방해와 정부의 강경책으로 말미암아 효과는 크게 나타나지 않았다.

한편 황실 세력은 짜리즘을 수호하기 위해 법을 초월하는 부대를 조직했다. 이 부대는 민중 반란을 진압하는 것을 목적으로 하는 일종의 특공대로 전과자, 불량배, 파산자 등으로 구성되었다. 그리고 이들에게는 약탈, 강간, 살인 등 초법적인 특권도 부여되었으며, 이들을 흥분시키기 위한 술이 무한정 공급되었다. 정부에서는 이들을 세뇌시키기 위해 러시아가 일본에 패배한 것은 사회주의자들이 일본에 매수되었기 때문이며, 일본은 유대인에게 매수된 것이라는 일종의 종교적 교조를 주입하였다. 그들은 이 같은 내용을 전단으로 만들어 대중에게 뿌렸는데 재미있는 것은 전단의 하단에 쓰인 추신 문구였다.

"이 전단을 받은 사람은 6일 이내에 3통의 사본을 만들어 이웃 마을에 보내라. 이 명령을 따르지 않는 사람은 중병과 가난에 빠질 것이다. 그러나 세 통 이상 보내는 사람은 불치의 질병으로부터 치유될 것이다."

11월 11일 노동자들을 모두 학살할 것이라는 풍문이 나돌면서 몇 주 사이에 6천 명의 페테르부르크 노동자들이 칼과 채찍 등으로 무장했다. 12월이 되자 수백 명의 모스크바 노동자들 또한 무장했다.

12월 9일 드디어 정부가 행동을 개시했다. 그들은 첫 번째로 소비에트의 의장 쿠르스탈레브를 체포했다. 그러자 모스크바의 소비에트는 무장봉기를 주도하였고, 이 봉기는 시가전으로 확대되었다. 그들은 모스크바의 병사들을 끌어들이려고 시도하였으나 성공하지 못했다. 12월 27일에는 정부로부터 또다시 발포명령이 떨어졌다. 군대는 노동자들을 프레스니야 지구로 몰아넣고 사흘 동안 무차별 포격을 가했다. 이 과정에서 얼마나 많은 사람들이 죽었는지 확실한 자료가 남아있지 않으나 최소한 1천 명 이상이 죽은 것으로 전해진다. 그 뒤 이루어진 또 한 차례의 발포 명령으로 1905년은 완전히 피로 얼룩진 채 끝났다.

이 과정에서 행해진 소비에트 집행위원회 습격 사건으로 소비에트의 의장인 트로츠키를 포함하여 300여 명이 체포되었다. 그러나 체포된 사람들 가운데 볼셰비키는 한 명도 없었다. 법정에 선 트로츠키는 사회민주당을 옹호하면서 짜리즘을 신랄하게 비판했다.

크론슈타트 반란

법정에 선 그의 모습은 피고라기보다는 원고였다. 그에게는 시베리아 유형이 선고되었다. 그는 이송되기 전 14개월 동안 프랑스 소설에 푹 빠졌다.

그는 저작활동도 계속하여 마르크스의 《자본론》 제3권을 읽고 마르크스의 《지대론》에 대한 논문을 썼다. 또 소비에트의 역할과 러시아 혁명을 이끌어갈 세력에 대해서도 글을 남겼다. 이 글은 혁명의 정당성과 역할에 대한 신념을 더욱 굳게 하기 위해 쓴 것이다. 트로츠키는 시베리아의 오브드르스크로 유형되었으나 그곳에서 약 1천 마일 떨어진 지점에서 치밀한 계획을 세운 끝에 핀란드로 탈출하였다. 그는 스톡홀름을 통해 비엔나로 들어갔으며 러시아 혁명이 일어날 때까지 돌아오지 않았다.

혁명가 레닌

혁명을 꿈꾼 소년

러시아의 위대한 혁명가 블라디미르 일리치 레닌은 페테르부르크와 모스크바 사이의 심바르스크에서 1870년 4월 22일에 태어났다. 레닌이 태어난 1870년대 러시아 사회는 모순이 극에 달했고 혁명의 기운이 무르익고 있었다. 레닌의 아버지는 인민학교 교장이었고 어머니는 고등교육을 받은 진보적인 인텔리겐치아였다.

레닌에게는 누이 안나와 형 알렉산더가 있었는데 그의 생애에 커다란 영향을 준 사람은 형 알렉산더였다. 형제는 겉으로 나타난 모습도 상당한 차이가 있었고 성격도 대조적이었다. 알렉산더는 어머니를 닮아 키가 컸으며 항상 사색하는 모습으로 입을 굳게 다문 채 누가 말을 걸기 전에는 결코 먼저 입을 열지 않았다.

이에 반해 레닌은 작은 키에 20대에 벌써 대머리가 되었고 피부색은 회색 빛을 띠었다. 그의 외모는 주로 아버지를 닮은 것이었다. 또 알렉산더는 내성적이면서도 한 번 말을 하면 직설적이고 간결했고, 레닌은 시끄럽고 떠들썩한 성격에 농담을 좋아했다. 둘의 성격 차이는 그들이 좋아하는 작가에서도 뚜렷하게 나타났다. 알렉산더는 내면적이고 주관적인 도스토예프스키를 좋아했지만 레닌은 투르게네프와 톨스토이를 좋아했다.

알렉산더 레닌의 삶에 큰 영향을 준 형 알렉산더

형제는 둘 다 성적이 우수해서 각각 학급에서 수석을 차지했고 최우등생에게 주는 금메달을 받았다. 알렉산더가 페테르부르크 대학에 진학한 1883년 러시아 황실에서는 알렉산더 2세의 암살로 인해 알렉산더 3세의 반동적 억압정치가 거세졌다. 대학에는 반체제 학생단체가 생겨났고 우수한 알렉산더에게도 여러 곳에서 가입 요청이 쇄도했다. 그러나 알렉산더는 한 마디로 이들의 요청을 거절했다.

"학생 단체는 말로만 떠들 뿐 그곳에서는 배울 것이 없어."

하지만 갑작스런 아버지의 죽음으로 알렉산더는 변하기 시작했고 학생단체 활동에도 적극성을 띠기 시작했다. 마침내 이론적인 탁상공론보다 구체적인 행동을 원하는 그는 사상이 점점 과격해지면서 알렉산더 3세의 암살에 가담하였다. 암살단은 20~26세 사이의 청년 7명으로 결성됐고, 거사일은 알렉산더 2세의 암살 6

주년이 되는 1887년 3월 1일로 정해졌다. 알렉산더는 고등학교 때 받은 금메달을 전당포에 맡기고 그 돈으로 폭탄을 제조할 재료를 마련하였다.

그러나 거사 당일 이들의 음모가 발각돼 모두 체포되고 말았다. 재판이 시작되자 겁에 질린 동료들은 관련 사실을 부인하며 배신했지만 알렉산더의 태도는 달랐다. 그는 법정에서 소신에 찬 당당한 모습을 보이며 동료들에게 말했다.

"필요하다면 모든 책임을 나에게 돌려도 좋네."

또한 재판관을 향해서도 당당함을 잃지 않았다.

"나에겐 불쌍하고 가여운 러시아 인민을 돕겠다는 목표 외엔 아무 것도 없다. 그 목표를 위해 정직하게 행동했기 때문에 아무 것도 두렵지 않다. 조국을 위한 죽음보다 훌륭한 죽음은 없다."

법정에서의 연설은 모든 이를 감동시켰고 반동적 억압 정치로 일관했던 황제조차도 법정 기록을 읽어본 후 그에게 칭찬을 아

카잔 대학 19세기의 카잔 대학 주 건물

끼지 않았다.

"솔직함과 용기는 정말 대단하군."

그러나 알렉산더는 21살의 아까운 나이에 3명의 동지들과 함께 처형당했다. 레닌이 형의 소식을 들은 것은 심비르스크 고등학교 시절인 17세 때였다. 한창 감수성이 예민한 레닌에게 한 여교사가 주저하며 형의 소식을 전했다.

"어떻게 말을 해야 할지…. 형이 결국 사형에 처해졌어."

하지만 선천적으로 냉철한 이성을 가진 레닌은 슬픔을 이겨내려는 듯 비범한 모습을 보였다.

"형님으로서는 다르게 행동할 도리가 없었던 거지요."

이러한 사건에도 불구하고 레닌은 카잔 대학에 좋은 성적으로 입학했다. 당시 알렉산더 3세의 반동 정치는 더욱 악랄해졌지만 오히려 새로운 혁명세력을 키우는 결과를 가져왔다. 1883년 러시아 전역에 대기근이 발생하자 사회개혁을 요구하는 운동이 다시 일어나 사회민주당과 사회혁명당이 주도하기 시작했다. 그는 대학에서 법학과 경제학을 택했고 역사, 철학, 경제 및 자연과학에도 많은 관심을 기울였다.

레닌은 학생 시위에 참여했다는 이유로 체포되었다. 하지만 주동자가 아니었음에도 불구하고 맨 앞자리에 앉았기 때문에 학생증 제시를 요구받았다. 학생증을 대조하던 감독관은 갑자기 얼굴을 일그러뜨리며 그를 노려보았다.

"울리아노프? 차르를 암살하려던 알렉산더의 동생이 아니냐? 이 놈이 틀림없는 주동자다."

레닌은 이 사건으로 퇴학당했다. 그러나 강의에는 참석하지 않은 학생으로 1891년 페테르부르크 대학 법학부의 4년 과정을

연설 중인 레닌 공산주의의 프로파간다 회의에서 연설을 하는 레닌

테스트하는 검정시험에 모두 합격하였다. 또한 어머니의 도움으로 변호사 개업에 필요한 '충성과 선량한 성품증명서'를 받아냈다. 그의 변호사 생활은 순탄치 못했으며 하찮은 사건들도 빈번하게 패소했다.

마르크스와의 만남

레닌이 처음 마르크스의 저서를 접한 것은 1888년 가을 카잔 대학에 들어가서였다. 그는 마르크스의 《자본론》을 읽고 마르크스 학설에 어느 정도 익숙해지자 본격적으로 마르크시즘을 연구하여 받아들였다. 또한 《자본론》에 제시된 분석적 방법을 러시아의 통계자료에 적용시키기도 했다. 그는 사마리아의 변호사 시절 마르크시즘을 깊게 연구했고, 그에 관해 체계적으로 정리했다.

레닌이 발표했던 저작들은 마르크스의 영향을 많이 받았고, 주제는 한 가지로 정리됐다. 그는 농민을 계몽시켜 전제 정치에 반기를 들도록 해야한다는 인민주의자의 입장을 부인하면서 무산 노동 계급을 혁명의 주체 세력으로 보는 마르크스의 견해를 받아들였다. 때문에 러시아의 공업도시가 혁명의 지휘소라고 생각하였고, 1893년 23세 때 소도시인 사마리아를 떠나 페테르부르크로 가게 되었다.

그는 페테르부르크의 지하조직을 순회하면서 마르크스주의의 교리를 설교했다. 또 인민주의자들과 격렬한 논쟁을 벌여 그들의 강령이 현실을 제대로 파악하지 못하고 로맨틱한 환상에 빠져있다고 설명했다. 그리고 〈인민의 벗은 누구인가〉라는 논문에서는 순진한 나로드니크의 사상을 비판하기도 했다. 이제 러시아의 마르크스주의자들 사이에서 레닌의 이름을 모르는 사람은 없을 정도가 되었다. 이제 레닌은 페테르부르크에서 마르크스주의자들의 지도자

마르크스

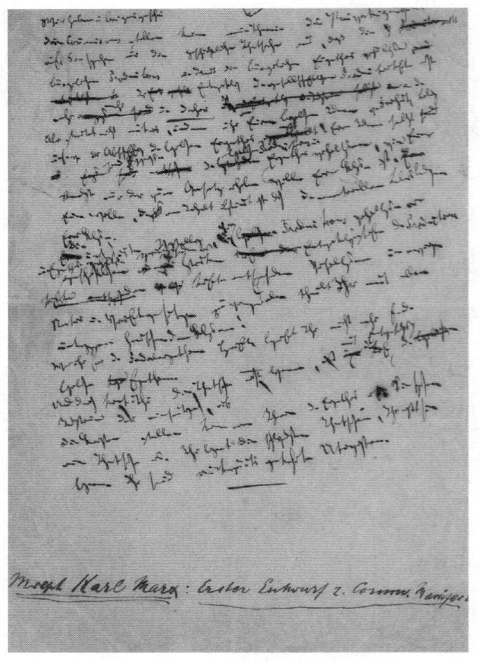

공산당 선언문 마르크스가 손으로 쓴 공산당 선언문.

로 인정받으며 집회와 토론 같은 일체의 모임을 이끌었다.

1894년 봄에는 26세의 콘스탄틴노브나 크루푸스카야를 만났다. 그들이 처음 만난 장소는 마르크스주의자들이 위장으로 벌인 팬케이크 파티였다. 당시 야학에서 학생들을 가르치며 노동 운동의 현장에서 일했던 크루푸스카야는 이 파티에 나오기 전에 이미 레닌의 저술에 대해 많이 들었기 때문에 한 눈에 레닌을 알아볼 수 있었다. 그들은 네바 강변을 거닐며 혁명 운동에 대해 이야기했으며, 레닌은 사회주의 혁명을 통한 희망을 이야기했다. 결국 서로 사랑하게 된 이들은 평생 같은 길을 가는 동반자가 되었다.

1895년 레닌은 페테르부르크에서 '노동자 계급의 해방을 위한 투쟁 동맹'을 결성하였다. 이 동맹에는 훗날 레닌의 정적이 된 마르토프도 참여하였다. 이 동맹은 토론 모임의 수준을 넘어 1895년 가을에 일어났던 파업을 지도하는 등 혁명 활동의 기반을 닦아 나갔다. 노동자들도 점차 이 동맹을 인식하기 시작했고, 마르크시즘 독서회와 이 동맹을 연결시켜 나갔다. 또 한편으로는 〈노동자대의〉라는 지하신문의 발간을 준비하였다. 레닌은 자신에 대한 감시가 확대되고 있음을 느끼자 암호사용법, 점조직법, 화학약품으로 칠해야 보이는 잉크의 사용법을 고안하여 감시망을 피할 방법까지 마련했다.

그러나 신문의 첫 교정지가 나오던 날 밤 경찰의 습격으로 레닌과 마르토프, 크르지자노프 등이 체포되었다. 레닌은 페테르부르크의 표트르 앤 폴 요새에 14개월 동안 수감되었다. 그는 이 기간 동안 엄청난 양의 책을 읽고 평생의 역작인《러시아의 자본주의 발달》을 집필하였다. 레닌의 학문적 열의에 감복한 검사는 형무소 도서관에서는 물론 외부에서 책을 들여오거나 구매하는 것도 허용하였다.

그러던 어느 날 3년 동안의 시베리아 유형이 선고되었다. 유형 생활은 괴롭고 힘든 상황의 연속이었다. 그와 함께 유형지로 떠난 동료 혁명가들은 괴로움을 이기지 못하고 피해망상증이나 신경쇠약 등에 걸려 혁명에 대한 의지가 꺾여버리거나 패인이 됐다. 이와 함께 유형자들 사이에서 분파도 조성됐다. 하지만 레닌은 다른 사람들의 개인적인 문제에는 전혀 관여하지 않았고 일고의 비평조차 삼가며 초연한 자세를 취했다.

유명한 여성 혁명가 콜론타이가 젊은 해군 장교오 크림 반도로 도망친 사건이 발생했다. 동료들은 분노하며 그녀를 엄격하게 처벌할 것을 원했으나 레닌은 다른 방법을 생각해냈다.

"그들에게 4년 동안 동거 생활을 형벌로 내리면 어떻겠소."

여기서 레닌의 일면을 엿볼 수 있다. 레닌은 다른 유형수들과는 격리된 생활을 하면서 오로지 학문에만 전념했고, 그 결실로 1899년에《러시아의 자본주의 발달》을 출간했다. 이

콜론타이 세계 최초의 여성 외교관이었던 콜론타이

책은 러시아 자본주의 발전의 초기 국면을 마르크스주의적 시각에서 가장 완벽하게 설명했다고 평가받는다. 그는 이 책을 통해 혁명가의 당은 대중적 정당이 아니라 엄격하게 훈련된 직업혁명가들의 소수정예 당이어야 하며, 그러한 준비를 갖추었을 때만 혁명의 지휘본부로서 임무를 다할 수 있다고 주장했다.

그런데 여기서 한 가지 짚고 넘어갈 것은 레닌이 주장한 '소수정예의 직업 혁명가 당'은 트카초프의 '소수정예의 당'이라는 개념과 사회주의 건설을 위해 혁명 후에도 당을 이용해야 한다는 생각을 발전시킨 것에 불과했다. 이러한 점에서 레닌은 무정부주의 강령이나 마르크스의 교리와도 분명한 차이를 보인다.

레닌이 유형 생활을 하고 있을 때인 1898년 3월, 러시아의 마르크스주의자들은 많은 단체들을 하나의 사회민주주의 정당으로 통합하려는 의도로 민스크에서 러시아 사회민주노동당을 결성하였다. 그러나 창당대회는 결실을 맺지 못하고 1차 대회에 참가했던 9명의 대표들이 체포되는 것으로 끝이 났다.

유형 생활이 끝나자 레닌은 사람들을 모아 당에 가입시키며 본격적으로 혁명을 위한 작업에 착수했다. 그러나 경찰들은 이를 방관하지 않았다. 경찰은 페테르부르크를 비롯한 대도시에서의 생활을 통제했다. 레닌은 나날이 심해지는 감시망을 피하고 혁명운동을 발전시키기 위해 국외로 도피하였다.

레닌의 망명 생활

그는 제네바로 떠났고 그곳에서 플레하노프를 만났다. 당시 러시아 내 마르크스주의 운동에 대해 플레하노프를 따라갈 사람은 없었다. 플레하노프는 러시아 사회주의 운동의 창시자일 뿐 아니라 그 운동을 20년 이상 이끌어온 인물이었다. 레닌은 그를 만난 소감을 다음과 같이 회상했다.

"내 평생 그와 같은 존경과 숭배로 다른 사람을 대해본 적이 없었다. 그의 앞에 섰을 때 비참할 정도로 위축되고 스스로에게 부끄러움을 느꼈다. 나는 어떤 사람에게도 이런 느낌을 가져 본 적이 없다."

그러나 레닌은 플레하노프를 자주 대하면서 그에 대한 실망이 싹트기 시작했다. 플레하노프도 이때

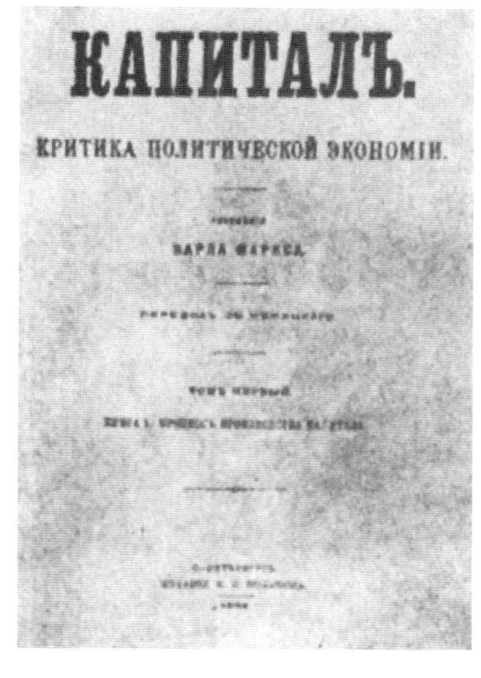

최초의 러시아어판 〈자본론〉

이미 레닌을 러시아 사회민주주의 운동의 최대 경쟁자라고 느꼈다. 따라서 플레하노프는 레닌을 차갑게 대할 수밖에 없었다. 레닌 역시 이제는 러시아 혁명 운동의 지도자 자리를 굳히기 위해 이제까지 사용했던 익명을 모두 버리고 레닌이라는 필명만을 쓰기로 결정했다. 이러한 까닭에 러시아에서 망명해온 혁명가들은 플레하노프는 물론 레닌도 만나려 하였다. 이들 사이의 갈등은 점점 커져 레닌은 플레하노프를 떠날 생각도 잠시 하였으나 혁명이라는 큰 꿈을 위해 참기로 결정하였다.

1900년 12월 21일 드디어 그들이 준비한 주간신문 〈이스크라〉가 독일의 뮌헨에서 발행됐다. 〈이스크라〉는 불꽃이라는 뜻으로 오도예프스키가 푸시킨에게 보낸 '불꽃으로 활활 타오르리!' 라고

플레하노프

한 답례시의 한 구절에서 따온 것이다. 이 신문은 비밀리에 러시아로 반입되어 이를 중심으로 지하단체들이 생겨났다. 〈이스크라〉는 레닌의 동지들에게 혁명적 신문에 지나지 않았다. 하지만 레닌은 계급투쟁과 대중의 분노를 하나로 묶어줄 튼튼한 줄로서 프롤레타리아 혁명을 주도할 참모본부가 될 것이라고 생각했다. 레닌은 〈이스크라〉를 통해 많은 논문을 발표했고, 이 이론들을 바탕으로 볼셰비즘의 이론체계를 완성시키고 있었다.

또한 그의 저서 《무엇을 할 것인가》에서는 당원 스스로가 자질을 향상시켜 시야를 넓혀야 하며, 이를 통해 당 자체를 프롤레타리아의 머리 위에 놓을 수 있다고 했다. 그래야만 프롤레타리아는 스스로를 국민 위에 놓을 수 있고 더 나아가서는 국제적 프롤레타리아트를 성립할 수 있다고 주장했다. 레닌의 이러한 사상은 볼셰비키의 혁명뿐만 아니라 국제공산주의 운동기구인 코민테른 창립의 시발이 되었다. 그는 차츰 독재적으로 흐르기 시작했고 엄격하고 중앙화된 피라미드 구조의 새로운 정당을 제안했다.

1903년 러시아 사회민주단체 대표자들이 런던에 모여 제2차 대회를 열었다. 이 대회에서 당의 강령과 규약이 채택되었고 지도부가 선출되어 실질적인 러시아 사회민주노동당이 결성되었다. 하지만 당원의 자격에 대해서는 이견이 있었다. 레닌은 플레하노프의 지지를 받아 소수정예의 당원이 노동자를 이끄는 당을 만들자고 주장하였고, 마르토프는 개방적인 민주적 정당을 주장했다. 이러한 의견 차이는 결국 표결에 붙여졌고 첫 번째 표결에서 마르토프와 악셀로드 등의 온건노선이 28대 22로 레닌의 강경노선을 제압했다. 그런데 분디스트 그룹(리투아니아, 폴란드, 러시아의 유대인 총동맹)이 자신들을 유대인 노동자계급으로 인정하지 않는 온건파를 지지할 수 없다며 대회를 거부했다. 결국 이 사안은 재투표에 부쳐졌으며 당을 인종별로 조직하는 것을 강력히 반대한 레닌이 지지를 받으며 다수파란 뜻의 '볼셰비키'가 되었고 마르토프 등의 소수파는 '멘셰비키'로 불리게 되었다.

로자 룩셈부르크

볼셰비키와 멘셰비키는 혁명의 전략과 전술에 있어서도 차이가 있었다. 볼셰비키는 권력의 전복과 집권에 강하게 집착한 반면 멘셰비키는 자본주의가 꽃 핀 후에야 사회주의로 이행이 가능하다는 정통적인 사회주의 이론을 고수했다. 당에 대해서도 볼셰비키는 소수정예의 당을 주장한 반면 멘셰비키는 분권화되고 합법적 수단에 의한 대중정당을 주장했다. 때문에 멘셰비키는 다른 정파와의 협력을 통해서라도 다수를 차지할 뜻을 보였으나 볼셰비키는 이를 거부했다.

그런데 볼셰비키의 이론과 실천에 대해 근본적인 비판을 가하며 레닌을 곤경에 빠뜨린 반대자들이 나왔다. 그 중심에는 살아

레닌과 크루프스카야
레닌과 그의 아내였던 크루프스카야

있는 혁명의 불꽃으로 불리는 여성 혁명가 로자 룩셈부르크가 있었다. 그녀는 독창적인 사상가로서 경제와 정치문제에 마르크스주의의 방법을 사용했고, 독일 사회주의의 과도한 중앙집권화를 반대하는 투쟁을 벌이고 있었다. 따라서 레닌의 중앙집권적 당 조직과 체제 전복에 원칙적으로 반대하였으며 대중의 창조적 역할을 누구보다도 강조하였다. 그녀의 이러한 입장은 멘셰비즘을 기회주의로 몰아붙이려는 레닌의 전략에 가장 큰 장애물이 되었다.

1905년 제1차 혁명 직후 볼셰비키는 런던에서, 멘셰비키는 제네바에서 각각 전당대회를 개최했다. 이들은 서로 다른 투쟁이론을 전개하였으며, 러시아 혁명 평가에 대해서도 의견이 달랐다. 이러한 혼란 속에서 니콜라이 2세는 여전히 민주의회 구성을 거부하였으며, 러시아 곳곳에서는 폭동이 일어났다. 그 결과 1905년 10월에는 대규모의 파업이 발생하여 러시아 경제는 파탄에 빠지게 되었다.

러시아 혁명과 제1차 세계대전

제1차 세계대전의 발발 배경

1913년 로마노프 왕조 건립 300주년 기념행사를 앞두고 황후 알렉산드라는 속으로 코웃음을 쳤다.

"개혁적 혁명주의자들이 소란을 피우지만 지금 이렇게 왕조 300주년을 축하하는 행사가 열리지 않은가. 그리고 러시아의 경제 또한 계속 발전하고 있지 않은가. 러시아의 미래를 걱정한 대신이 그저 한심할 따름이다."

황후가 이렇게 생각할 만큼 당시 러시아 국내 상황은 차츰 호전되는 것처럼 보였다. 실제 경제성장률도 상승세를 보였으며 노동자들의 생활도 다소 회복되고 있었다. 그러나 알렉산드라 황후의 행복과 러시아의 희망은 1914년 8월에 시작된 제1차 세계대전과 함께 완전히 깨지고 말았다.

그런데 재미있는 것은 요승 라스푸친이 황실의 미래에 대해 예언한 것이 그대로 적중한 것이다.

"전쟁을 통해 러시아와 황실이 몰락할 것이며, 당신은 마지막 한 사람까지 모두 잃게 될 것이오."

이 예언은 그가 1911년 황후 알렉산드라를 통해 차르에게 한 말이었다. 결국 제1차 세계대전이 일어났고 패배한 러시아에서는 혁명이 일어났으며, 로마노프 왕조는 몰락하고 말았다. 황실의 최후는 그가 예언한 대로였다.

제1차 세계대전이 일어난 것은 1914년이지만, 그 불씨는 19세기 후반 제국주의 열강들 사이의 식민지 분할이 거의 끝나갈 무렵부터 시작되었다. 20세기에 들어서자 열강들 사이에서는 분할된 식민지를 재분할하려는 싸움이 다시 벌어졌다. 특히 독일은 식민지에 대한 야욕을 채우기 위해 싸움을 서슴지 않았다. 독일은 영국과 프랑스가 차지한 식민지를 빼앗으려 했고, 러시아가 점유한 폴란드와 우크라이나 그리고 발트 해 연안을 빼앗으려 했다.

하지만 독일이 그 야욕을 먼저 표현한 것일 뿐 전쟁에 참여한 나라들도 나름대로 욕심을 품고 있었다.

전쟁이 시작되자 독일에게 적대감을 품던 영국과 프랑스는 러시아에 지원을 요청하였다. 러시아는 이들의 요구에 순순히 응했다. 당시 러시아는 이 두 나라에 몇 십억 루블의 부채를 지고 있었으며 경제적으로도 밀접한 관계를 맺고 있었다. 게다가 독일이 군침을 흘리는 러시아의 서부 지역을 지키기 위해 독일의 상대국들과 동맹을 맺은 것이다. 그런데 레닌은 1913년 고리키에게 보낸 편지에서 혁명에 대한 바람을 다음과 같이 적었다.

"혁명을 위해서는 오스트리아와 러시아 사이의 전쟁이 시작되어야 하지만, 오스트리아 황제나 러시아 황제가 우리에게 그런 기쁨을 줄 것 같지는 않습니다."

전쟁은 이들이 기대했던 대로 진행됐으며 러시아 혁명을 촉진시키는 결과를 낳았다. 구미의 열강들을 참혹한 전쟁 속으로 밀어넣은 제1차 세계대전은 당시 19세의 프란치프라는 학생이 쏜 두 발의 총성으로 시작됐다.

1914년 오스트리아-헝가리의 왕위 계승자인 프란츠 페르디난드 부처가 보스니아의 수도 사라예보를 방문했을 때 세르비아의 한 대학생인 프란치프가 황태자 부처를 암살했다. 이 사건을 계기로 오스트리아-헝가리 정부는 세르비아 정부가 사건에 배후에 있다고 주장하며 선전포고를 했다. 그러자 러시아가 슬라브족의 작은 아우인 세르비아를 지원하겠다고 나서 독일은 동맹국인 오스트리아-헝가리 제국을 지원하게 되었다.

독일의 러시아에 대한 선전포고는 러시아 국민들의 적개심을 불러일으켰으며 국민들이 단결하는 계기가 되었다. 러시아 국민

체포되는 프린치프

들은 자기들과 같은 핏줄인 세르비아를 위해 정의로운 전쟁을 수행하는 것이라고 생각했다. 독일은 우선 프랑스를 침공하고 다음에 러시아로 쳐들어갈 계획을 세웠다. 잘 훈련된 독일군이 8월 21일 프랑스를 침입하여 파리를 점령하자 프랑스는 정부를 보르도로 옮겼다. 프랑스와 영국은 동맹국인 러시아에게 러시아 동부전선에서 군사행동을 개시해 줄 것을 요청했다. 장비가 부족했음에도 불구하고 러시아의 2개 군단은 동프러시아에서 프랑스가 독일에게 짓밟히는 것을 막아 주었다. 이어 러시아는 동남부 전선에서 오스트리아-헝가리를 쳐부수고 갈리치아 지역을 점령했다. 상황이 급박하게 흐르자 독일은 프랑스에 진주하던 군대를 동부 전선으로 이동시켰다. 독일군의 이동과 함께 러시아는 동프러시아에서 독일에게 격퇴당했지만 독일의 파리 침공은 중단되었다. 러시아 서부 전선에는 하나둘씩 참호가 늘어나며 전쟁은 점차 장기화로 접어들었다.

1915년 많은 사람들이 종전을 기대하는 것과는 달리 전쟁은

회합 중인 농민

확대되었다. 그러나 러시아는 장기전에 전혀 대비하지 않았고 장비와 경제력에서 한계를 드러냈다. 그나마 비축돼 있던 보급품은 바닥났고, 당장 1천 만정 이상의 소총을 전선에 보내야 하는 상황이었지만 생산량은 그 절반 수준밖에 되지 않았다. 총알과 포탄 역시 충분치 못했고, 대포는 독일군에 비해 10분의 1 수준이었다. 또한 전선에 지급할 보급물자가 부족해 병사들은 배고픔과 질병에 시달렸다.

　1915년 독일군은 마침내 배고픔과 질병에 지쳐있는 러시아를 먼저 함락한 후 프랑스와 영국을 다시 공격하기로 결정했다. 철저하게 무장한 독일군과 오스트리아-헝가리군이 폴란드와 발트 해 연안, 백러시아에서부터 우크라이나의 서부 지역을 기습하였다. 그 결과 수백만 명의 피난 인파가 러시아 내륙으로 줄을 이었으며, 전사자는 15만 1천명, 부상자는 68만 3천명, 포로 89만 5천명이 발생하였다.

행진하는 러시아군

전쟁이 계속될수록 러시아 군사들의 사기는 떨어졌고 차르를 원망하는 소리가 높아졌다. 1916년 2월 파리로 통하는 베르덩 요새에서 독일의 공격이 다시 시작됐다. 동맹국의 요청으로 수천 명에 달하는 러시아군이 프랑스로 투입되었다. 1916년 6월 러시아군은 부루실로프의 지휘 아래 남서부 전선에서 총공격을 실시하여 오스트리아-헝가리 군대를 후퇴시켰다.

그러나 밀고 밀리는 장기전 속에서 경제는 혼란에 빠져들었고 철도는 연료 부족으로 수송량을 감당해내지 못했다. 또 농촌에서는 남자들을 절반 이상 잃어버렸기 때문에 농작물을 수확할 수가 없었다. 때문에 생필품의 가격은 전쟁 전에 비해 최소 2배~5배까지 뛰었고 농민들은 도시에 식량을 내놓지도 못했다. 이와 함께 노동자들의 파업은 1914년 34만 752건에서 1916년 한 해에 108만 6천354건으로 급증했다. 임금은 치솟는 물가를 따라잡지 못했고, 노동자들은 생계를 위해 도시로 몰려들어 임금은 더욱 낮아졌다. 경제가 극에 달하자 국민들 사이에서는 차르 정부에 대한 원망이 커졌고 전쟁 초기에 일어났던 애국심은 혁명 운동으로 변해갔다. 혁명 운동의 기운이 점점 커지면서 전국적인 동맹 파업과 농민 봉기가 일어났고, 심지어 굶주린 병사까지 봉기했다. 결국 전쟁은 라스푸친의 예언대로 러시아를 혁명으로 이끈 촉매 역할을 하였다.

라스푸친의 죽음

제1차 세계대전 와중에서 라스푸친의 영향력은 대단하였다. 라스푸친이 황궁에 들어온 경로를 살펴보면 그를 처음 모스크바로 데려온 사람은 부유한 상인이면서 과부인 바쉬마코마였고, 황후의 친구인 안나 브이르보바가 그를 황궁 안으로 끌어들였다. 라스푸친은 검고 산발한 머리에 턱수염을 길렀고 사람의 마음을 꿰뚫어 보는 듯한 날카로운 눈을 가졌으며 다부진 체격을 하고 있었다. 그는 연약한 여자들의 마음을 휘어잡기 위하여 교회나 수도원을 들락거리며 경건한 척했다. 그리고 자신을 믿고 따르는 여자들을 위로하며 자신에게 의지하게 한 다음 욕을 보였다. 이러한 라스푸친에게 홀딱 반한 황후는 교활한 이 사기꾼을 맹목적으로 신뢰하였다.

    1915년경부터 라스푸친의 궁정 지배가 확실해지자 그의 호색 행각과 귀족사회를 어지럽히는 문란한 생활에도 불구하고 감히 그를 저지하는 사람이 없었다. 사람들 입에서는 탄식의 소리가 절로 나왔다.

    "아, 러시아는 독일에게 망하는 것이 아니라 시베리아의 사기꾼한테 망하겠구나!"

그런데도 황후는 이러한 상황을 깨닫지 못하고 그에 대한 존경의 편지를 보냈다.

"빨리 와 주세요. 나는 그대를 기다리고 있습니다. 나는 그대의 신성한 축복을 청하는 바이며 하나님의 축복을 받은 그대의 손에 키스하고자 합니다. 영원히 사랑합니다."

상황이 이에 이르자 니콜라이 대공을 비롯한 대신들은 라스푸친을 제거하기로 결심했다. 그는 라스푸친을 전장으로 끌어내 제거하려 했지만 라스푸친은 속지 않았다. 라스푸친이 니콜라이 대공 정도를 없애는 것은 식은 죽 먹기였다. 니콜라이 대공은 승산 없는 싸움을 시작했고, 승리는 라스푸친에게 돌아갔다. 황제는 라스푸친의 말에 따라 니콜라이 대공을 해임했고, 유능하게 전쟁을 수행한 플리바노프 대공도 이런 식으로 해임했다. 이렇게 유능한 신하들이 하나둘씩 사라지자 전쟁은 원활하지 못하고 독일에게 밀리게 되었다.

니콜라이 2세

1916년 9월 차르는 총사령관의 지위로 손수 전장에 나가는 또 한 번의 어리석음을 저질렀다. 통치자로서의 자질이 모자랐던 그는 전장에서 역시 무능함을 여지없이 드러냈다. 더욱이 그가 출전한 동안 내정은 모두 황후와 라스푸친에게 돌아갔다. 그리고 황후는 전장에 있는 차르에게 라스푸친의 작전지시를 그대로 전했다.

"폐하, 우리의 친구는 너무 고집세게 진격하지 말라고 합니다. 우리의 친구가 밤에 계시를 받았는데, 라트비아 지역을 공격해야 한다고 합니다. 밀가루와 버터, 설탕을 실은 마차만을 통과시키라고 명령 내려야 한답니다."

라스푸친의 지시를 적은 황후의 편지는 전장의 황제가 충실히 이행했다. 결국 전쟁도 라스푸친의 손에서 수행된 꼴이었다.

사태가 이쯤에 이르자 황실의 권위는 실추되었고 거리에는 황후와 라스푸친을 조롱하는 벽보가 나붙기 시작했다. 일부 고관들과 황제의 형제인 미하일 대공 그리고 황제의 어머니까지도 사태의 심각성을 깨닫고 차르에게 충고했지만 모두 허사였다. 참다못한 차르의 어머니는 직접 전장으로 달려가 거의 호소하다시피 사정하였다.

"니키, 제발 수도로 돌아가거라. 어서 돌아가 제국과 신민들을 구해라. 너의 아내와 라스푸친의 손에서 러시아 제국이 망해가고 있어."

"어머님, 라스푸친은 전능하신 하느님이 보낸 사람입니다."

"이것 봐 니키, 제발 정신 좀 차려. 어서 나와 함께 가자."

하지만 차르는 움직일 생각조차 하지 않았다. 독일에게 밀리는 상황에서 이러한 여론까지 합쳐지자 국민들이 거세게 일어났다.

"독일 출신의 황후를 궁정에서 몰아내라."

라스푸친에 대한 원성이 높아지자

라스푸친과 차르 라스푸친에게 조종당하는 차르와 황후를 풍자한 당시의 풍자만화.

푸리시케비치와 유스포프 공작, 다른 대신들은 치욕과 파멸로부터 차르 왕조를 구하기 위해 라스푸친을 제거하자는 계획을 세웠다. 그 중에서 유스포프는 당시 러시아에서 가장 많은 유산을 상속받은 사람으로 러시아 황제의 조카인 이리나 공주와 결혼한 상태였다.

그는 결혼을 전후해 라스푸친을 만났고, 그와 대화하는 도중에 충격적인 말을 듣게 되었다.

유스포프

"니콜라이는 황제가 아니야. 그저 하느님의 어린아이일 뿐이지. 그러나 황후는 대단히 현명한 통치자지. 그녀는 아마 제2의 캐더린 여제가 될 거야. 러시아의 미래를 위해선 일단 황후가 섭정하며 황태자에게 황제의 지위를 계승시켜야 해."

유스포프는 라스푸친이 군주제를 망친다고 판단하고 그를 없애기로 결심했다. 때를 맞추어 푸리시케비치가 의회에서 라스푸친을 신랄하게 비판했고 그들은 서로 뜻을 맞추어 암살을 계획했다. 그즈음 라스푸친은 신상에 대한 위험을 감지했는지 황제에게 예언적인 신비로운 편지를 보냈다. 그 내용은 아직까지도 전설처럼 전해지고 있다.

"제가 1월 1일 이전에 죽을 것 같습니다. 만일 일반 백성, 특히 나의 형제인 러시아 농민의 손에 의해 죽게 된다면 황제께서는 그 자리에서 계속 통치할 것이고, 황제의 가족들도 두려워할 것이 아무 것도 없습니다. 그러나 만약 귀족들의 손에 살해된다면 그들의 손은 제 피로 젖을 것이며, 제 피는 25년 동안 그들의 손에서 지워지지 않을 것입니다. 그들은 러시아를 떠나게 될 것이고 형제가 형제를 죽이고, 서로가 서로를 미워할 것입니다. 또한 저의 죽음을 가져온 사람이 황제의 친척이라면 황제의 자녀들과 친척들은 2년 내에 모두 죽을 것입니다."

라스푸친은 자신의 운명에 대해서도 어느 정도 예측했던 것으로 보인다. 여하튼 라스푸친을 암살하려는 음모가 발전하여 드디어 1916년 12월 29일로 거사일이 잡혔다. 그들은 우선 라스푸친을 유스포프 공작의 집으로 초대하여 지하 식당에서 독약이 든 음식을 먹인 다음 그가 쓰러지면 다른 사람들이 2층에서 내려와 그의 시체를 치우는 것으로 계획했다. 중요한 것은 라스푸친이 의심없이 초대에 응하도록 하는 것이었다. 섣불리 그를 초대했다가는 니콜라이 대공처럼 싸움을 시작하기도 전에 이슬처럼 사라질 수 있었다. 그래서 그들은 라스푸친이 유스포프의 부인 이리나 공주의 청초함에 반한 것을 눈치채고 그녀를 이용하기로 했다. 당시 이리나 공주는 건강을 위하여 크림 반도에서 휴양 중이었다.

그들이 세운 계획은 조심스럽게 진행됐다. 라스푸친은 공주가 보낸 초대장을 받고는 기쁨에 탄성을 질러댔다.

"이리나 공주가 나를 초대한다고, 그 아름다운 공주가. 드디어 기회가 온 것 같군. 슬슬 그물을 던져볼까."

유스포프 궁

음흉한 생각을 품은 라스푸친은 죽음의 덫이 드리워진 줄도 모른 채 한껏 기뻐했다. 라스푸친의 흔쾌한 응낙으로 그들의 계획은 일단 성공에 가까워졌다.

그들은 일단 큰 연회를 열어 라스푸친을 극진히 대접하며 술로 마음을 놓게 하였다. 한참 연회가 무르익자 유스포프는 독약이 든 술과 과자를 라스푸친에게 권했다.

"자, 한잔하시지요. 제가 어렵게 구한 술입니다. 그리고 요리사가 방금 구워낸 특제 과자도 드시구요."

라스푸친은 독이 든 술과 과자를 먹고 마셨으나 미동도 하지 않았다. 오히려 술을 마시고 흥이 오른 듯 유스포프에게 기타 반주를 부탁하며 노래를 불렀다. 독이 든 술과 과자를 마시며 2시간여를 보냈으나 라스푸친은 끄떡도 하지 않았다. 이 광경을 보던 모든 사람들은 진땀을 흘리며 두려움까지 갖게 되었다. 유스포프는 더 이상 지켜볼 수가 없었다. 그는 최후의 결심을 한 듯 라스푸친을 향해 권총을 빼들었다.

"탕"

유스포프는 한 발의 총알을 쏘았고 정확하게 라스푸친의 등에 맞았다. 그는 쓰러지는 듯했으나 두 눈을 부릅뜨고 유스포프의 멱살을 잡고 목을 졸랐다. 유스포프는 혼비백산하여 비명을 지르며 문 쪽으로 도망쳤다.

"총에 맞아도 죽지 않는다. 귀신인지 사람인지, 도와줘."

이때 푸리시케비치가 뛰어나와 라스푸친을 향해 두 발의 총알을 발사했다. 그리고 다시 한 발의 총알을 쏘았을 때 라스푸친은 비로소 쓰러졌다. 그런데도 라스푸친은 죽지 않았다. 그들은 다시 라스푸친을 밧줄로 꽁꽁 묶은 후 네바 강의 얼음을 깨고 강물 속으로 그를 던져버렸다. 며칠 뒤 그의 시체가 물 위로 떠오르자 검시가 시작되었다. 그런데 기막히게도 사인은 독살도 총살도 아닌 익사로 판명되었다.

이렇게 해서 괴기한 요승 라스푸친은 사라졌지만 그가 러시아에 드리운 그림자는 너무 깊었고, 로마노프 왕조는 붕괴의 길로 치달았다.

2월 혁명과 임시정부의 수립

빵을 달라

제1차 세계대전이 시작되면서 러시아에는 먹구름이 끼기 시작했다. 전선에서는 연전연패하였으며, 1915년에는 폴란드, 리투아니아, 루마니아의 국경에 이르는 서부 지역을 잃었다. 서부 전선의 붕괴는 러시아 군부에 위기감을 조성하였고, 차르의 권력도 위축되었다. 게다가 다다넬즈 해협에서 동맹군이 패하자 터키 전선까지 러시아가 맡아야 했다.

1917년 새해를 맞이하였으나 러시아의 국내 상황은 점점 더 악화되었다. 제대로 먹지 못하고 장비도 부족한 러시아 군대는 계속 패하였고 많은 병사들이 죽었다. 게다가 기본적인 생계가 해결되지 않자 노동자들의 시위와 파업이 점점 늘어 1917년 1월과 2월에는 파업이 1천330건 발생했다. 당시 두마의 의장인 로드지앙코가 황제에게 보고한 경제상황은 다음과 같았다.

"주식인 밀과 보리는 최소 수량의 50퍼센트 정도 그리고 버터는 25퍼센트만 보급되고 있습니다. 난방을 위한 기름은 턱없이 부족해서 방 안에서도 두꺼운 옷을 껴입어야 할 정도입니다. 그리고 교실의 온도는 섭씨 6~7도 정도여서 학생들이 견디기 어려운 상황입니다."

    이러한 경제적 어려움과 함께 고위층의 무능과 사회적 모순은 시민들의 생활을 비참하게 만들었다. 2월 중순에 들어서면서 식량공급은 더욱 악화되어 수도지구 사령관이었던 카발로프 장군이 자구책으로 식량 배급제를 실시했다. 그러나 그마저도 시행한 지 얼마 되지 않아 끊기고 말았다. 영하 22도의 추위 속에서도 몇 시간 동안을 떨며 식량 배급을 기다리는 시민들에게 "더 이상 배급할 식량이 없다."는 말은 굶주림과 추위에 지친 그들을 분노의 도가니 속으로 몰아넣었다.

    사랑하는 남편과 아이들에게 제대로 음식을 주지 못해 가슴 아파하던 부인들에게 더 이상의 질서는 무의미했다. 가정주부들은 빵 가게와 식료품 가게를 습격하였고 이에 방직공장의 여공들도 합세하였다. 차르 정부는 이러한 무질서 상태를 바로잡아보려 애를 썼으나 소용없는 일이었다.

    정부는 혼란한 정국을 해결하려고도 하지 않은 채 두 갈래로 양분되었다. 한 쪽에서는 영국과 프랑스 몰래 독일과 강화조약을 맺고 그들의 군사력을 이용하여 혁명 세력을 잠재움과 동시에 군주제를 유지하고자 했다. 다른 한 쪽에서는 10월당과 입헌민주당 등의 부르주아 정당 지도자들이 독일과의 강화조약과 혁명이 무르익어 가자 궁정 혁명을 꾀하기로 결정하였다. 상황이 두 갈래로 양분되자 러시아의 군부와 영국, 프랑스 대사들이 궁정 혁명을 지지하고 나섰다. 그들은 니콜라이 2세를 왕위에서 밀어내고 12살

상트페테르부르크 격동의 역사의 무대가 되었던 19세기의 상트페테르부르크 전경

의 황태자를 옹립한 후 미하일 대공이 섭정하도록 하고자 했다. 이렇게 하면 10월당과 입헌민주당의 지도자들로 구성된 정부가 혁명 세력을 누르면서 전쟁을 계속 수행할 수 있었기 때문이었다. 그러나 군주제를 구하고자 하는 허망한 꿈은 혁명의 소용돌이 속에서 깨지고 말았다.

　2월 23일 국제 여성의 날을 기점으로 러시아 사회민주당 볼셰비키 페트로그라드 지하위원회는 노동자들의 시위를 조직하려 하였다. 그러나 시민들이 그들의 지도를 기다릴 것도 없이 시위는 자연스럽게 발생하며 전국으로 퍼졌다.

　"어린 아이들이 굶고 있다. 빵을 달라."

　도심 곳곳에서 구호가 터져나오기 시작했다. 시위대의 숫자가 점점 늘어나자 그들은 용기를 얻었다.

　"전쟁을 종식하라. 전제 정부를 타도하자."

　그들은 〈라 마르세예즈〉를 부르며 붉은 깃발을 흔들었다. 이에 정부는 페트로그라드에 수만 명의 군 병력과 예비군을 배치시켰다. 그러나 군인과 예비군마저 시위대에게 동조하는 빛을 띠며 동정의 눈빛을 보냈다. 이제 노동자와 병사는 적이 아니었으며, 배고픔과 부자유 속에 묶인 같은 친구였다. 당시 니콜라이 2세는 그들 가족과의 긴 해후를 마치고 다시 출정해 있었다. 황후는 2월의 사태를 차르에게 이렇게 전했다.

"이것은 부랑자들의 반란입니다. 젊은 불량배들과 파업에 참여한 노동자들이 흥분하며 소란을 피우는 것입니다. 두마가 얌전하게만 굴어주고 시간이 조금 흐르면 모든 것이 조용해질 것입니다."

수도로부터 정보가 사실상 차단된 차르는 황후가 보낸 편지가 최대의 정보였으므로 이를 그냥 믿었다. 그러나 황후가 편지를 보낸 2월 25일, 상황은 더욱 악화되었다. 공부하던 학생들이 거리로 뛰쳐나왔고 공장은 멈춰 섰으며, 노동자들은 더욱 극렬해졌다. 전차도 운행이 정지되었고, 신문도 나오지 않았다. 그때서야 사태를 감지한 니콜라이 2세는 카발로프 장군에게 전보를 보냈다.

2월 혁명

"내일 즉시 수도에서 발생하는 모든 시위를 진압하라."

이 명령을 시발로 그 날 밤부터 차르의 비밀경찰과 헌병대는 시위군중의 지도자인 볼셰비키를 체포하기 시작했다. 그러자 볼셰비키는 지하로 잠적하여 앞으로 전개될 상황을 예의주시했다. 비밀경찰이나 헌병대 역시 마찬가지였다. 그들이 공통적으로 예견한 것은 군부가 차르를 택하느냐 아니면 시민의 편으로 돌아서느냐에 따라 대세가 결정될 것이라는 판단이었다.

2월 26일 오전부터 노동자들이 도시로 집결하자 이에 대비해 군의 병력이 배치되었다. 그런데 병사들과 군중은 눈인사하거나 정답게 대화를 나누는 등 전과는 이미 다른 상황이었다. 하지만 장교들은 달랐다. 그들은 사병들이 군중들과 대화하는 것을 금했고, 시위 군중에게 발포할 것을 명령하였다. 병사들은 명령이라 따르기는 하였지만 조금 전까지 다정히 이야기를 나누던 친구를 쏠 수는 없었다. 병사들의 총부리는 하늘을 향한 채 공포만 발사될 뿐이었다. 그러자 화가 난 장교들이 기관총을 집어들어 사정없이 쏘아댔다.

"두드득, 두드득"

시민들이 피를 뿌리며 쓰러졌다. 그러자 노동자들은 쇳조각이나 돌멩이를 던졌고 아녀자들은 울부짖으며 병사들을 둘러쌌다.

"제발 더 이상 총을 쏘지 마세요. 총을 쏠 테면 우릴 먼저 쏘세요."

이러한 불상사가 계기가 되어 파블로프스키 연대의 제4 중대에서 발포 거부가 시작되었다. 그들은 오히려 기마경찰들을 쏘았다. 다음날 파블로프스키 연대 4중대의 발포 거부는 연대 전체로 번졌다. 급기야 프레오브라젠스키 연대가 이에 동조하였고, 모스코프스키 연대도 봉기에 동참했다. 장교들은 차르의 명령을 들먹이며 병사들을 제어하려 했으나 병사들은 오히려 장교들에게 총부리를 겨누었다.

"어서 썩 꺼져, 이 멍텅구리야. 그 알량한 차르와 함께 꺼져버리란 말이야. 그렇지 않으면 내 손이 가만히 있지 않을 테니까."

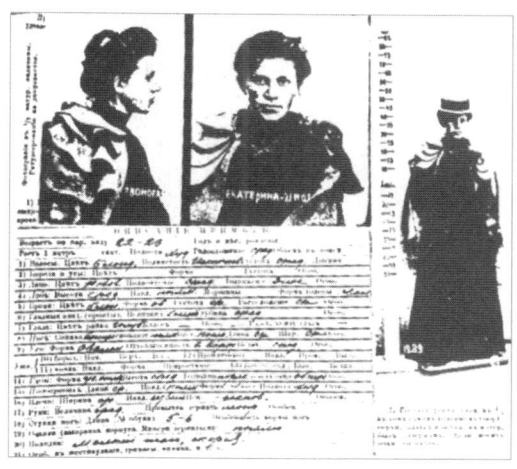

비밀경찰이 기록한 여자 볼셰비키의 기록

그리고 시위 군중을 향해 이제 친구가 됐음을 알렸다.

"이제는 겁먹지 말고, 우리에게로 오시오. 여기에 무기가 있소. 이제 우리는 하나요."

병사들은 국민들의 편으로 돌아서서 무기고를 탈취하여 무기를 나누어 주었다. 무장한 노동자와 병사들은 파출소와 법원청사 등 정부기관을 점거하였다. 그리고는 동궁으로 달려가 황제의 깃발을 내리고 붉은 깃발을 올렸다.

우유부단한 두마

2월 27일 수도에서 일어난 혁명은 승리로 나타났다. 이렇게 2월 혁명은 식량문제에 시달리던 대중이 자발적으로 일으킨 것이며 이에 군대가 노동자들과 합세함으로써 이루어졌다. 이는 전제정권이 식량, 토지, 전쟁 문제 등을 조속히 해결하지 못해 발생한 사회적 분노가 한순간에 폭발한 것으로 볼 수 있다. 그러나 혁명이 성공한 것으로 끝난 것은 아니었다. 러시아의 미래를 위해 누가 이 사태를 어떻게 끌고 가는가가 가장 큰 문제였다. 앞에서도 말했듯이 볼셰비키뿐만 아니라 모든 반체제 정당들도 2월 혁명에 아무런 기여를 하지 못했고, 성공을 예측하지도 못했다. 그들이 할 수 있었던 일은 반(反)차르를 위한 선전활동뿐이었다. 레닌도 이 사건에 대하여 민중의 힘을 인정했다.

"거대한 군중의 물결이 모든 것을 덮쳤으며, 이 물결은 수적인 면뿐만 아니라 사상적인 면에 있어서도 의식화된 프롤레타리아트를 압도하였다."

정부의 지도자들은 강경파와 온건파로 나뉘었다. 강경파인 프로토포프 내상은 두마를 해산하고 반정부적 의원들을 체포하여 강력하게 시위를 진압할 것을 주장했다. 그에 반해 온건파인 골리친 수상은 두마 내의 입헌주의적 의원들과 합세하여 점진적으로 개혁하자는 절충론을 들고 나왔다. 평상시 관료들은 권력욕에 젖어있던 프로토포프 내상보다는 골리친 수상의 방법에 기울어져 있었다. 그러나 현 사태는 비상을 요하는 급박한 상황이었기 때문에 강경파 쪽을 지지하는 결과를 낳았다. 우선 골리친 수상은 차르의 칙령으로 두마의 해산을 명했다.

그러나 두마의 의원들은 무조건 해산을 반대하며 새로운 길

두마 회의실 타우리데 궁전의 두마 회의실.

을 찾았다.

"지금 이 시점에서 두마가 해산된다면 우리가 이제까지 차르께 주장하고 간청한 것이 모두 수포로 돌아가지 않소."

"그렇다고 어떻게 차르의 칙령을 거부한단 말이오."

"그러면 이러한 방법은 어떻겠소? 일단 차르의 명령에 복종하는 의미로 의사당 본관에서의 모임은 삼가고 별관에서 회의를 열기로 합시다. 그런 다음 최고의 해결책을 마련하여 차르께 보고한다면 예를 갖추며 우리의 의지를 펼쳐갈 수 있지 않겠소."

그러나 한편에서는 로드지앙코가 황제에게 새로운 정부를 구성할 것을 촉구했다.

"폐하, 상황이 악화되고 있습니다. 나라와 왕조의 운명을 결정할 시기가 왔습니다. 신속한 조처를 취해주십시오. 내일이면 너무 늦을 것입니다."

그러나 니콜라이 2세는 황후로부터 보고를 받은 후였기 때문에 로드지앙코의 전보를 던져버렸다.

"멍청한 것, 저 뚱뚱보 로드지앙코가 나에게 바보 같은 얘기를 써보냈다. 이 쓸모없는 전보에 나는 회신도 하지 않을 것이다."

그러나 상황은 걷잡을 수 없이 진행되었고 감옥의 문이 열려 정치범들과 그 밖의 다른 죄수들도 풀려나와 시위에 가담하였다. 그러자 강경파를 이끌던 내상 프로토포포프는 내각 총사직을 주장하며 나가버렸다.

"이제 남은 일이라곤 나를 총살하는 것뿐이오."

그러자 황제의 동생 미하일 대공은 전선에 있는 황제께 모든 사실을 알렸다. 상황은 전달 받은 황제는 침통한 표정을 지었다.

"차르스코에 셀로로 가서 모든 것을 결정하겠다."

이 소식을 전해들은 내각은 모든 것을 포기했다. 한편 혁명이 진행되는 동안 병사와 노동자들은 1905년의 경험을 되살려 농민들의 소비에트, 공장 근로자들의 소비에트, 그리고 군부의 소비에트를 새롭게 구성했다. 또한 다른 한 편의 무장한 시위 군중은 의사당 앞으로 달려가 미친 듯이 떠들어댔다.

"우리에게 명령을 내리시오. 이제부터 우리가 할 일이 무엇인지 말이오."

무장한 채 떠들어대는 군중 앞에서 대부분의 의원들은 절망한 듯 고개를 숙였고, 일부 의원들은 도망치기도 했다.

웅변가 케렌스키의 등장

이때 두마의 뛰어난 웅변가로 소문난 케렌스키가 시위 군중 앞에 나타났다. 당시 36세의 정치가인 그는 시위 군중 앞에 서자 뛰어난 달변으로 군중에게 반정부적 명령을 내렸다.

"장관들을 모조리 체포하시오. 우체국, 전신국, 전화국을 점거하시오. 그리고 주요기관과 철도, 정부청사를 점령하시오."

그리고는 로드지앙코에게 권력을 잡으라고 권했다. 그러나 황제의 충실한 신하였던 로드지앙코는 이를 거부했다.

"나는 반란에 가담하고 싶지 않소."

"만약 당신이 잡지 않는다면 어떤 다른 사람이라도 잡게 될 것이오. 어차피 누군가는 잡아야 한단 말이오."

여러 사람이 권유하자 그때서야 로드지앙코는 마지못해 정권 인수를 결심하고 책임 있는 새로운 정부를 구성하겠다고 군중에게 약속했다. 그는 친차르적 극우파를 제외한 두마 내의 모든 정당, 정파의 지도자들 12명으로 임시집행위원회를 구성했다. 이로써 로드지앙코를 수뇌로 하는 두마 새 정부가 탄생했다. 그리하여 러시아에는 소비에트와 두마의 임시집행위원회라는 이중의 세력이 형성되었다.

이중 구조의 두드러진 특징은 권력을 점점 잃어가는 임시집행위원회와 자신들조차 모르게 실권을 잡게 된 소비에트였다. 이제 소비에트는 명실 공히 권력기구로 등장하게 되었다. 소비에트는 우선 식량문제를 해결하기 위해 식량배급위원회를 창설하고, 각 공장에는 노동자 부대를 조직했다. 그리고 소비에트의 활동을 알리는 뉴스라는 뜻의 〈이즈베스차〉지도 발행하였다. 이 밖에도 트로츠키는 군부대마다 병사들의 대표위원회를 구성하도록 제안했으며, 군대에서 종사한 사람들 역시 한 사람의 시민으로 평등함을 선포했고, 그들에 대한 난폭한 행동을 금하도록 하였다.

웅변가 케렌스키

그런데 소비에트와 두마의 임시집행위원회는 양쪽 모두 권력을 장악하겠다거나 혁명을 이끌어나갈 구체적인 계획을 준비하지 않았다. 두마 집행위원회의 지지기반은 주로 서구화된 자유주의적 전문 지식인들과 관리들, 그리고 상공업에 종사하는 중산층이었다. 때문에 이들이 느끼는 불만은 한정적이었고 계속되는 혼란보다는 안정적인 방향으로 왕정을 유지하려고 노력하였다. 반면 소비에트는 노동자, 농민, 병사들을 지지기반으로 물가 안정과 토지의 획득을 원했다.

소비에트 내의 사회주의자들 사이에서도 전부터 있었던 볼셰비키와 멘셰비키의 혁명노선에 대한 갈등이 여전했다. 우선 멘셰비키는 프롤레타리아 사회주의 혁명이 이룩되려면 먼저 부르주아 민주주의 혁명이 이루어져야 하고, 전제 체제가 부르주아지에 의해 완전히 타도될 때까지 사회주의자들은 노동자들을 도와 전제 체제를 타도하는 것을 목표로 삼아야 한다고 주장했다.

볼셰비키 역시 기본적으로는 같은 입장이었지만, 레닌의 견해는 러시아의 부르주아지는 민주적인 성격이 없기 때문에 러시아의 부르주아 민주주의 혁명은 노동 계급의 동맹에 이루어야 한다고 주장했다. 그리고 두마의 임시집행위원회를 타도하고 소비에트가 임시 혁명 정부를 수립할 것을 주장하였지만, 이제 막 유형지에서 풀려난 그들에게는 그만한 조직력도, 뚜렷한 방안도 없었다. 그렇기 때문에 지금 당장은 멘셰비키와 협력해야만 했다.

한편 니콜라이 2세는 전장으로 속속 날아드는 전보들을 보며 그때서야 수도의 상황을 제대로 파악할 수 있었다.

2월 28일 황후로부터 전보가 전해졌다.

선거 포스터 1917년 사용된 사회주의혁명당의 선거 포스터. 케렌스키는 사회주의혁명당에서 정치 활동을 시작했다.

"폐하, 양보가 불가피합니다. 시위대와의 전투가 계속되고 많은 군대가 적에게 넘어갔습니다."

황후는 3월 1일에도 당시 상황을 황제에게 전했다.

"동궁이 혁명 세력에게 장악되었으며 두마의 임시집행위원회가 구성되었습니다."

또 다음 날인 3월 2일 밤 8시경 니콜라이 2세는 절망스러운 전보를 전해받았다.

"페트로그라드와 차르스코에 셀로의 모든 군대가 혁명군에 가담했습니다."

니콜라이 2세는 엄청난 배신감을 느끼며 절망했다. 사태가 돌이킬 수 없이 흘렀음을 감지한 황제는 오랫동안 거부해왔던 제안을 수락했다.

"두마가 받아들일 수 있는 새 내각 구성에 동의한다."

그러나 그의 명령보다 먼저 소비에트와 임시집행부는 새로운 정부를 세우는 데 합의하고 각료들의 인선까지 끝낸 상태였다. 외상에는 영국식 통치를 주장하는 카데츠(입헌민주당)의 밀류코프가 선임되었고, 케렌스키가 법무상, 그리고 10월파를 대표하여 구츠코프가 전쟁상, 그리고 대중적 인기가 높았던 로보프공이 수상이 되었다. 로드지앙코는 두마의 영향력이 감소함에 따라 영향력 역시 줄어들었다. 반면 소비에트는 점점 더 힘을 갖게 되었다.

이러한 새 내각은 니콜라이 2세의 퇴위를 전제로 구성된 것이었다. 10월당의 당수 구츠코프와 군주주의자 슬리긴은 3월 2일 니콜라이 2세가 머물던 프스코프에 도착했다. 그들은 차르에게 퇴위할 것을 권했고, 시류의 흐름을 더 이상 막을 힘도, 거부할 수도 없었던 니콜라이 2세는 3월 2일 드디어 퇴위를 발표했다.

니콜라이 2세와 황후
니콜라이 2세는 2월 혁명으로 1917년 3월 15일 퇴위했다.

"짐은 나의 아들 알렉세이에게 제위를 물려주겠노라."

그런데 이제 12살인 알렉세이는 직접 통치할 수 없고 섭정을 둔다 해도 알렉세이가 수도를 떠나 가족과 함께 크림으로 떠날 수는 없었다. 생각이 여기에 이르자 황제는 순간 고민에 빠졌다. 알렉세이가 황제가 되어야만 러시아 제위에 대한 불가침의 정당한 권리를 가질 수 있지만, 혈우병인 알렉세이가 다른 사람의 손에서 보호받는 것은 아들의 목숨을 내는 것과도 같았다. 니콜라이는 알렉세이의 주치의로부터 들었던 말을 떠올렸다.

"폐하, 그 병은 불치병입니다. 그러나 그 병에 걸렸어도 오래도록 사는 사람이 있습니다. 그렇지만 행여 말을 타다가 떨어져 피가 나기라도 한다면 그것은 그때의 운명에 맡기는 수밖에 없습니다."

니콜라이 2세는 한참을 고민한 끝에 결정을 내렸다. 그는 퇴위서를 받으러 온 임시정부의 대표들에게 낮고 떨리는 목소리로 말했다.

"짐은 제위를 포기하기로 했다. 동생 미하일에게 제위를 양위한다. 경들은 아버지로서의 나의 심정을 이해해주기 바란다."

그러나 이 소식을 들은 노동자, 농민들은 황제의 퇴위에도 만족하지 않았다.

"오십 보 백 보다. 그 물이 그 물이다."

이러한 사태를 지켜보던 로드지앙코와 케렌스키는 미하일에게 상황을 바로 볼 것을 권고했다.

"시민들이 저렇게 반대하는데, 이 시점에서 제위를 차지한들 무슨 의미가 있겠소. 시민들의 뜻에 따르는 것이 좋겠소."

미하일은 제의를 받아들였다. 이로써 제정시대는 붕괴되었고, 로마노프 왕조는 304년 만에 막을 내렸다.

1917년 10월 혁명

밀봉 열차를 타고

차르에 의한 전제정권이 붕괴되면서 1917년 4월에는 러시아의 혁명가들이 귀국하기 시작했다. 플레하노프, 레닌, 체르노프 등 굵직굵직한 혁명가들이 모두 이 달에 국내로 들어왔다. 레닌이 러시아에서 2월 혁명이 일어났다는 소식을 접한 것은 스위스 취리히에서였다.

 2월 하순의 어느 날 저녁식사를 끝마친 그는 다시 도서관으로 가려고 준비하고 있었다. 바로 그때 폴란드인 동지 한 사람이 헐레벌떡 뛰어들어오며 상기된 목소리로 말했다.

 "레닌, 소식을 들었어요? 러시아에 혁명이 일어났어요."

 레닌은 곧 신문을 통해 이를 확인하고 즉각 귀국을 서둘렀다. 귀국 준비를 하는 동안 레닌은 귀국 후에 실행할 계획안을 준비하느라 머릿속이 분주했다.

 "현재 러시아 정부는 이중 구조로 되어있다. 즉 임시정부와 소비에트가 그것이다. 소비에트는 평화, 빵, 자유를 원하는 민중의 대표이고, 임시정부는 부르주아지 계열, 즉 이들의 자유주의적 경향은 로마노프 왕조를 타도하는 데에 국한되어 있다. 따라서 두 집단의 이해관계는 서로 대립될 수밖에 없다. 임시정부에서는 민중의 소원을 풀어줄 수도 없고, 자유 또한 줄 수 없다. 왜냐하면 임시정부는 전쟁 수행을 담보로 프랑스와 영국의 보조를 받고 있기 때문이다. 또한 이러한 정부는 민중에게 빵을 줄 능력도 없다. 빵을 주려면 자본가와 지주계급의 재산을 빼앗아 골고루 분배해

볼셰비키의 연설 1917년 페트로그라드에서 노동자와 군인들 앞에서 연설하고 있는 볼셰비키

야 하는데 부르주아 정부란 원래 사유재산 제도를 보호하게 마련인 것이다."

레닌의 머릿속은 이런 생각들로 바빠졌다. 레닌은 흥분을 가라앉히고 차분히 계획을 짜기 시작했다.

"러시아의 혁명은 아직도 제1단계의 과도기에 불과하다. 이제는 부르주아지에게서 권력을 빼앗아 프롤레타리아트에게 넘겨주어야 하며 전 러시아의 노동자, 농민, 군인들은 페트로그라드시의 소비에트 영도하에 단결해야 한다. 소비에트가 권력을 장악하게 되면 즉시 휴전하고, 전쟁 수행을 위해 부르주아 정부가 진 10억 달러의 부채는 자신의 배를 채우기 위해 들여온 돈인 만큼 자본가들이 갚아야 한다고 선언해야 한다."

레닌의 구상 속에는 벌써 실제적인 정치 일정까지 짜여 있었다. 그는 우선 임시정부를 타도하고 소비에트 권력을 볼셰비키가 장악한 후 노동자, 농민에게 그들이 원하는 토지, 빵, 자유를 주는 것이 가장 시급한 문제라고 생각했다. 대체적인 생각이 정리되자 레닌은 러시아로 하루 속히 돌아가려 노력하였으나 쉬운 일은 아니었다. 일단 전쟁을 수행해야 하는 임시정부가 그의 귀국을 막았다. 그렇다면 레닌은 정부의 승인을 거치지 않고 제3국을 통해 입국할 수밖에 없었다. 하지만 그 통로 역시 영국과 프랑스를 통해서만 가능한 일이었기 때문에 귀국은 쉽게 이루어지지 않았다. 전쟁을 수행해야 하는 영국과 프랑스는 전쟁을 반대하는 러시아 정치 망명객들이 입국하는 것을 강력히 저지했다. 또한 러시아 정부에서도 외무상 밀류코프의 성명이 있었다.

공산주의자의 포스터
"레닌 동지가 지구를 청소하다"란 뜻의 포스터로 레닌이 빗자루로 자본가와 왕족, 군부 세력을 몰아내는 모습을 그렸다.

"볼셰비키에게는 절대로 입국 비자를 발급하지 말도록 각 국의 대사들에게 명하시오."

정부는 반전론자인 레닌이 입국하면 전쟁을 수행하는 데 어려움을 겪게 될 것이 분명했기 때문에 이를 막을 수밖에 없었다.

상황이 이렇게 흘러가자 레닌은 스위스에 그냥 머물러 있을 수밖에 없었다. 이제는 자신을 보호해주던 이곳이 너무 지겹고 저주스럽게 느껴졌다. 그는 악마에게 영혼을 맡기고 하늘을 나는 요술담요를 살 수 있다면 기꺼이 사고 싶은 심정이었다. 레닌이 귀국을 하지 못하는 사이에 어느덧 3월이 지났고 마침내 마르토프가 묘안을 제시했다.

"영국과 프랑스 말고 또 다른 통로가 있습니다."

"뭐라고, 어디야, 어떤 통로야."

급해진 레닌은 다그쳐 물었다. 그러나 마르토프는 그를 진정시키려는 듯 차분히 그리고 치밀하게 계산된 그의 묘안을 풀어놓았다.

"동맹국이 아닌 적국 독일을 이용하는 것입니다."

"음, 독일이라, 가능할까?"

독일 정부에게 독일을 경유해 스칸디나비아를 거쳐 러시아로 입국하겠다고 요청하면 그들은 일단 여러 가지로 생각할 것이다. 우선 반전 운동가인 러시아 혁명가들이 입국하게 되면 국론이 분열되어 혼란이 일어난다. 그렇게 되면 자연스럽게 국내로 병력이 이동해 그 공백 상태를 이용하면 서부 전선의 연합국을 전면 공세를 할 수 있을 것이다. 내분으로 약해진 러시아를 쉽게 집어삼킬 수 있다는 심산으로 독일은 이들의 러시아 입국을 도와줄 것이라고 마르토프는 계산했다.

사실상 당시 독일 정부는 러시아가 약화될 수 있는 일이라면 무엇이든 서슴지 않았다. 러시아의 혁명을 돕기 위해 해외로 망명한 혁명 지도자들을 지원하는가 하면(일부 혁명가들은 독일로부터 돈을 받았다고도 한다) 반정부적인 유인물 반입을 도와주기도 했다. 독일 정부는 마르토프의 이런 제안에 레닌의 입국이 분명 독일에게 도움이 될 것으로 기대하고 그들을 돕기로 했다. 그런데 독일 정부에서는 방법상의 문제를 놓고 골머리를 앓았다.

"그들은 직업 혁명가이고 영향력도 있는 사람들인데, 그들 중 누군가가 독일 국내로 잠입하거나 우리 국민들 중 어떤 사람이 그들에게 접근해 정보라도 흘리게 된다면 큰 일이 아니오."

"그렇소. 그들 중 누군가가 독일의 사회주의 운동에 끼어든다면 파급 효과도 클 것이오."

그들은 숙의 끝에 러시아 정치 망명객들을 위해 특별열차를 마련하였다. 소위 '밀봉된 열차'였지만 러시아의 혁명가들에게는 아무런 문제가 되지 않았다. 이 밀봉 열차에는 볼셰비키 19명, 유대인 동맹회원 6명, 국제주의 멘셰비키 3명 그리고 그 외의 러시아 혁명가들을 포함한 32명이 타고 있었다. 그들은 밀봉 열차를 타고 독일을 통과한 다음 기선으로 스웨덴에 도착하여 그곳에서 다시 기차를 갈아타고 러시아로 들어갔다.

4월 3일 그들이 페트로그라드의 핀란드 역에 도착했을 때는 늦은 오후였으나 엄청난 인파가 역 주변과 광장을 메우고 있었다. 건물에는 볼셰비키의 슬로건들이 곳곳에 걸려있었고, 남녀 노동자들은 붉은 깃발을 흔들어댔다. 많은 병사들이 받들어 총 자세로 군악대와 함께 도열했고 볼셰비키들은 손에 꽃을 들고 기다리고 서 있었다. 이때 소비에트의 의장인 멘셰비키의 츠케이드제가 인파에 밀리면서 겨우 대합실로 들어섰다. 드디어 레닌이 훗날 레닌 모자로 불린 둥근 모자를 쓰고 그 모습을 나타냈다. 그의 얼굴은 좀 긴장한 듯 얼어붙은 표정이었다. 츠케이드제는 레닌에게로 다가서며 인사를 건넸다.

"레닌 동지, 페트로그라드 소비에트의 이름과 전체 혁명의 이름으로 당신의 러시아 귀환을 환영합니다. 우리 혁명적 민주주의의 일차적 과업은 안팎의 어떠한 방해로부터 혁명을 방어하는 것입니다. 우리가 요구하는 것은 민주 세력의 분열이 아니라 더욱 다지는 것입니다. 당신이 우리와 함께 이 목표를 추구하기를 희망합니다."

이때 레닌은 자신에게 쏟아지는 절대적 인기와 영향력을 깊이 인식하며, 군중을 향해 외쳤다.

"모든 권력을 소비에트로."

후에 이 구호는 그의 인기와 영향력을 크게 확대시켰다. 레닌은 그에게로 몰려드는 인파를 뚫고 간신히 역 밖으로 빠져 나왔다. 군중은 환호를 보내며 그에게 달려들었다.

"레닌 만세!"

그들은 또 프랑스 혁명 때 불렀던 라 마르세예즈를 미친 듯이 불렀다. 병사들이 레닌을 호위하며 볼셰비키 당사로 사용 중인 유명한 발레리나 크셰신스카야의 저택으로 향했다. 저택에 도착한 레닌은 발코니로 나가 빽빽이 몰려든 군중을 향해 연설을 시작하였다.

"친애하는 동지들, 병사들 그리고 농민 여러분! 나는 여러분과 함께 러시아 혁명을 맞이하게 되어 대단히 기쁩니다. 그리고 여러분을 전 세계 프롤레타리아트 군대의 전위대로서 맞이합니다. 약탈적 제국주의 전쟁은 유럽 전체의 내란입니다. 전 세계적 사회주의의 여명이 밝아오고 있습니다. 이제 유럽의 자본주의는 무너질 것입니다. 여러분이 성취한 러시아 혁명은 새 기원이 되었으며 그 길을 열었습니다."

그는 가슴 뜨거운 연설을 마친 후에 다시 한 번 혁명을 축하했다.

"사회주의 혁명 만세!"

레닌은 곧바로 저택으로 들어가 동료들과 함께 전쟁과 토지 문제, 또 내분과 기아 문제를 어떻게 해결해야 할 것인가에 대해 밤을 지새우며 토론하였다. 그리고 이튿날인 4월 4일 볼셰비키 간부회의를 소집하고는 '4월 테제'를 발표하였다. 레닌은 이 발표를 통해 부르주아 민주주의 혁명을 사회주의 혁명으로 전환하는 구체적인 계획을 제시했다.

세부 사항을 살펴보면 첫째, 전쟁을 종식시키려면 자본주의를 타도해야 한다. 둘째, 우리 당은 현재 상태와 같은 과도기에서는 전술에 신축성을 가져야 한다. 셋째, 임시정부를 더 이상 지원하지 말 것이며, 소비에트의 권력을 확정함과 동시에 소비에트 내에 볼셰비키 세력을 확장시켜야 한다. 넷째, 의회제 공화국을 지지하는 사람은 받아들일 수 없으며 군대, 경찰 및 관료제도는 폐지해야 한다. 다섯째, 모든 토지는 국유화하고, 은행들은 소비에트 통제를 받는 단일 국립은행으로 통합해야 한다. 여섯째, 생산과 분배에 대한 소비에트의 통제를 확대하고 당 대회를 확대하여 당의 강령을 새로운 상황에 맞도록 개정하고, 당의 명칭을 사회민주당에서 공산당으로 바꾸어야 한다. 일곱째, 새로운 혁명적 국제조직을 창설한다.

레닌의 4월 테제가 발표되자 다른 당들뿐만 아니라 당내 우파들도 반기를 들고 난색을 표했다. 그가 주장하는 것은 여러 가지로 모순되었지만, 그중에서도 혁명이 자본주의의 단계를 거치지 않고 노동자, 농민의 국가인 사회주의로 도달할 수 있다는 점은 마르크스의 이론을 벗어난 것이었다. 또한 프롤레타리아트의 빈농이 곧바로 권력을 잡아야 한다는 것도 무리였다. 레닌은 대중을 이끄는 당의 역할을 강조했고, 멘셰비키의 입장을 무시한 채 볼셰비키의 입장만을 일방적으로 강요하였다. 레닌의 주장은 전반적으로 냉대를 받았으며, 그의 영향을 지대하게 받았던 지노비에프조차 고개를 흔들었다. 그럼에도 불구하고 레닌은 괴테의 《파우스트》에 나오는 한 구절을 인용하면서 4월 테제를 관철시키려고 하였다.

"다른 일체의 이론은 회색이며, 푸르른 것은 영원한 생명의 나무다."

드디어 3주간의 노력 끝에 레닌은 4월 테제를 볼셰비키의 공식 입장으로 만들었다. 레닌의 주장이 관철된 것은 정치적으로 대단히 중요한 의미를 갖는다. 사회혁명당이나 멘셰비키가 타협과 합리적인 방안만을 모색하고 있을 때 레닌은 자신을 정점으로 하는 볼셰비키당을 독보적 정당으로 확립시켰다. 이것은 권력 장악의 기회를 볼셰비키 쪽으로 한 걸음 당긴 결과를 가져왔다.

케렌스키의 임시정부

4월 테제가 발표된 후 더욱 무력해진 임시정부는 4월 18일 밀류코프를 통해 연합국의 우려를 풀 각서를 보냈다.

"우리는 승리의 순간까지 연합국에 대한 의무를 완전히 준수할 것이다."

이 소식은 연합국에게 신뢰감을 줄 수 있었을지는 모르나 국민들에게는 커다란 분노를 샀다. 더욱이 볼셰비키는 '반전론'을 외치며 선동하였으며, 4월 21일에는 약 10여만 명의 노동자·병사들이 종전을 외치며 거리로 뛰쳐나왔다. 임시정부로서는 이 같

시위대의 행진 노동자와 병사들이 "모든 권력을 볼셰비키에게!"라고 외치며 페트로그라드 시가를 행진하고 있다.

은 상황이 4월 테제와 함께 커다란 위험요소로 다가왔다. 그러자 임시정부는 소비에트에 연정을 요청하였고, 소비에트가 이를 수락함으로써 5월 5일 새 정부가 수립되었다. 물론 볼셰비키는 이에 반대하고 나섰다.

 임시정부가 이중 권력 구조를 유지하면서 소비에트와 어깨를 맞대는 데는 여러 가지 이유가 있었다. 그중에서도 1905년에 결성되었던 노동자 소비에트의 부활과 함께 군대 소비에트의 창설로 소비에트의 힘이 막강해진 데에 있었다. 이들은 2월 혁명의 초기에 재건되었으며 당시 노동자들은 온건 사회주의자, 멘셰비키, 좌파 사회혁명당의 영향을 받고 있었다. 때문에 소비에트가 말하는 이데올로기나 계획은 임시정부의 의도와는 완전히 상반된 것이었다. 말할 것도 없이 임시정부는 소비에트를 내치고 싶지만, 소비에트에게는 언론조직과 전국의 노동자 계급, 그리고 군대의 절대적인 지지가 있었다. 따라서 막강한 영향력을 행사하는 소비에트와 직접 충돌한다는 것은 어리석은 짓이었다. 임시정부가 살아남기 위해서는 소비에트의 눈치를 보며 일하는 것이 최상책이었다.

임시정부의 가장 큰 현안은 토지문제였다. 농민들은 혁명 이후 더 이상 기다리는 자세를 취하지 않았지만 임시정부는 선뜻 해결하지 못하고 미온적 태도를 취했다. 그러자 농민들은 도처에서 영주들을 기습하여 토지를 몰수하는 등 자신들의 방식으로 문제를 해결했다. 농민들은 더 이상 정부의 심의나 음모, 의회의 결정에 개의치 않고 그들 스스로 토지 접수를 준비했다. 이 같은 사태가 발생했음에도 임시정부는 현실을 인정할 것인가 아니면 농민과 맞서 싸울 것인가에 대해 선뜻 답을 내리지 못했다. 임시정부가 내린 결론은 그저 기다린다는 것뿐이었다.

1917년 6월 페트로그라드에서 제1차 러시아 노동자·병사 대표자 소비에트가 열렸다. 이 대회에는 볼셰비키 105명, 멘셰비키 248명 그리고 농민 쪽에 기반을 둔 사회혁명당이 258명, 그리고 뚜렷한 당적을 나타내지 않은 대의원을 포함하여 1천여 명이 넘게 참석했다. 볼셰비키란 원래 다수파란 뜻이지만 이 대회에서는 그 뜻과 벗어나 있었다. 그러나 볼셰비키가 무서운 단결력으로 무장한 반면 다른 세력들은 그 힘을 규합하지 못하고 있었다. 이 대회의 가장 큰 쟁점은 임시정부에 대한 지지안이었다. 이 대회에 참석한 레닌은 임시정부를 강력하게 부정했다.

"모든 권력을 소비에트로! 우리는 임시정부에 대한 소비에트의 지지를 반대합니다. 볼셰비키는 이제 러시아의 운명을 책임질 준비가 되어있습니다."

그러나 대회에 선출된 소비에트의 중앙집행위원회는 멘셰비키와 사회혁명당원들로 대부분이 구성되어 있었기 때문에 임시정

케렌스키의 임시정부

부를 지지했다. 사태가 이렇게 흘러가자 명연설가 케렌스키가 기다렸다는 듯이 레닌을 통렬하게 공박하고 나섰다.

"러시아 민주주의의 과업은 혁명의 산물을 공고히 하여 해외로 망명했던 레닌 같은 동지들이 자유롭게 말할 수 있고 더 이상 망명 생활을 할 필요가 없게 하는 데 있습니다. 그런데 레닌 동지께서는 꼭 어린아이 같은 처방, 즉 체포, 파괴, 처형만을 제시하고 있습니다. 도대체 당신의 정체는 무엇입니까? 사회주의자입니까, 아니면 차르 체제의 비밀경찰입니까?"

레닌은 이 대목에서 더 이상 들어줄 수가 없었는지 그의 발언을 가로막고 나섰다. 그러나 명연설가인 케렌스키가 중도에서 멈출 리 없었다.

"레닌 동지는 우리에게 프랑스 대혁명의 전철을 밟도록 가르치고 있습니다. 그러나 프랑스 혁명은 끝내 독재로 마감하였습니다. 동지가 고의는 없으나 반동 세력과 무모한 동맹을 결성하여 우리 임시정부를 파괴한다면 그대는 진정한 독재자를 위해 문을 열어 주는 격이 될 것입니다."

레닌과 케렌스키, 이 두 사람은 이 순간 앙숙처럼 만났지만 이들의 인연은 레닌이 심비르스크 고등학교에 다닐 때부터 시작되었다. 레닌은 고등학교 시절 형이 처형당한 사건으로 아주 차가운 사람이 되었다. 형이 처형된 후 사람들은 그 불운의 집으로부터 등을 돌렸고 적대시하였다. 그러나 당시 심비르스크 고등학교 교장 표도르 케렌스키(임시정부 수상인 케렌스키의 아버지)는 황제 암살 미수범인 레닌의 형에게 금메달을 주었다는 이유로 상부로부터 문책을 받았다. 그럼에도 불구하고 레닌이 다시 수석으로 졸업하자 조금의 망설임도 없이 레닌에게 금메달을 주었고 레닌의 장래에 대해서도 진심 어린 충고를 아끼지 않았다. 또한 그가 카잔 대학에 무난히 입학할 수 있도록 추천장까지 써주었다. 레닌은 어려운 상황에서 그에게 커다란 신세를 진 셈이었다. 그런데 케렌스키와 레닌이 이같이 앙숙처럼 으르렁거리는 모습을 표도르 케렌스키가 보았다면 어떤 심정이었을까?

연립정부의 전쟁상을 맡고 있던 케렌스키는 임시정부의 지지 기반을 넓히려는 생각으로 공격 명령을 내렸다. 그러나 러시아는 비참할 정도로 참패를 당하였고, 7월 6일 이후부터 독일의 반격을 받기 시작하였다. 전선에서 사망자가 늘어나자 후방의 군인들과 노동자들은 반란을 일으켜 페트로그라드 소비에트까지 돌진했다. 그들은 소비에트가 강력하게 권력을 잡아줄 것을 원했지만 멘셰비키와 사회혁명당의 지도자들은 그들과 담판을 짓지 못하며 시간만 보냈다. 소비에트가 주저하는 이유는 마르크스적 혁명이론

7월 사건 임시정부는 군대를 동원해서 노동자들의 시위를 탄압하였다.

의 원칙을 고수하기 때문이었다. 융통성 없는 이들의 완고한 태도는 시위에 참가한 노동자와 병사들을 흥분시켰다.

"이 멍청이들아, 지지할 때 권력을 잡아."

케렌스키는 이번 시위를 무력으로 진압할 것을 정부당국과 미리 약속하고 북부전선의 친정부적 군대를 끌어들였다. 무력 진압으로 약 4백여 명의 부상자를 내고 사태는 수습되는 국면을 보였다. 이와 더불어 임시정부에서는 정국을 유리하게 만들 수 있는 꼬투리를 찾아냈다.

임시정부는 현재 혁명 지도자로 활약하는 레닌이 적국인 독일의 자금을 받아 볼셰비키당 자금으로 사용한다고 국민에게 폭로했다. 그리고 레닌이 타고 온 밀봉 열차도 독일과 짜고 정부를 전복한다는 약속하에 받은 것이라는 소문도 나돌았다. 이 충격적 사건은 볼셰비키를 커다란 위기로 몰아넣었고, 멘셰비키나 사회혁명당이 주류를 이루었던 소비에트조차 임시정부에 종속되는 듯 보였다. 7월은 혁명가들이 다시 위기에 처한 시기였다. 케렌스키는 이 기회를 놓치지 않고 새 내각을 구성하고 자신이 수상의 자리에 앉았다. 그리고 페트로그라드 콜로프체프 장군에게 레닌을 체포할 것을 명령했다.

"레닌을 어떠한 방법으로든 잡아라. 체포가 불가능하면 사살해도 좋다."

위기에 처한 레닌은 다행히 그를 지지하는 군대의 지원을 받아 지하로 잠적하였다. 이 당시 레닌에 대해서는 모두 냉담하였고, 심지어 볼셰비키당에서 탈당하는 사람들도 나왔다. 상황이 임시정부에 유리하게 돌아감에도 불구하고 임시정부의 힘은 여전히 약했다. 임시정부는 전쟁을 확실히 종결짓지도 못했고 또 부르주아에게서 등을 돌려 과감히 노동자 계급에게 다가서지도 못했다. 또한 혁명의 대세를 지지하지도 않았다. 그저 양보와 호소만으로 국민을 자신의 편으로 끌어들이려는 우유부단한 정책만 구사하며 결국 실패로 끝났다.

여군 결사대 제1차 세계대전을 전후로 러시아에서는 병력으로 차출된 남성들을 대신한 여성들의 중요성이 높아졌고, 1917년에는 여군 결사대가 조직되었다.

러시아의 사회주의자들과 케렌스키는 스스로가 역사적 요구를 이해하지 못하고 부르주아 민주공화국을 위한 싸움만 했기 때문에 그들에게 날아들었던 호기조차 잡지 못하고 실패로 마감하였다.

코르닐로프 장군의 반란

강력한 지도력을 발휘하지 못한 채 가까스로 볼셰비키의 공격을 잠재운 임시정부에게 이번에는 우익 반동 세력이 고개를 들고 일어났다. 계속되는 혼란 속에서 소비에트는 권력 장악을 거부하였고, 임시정부 또한 강력한 행동을 취할 수 없을 만큼 미약한 상태였다. 또 볼셰비키와 그들을 지지하던 과격한 대중들도 레닌의 잠

정부군의 무장해제 정부군이 무능한 임시정부에 대해 무장 해제를 하고 있는 모습

적으로 침체되어 있었다. 이때 육군 참모총장이던 코사크 출신의 코르닐로프 장군이 쿠데타 준비를 하고 있었다. 당시 군부는 분열됐고, 장교들은 2월 혁명 이후 괴로운 생활을 하고 있었다.

"수백 년 동안 우리 장교들은 러시아를 지켰으며 헌신적인

파수꾼이었다. 죽음 이외에는 그 어떤 것도 우리 역할을 빼앗아 갈 수 없다. 이러한 우리들을 폭군의 하수인으로 여기는 혁명분자들과는 어떠한 타협도 할 수 없다."

당시 군부에서는 군을 통합하여 힘을 회복하려는 시도가 있었다. 군의 힘을 회복하는데는 두 가지 방안이 있었다. 하나는 장교들을 통해 군대에 또 하나의 군을 조직하는 것이었고, 또 다른 방법은 지원병으로 구성된 돌격대를 각 연대 곳곳에 배치하여 핵심요원으로 활동하게 하는 것이었다. 최종적으로 두 번째 방법이 채택되었고, 돌격대에게는 음식과 특별장비가 지급되었다. 그리고 전사시에는 가족들에게 연금이 지급되도록 조치하였다. 이들 특수요원들은 주로 병사위원회에서 해고된 장교나 국가에 대해 충성을 보였던 병사들로 구성되었다. 그러나 급하게 만들어지는 바람에 이들의 반혁명적 기능이 백일하에 드러났고 병사위원회는 조직을 해산할 것을 촉구했다. 당시 총사령관 부루실로프는 이번 사건에 대해 군대의 분열을 초래한다는 이유를 들어 관심을 보이지 않았다. 군부의 계획이 실패하자 그들은 책임을 물어 부루실로프를 제거했다. 부루실로프의 뒤를 이어 실권을 잡은 사람이 바로 코르닐로프였다. 그는 사자와 같은 가슴을 가진 사람이란 별명답게 임시정부와 군 최고사령관에게 강력한 전문을 보냈다.

"우리의 바보 같은 군대는 뺑소니만 일삼고 점점 파멸해가고 있다. 이러한 사태에 처해 있는 본관의 임무는 일단 모든 전선에서 공격을 일체 중단하고 해이해진 기강을 확실히 잡아 엄격한 군율을 가진 군대로 재조직하는 것이다."

장교들이나 우익 정당들은 코르닐로프가 이 혼란을 해결할 유일한 인물이라고 믿었다. 이러한 반혁명적 분위기가 고조되자 케렌스키는 실추된 임시정부의 위신을 만회하고 혁명으로 인한 무질서를 바로 잡기 위해 코르닐로프를 총사령관에 임명했다. 당시 코르닐로프의 인기는 대단했고 질서를 원하는 자유주의자들과 우익 정당의 부추김으로 자연스럽게 쿠데타를 감행하게 되었다. 힘을 갖게 된 코르닐로프는 관할지역 내의 토지문제에 대한 권한도 행사하였다. 그는 오합지졸의 군대가 아닌 소수 정예부대로 전쟁을 수행할 것을 제안했다. 그리고 수백만 명의 군인을 제대시킴과 동시에 그들에게 약 2.5에이커씩 땅을 나누어주고 제대한 장교로 하여금 지지층을 넓혀 후방 전선을 조직하는 복안을 내놓았다.

코르닐로프 장군

경제정책에 대해서는 부르주아의 핵심적 요구사항이었던 국가독점과 정부 개입을 폐지하고자 했다. 그리고 제헌의회를 소집한 뒤 시급한 현안을 조속히 해결한 후 빠른 시일 내에 해산시킬 계획을 갖고 있었다.

8월 27일, 그는 볼셰비키가 폭동을 기도한다는 소문을 퍼뜨리고 이를 진압한다는 이유를 들어 페트로그라드로 진격하였다. 케렌스키는 코르닐로프의 덫에 걸렸음을 알게 되었다. 하지만 케렌스키는 그를 제거할 방법을 찾지 못한 채 볼셰비키에게 도움을 요청하였다.

"짜리즘을 부활시키려는 반동 세력을 쳐부숩시다."

볼셰비키는 반동주의자들의 음모에 대항하자고 호소하였다. 6만여 명이 넘는 사람들이 무기를 들고 반동 세력으로부터 수도를 지키기 위해 나섰다. 공장 노동자들은 이틀 동안에 100문의 대포를 제공했으며, 코르닐로프의 추종자들인 백군에 대항하여 철도노동자들이 파업을 벌여 군용열차를 저지하였다. 그리고 크론슈타트 수병 부대가 페트로그라드를 수호함으로써 코르닐로프의 반란은 실패하고 말았다.

코르닐로프의 쿠데타는 온건 사회주의자들과 자유주의 사이의 갈등을 악화시켜 혁명 세력들의 판도에 커다란 전환점을 가져다주었다. 이때 볼셰비키 세력만이 이익을 누렸으며, 그동안 침체되었던 세력을 비약적으로 발전시키는 결정적인 계기가 되었다.

이번 사건으로 가장 타격을 입은 세력은 자유주의 성향의 카데츠였다. 사실 카데츠는 쿠데타에 대하여 다소나마 기대를 걸고 있었다. 그는 소비에트와 임시정부가 코르닐로프를 거부한다면 쿠데타는 실패하고 내전으로 이어질 것이라고 생각했다. 그렇게 된다면 임시정부 내의 과격한 사회주의 각료들을 제거할 수 있으리라 기대했다.

그러나 이러한 기대와는 달리 쿠데타의 실패로 카데츠의 입장은 난처하게 되었다. 아무리 코르닐로프가 군부를 장악했다하더라도 카데츠의 지지 없이 움직인다는 것은 불가능한 것이었다. 따라서 카데츠가 적극적으로 쿠데타에 개입하지는 않았을지라도 쿠데타 세력을 고무시켰다는 비난을 면하기는 어려웠다. 이후부터 카데츠는 혁명세력으로서의 지도력을 상실했고 대중으로부터 외면당하였다.

카데츠의 몰락과 함께 임시정부와 온건 사회주의자들의 세력도 위축되었다. 코르닐로프의 쿠데타를 막은 것은 반혁명 기회를 제공했던 케렌스키가 아니라 소비에트의 군사위원회와 페트로그라드의 병사와 노동자였기 때문에 임시정부의 권위는 완전히 실추되었다. 그러자 케렌스키는 새로운 내각을 구성하였다. 이전의 연립내각이 각 세력의 지지와 이익을 반영하려 했다면 이번 내각은 집행위원회적 성격이 강했다. 그러나 그의 새로운 내각은 어떠한 세력에도 지지를 받지 못했으나 단지 볼셰비키에 대해 뚜렷한 대응책이 없었던 온건세력들이 방관하며 임시정부를 끌어갈 뿐이었다.

코르닐로프로부터 배반당했다고 주장한 케렌스키는 사실상 반란 자체보다 카데츠파와 각료들이 사임한 것에 커다란 충격을 받았다. 그 이유는 그래도 자신의 편이었다고 생각했던 카데츠파가 코르닐로프와 충돌 때문이 아니라 자신과의 충돌 때문에 사임한 까닭이었다. 카데츠는 그동안 소비에트와 볼셰비키의 영향력을 어느 정도 상쇄시켜주는 역할을 해왔는데 이제는 더 이상 의지할 수 없는 상황이 되었다.

이러한 때 온건 사회주의 세력인 멘셰비키와 사회혁명당도 자체 내에서 분열이 일기 시작했다. 멘셰비키는 마르크스 이론에 나타난 부르주아 단계를 공격했다. 사회혁명당에도 급격한 정치적 변화를 요구하는 좌파가 등장하여 볼셰비키에 동조하였다. 결국 볼셰비키는 이러한 세력을 등에 업고 코르닐로프 반란 이후 대중의 절대적인 지지를 받을 수 있었다. 페트로그라드뿐만 아니라 각 지방에서도 과격파들이 두각을 나타내면서 볼셰비키는 소비에트 내에서 다수를 차지하기 시작했다.

이러한 세력 변화와 함께 사회 상황은 8월 이후 급격히 과격해졌다. 이중 구조의 붕괴는 도시뿐만 아니라 지방에서도 농민의 폭동으로 이어졌다. 그동안 유일하게 농민을 대변했던 사회혁명당도 이제는 농민을 선동할 입장이 아니라 자제를 호소해야 할 처지였다. 사회혁명당은 새로운 입법으로 토지를 무상 분배하겠다고 약속했지만, 농민들은 사회혁명당의 미온적 태도에 실망하며 믿지 않았다.

코르닐로프와 칼레딘
코르닐로프(좌)는 임시정부에 반기를 들고 볼셰비키와 싸웠으나 실패했다.

농촌에서의 무질서는 임시정부와 온건 사회주의 세력의 몰락을 예고라도 하듯 10월에 이르러 파국적 현상을 보였다. 그것은 실제 내전상태를 방불케 하는 것이었다. 그런데도 케렌스키 정권은 여전히 토지문제를 도외시한 채 국내 개혁을 제헌의회에 위임하여 방치하였다. 그런데다가 볼셰비키가 다수를 차지한 상태에서는 회의를 개최할 수 없다는 생각으로 시간을 흘려버렸다.

이러한 일련의 사태는 케렌스키의 정치적 무능에서 시작된 것이지만 근본 원인은 사회혁명당 자체의 결함이었다. 사회혁명당이 차르의 통치하에 있었을 때는 테러를 비롯하여 전투적인 혁명 정신을 발휘하였지만 혁명 상황에서는 그에 대응할 만한 뚜렷한 계획을 내놓지 못했다. 더구나 혁명적 분위기 속에서 농촌에 지지기반을 두고 있었던 그들에게 토지에 관한 구체적이고 현실적인 정책이 없다는 것은 치명적이었다. 따라서 농민들은 케렌스키 정권과 사회혁명당보다는 토지, 빵, 자유를 부르짖는 볼셰비키에게 현실적인 매력을 느꼈다. 또한 러시아군은 계속되는 전쟁 속에서 점차적으로 무너지기 시작했고, 혁명의 산지였던 페트로그라드나 모스크바에서 가까운 북부나 서부의 전선은 붕괴될 정도였다. 반면 혁명의 열기가 약했던 남부 전선은 비교적 안정된 상태를 보였다.

패배가 계속되자 병사들은 종전을 열망하였고, 이러한 열망은 코르닐로프 반란 이후 탈영과 독일군과의 친교 운동 등으로 나타났다. 볼셰비키가 소비에트를 장악하자 한 달 사이에 탈영병의 수가 평소의 4배 이상으로 증가했다. 특히 전투 중에 사병들을 가혹하게 징계하거나, 혁명적 상황을 인식하지 못한 대다수 장교들로 인하여 장교와 사병 간의 갈등은 매우 심각해졌다. 이런 상황에서 볼셰비키의 평화, 토지, 빵의 구호는 농민 출신의 병사들로 하여금 집으로 돌아가 땅을 분배받아야 한다는 생각을 갖게 했다. 임시정부로 보낸 한 장교의 전보의 내용을 보면 당시 상황을 알 수 있다.

"독일의 공세는 혁명 러시아를 파멸로 몰아넣을 것처럼 거세졌으며, 갑작스런 변화가 군 내부에서 발생하고 있다. 권위와 복종은 간 곳이 없고, 신체가 멀쩡한 낙오병과 탈영병이 속출하고 있다."

한편 노동자들은 코르닐로프 반란 이후 생활조건의 개선을 넘어 정치적인 것을 요구하며 한층 더 과격성을 보이기 시작했다. 이들의 요구에 대해 자본가들은 조직적이고 의도적인 공장폐쇄로 맞섰으며 전쟁으로 인한 침체로 수많은 노동자가 실직 상태에 놓이게 되었다. 여기에 맞서 노동자들은 공장 점거와 자율경영을 시도하는 한편 정치적 효과를 노리는 파업 투쟁도 일으켰다. 코르닐로프 반란은 레닌이 의도했던 폭력 혁명의 조건을 훨씬 빠르게 성숙시켰다. 사회의 상황과 조건은 볼셰비키가 의도한 대로 흐르고 있었다.

10월 혁명과 볼셰비키 독재

8월 31일 페트로그라드 소비에트가 개최되었을 때 볼셰비키는 279대 115로 다수를 획득하였다. 츠케이드제 의장을 비롯해 멘셰비키파의 간부가 퇴진하고 케렌스키에 의해 체포되었던 트로츠키가 볼셰비키를 대표하여 페트로그라드 소비에트 의장으로 취임하였다. 당시로서는 페트로그라드 소비에트 역할이 막강했기 때문에 그 의장직은 영향력을 발휘할 수 있는 위치였다. 트로츠키는 원래 멘셰비키로 출발하였으며 지금까지는 볼셰비키로 대표되는 레닌과 여러 차례 노선의 차이를 보인 바 있었다. 그러던 트로츠키가 우유부단하고 타협적인 소비에트 노선에 반기를 들었다. 뿐만 아니라 현재 레닌이 취하는 노선을 적극 지지했으며, 레닌에 대한 체포령이 떨어졌을 때 이에 항의하다가 구속되기까지 했다.

당시 케렌스키는 우익 쿠데타 이후 자신의 정부를 지지해줄 사회주의자들의 협력을 구하고자 트로츠키를 석방한 것이다. 그런데 트로츠키는 풀려나자마자 케렌스키의 의도와는 달리 레닌을 대신하여 볼셰비키를 이끌었다. 드디어 레닌과 트로츠키가 손을 잡은 것이다. 이 같은 상황을 역사학자인 도이처는 이렇게 표현했다.

"그들은 서로 다른 출발점에서 시작하여 다른 과정을 겪은 것은 현재의 일치를 향해 움직인 과정인 것이다."

9월 5일에는 모스크바 소비에트에서도 볼셰비키가 다수를 차지하였다. 또한 코르닐로프의 쿠데타 같은 반란에 대비하여 페트로그라드 소비에트는 10월 9일 막강한 힘을 지닌 군사혁명위원회를 조직하여 군부의 음모에 대처하였다. 이 새로운 조직은 적위대의 활동을 관장하였고 트로츠키의 열성적 지휘에 힘입어 수도 경비대마저 볼셰비키 쪽으로 기울어졌다. 군부 내에서도 병사 소비에트의 90퍼센트가 볼셰비키를 지지하였다. 페트로그라드의 노동자·병사 소비에트 의장으로 선출된 트로츠키는 러시아 소비에트 중앙집행위원회에 소비에트 대회를 개최하고 그 대회에 일체의 권력을 부여하도록 요구하였다. 이제 소비에트는 볼셰비키의 손에 완전히 장악된 것이다. 또한 트로츠키는 의장 자격으로 볼셰비키 집권을 위한 분위기를 선동하였다. 이제 볼셰비키는 트로츠키의 합류와 소비에트를 완전 장악하여 제1당이 되었다.

힘을 갖게 된 볼셰비키는 케렌스키에 대한 지지를 철회하고 레닌의 체포명령을 철회할 것을 요구했다.

"우리의 동지, 레닌의 체포명령을 철회하라."

이때 레닌은 체포명령을 피해 핀란드로 가 있었다. 레닌은 국내에서 잠적했을 때나 핀란드로 도피해서도 계속해서 혁명 활동을 지원했다.

이러한 상황에서 레닌은 《국가의 혁명》이라는 책을 집필하였는데 여기서 그는 종래와는 좀 다른 이론을 전개했다. 이전까지 그는 대중은 볼셰비키당의 지도 없이는 혁명을 이룩할 수 없다고 주장했으나, 이 책에서는 프롤레타리아 혁명 이후의 새로운 사회에서 대중이 담당하고 행할 능력을 높이 평가했다. 그러나 이것은 이론일 뿐이었으며 현실과는 엄청난 차이를 나타냈다. 도피 중인 레닌은 열정적으로 활동하는 트로츠키에게 전폭적인 지지를 보냈다.

"만세! 트로츠키 동지."

그해 9월 레닌은 핀란드의 도피처로부터 또는 페트로그라드의 은신처에서 드디어 거사의 시기가 도래했음과 무장 봉기할 것을 주장하는 수많은 편지를 볼셰비키당 중앙위원회에 계속 발송하였다. 이러한 주장의 근거로서 각 소비에트에서 볼셰비키가 다수를 차지한다는 점, 그리고 점점 거세어지는 무장 농민층의 불만, 정부의 페트로그라드 포기 소문, 그리고 국제적 측면에서는 독일의 발트 함대 폭동 등을 열거했다.

레닌은 군사혁명위원회를 출범시키자마자 이 위원회를 권력장악을 위한 최적의 기구로 단정지었다. 실제로 중앙위원회의 동료들을 설득하여 열망하던 '거사' 건을 의제에 포함시킬 수 있었던 것도 바로 군사혁명위원회 창설 다음날인 10월 10일이었다. 볼셰비키당이 권력을 장악하기 위해 조금씩 준비를 했지만, 가장 큰 걸림돌은 당 내에 있었다. 당시 볼셰비키당의 최고 참모 격인 지노비에프와 카메네프 등은 권력장악과 봉기를 연관짓는 것을 거부했고, 폭력적 방식으로 정권을 장악하는 것은 위험한 일이라고 주장했다. 그리고 모든 일을 소비에트에 기초하여 다른 사회주의 정당과 연정을 구성하여 협력하는 것이 바람직하다라고 제의했

1917년 10월 혁명

다. 그리고 현재 볼셰비키 세력을 지지하는 분위기가 무르익어 가고 있음을 상기시켰다.

"농민·노동자·병사가 모두 볼셰비키를 지지하고 있다. 앞으로 볼셰비키 세력이 소비에트나 제헌의회에서도 가장 많은 수를 차지할 수 있을 텐데, 왜 쿠데타를 일으키려는 것이냐?"

이러한 차이는 결코 방법론의 이견이 아닌 관념적 차이가 그 저변에 깔려 있었다. 사실 레닌에게 볼셰비키란 '인민' 자체를 구현한 것이었고, 볼셰비키가 권력을 장악한다는 것은 인민이 권력을 장악한다는 것을 뜻했다. 반면 지노비에프와 카메네프는 현실적인 정치인으로서 권력이 실제로 어떻게 움직이고 작용하는가에 더 큰 관심을 두었다.

10월 10일 레닌은 당 중앙위원회에 참석하기 위해 변장하고 핀란드에서 귀국하였다. 그는 도착하자마자 강력하게 거사를 종용하였고, 지노비에프와 카메네프는 종전의 입장을 고수하며 반대하였다. 그러나 당 중앙위원회에 참석한 위원 12명 중 10명이 거사에 찬성하자 지노비에프와 카메네프는 레닌의 무장봉기에 반대하는 입장을 표명하며 멘셰비키가 발행하는 신문에 그들의 봉기계획을 폭로하며 성명을 발표하였다. 그리고 로드지앙코와 케렌스키에게도 이 사실을 폭로했다.

페트로그라드 소비에트회의 페트로그라드 소비에트는 사실상 국가의 임시정부 기관이었다.

이 소식을 전해들은 레닌은 크게 화를 냈다.

"쥐새끼 같은 지노비에프와 카메네프를 우리의 당에서 축출합시다."

다행히 이 사건은 스탈린의 중재

로 두 사람이 당 중앙위원회의 위원직만을 사퇴하는 것으로 마무리됐다.

한편 볼셰비키당은 페트로그라드 소비에트에 권력을 집중시키기 위하여 군사혁명위원회를 중심으로 적위군의 핵심인 2만 3천 명의 무장 노동자와 수비대 병사 15만 명, 그리고 8만 명의 발트 함대 수병들을 준비했다.

상황이 급박스럽게 돌아가자 임시정부는 혁명 세력을 분쇄하기 위해 카자크 부대를 집결시켰다. 그리고 비밀경찰들의 레닌 체포작전이 도시 전체에서 펼쳐졌다.

원래 거사일은 전 러시아 노동자·병사 소비에트 대회가 열리는 10월 20일로 정해졌으나, 대회 집행부를 장악하던 멘셰비키는 대회를 5일간 연장하기로 결정했다. 시간이 촉박했던 볼셰비키에게는 반가운 소식이 아닐 수 없었다. 그렇게 해서 거사 날짜는 트로츠키의 제안에 따라 10월 25일로 정해졌다. 그러자 페트로그라드 수비 연대의 소비에트 대표들은 군사혁명위원회에 수비대의 지휘권을 넘겨주었고, 트로츠키는 모든 부대에 정치위원을 임명함으로써 사실상 군대의 지휘권을 장악하게 되었다.

사태가 급진전되자 임시정부는 10월 24일 아침 일찍부터 당시 스탈린이 편집을 담당했던 볼셰비키 신문을 폐간하고 반정부 선동죄로 체포하려 하였다. 그러나 트로츠키의 재빠른 행동으로 신문은 불과 몇 시간 후 다시 거리에 뿌려졌다. 임시정부의 이러한 조처는 오히려 봉기를 위해서는 더없이 좋은 구실이 되어 버렸다.

혁명이 시작되자 군사혁명위원회의 대원들은 교통 요충지와 주요 철도역을 점거하는 한편 다음날에는 전신국과 일부 정부기관도 접수했다. 은신처에서 나온 레닌은 군사혁명위원회 본부로

동궁의 정부군 볼셰비키가 수도의 중요 건물들을 순조롭게 점령하자 정부군이 동궁을 지키고 있다.

사용하던 스몰리로 자리를 옮겼다. 혁명이 일어나자 레닌은 일단 임시정부에 방어적 태도를 보였으나 얼마 후 임시정부의 각료들을 체포하는 등 강력하게 대처했다.

혁명군은 러시아의 모든 기관을 순조롭게 점령했으나 임시정부가 있는 동궁에서만 약간의 충돌이 일어났다. 동궁에는 사관생도와 카자크 부대 그리고 여군 결사대 등 1천 8백 명 정도의 병력이 장갑차 4대, 대포 6문, 그리고 약간의 기관총으로 방어했다. 그들은 나무로 바리케이트를 치고 그 뒤에 몸을 숨긴 채 대치하고 있었다. 당시 임시정부의 수상 케렌스키는 정권을 지킬 수 없는 다급한 상황이었다. 게다가 볼셰비키의 순양함 오로라호가 네바 강에서 동궁을 압박하자 임시정부는 더 이상의 버티지 못하고 항복하고 말았다.

10월 26일 저녁 임시정부는 항복하였고 대부분의 각료는 체포되었다. 상황이 이쯤에 이르자 케렌스키는 미국 대사관의 도움을 받아 페트로그라드를 탈출하였다. 한편 25일 밤에는 제2차 전 러시아 소비에트 대회가 개최되었다. 이 대회에서 사회혁명당의 일부 위원들은 무력의 위협 때문에 더 이상 대회를 진행할 수 없다며 퇴장해 버렸다. 당시 대부분의 사회혁명당이나 멘셰비키들은 볼셰비키의 음모와 쿠데타를 맹렬히 비난했지만 그들에게는 볼셰비키를 저지할 만한 특별한 방법이 없었다.

동궁을 공격하는 적군
볼셰비키가 동궁을 공격하는 모습. 이때 케렌스키는 동궁을 탈출했다.

　10월의 혁명은 레닌과 그의 주변의 소수가 주도했다. 즉 정권 장악을 주저하던 다른 당파들과는 달리 권력에 대한 집요한 야심과 조직력을 갖춘 레닌, 트로츠키 그리고 볼셰비키들에 의해서 이루어진 것이다.

황족의 최후

러시아의 왕조는 무능했던 니콜라이 2세를 마지막으로 막을 내렸다. 퇴위를 선언하고 황궁에서 쫓겨난 니콜라이 2세는 퇴위 이튿날 일기에 일상과 감상을 적어놓았다.
　"푹 잘 쉬었다. 햇볕이 비치고 서리가 희다. 시저의 책을 읽는다."

유폐 중인 황제 일가
니콜라이 2세와 그 가족들은 2월 혁명으로 제위를 박탈당하고 유폐되었다. 사진은 유폐 중 일광욕을 하는 황제 일가

　그는 정치인으로서의 자질은 조금도 없었으며 오히려 이러한 순간을 즐기는 듯했다. 니콜라이에게 1917년 봄부터 여름까지의 생활은 황제였을 때보다도 훨씬 행복했다. 그는 통나무를 패고 잔디와 채소밭을 일구는 등 조용한 농촌생활을 마음껏 즐겼다. 그러나 이러한 생활은 오래 지속되지 못했다. 떠나버린 민심은 니콜라이 일가를 시사만평이나 만화에 우스꽝스럽게 등장시키며 조롱했다. 예를 들면 알렉산드라 황후가 피로 가득 찬 욕조에서 미소를 머금고 즐거운 목소리로 한 마디 한다.
　"니콜라이가 혁명가를 몇 명만 더 죽이면 나는 이런 목욕을 자주 할 수 있을 텐데."
　검열이 없어진 언론은 복수의 칼날을 잔뜩 세우고 황제부처에 대한 증오심을 발산했다.
　"그들 부처는 러시아를 독일에 은밀히 팔아 넘겼다가 이제 와서 되찾으려고 한다."
　니콜라이는 정치적 역량은 모자랐지만 마지막까지 러시아가 독일을 패망시키길 바랐다. 어쨌든 니콜라이 일가는 최악의 상황

동궁 광장의 볼셰비키

에 처했고, 소비에트는 로마노프 왕조의 학정에 대한 복수심에 불타고 있었다. 일부 과격파는 니콜라이 일족의 처형을 들고 나왔고 소비에트는 그들을 감금할 것을 주장했다. 그러나 당시 임시정부의 실권을 갖고 있던 케렌스키는 선언적인 말을 하며 모든 주장을 일축했다.

"러시아 혁명은 복수를 행하지 않는다."

적어도 케렌스키가 건재하는 한 로마노프 일가는 안전했다. 그러나 레닌과 트로츠키가 페트로그라드로 돌아오고 실질적인 혁명이 진행되자 케렌스키는 니콜라이에게 경고의 말을 전했다.

"볼셰비키는 지금은 나를 노리고 있지만 다음에는 당신을 노릴 것이오."

1917년 8월 니콜라이 일가는 로마노프의 정적들이 걸어야 했던 것처럼 시베리아의 토볼리스크로 떠나야만 했다. 사실 임시정부는 니콜라이 가족을 영국으로 망명시키려고 생각했다. 영국은 이전부터 친교를 맺고 있었고 국왕 조지 5세는 니콜라이와 사촌이었다. 니콜라이 일가의 망명에 대해 양국의 외상들의 접촉이 있었고, 독일 정부에서도 니콜라이 일가가 탄 배를 보호하겠다고 약속까지 하였다. 그러나 사전에 정보를 입수한 소비에트가 이를 거부하며 감옥에 수감할 것을 요구했다. 뒤늦게 이들의 망명 계획을 전해들은 성난 병사들은 요승 라스푸친의 무덤을 파헤쳐 유골과 관까지 태워버리는 참극을 저질렀다. 러시아 국내 상황이 악화되자 영국은 망명지를 제공할 뜻을 즉각 철회했다. 이제 니콜라이 일가는 시베리아의 상업도시인 토볼리스크로 떠날 수밖에 없었다.

볼셰비키 혁명으로 레닌이 권력을 장악하자 황제 일가는 더 이상 의지할 곳이 없었다. 게다가 과격파의 압력과 근거 없는 탈출 계획이 나돌자 우랄산 부근의 에카체린부르크로 이동하라는 명령이 떨어졌다. 이 명령에 니콜라이는 두려운 눈빛으로 중얼거렸다.

"나는 우랄로만은 가고 싶지 않아. 지방 신문을 보니 그곳 노동자들은 나를 매우 미워하는 것 같던데…."

황제 일가가 에카체린부르크로 떠나자 그들에 대한 소식은 끊기고 소문만이 무성했다. 그 소문들을 모아 보면 황제 일가의 생활은 상당히 제한되어 있었고, 감시병들의 조롱과 음담 속에서 괴로운 생활을 한 것으로 전해진다.

황제 일가가 총살되었다는 소문도 들렸으나 정치적 천재인 레닌은 그들을 쉽게 처리하지 않았다. 레닌은 니콜라이 2세가 대관식을 올렸던 궁정에 앉아 니콜라이 2세의 부왕을 암살하려다 처형된 형을 생각하며 쓸쓸한 미소를 지었다.

"니콜라이, 당신 일가는 복잡한 외교 포커 게임의 패요. 이제는 그 패를 내가 잡았으니 솜씨를 한번 구경해 보겠소?"

1917년 10월 레닌이 정권을 잡았을 때 니콜라이는 이미 지난 시대의 정치유물로 시베리아에 유형당해 있었다. 트로츠키는 그들을 이용하여 민심을 얻을 수 있는 방법을 레닌에게 권했다.

"그들의 공개재판 광경을 라디오로 방송한다면 민심을 수습하기가 훨씬 수월할 것입니다."

하지만 레닌은 이를 거부했다.

"지금 그보다 시급한 과제는 우리 볼셰비키의 지배력을 강화시키는 것과 독일과의 전쟁에서 러시아를 구해내는 것이오."

전쟁문제를 해결하기 위해 독일과 볼셰비키의 대표는 브레스트 리토프스크에서 회담을 열었다. 군사적으로 막강했던 독일은 러시아의 생사를 쥐고 흔들 수 있었다. 당시 러시아는 정권 교체 과정에 있었기 때문에 독일과의 강화를 통해 하루빨리 정치를 안정시켜야만 했다. 그리고 그들이 내걸었던 공약 중 종전의 공약을 이행해야 했다. 레닌은 당초 러시아에서 혁명이 이루어진다면 얼

예카테린부르크의 교회 러시아의 마지막 차르 니콜라이 2세와 그의 가족들이 처형된 자리 위에 세워진 러시아정교회 사원이다.

마 지나지 않아 다른 유럽 국가, 특히 독일에서 노동자 혁명이 일어날 것이라고 생각했다. 그렇게 되면 러시아는 제국주의 독일과의 협상이 아닌 사회주의 독일과 협상할 수 있기 때문에 매우 유리했다. 그러나 혁명이 성공을 거두고 수개월이 지나도 다른 국가에서는 혁명이 일어나지 않았다.

그러자 레닌은 이러한 상황을 타개하기 위해 새로 선출된 외무대표 트로츠키를 내세워 공개외교를 시도했다. 트로츠키는 독일 정부를 거치지 않고 독일 국민에게 직접 뛰어들어 명연설을 펼쳐보았으나, 별 효과가 없었다. 결국 볼셰비키는 실질적 패권에 역점을 두어 1918년 3월 3일 독일과 강화를 맺었다. 이 강화로 러시아는 농토의 3분의 1, 인구의 3분의 1, 탄광의 90퍼센트, 중공업의 50퍼센트를 점유한 광대한 서부 영토를 독일에 내줘야만 했다. 독일은 동부 전선의 모든 전력을 서부 전선으로 이동시켜 연합군을 분쇄하고 그와 동시에 러시아로부터 획득한 새 영토를 보급원으로 삼을 수 있게 되었다.

브레스트 리토프스키 조약 1918년 3월 3일 소비에트 정부와 독일은 단독 강화조약을 체결했다.

독일의 신문들은 브레스트 리토프스크 조약을 '이해와 화해의 강화'라고 평했지만 러시아에게는 전면적인 패배이며 전례 없는 굴욕이었다. 득을 본 사람은 오직 레닌으로 그에게 필요한 것, 즉 반동 세력에 대항할 볼셰비즘을 강화시킬 수 있는 여유를 얻었다. 그리고 독일은 이 조약을 통해 러시아보다 압도적인 힘을 지녔음을 세계에 알렸다.

독일은 보다 유리한 조약을 맺기 위해 밀실에서 여러 가지 거래를 준비했다. 특히 러시아의 혁명가들에게 밀봉 열차를 제공했던 독일은 이번에는 니콜라이 황제의 부활을 지원해주겠다는 은밀한 제의를 했다. 독일 정부는 러시아 내부를 교란시키기 위하여 볼셰비키를 지원했으나 상황이 바뀌자 다시 로마노프 왕조를 부활시키려 하였다. 그러나 니콜라이 2세는 자신이 어떠한 조건에 있든 독일과 흥정을 한다는 것을 불명예로 여기며 그들의 제의를 단호하게 거부했다. 결국 냉혹한 외교 흥정에서 레닌은 일당 통치를 확립했지만, 사회주의 혁명당원 좌파와 공산주의 좌파 세력은 브레스트 리토프스크 조약을 매국행위로 간주하며 정부를 떠났다.

조약이 마무리되자 니콜라이 2세는 처형되었고 황후와 황녀들 또한 처형되었다. 하지만 황녀 아나스타샤만은 여러 가지 소문을 무성하게 남겼다. 특히 황제의 일가가 모두 처형된지 40년 뒤인 1958년 독일의 위스바덴에서 "혁명으로 피살된 니콜라이 2세의 딸 아나스타샤는 바로 납니다. 나에게는 로마노프의 재산을 상속할 권리가 있습니다."라고 앤더슨 부인이라는 사람이 제소해 화제가 되었다. 훗날 영화 〈추상(追想)〉은 이 사건을 테마로 만들어졌다.

스탈린의 성장

구둣방 아들 소소

스탈린은 1879년 12월 21일 코카서스 산맥 지역의 조지아에서 태어났다. 그의 출생지는 레닌과 크게 달라 후에 스탈린을 이해하는

조지아 스탈린이 태어난 조지아 지역은 교통과 무역의 요지로 주변 세력의 각축지가 되었다. 사진은 조지아의 농업 지대

데 상당히 중요하다. 조지아는 아시아권에 속한 지역으로 몇 세기 동안 터키와 페르시아에게 끊임없는 침략을 받았다. 그러자 러시아에게 지원을 요청하였으나 러시아는 그 지역을 정복하였다. 철저한 민족주의자인 스탈린이 반러시아적 소수민족 출신이라는 점은 재미있는 사실이다.

아버지가 구두 수선공이었던 스탈린 가족에게는 스탈린 외에도 세 형제가 더 있었지만, 모두 어린 나이에 죽었다. 어린 시절 소소라는 애칭으로 불렸던 스탈린에 대한 전기는 실제보다 과장되게 꾸며지거나 혹은 미화시키기 위해 조작된 부분들도 많다. 한 전기에서는 출생 당시의 모습을 이렇게 묘사했다.

"소소는 한 쪽 발의 두 발가락이 붙어있었고, 왼손이 구부러지지 않고 약간 짧았다. 그것은 부친의 알코올 중독 때문이었다."

좀 과장되었으나 당시 중앙아시아에는 "구둣방 주인처럼 취해 있다."는 말이 있을 정도로 빈민층은 대개 술에 절어 살았다. 아버지가 주정뱅이였기 때문에 그의 어머니는 이웃집의 일을 돌보며 생계를 이었다. 그러나 그나마도 아버지의 술값으로 날리는 날이 많았다.

소소는 상류층이 말을 타고 구둣방을 찾아와 거만한 태도로 구두를 주문하는 것을 노려보며 자랐다. 그의 어린 시절은 불우했고 가난과 질병은 항상 그림자처럼 그를 따라다녔다. 소소는 매질만 하는 아버지를 증오했으며 주정뱅이인 아버지는 결국 술집에서 죽었다.

소소는 어렸지만 성숙한 편이었고 눈매가 매섭고 매우 활동적이었다. 그리고 운동신경이 발달하여 모든 운동을 즐겼다. 성가대원으로도 활동하였다. 신체적 특징은 약 160센티미터 정도의 작은 키와 얼굴에는 어렸을 때에 앓았던 마마자국이 남아있었다. 불우했던 유년 시절에 이어 소년 시절도 재난의 연속이었다. 그가 10살 되던 해에 달리던 마차 한 대가 경축일 행사에 모여있던 군중 속의 소소를 치고 말았다. 축 늘어진 소소를 보자 그의 어머니는 오열하며 통곡했다.

"하나밖에 없는 자식인데…."

어머니의 통곡소리에 잠깐 의식이 돌아온 소소는 그 상황에서도 어머니를 위로했다.

"걱정 마세요. 엄마 난 괜찮아요."

그는 이때 입은 상처로 팔꿈치가 만성적으로 마비되었다. 그의 성장기는 친한 친구였던 요시프 이레마쉬빌리가 베를린에서 출간한 한 전기에서 자세히 살펴볼 수 있다.

"내 친구 소소는 주근깨투성이다 또렷이 응시하는 생기 있는 검은 눈을 가졌다. 몸은 마른 편이었으나 단단한 근육을 가졌다. 그리고 뒷머리는 튀어나왔으며 멋진 코를 가진 아이였다. … 그는 이따금 말없이 사라지곤 했다. 그를 찾아보면 강변에서 멀리 돌을 던지거나 높은 벼랑을 기어오르고 있었다. 그는 모든 생활에 대해 별 관심이 없었고 동정심 따위도 없었다. 급우들의 슬픔이나 기쁨에도 무뚝뚝했으며 결코 우는 것을 볼 수 없었다. … 그의 어머니는 그에게 헌신과 희생, 그리고 꿈과 희망으로 그를 대했다."

어머니의 따뜻한 사랑을 받고 자란 스탈린은 하고자 하는 일이면 무엇이든 남보다는 잘 하고자 노력했으며 이것이 성격적 특성으로 자리 잡았다.

 1888년 가을 소소가 9살이 되던 해에 교회학교에 4학년으로 입학했다. 그는 입학 초기부터 자신에 대한 확신과 정의감, 승부욕을 보여주었다. 그는 학교 숙제를 한 번도 빼먹은 적이 없었으며 철저하게 예습, 복습하여 선생님으로부터 칭찬을 많이 받았다. 그 결과 매번 학급의 수석과 진급을 계속하여 신분이 낮은 계층은 좀처럼 받지 못하는 특별우수상을 받으며 졸업했다. 그해가 1894년 7월이었다.

티플리스 신학교의 코바

그의 어머니 에카제리나는 소소에게 신부가 될 것을 강력히 권하였다. 당시 조지아인들과 같은 비(非)러시아인들이 출세하기 위해서는 신부가 되는 것이 가장 빠른 길이었다. 소소는 어머니의 권유대로 신학교에 입학하였다.

 신학교 생활은 이전과는 전혀 달랐다. 소소는 신학교에 들어가면서부터 코바Koba로 불리기를 좋아하였다. 코바는 조지아의 자유를 위해 싸운 유명한 유격대원의 이름에서 따온 것이다. 그는 후에도 코바라고 불러주면 매우 만족해했고, 당 기관지에 최초로 그 이름을 사용했다. 티플리스 신학교의 생활은 하느님과 차르에 대한 충성이 교육의 핵심이었다. 약 600명의 학생들은 병영 같은 학교에서 아침 7시 기상, 기도, 2시까지 수업, 3시에 점심식사, 5시에 점호, 저녁기도, 8시에 차를 마시고 묵상시간, 10시에 취침으로 이어지는 통제된 생활을 했다. 그리고 종교적인 축제일이나

러시아의 농노 스탈린의 어머니는 농노 출신으로 스탈린이 신부가 되어 출세하기를 원했다.

일요일에는 서너 시간 동안 꼬박 서서 예배를 행했다. 교수 과목은 신학, 성경문학, 그리고 그리스어와 라틴어가 있었다.

신학교에서는 조지아어 사용이 금지되었고 러시아어만을 사용해야 했다. 신학교 생활은 그들 의도와는 정반대 방향으로 스탈린을 유도했다. 훗날 그가 독일의 작가 에밀 루드비하와의 회견에서 밝힌 바를 보면 그의 신학교 시절을 단적으로 이해할 수 있다.

"무엇이 당신을 반항아로 만들었습니까? 혹시 당신 부모들이 당신에게 심하게 했기 때문입니까?"

"아닙니다. 나의 부모님은 못 배운 분이었지만, 나에게 심하게 굴지는 않았습니다. 그러나 내가 신학교의 학생이었을 때는 달랐습니다. 굴욕을 주는 정권에 대해 그리고 신학교가 행한 교활한 방법에 대한 항의로 나는 마르크시즘의 신봉자가 될 준비를 했습니다."

티플리스 신학교

"예수의 수사들에게 좋은 점을 발견하지 못했습니까?"

"조직적이고 끈기 있는 점은 인정할 만합니다. 그러나 그 모든 방법들이 감시, 밀담, 사생활 침해, 인간 감정에 대한 모독뿐인데 좋은 점이 뭐가 있겠소? 한 가지 예를 들면 9시에 차를 마시라는 종이 울립니다. 그러면 우리는 모두 식당으로 내려가지요. 그런데 차를 마시고 돌아와 보면 누군가가 우리들의 방과 사물함을 뒤진 흔적을 볼 수 있습니다. 이런 곳에 무슨 좋은 점이 있겠습니까?"

신학교는 그를 혁명가로 변신시켜 놓았다. 그는 성경과 다윈의 《진화론》을 함께 읽으며 이중생활을 시작하였다. 확실히 티플리스의 신학교에서 그에게 가르쳐 준 것은 반체제적 사상이었다. 티플리스 신학교에서는 스탈린이 태어나기 6년 전인 1873년에 반조지아적인 러시아의 교육에 항거한 학생들이 퇴학당한 사건이 있었다. 1885년에는 조지아 민족주의와 사회주의가 혼합된 성격의 비밀모임이 있었다. 때문에 이 신학교는 반항이 이미 하나의 살아 있는 전통이 되어 있었다.

한 예로 1885년 신학교의 교장 파벨 추데츠키가 조지아 전통을 경멸하는 말을 했을 때, 지블라드제라는 학생이 자리에서 일어나 교장을 두들겨팼으며 이에 동조하는 동료 학생들은 박수친 사건이 있었다. 이 사건의 결과 그 학생은 3년간 군대 훈련소로 보내졌으며 신학교는 문을 닫았다. 학생에게 얻어맞았던 교장은 채 1년도 지나지 않아 죽었다.

스탈린이 입학할 당시에도 이러한 분위기가 팽배했다. 그와 동료들은 티플리스에 있는 값싼 대출 도서관이나 또 다른 경로를 통해 책을 교내로 들여왔다. 그들은 어떠한 장소를 막론하고 은밀한 곳이면 책을 읽었다. 그들은 수업이나 예배 그리고 설교 중에도 책을 읽었다. 당시 교칙에는 금서를 한 권이라도 갖고 있기만 하여도 어두운 골방에 갇히는 규정이 있었다. 금서 목록에는 톨스토이, 도스토예프스키, 투르게네프까지도 포함되어 있었다. 그러나 스탈린은 책상 위에는 성경을 펴놓고 무릎 위에는 다윈, 마르크스, 플레하노프, 레닌 등이 쓴 책을 읽었다. 하루는 그가 독서에 몰두해 있을 때 드미트리 신부가 방으로 들어왔다. 그런데 스탈린은 책에 너무 몰두한 나머지 아무 것도 모르고 있었다. 드미트리 신부가 소리쳤다.

젊은 시절의 스탈린

"너는 네 앞에 서 있는 사람이 보이지 않느냐?"

그러자 상황을 간파한 스탈린은 천연덕스럽게 대답했다.

"네. 검은 점 외에는 아무것도 보이지 않습니다."

이 사건으로 드미트리 신부는 스탈린을 신학교 교수회에 회부했다.

"정치적으로 믿을 수 없는 스탈린을 추방해야겠습니다."

그의 제안은 즉시 통과되었다. 그의 전기에는 이 부분에 대해 다른 얘기들이 있지만, 대략 20세 때 그의 신학교 생활은 이렇게 끝난 것으로 보인다.

신학교 시절의 어린 스탈린

사회주의자 스탈린

스탈린은 혁명가들 틈에 끼고 싶었다. 그는 신학교에서 쫓겨나면서 부르주아와 짜리즘, 그리고 모든 권위에 대해 증오를 품었다. 그러나 아직 제반조건이 이루어지지 않아 당장 그렇게 할 수는 없었다. 스탈린은 가정교사로 근근히 생활을 꾸려나갔고 그 생활을 옆에서 지켜보던 신학교의 몇몇 친구들은 가끔씩 그를 도와주었다. 그러나 당사자인 스탈린은 오히려 가난한 생활을 불편해하지 않았다. 그는 어려서부터 많은 어려움을 참고 견뎠기 때문에 절제하는 생활에 이미 익숙했다. 이러한 점에 대해서는 그의 친구였지만, 후에 정적이 되어버린 이레마쉬빌리도 이렇게 표현했다.

"그는 개인적인 복지에 관해서는 별로 관심이 없었다. 그는 생활로부터 아무것도 요구하지 않았다. 왜냐하면 그는 이러한 개인적인 요구가 사회주의 원칙과 양립할 수 없다고 생각한 것이다.

그는 자신의 이념을 위해 생활을 희생할 수 있는 인격을 갖고 있었다."

　이레마쉬빌리의 이 말은 후에 그가 집권을 했을 때도 그대로 적용되었다. 적어도 개인적인 요구가 없었던 사람이었으나 그의 포악성(?)은 어떻게 이해해야 할지 의문이 든다.

　1889년 12월 말경 스탈린은 티플리스의 기상대에서 시간제 근무와 숙소를 얻었다. 하지만 1900년 3월 말경 사회주의 활동가들에 대한 대대적인 검거가 시작되었다. 경찰이 기상대를 급습하여 그의 기상대 근무도 끝나게 되었다. 그러나 레닌은 사전에 정보를 입수해 지하로 잠적할 수 있었다. 이로써 직업 혁명가로서의 길이 시작되었다. 잠적한 뒤의 행적은 뚜렷이 알려지지 않았지만 아마도 고향으로 도망쳤던 것으로 보인다.

스탈린

　직업 혁명가로 변신한 티플리스 철도 노동자 파업 준비과정에서 상당한 역할을 담당했다. 그리고 러시아판 〈이스크라〉의 재발행과 함께 1901년 지하 인쇄소 니나에서 제작되기 시작한 조지아어 신문 〈브르드졸라〉의 창간을 위해 일했다. 스탈린은 1901년 가을 마침내 스탈린은 티플리스 사회민주당 지방위원회에 가입했다. 그런데 겨우 회의에 두 번

스탈린 1911년 경찰이 찍은 스탈린의 기록 사진

참석한 후 바툼으로 떠나게 되었다. 스탈린은 바툼에 도착하자마자 자신의 거처에 수동식 인쇄기를 설치하여 선동적 전단을 제작하며 혁명가로서 이름을 알렸다. 1902년 2월 바툼에 있는 정유공장 로스차일드 노동자들의 파업이 시작되었고 그 사건으로 32명의 노동자들이 구속되었다. 그러자 구속된 노동자들을 구원하려고 600여 명의 노동자들이 경찰관서로 몰려가 소리쳤다.

"우리 동료를 석방하라. 아니면 우리 모두를 잡아가라. 우리는 한 발짝도 움직일 수 없다."

경찰은 그들 모두를 구속할 수밖에 없었다. 그러자 그때까지 조용하게 지내던 바툼과 주변 도시에서 노동자들의 불만이 분출되고 곳곳에서 파업이 일어났다. 이에 대한 대응으로 당국은 여러 방면에 걸쳐 사회민주당 활동가를 대대적으로 탄압하였다. 그해 4월 바툼 사회민주당위원회를 여는 도중에 스탈린을 비롯한 동료들이 체포되었다. 그는 바툼의 감옥에서 1년 이상을 보내고 그 후 3년간 시베리아에서 유형 생활을 하였다.

1903년 11월 말 시베리아 도착한 스탈린은 이듬해 1월에 그곳을 탈출하여 티플리스로 돌아갔다. 그리고 이러한 일들은 그 후에도 반복되었다. 1902년에서 1913년 사이에 그는 여덟 번이나 체포되었고 일곱 번 유배지로 보내졌으며 여섯 번은 유배지에서 탈출했다. 탈출 경력을 볼 때 상당히 열정적인 혁명가로 보일지도 모르나 당시 러시아에서 이러한 탈출은 흔한 것이었다. 이때 시베리아 유배는 오히려 징역보다 관대한 형벌이었으며, 유형자들은 그 지방 주민들과 함께 살 정도로 자유로웠다. 오직 감시라는 테두리만 없다면 자유인이나 마찬가지였다. 그래서 많은 혁명가들은 그곳에서 혁명적 선언을 하기도 하고 학문적인 논문을 저술했다.

레닌과 스탈린의 만남

신학교를 떠나면서부터 시작된 혁명가로서의 길은 당시 러시아 내에서는 상당히 위험한 작업이었지만 많은 혁명가들이 참고 견디어냈듯 그도 시련을 당연한 것으로 받아들였다. 그러나 그의 활동상이 결코 뛰어난 것은 아니었다. 후에 정적이 된 트로츠키의 활동에 비하면 더욱 아무것도 아니었다. 스탈린은 레닌이 쓴 팜플렛을 읽고 그의 열성적인 제자가 되면서 겨우 혁명가들 사이에서 존재를 인정받게 되었다.

스탈린에게 1905년부터 1907년까지는 성숙기였으며 볼셰비키로 자리를 잡는 기간이었다. 1905년은 러시아에서 혁명적 기운이 분출된 시기였고 볼셰비키가 조직력을 갖추려는 시기였다. 이 시점에서 스탈린은 레닌의 주목을 받았다.

1905년 봄 스탈린은 티플리스에 있는 지하 인쇄소에서 발간

크론슈타트의 레닌과 트로츠키

된 〈당내 논쟁에 관한 소론〉이라는 팜플렛에서 레닌의 〈무엇을 할 것인가〉를 비판하는 글들을 공박하였다. 당시 레닌의 주장은 혁명적 의식은 반드시 조직화된 사회민주주의에 의해 노동 계급 속으로 스며들게 해야 한다는 것이었다. 스탈린은 카우츠키와 마르크스, 그리고 엥겔스의 인용문을 나열하면서 멘셰비키들이 주장하듯이 레닌의 입장이 마르크스주의와 근본적으로 배치되는 것이 아니고 오히려 그들의 견해와 완전히 일치한다고 말함으로써 레닌의 입장을 전폭적으로 지지했다. 일이 이렇게 진행되자 그해 7월 레닌의 아내 크루프스카야가 해외에서 티플리스에 있는 스탈린에게 팜플렛을 보내달라는 서한을 보내게 되었다. 이것으로 레닌과 스탈린은 그들의 논문으로 상면식을 하게 되었다. 레닌은 스탈린의 논문을 보고 매우 만족해하며 유망한 청년이라고 극찬을 보냈다.

당시에 레닌이 스탈린에게 이러한 극찬을 보낸 데에는 그럴 만한 이유가 있었다. 레닌이 볼셰비키 세력을 성장시키려고 조직력을 발휘했을 때 유독 코카서스 지방에서만은 그가 바라는 만큼 충분한 열기가 일어나지 않았다. 이때 레닌을 지지하는 스탈린의 논문은 침체된 분위기를 바꾸고 코카서스뿐만 아니라 전국에 다시 한 번 그의 주장을 피력할 수 있는 좋은 기회였다. 레닌과 스탈린의 만남은 이렇게 극적인 순간에 이루어졌다. 그러나 이러한 첫

레닌(좌)과 스탈린(우)

만남에 비해 그의 활동은 그리 두드러지지 않았다. 우선 스탈린에게는 평생 동안 그의 신망과 질투의 대상이었던 트로츠키가 있었다. 스탈린이 피라미에 불과한 1905년 10월경에 트로츠키는 벌써 페테르부르크 소비에트에서 탁월한 인물로 평가받았다. 볼프의 견해를 빌려보면 두 사람의 차이점을 확연히 알 수 있다.

"스탈린이 강력한 중앙집권적인 당 기구의 창조자요, 찬양자로서의 레닌에게 이끌렸다면 트로츠키는 그 점 때문에 레닌으로부터 멀어졌다. 트로츠키는 정열적인 웅변과 글로 대중을 선동할 수 있는 자질을 갖춘 뛰어난 이론가였다. 하지만 스탈린은 트로츠키의 평가 기준에서 좀 떨어진 사람이었다. 사실 문필가와 웅변가, 이론가로서 스탈린은 엉성한 점이 많았다. 하지만 조직인으로서의 스탈린은 트로츠키보다 한 수 위였다. 그는 레닌이 만든 조직을 자기의 것으로 만들고 그것을 다시 변형, 확대하였다. 이런 점에서 스탈린을 당할 사람은 아무도 없다."

이 두 사람은 상당한 차이와 입장을 고수하면서 오랜 세월을 서로 맞서게 된다.

스탈린의 결혼 생활

독재적 통치자로 잘 알려진 스탈린의 결혼 생활은 어떠했을까. 그의 결혼 이야기는 시베리아에서 유형 생활을 할 때부터 시작된다. 1904년 그가 시베리아에서 도망쳐 나와 향한 곳은 다름 아닌 고향 조지아였다. 그는 1903년경에 결혼한 것으로 알려지는데 그 때문에 유형지에서 탈출하여 젊은 아내가 있는 고향으로 달려간 것이다.

스탈린의 아내 에카제리나 스바니드제는 전통적인 조지아 출신의 단순하고 가정적인 여자였다. 그녀의 오빠는 스탈린의 혁명 동지였으며 훗날 스탈린이 정권을 잡았을 때 은행의 총재직에 앉기도 했다. 이러한 일련의 일들은 스탈린이 에카제리나를 무척 사랑한 데서 오는 행동이라고 대부분의 사람들은 생각했다. 여러 혁명가들이 택했던 아내와는 달리 그의 아내는 평범했고 단순했으며 남편에 대해서는 무조건 복종적이었다. 또한 종교도 가졌던 것으로 보아 그녀는 마르크스 이론이나 혁명상황에서도 무관했던 것으로 여겨진다.

스탈린의 딸 스탈린의 딸 스페트라나가 스탈린이 일하는 동안 베리아와 놀고 있다.

이레마쉬빌리는 결혼 생활이 비교적 행복했다고 말했다.

"그의 결혼 생활은 행복했다. 지적인 면에서 도저히 따를 수 없었던 그의 아내는 그를 마치 신(神)처럼 여기며 떠받들었다. 더군다나 그녀는 전통적인 조지아 여인으로서 남성에게 복종해야 하는 것을 신성하게 여기는 분위기 속에서 성장했기 때문에 그녀에게 있어서 남편이란 절대적이었다. 그녀는 항상 '하느님 모든 나쁜 것들로부터 그를 돌아서게 하시고, 땀흘려 일하고 기쁨을 얻는 조용한 가정으로 그를 보내주소서'라고 기도했다. 직업 혁명가로서 정신적인 휴식을 느껴보지도 못한 스탈린에게는 가난했지만 따뜻한 가정이 있었다. 때문에 훗날 그가 모든 이들에게 퍼부었던 학정 속에서 그의 아내와 어머니, 그리고 아이들은 면제될 수 있었다."

스탈린의 친구였던 이레마쉬빌리는 1919년 티플리스 중학교 교사가 되었을 때 스탈린의 아들 야곱이 자기 반 학생인 것을 알았다. 그는 야곱이 뛰어난 학생은 아니라고 말했다. 실제로 야곱은 빈약한 학생으로 보인다. 스탈린은 야곱을 모스크바로 데려와 그에게 철도공학을 공부시켰다. 그러나 야곱이 공부를 따라오지 못하고 어려움을 나타내자 스탈린은 더는 참지 못하고 고함쳤다.

스탈린과 부인 스탈린은 첫 번째 부인 에카제리나와 사별하고 나드야와 결혼했다.

"야곱, 그렇게 어렵다면 대학을 그만두고 고향으로 돌아가거라. 엔지니어가 될 수 없다면 최소한 가업을 이어받아 제화공이 되거라."

그러나 야곱은 그의 말을 따르지 않고 코카서스로 가서 전기공이 되었다. 에카제리나에게 스탈린이 절대적이었던 것만큼 스탈린 역시 그녀가 절대적이었다. 스탈린은 아내의 짧은 인생을 예감이나 한 듯 그녀에게 매우 열정적이었으나 아내는 결국 젊은 나이에 죽고 말았다. 스탈린은 아내의 죽음으로 매우 큰 충격을 받았으며 진정한 인간으로 고뇌하고 슬퍼했다. 이미 사이가 멀어진 이레마쉬빌리가 장례식에 참석하자 스탈린은 그의 손을 덥석 잡으며 슬픔의 눈물을 흘렸다.

"이 사람이 죽었네. 이 사람은 돌같이 딱딱하게 굳어진 나의 심장을 부드럽게 해주었다네. 그러나 그녀의 죽음과 함께 내 마음의 따뜻한 정도 죽었다네. 지금 내 마음은 황량해. 말할 수 없이. 황량하단 말일세."

그는 말할 수 없이 슬퍼했으며 슬픔 뒤에 잉태되는 아름다움 대신 그의 선친으로부터 물려받은 잔인성이 나타나기 시작했다. 그의 혁명 생활은 계속되었고, 1905년 12월 템머포르즈 대회에서 레닌을 처음 만났다. 스탈린이 처음부터 레닌의 눈에 든 것은 아니었지만 레닌에 대한 스탈린의 확고한 믿음 때문에 레닌은 점점 그를 신임했다. 혁명적 사태가 계속되는 동안 스탈린은 레닌의 지령들을 처리하는 보좌관 역할을 기민하게 수행했다. 그리고 혁명 활동을 하면서 새로운 가정을 얻었다.

　　스탈린은 혁명 동지인 알릴루예프의 집에서 그의 가족들과 함께 시간을 보내기 시작했다. 그러면서 그들 가족의 일원으로 대접받았다. 전형적인 러시아 주부였던 올가 에브제니여프나는 스탈린의 식성을 맞추려고 애썼으며 그에게 새로운 옷을 마련해주었다. 이에 맞추어 스탈린도 늦은 귀가 시간이었지만 그들을 위해 빵이나 생선 등 음식을 가져오고 두 딸들과 차를 마시며 담소를 나눴다. 두 자매 중 장녀 안나는 당시 스몰니 학원의 혁명본부에서 일했고 나드야는 고등학생이었다.

　　그는 시베리아 유형 생활이나 낮에 있었던 재미있었던 일을 들려주고, 그가 좋아한 체홉의 책을 읽어주기도 했다. 이러한 생활 속에서 성격이 원만하며 교양과 음악적 재능을 가진 나드야가 스탈린의 가슴 속에 자리 잡기 시작했다. 영리하고 성숙한 나드야 역시 그에 대해 뜨거운 연민을 키웠다. 그들은 2년 후에 결혼하였다. 그런데 소녀 나드야가 차지한 자리는 에카제리나가 차지했던 아내의 자리와는 엄청난 차이가 있었다.

볼셰비키 집권

러시아 내전

1917년 10월 볼셰비키는 아무런 저항 없이 정권을 잡았다. 레닌의 표현에 따르면 그것은 닭털을 집어올리는 것만큼 쉬운 일이었다. 최고 자리에 올라선 레닌은 당시의 느낌을 전했다.

"갑자기 권력을 잡게 되니 현기증이 날 지경이야."

그리고 트로츠키는 너무나 힘겨웠음을 표현했다.

"어렵고 위험한 수술을 끝낸 외과의사같이 피투성이가 된 손을 씻고 수술복을 벗고 쉬었다."

재미있는 것은 같은 사건을 두고 트로츠키는 과정을 생각했고, 레닌은 결과를 느꼈다는 점이다.

볼셰비키 정부는 권력기구를 혁명 냄새가 풍기는 '인민위원회 소비에트'로 정하고 각료를 임명하기 시작했다. 정부의 최고기관은 인민위원회로 정하고 의장에는 레닌, 외무에 트로츠키, 교육은 루나 차르츠키, 농업에 밀류친, 그리고 소수민족에 스탈린이었다. 이러한 결정들이 내려지는 동안 잠잠했으나 마지막 소수민족에 스탈린이 임명되자 여기저기서 반대의 소리가 튀어 나왔다. 그러자 레닌이 적극 나서며 통과시켰다.

"소수민족 문제라면 그가 가장 잘 알 것이오. 인텔리가 아니라도 그 문제를 실질적으로 겪은 사람은 이론으로 무장한 사람보다는 훨씬 잘 할 수 있소."

그리고 나서 그들은 소위 '전시 공산주의'로 알려진 체제를 구성했다. 그들은 우선 의회를 해산하고 소득 없는 전쟁을 끝내기 위해 독일과의 강화조약을 서둘렀다. 한편으로는 소비에트를 중심으로 사회·경제적 개혁을 모색하였다. 농민에게는 지주의 토지를 나누어 주었으며, 공장 운영의 실권을 노동자위원회에 넘겨 주었다. 그리고 관리들의 비밀구좌를 모두 몰수하였고, 모든 은행을 국유화하였다. 또 무역과 산업도 국유화하고 새로운 혁명재판소와 인민재판소가 사회주의적 법의식을 집행하여 기존의 귀족칭호나 신분계급도 없애버리고 재산의 재분배까지 하였다. 이렇게 되자 상류층이나 중류계급에 속했던 사람들은 재산을 몰수당하면서 차별 대우를 받았다.

한 예로 트로츠키의 부모는 성실히 일해 부를 구축했지만 이 시기에는 정부로부터 반동주의자로 지목을 받았다. 그들은 곡물과 야노브카 전체 곡물의 10퍼센트를 빻을 수 있는 10마력짜리 엔진을 갖춘 제분소를 가지고 있었다. 이 제분소는 그들을 야노브카 마을의 유지로 만들어 주었고 이러한 재정상태 때문에 타도의 대상인 부농으로 주목되었다. 훗날 트로츠키의 자서전을 통해 당시 아버지의 삶을 전달했다.

"나의 아버지 브론슈타인은 당시 70세였다. 이 노인네는 그가 부유하다는 이유로 적군에게 위협받았고 또 나의 아버지라는 이유로 백군에게 박해받았다."

브론슈타인 내외는 부당한 대우를 받은 것이 분명하였다. 그들 일가는 사치와 여가를 몰랐고, 거칠었지만 금욕적인 생활을 하였다. 브론슈타인 내외는 항상 바빴기 때문에 평상시에는 자식들의 얼굴을 볼 수조차 없었고, 농한기인 겨울이 되어서야 겨우 얼굴을 마주할 수 있었다. 결국 이렇게 해서 이룬 재산 때문에 트로츠키 부모는 적군에게 괴롭힘을 당했고, 아들 덕분에 백군에게 위협당했다. 또 다른 변화는 전통적 기독교 국가였던 러시아가 교회의 재산을 몰수하고 학교 수업에서 종교시간도 빼버린 것이다. 그리고 새로운 율력인 그레고리력(서력)을 채택했다.

이러한 일련의 커다란 변화들은 전시 공산주의 체제 자체뿐만 아니라 지구의 반 이상을 차지하는 넓은 영토를 가진 러시아의 소수민족 문제도 포함되어 있었다. 소수민족은 나름대로 제국의 형태로 출발하였으나 차츰 러시아로 편입되면서 차별받는 상황이었다. 볼셰비키 정부가 안고 있는 이런 문제들이 조속히 해결되지 않는다면 혁명의 소용돌이 속에서 내전이 발생할 가능성은 불 보듯 뻔한 것이었다.

이 밖에도 내전이 발생하는 몇 가지 요인이 있었다. 볼셰비키는 투쟁의식을 무자비하게 적용하며 식량과 가축을 약탈하기도 했다. 이러한 일로 인해 부농들의 불만은 계속 축적되었으며 적군에 대한 도전의식이 표출되었다. 정치적으로도 헌법제정의회에서 볼셰비키가 다수의 자리를 차지하지 못하자 무력을 동원하여 국민의 대표권을 해체하며 독재적 성격을 보였다. 1918년 1월 군대에 포위된 모스크바의 다우리도 궁에서 제헌의회 해체 사건이 시작되었다. 이 대회에서 레닌은 제헌의회의 대표성을 인정할 수 없다는 결의문을 내놓았다.

"이 제헌의회는 10월 혁명 이전의 정당별 명부에 의해 선출되었기 때문에 인민을 대표하는 소비에트라고 볼 수 없다. 정통성을 시비하자는 것은 아니다. 그러나 이 시점에서 권력은 일하는 대중, 즉 노동자 · 병사 · 농민의 대표가 만든 소비에트에 있어야 한다."

그러나 이 결의문은 237대 136으로 부결됐다. 개표 결과를 신호로 볼셰비키들은 퇴장했다. 회의장에는 온건파 의원들만이 주요한 문제를 결의하기 위해 남았다. 새벽 4시 30분 의장과 의원들이 토지 개혁안에 대해 회의하고 있을 때 한 수병이 의장석으로 올라왔다.

"보초병들이 고단해서 지쳐 있으니 의회를 산회해야 한다는 지령을 갖고 왔소."

"지령? 누구의 지령이오?"

"나는 다우리도 궁의 위장병이오. 해군인민위원 데이벤코로의 지령이오."

"과연 의원들도 고단하다."

위협적인 분위기를 눈치챈 의장은 12시간의 정회를 선언하였다. 그러나 그 후 집회한 일은 영원히 없었다.

전날의 사건을 보도한 신문은 병사들이 모조리 압수했다. 이 사건이 알려지자 보수 우익이었던 입헌민주당, 사회민주당, 그리고 일부 볼셰비키까지도 그들의 정책에 반감을 나타냈다. 이에 대한 대응으로 볼셰비키 정권은 정책 추진과 반혁명 세력을 제거, 설득하기 위하여 비밀경찰 '체카'를 탄생시켰다. 아이러니컬하게도 그들의 임무는 반혁명이나 볼셰비키의 투쟁수단이었던 사보타지 및 파업을 막는 것이었다.

체카의 우두머리는 제르진스키였다. 그는 폴란드 지주의 아들로 태어났으나 감옥생활이나 강제노동의 경험만은 따를 사람이 없었다. 지나칠 정도로 정열적인 그는 조그마한 일에도 금세 흥분하여 강렬한 몸짓과 함께 코를 벌렁거리며 떠들어댔다. 이렇게 한바탕 난리를 치르고 나면 그의 눈은 충혈되고 목소리는 쉬어버렸다. 체카의 우두머리의 자리에 앉기까지는 그의 기막힌 처세술이 한 몫 했다. 그는 권력자에게는 티끌만큼이라도 거슬리는 행동을 하지 않았고 권력자의 의견과 대립될 때는 자신의 의견을 즉시 취소했다. 그는 체카의 우두머리가 되어 하룻밤에 1천5백 명의 인원을 총살한 적도 있었다. 1천5백 명의 비명은 아비규환 그 자체였다. 그는 비명과 총소리를 묻어버리기 위해 자동차 시동을 걸어놓고 총살을 시행했다.

그가 처형해야 할 인원은 몇만 명에 달했으나, 사실 사형이 제대로 시행됐는지조차 확인할 수가 없었다. 이렇게 냉혈한처럼 행동했지만 그에게는 몇 해가 지나도록 마음에 걸리는 일이 하나 있었다. 그 일은 항상 마음속에 남아 뇌리에서 떠나지 않았다. 반혁명의 죄로 많은 사람들이 체포됐을 때의 일이다. 무질서 속에서도 유독 침착하고 빼어난 한 부인이 눈에 띄었다. 사람을 죽이는 일에 진력이 난 그는 그 부인이 어떠한 연유로 잡혀왔는가를 살펴보았다. 그녀의 죄는 미약하지만 반혁명의 증거가 있어 체포되었다. 관련 사항을 대충 훑어본 후 자세하게 알아볼 것을 다짐하며 정신없이 며칠을 보냈다. 그러던 어느 날 문득 그 부인이 생각나 다시 한 번 사건을 검토 하였다. 하지만 별다른 음모의 증거가 보이지 않자 부하를 불러 부인을 석방시키라고 명령하였다.

"총살되었습니다."

혼란의 와중에 그 부인은 이미 사형된 것이다. 그는 갑자기 자기의 손으로 부인의 목이라도 누른 것 같았다. "좀 더 철저히 조사했더라면 무고한 한 여인을 쓸데없이 죽이지는 않았을 텐데…."하는 후회로 가슴을 쳤다. 이 사건은 두고두고 그를 괴롭혔다. 악한이었던 것은 분명하나 후회하고 괴로워하는 그는 스탈린과는 좀 다른 유형의 사람이었다. 어쨌든 체카는 새로운 혁명 정부와 함께 소비에트 정부의 현실이었다.

1918년 여름에 들어서면서 서서히 전시 공산주의의 윤곽이 잡혀가기 시작했다. 산업 국유화 조치는 점점 확대 실시되었고, 결국 사기업은 거의 사라지고 강제 노동제도가 도입되었다. 민간 상거래는 없어지고 정부에 의한 식량 배급과 생필품의 분배로 바뀌었다.

토지의 국유화는 1918년 2월 19일에 공포되어 모든 토지가

백군의 포스터 트로츠키를 빨간 악마로 그린 백군 프로파간다 포스터

국유화되었고, 실제로 경작하는 사람만이 토지를 사용할 수 있었다. 전쟁에 필요한 식량과 물자보급으로 전시 공산주의 체제는 그 강제성이 극에 달했다. 드디어 그해 여름 불만의 요인을 가진 세력들, 즉 장교와 카자크 기병대, 지식인과 부르주아, 극우파와 사회혁명당원 등이 힘을 모아 백군을 만들어 적군과 전투를 시작했다. 독일군과의 항쟁을 위해 집결했던 백군은 이제 적군의 러시아 통치에 반기를 들고 체제 전복을 위해 반란을 일으킨 것이었다. 내전이 시작되자 소수민족들도 그들을 독립국으로 인정하여 줄 것을 주장하고 나섰다. 사실 백군의 위협은 적군에게 상당히 큰 충격을 주었다. 백군은 우선 수적으로 적군보다 우세했고 비교적 장교 비율이 높아 훌륭한 전투로 전과를 올렸다.

 반(反)볼셰비키에 대한 저항 운동은 남부 카자크 지방이 중심이 되었다. 백군의 지도자는 남부러시아 지방에 자원한 알렉세예프, 코르닐로프, 제니킨 등이었다. 동부와 남부에서는 반볼셰비키 카자크 지방정부가 생겨나기도 했다. 백군과 적군이 만나는 곳

트로츠키 병사들에게 연설하고 있는 트로츠키의 모습

곳에서 치열하고 잔인한 동족상잔의 비극이 연출되었다. 그들은 살 길만 모색할 뿐 총부리가 누구에게 겨누어졌는지 생각할 여유가 없는 것 같았다.

1908년 여름 내전 발발 당시에는 동부 지역의 백군 세력에 4만여 명의 체코 군단이 가담하면서 백군이 매우 유리해졌다. 6월과 7월에 백군은 심비르스크와 카잔, 우파까지 점령했다. 적군은 이를 막아보려 애썼으나 그 뒤에는 더 막강한 제니킨 군대가 그들을 기다리고 있었다. 그들은 거침 없이 전진하며 7월경에는 체코 군단과 백군이 에카체린부르크 근처까지 점령했다. 백군이 승승장구하자 소비에트에 적대적인 태도를 취했던 연합군도 병력이나 탱크 같은 무기를 지원했다.

백군이 수적으로는 유리했을지 모르나 조직적인 면에서는 매우 뒤떨어졌다. 당시 전쟁 인민위원이었던 트로츠키의 지도력은 조직력이 떨어진 백군을 압도하기에 충분했다. 그의 뛰어난 통솔력과 러시아 중부에서 차지하던 적군, 그리고 제1차 세계대전을 위해 마련된 엄청난 무기 등으로 전세는 조금씩 뒤바뀌었다.

1919년 백군의 강력한 지도자였던 콜차크 제독이 참패를 당했으며 이듬해에 볼셰비키의 손에 처형되었다. 1920년에 이르러

연합군이 군대를 철수시키자 백군의 세력은 급격히 쇠퇴했다. 이렇게 내전이 적군의 승리로 들어간 데에는 여러 가지 이유가 있겠지만 국민들의 태도가 결정적인 역할을 했다.

상류·중류계급은 백군을 지지했으나 대부분의 노동자와 농민은 적군을 지지했다. 특히 농민들은 10월 혁명 이후 토지를 가질 수 있었기 때문에 구질서가 회복되는 것을 두려워했다. 그리고 레닌과 독일과의 관계를 파기할 목적으로 독일 대사를 암살한 사회혁명당 좌파의 테러와 백군이 자행한 수탈 사건은 농민들로 하여금 백군을 두렵게 하였다. 우리에게 잘 알려진 영화 〈닥터 지바고〉는 러시아의 혁명과 내전을 배경으로 한 영화이다.

내전의 긴박성이 한층 더해진 시점에서 폴란드인, 에스토니아인, 라트비아인, 그리고 리투아니아인들이 독립을 선언했다. 이들 중 폴란드와 리투아니아를 제외한 나머지 국가들은 처음으로 독립국가가 되었다.

러시아의 농민 일가
러시아의 농민은 1차 대전과 10월 혁명, 내전 등으로 기근에 시달려야 했다.

신경제 정책(NEP)

러시아의 내전은 일단 종식되었지만, 그로 인해 심한 타격을 입은 경제는 쉽게 해결되지 않았다. 또한 내전과 함께 서구 열강들의 무력간섭은 러시아 경제를 더욱 피폐하게 만들었다. 볼셰비키 정부는 내전이 끝난 후에도 배급제도를 그대로 시행했다. 이로 인해 연일 노동자의 시위가 발생했다. 혁명을 통해 이전의 악화된 상황이 유연하게 극복될 것으로 기대했던 국민들은 그 체제가 유지되자 불만이 고조되었다. 또 전체의 이익을 위해 개인적 자유를 너무 많이 빼앗겼기 때문에 그들의 표적은 볼셰비키 당 독재가 되었다.

"타도 공산당! 타도 소비에트!"
"강제 해산된 헌법제정의회를 살려내라."

이러한 구호를 전국 곳곳에서 볼 수 있었다. 또 볼셰비키를

생산 증강 포스터 1920~1921년, 생산의 증강을 외치는 포스터. 당시 러시아는 폴란드와 국경 문제로 분쟁이 있었다. 포스터에는 '큰 망치의 일격은 적에 대한 일격'이라고 쓰여 있다.

비판하는 멘셰비키와 사회혁명당의 구호와 팜플렛 등도 흔히 볼 수 있었다.

페트로그라드에서 발생한 시위는 2월 말에 절정에 다다랐고 그 열기는 해군으로까지 파급되었다. 크론슈타트 해군은 3월에 있었던 집회에서 시위를 지지하며 나섰다.

"볼셰비키 없는 소비에트를 만들자!"

소비에트 중앙집행위원회의 의장이 사태를 해결하려 설득에 들어갔으나 실패했다. 결국 그들은 적군의 무력부대에 의해 해체되었다.

경제적인 문제가 체제의 도전으로까지 나타나자 레닌은 전시 공산주의 체제와 경제정책을 근본적으로 수정하지 않을 수 없게 되었다. 레닌은 제한된 자본주의를 채택하는 신경제 정책을 마련하며 전략적으로 후퇴하였다. 사실 전시 공산주의 체제가 행한 강제 징발과 산업의 국유화는 국민들의 생활 의욕을 급속히 저하시켰고, 이에 더해진 체카의 강탈은 민심을 떠나게 하는 데 충분한 역할을 했다.

이에 대한 해결책으로 등장한 신경제 정책의 주요 핵심은 곡물을 강제로 징발하는 관행을 폐지하고 화폐세로 대체한 것이다. 이러한 경제 체제로 전환하기 위해 정부는 우선 중소 규모의 제조업과 소매업, 서비스업 등에 대해 국가의 독점권을 폐지하고 일부 상업부분의 사유화를 인정했다. 또 1922년 국립은행은 금본위제를 도입하는 등 화폐개혁도 단행하였다. 이러한 신경제 정책은 정

대기근 1921년 그려진 소비에트의 포스터. 대기근이 덮친 볼가 강 유역의 농민을 원조하도록 호소하고 있다.

곡물 분배 볼가 지구에서 곡물을 분배할 준비를 하는 공산당원

치적으로 충분한 통제하에 이루어졌을 뿐만 아니라 국가 경제의 큰 틀을 차지하는 부분은 정부가 소유했다.

신경제 정책이 성공하자 러시아 경제는 점차 안정을 되찾았다. 경제적 안정은 정치 상황과 연결되어 시위의 빈도도 서서히 줄어들었으며 볼셰비키에 의한 일당 독재도 인정받게 되었다. 그러나 경제의 자유가 정치의 자유를 의미한 것은 아니었다. 볼셰비키 일당 독재는 오히려 더욱 굳건해졌다.

제8차 당 대회에서는 소비에트 대회와 중앙집행위원회의 권한이 약화되고 공산당의 권한은 크게 강화되었다. 1921년 3월 제10차 당 대회에서는 전 당원의 25퍼센트가 숙청되는 풍파를 겪었고, 1922년 2월에는 사회혁명당과 멘셰비키에 대한 보복으로 대량 체포가 있었다. 혼란의 와중에 급조된 체카는 내무인민위원회에 소속된 국가정치보안부 내의 '게페우'로 변경되었다. 제르진스키는 1926년 생을 마감할 때까지 우두머리의 자리를 지켰다. 국가정치보안부는 소비에트 권력기구 내의 독립된 기관이 되어 막강한 권력을 행사했다.

1922년 여름 혁명 이후 최초의 정식 정치재판 기록인 사회혁명당에 대한 기록이 있다. 이 기록에 의하면 재판 결과 14명이 국법에 의해 처형되었다. 이 처형을 본보기로 러시아 급진주의 중에서도 아나키즘적인 농업 공산주의는 종말을 고했다. 신경제 정책으로 나타난 결과는 공산주의자들에게 논쟁의 소지가 되었으며, 이러한 상황은 레닌 사후 벌어지는 권력 투쟁으로 이어진다.

서기장이 된 스탈린과 레닌의 병상

혁명이 진행되는 동안 스탈린은 큰 역할은 아니었지만 당 업무와 신문의 주필을 겸하였고, 지도자와 당 조직 사이의 연락책을 수행했다. 스탈린은 당시의 외국인이 남긴 러시아 관련 자료에는 이름조차 거명되지 않을 정도로 미미한 존재였다. 그러나 그는 당을 위해 일하였고 혁명 후에는 당 서기 직책을 맡았다. 대초 그에게 이와 같은 중요한 자리를 줄 생각은 없었다. 그에게 사령관의 자리를 주려고 해도 전문적 지식이 없었고, 외국에 대해서도 문외한이어서 외교관 자리 역시 벅찬 것이었다.

내전이 마무리되자 지방에 있던 사람들이 중앙으로 들어와 자리를 얻으려는 상황이 한참 벌어졌다. 혁명 정부는 국민을 향해

"제정 시대의 인텔리는 필요없다."고 공표했지만 실제 정치 요원은 인텔리가 아니고서는 곤란한 점이 많았다. 스탈린의 정치적 성장에 커다란 걸림돌은 그가 인텔리 출신이 아니라는 데 있었다. 그러나 너무도 확고한 볼셰비키적 입장을 고수한 점과 충실한 업무 수행으로 그는 정치국원이 되는 동시에 당무를 맡아보는 서기국원의 여덟 명 사이에 끼게 되었다.

또한 당시의 서기국원은 스탈린 정도의 교양으로도 충분히 수행할 수 있었다. 이때 트로츠키와 스탈린은 실질적인 경쟁 대상이 되지 않았다. 그들은 서로가 차지하는 수준이 다르다는 것을 알았고, 스탈린은 트로츠키에게 대항하는 것은 어리석은 짓임을 간파했다. 때문에 트로츠키는 면전에서 스탈린을 공격했다. 마치 상관이 하급관리에게 능력의 한계를 들어 꾸중하는 모양새였다.

스탈린이 레닌의 후계자가 된 계기, 즉 당 서기가 되는 데에

코민테른의 결성 1919년 3월 레닌이 의장을 맡은 모스크바 회의에서 코민테른이 결성되었다.

는 지노비에프의 공이 컸다. 그는 회의장에서 별 표정없이 묵묵히 있는 스탈린의 모습을 마음에 들어했다. 그래서 레닌에게 스탈린을 추천한 것이다. 이때 스탈린이 차지한 서기직은 대단한 것은 아니었다. 중앙위원회의 위원들은 모두 자신들이 서기보다 위라고 생각했고, 그 수도 중앙위원은 50인, 서기국은 8명이었다. 중앙위원회의 당수인 레닌은 중앙위원회와 정치국, 서기국, 조직국을 지휘했다. 만일 레닌이 오래도록 건강했더라면 당 서기장은 언제나 보잘 것 없는 직위에 불과했을 것이다.

1922년 3월 말에 열린 제11회 대회에서 지노비에프 일파는 스탈린을 서기장으로 추천하였다. 이 제의를 전해들은 레닌은 스탈린을 무시했다.

"그 사람은 겨자를 너무 지나치게 치는 요리밖에는 할 줄 모르는데…."

레닌은 스탈린에 대해 내심 못마땅한 것이 많았지만 1922년 4월 2일 그를 당 서기장으로 임명했다. 스탈린이 당 서기장이 된 2개월 후 레닌이 뇌졸중으로 쓰러졌다. 1922년 5월 26일의 일이었다. 레닌이 쓰러지자 사태는 급변했다. 당 서기국이 레닌의 병간호를 맡았고, 스탈린은 매일같이 병상을 방문했다. 반신불수가 된 레닌은 자제력을 잃고 고함을 치는 등 신경질적으로 변했다. 의사는 절대안정을 명령했고 레닌의 병간호는 당의 업무가 된 셈이었다. 그들은 책임을 다하기 위해서 방문객을 선별하였고 이러한 일은 스탈린의 명령에 의해 이루어졌다. 그러자 당 간부들 사이에서 스탈린을 의심하는 소리가 커졌다.

"스탈린은 우리들과 레닌의 접촉을 고의적으로 막고 있는 것이 분명하오."

붉은 광장의 레닌

"맞아요, 레닌의 건강을 내세운다면 그가 못할 일은 없소."
"우리들과 레닌의 사이를 갈라놓기 위해 공작을 꾸미고 있는 것이 틀림없소."

그러나 얼마든지 변명할 구실이 있었고 레닌에 대한 일이라면 그의 생각 여하에 따라 어떠한 일도 할 수 있었다. 그는 음모를 꾸미기 위해 정치관료들이 마련한 자리도 애써 피하며 조용하게 지냈다. 그러나 어느 정도의 자신감이 붙은 그의 행동은 이전과는 사뭇 다르게 나타났다. 지노비에프와 트로츠키는 음모의 싹을 조금씩 키우던 스탈린의 상태를 모른 채 후계자 쟁탈전에 눈독을 들였다. 그러나 병상의 레닌은 고리키의 별장에 누워 당수의 자격으로 스탈린에게 모든 명령을 하달하였다.

그러나 스탈린은 교만하게 나서지는 않았다. 아직은 조금 더

참아야 할 단계라고 생각하고, 트로츠키의 멸시를 굳건히 이겨내며 자제했다. 그는 일단 걸려들기만 하면 거미줄로 꽁꽁 묶어 집어삼키려는 거미처럼 인내의 세월을 보냈다.

스탈린은 레닌이 중앙위원회나 크레믈린에 나오지 못할 상태가 되자 서서히 당의 실권을 거머쥐기 시작했다. 서기국의 요원들은 국가적 정책을 완성하기 위하여 몰두했으며, 최종 결정권은 서기장 스탈린에게 있었다. 스탈린은 행정력에서 뛰어난 수완을 발휘하였다. 그러나 그것이 정치적으로 중요한 힘을 갖게 될 줄은 아무도 예상하지 못했다. 그는 차분히 추종 세력을 조직했고 레닌에게 인정받지 못했던 제르진스키, 모로토프, 미하일로프, 구이비셰프 등이 스탈린의 부하가 되었다. 스탈린의 해석에 따라 당 전반의 노선에서 이탈하거나 반대하는 자들은 마음속에 제거 대상으로 지목되었다.

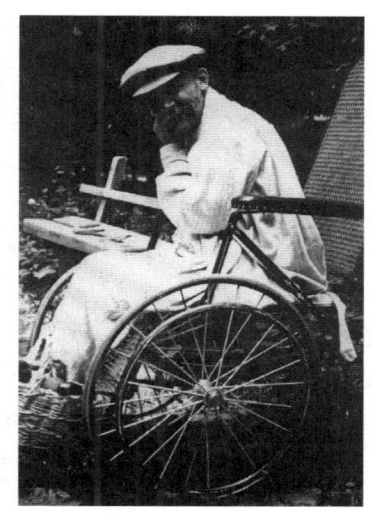

고리키의 레닌 말년에 레닌은 건강이 급격히 악화되었다.

레닌의 죽음과 후계자 싸움

레닌의 투병 생활은 1년 8개월 정도였다. 이 기간 동안 그의 병세는 호전과 악화를 거듭했는데 이때마다 손에 땀을 쥐고 병세를 지켜보는 스탈린은 피가 마르는 듯했다. 정권이 잡힐 듯 눈앞에 넘실거리는데 움켜쥘 결정적 사건만 터지지 않은 것이었다. 스탈린이 더욱 불안했던 것은 병세가 조금 호전되면 그를 통하지 않고 레닌이 직접 중앙위원회에 연락하여 지시하기도 했기 때문이었다. 물론 스탈린은 모든 정보를 수집해놓고 모르는 척 레닌에게 아무 것도 알리지 않았다. 특히 그의 정적인 트로츠키에게는 더욱 비밀스럽게 일을 처리했다. 그러나 예리한 레닌은 사태의 흐름을 짐작할 수 있었다. 만약 레닌이 다시 일어났다면 제일 먼저 스탈린을 제거했을 것이다.

스탈린에게는 레닌뿐만 아니라 레닌의 아내이자 최측근에 있던 크루푸스카야 또한 큰 걸림돌이었다. 그녀의 교양이나 인텔리적 기질은 스탈린이 뛰어넘지 못하는 벽으로 작용했다. 크루푸스카야는 자신감과 우월감을 밖으로 드러내지는 않았지만 종종 스탈린에 대한 불만을 털어 놓았다.

"그가 하는 짓은 유치해서 도저히 봐줄 수가 없어요."

주변의 시선을 의식한 스탈린은 초조한 마음을 감추기 위해 냉엄한 표정으로 일관하였다. 그리고 나서 지노비에프, 트로츠키, 카메네프 등이 모인 정치국 회의에서 미끼를 던졌다.

"레닌이 갑자기 나를 부르더니 독약을 좀 달라고 하더군요."

그러자 카메네프는 새파랗게 질려 아무 말이 없었다. 지노비에프 또한 아무 대책을 마련하지 못한 채 침묵했다. 그러자 트로츠키가 격앙된 목소리로 일축했다.

"환자의 요구에 따라 독약을 준다는 따위는 있을 수 없는 일이오. 담당 의사는 희망을 잃지 않고 기다린다면 회복할 힘이 있다고 말하지 않았소."

스탈린은 자신의 힘으로는 어쩔 수 없다는 듯 조용히 말했다.

"나도 그렇게 말했지만 워낙 완고합니다. 자신이 생각하기에 전혀 가망이 없다고 여길 때 독약을 드시겠다고 합니다."

그러자 트로츠키는 경멸의 표정을 지었다.

"어쨌든 독약을 드리는 문제는 다시 논의할 필요조차 없단 말이오."

트로츠키의 강력한 대응에 지노비에프도 거들었다.

"고통을 못 이겨 한 때의 기분으로 한 이야기니 후회할 일을 해서는 안 될 것이오."

"아무튼 몹시 괴로워하시니까요."

스탈린은 주위의 눈치를 살피며 결정적인 단서가 될 만한 말은 피했다. 그는 그들의 마음을 떠볼 만큼 조급했다. 그래서 레닌의 진찰을 마친 담당 의사를 직접 만나 상황을 주시했다.

"이젠 끝나는 건가요?"

스탈린은 진찰 때마다 슬픈 표정을 지으며 속셈을 감춘 채 물었다. 그러나 그때마다 담당 의사는 침통하지만 희망의 빛을 보이며 말했다.

"그렇지 않습니다. 레닌은 다시 일어설 것입니다. 원래 강단이 있는 분이니까요."

이러한 말이 나올 때마다 스탈린은 온몸에 얼음둘을 맞은 듯이 소름이 느껴졌다.

그러나 레닌은 자신이 다시 일어설 수 없음을 깨달으며 당 문제에 대해 심각하게 고민했다. 그리고 죽음에 대비하여 유언장을 작성했다.

"현재 중앙위원회에서 가장 재능 있는 사람은 트로츠키다. 그러나 그는 너무 자신에 넘치고 이로 인해 이상주의적 경향을 나타낸다. 또 스탈린은 가치는 인정되나 너무 거칠고 속을 알 수 없다. 서기장은 권력을 휘두르는 자리가 아니고 간부의 훈령을 하부 조직에 전달하며 사람들을 감싸 안을 수 있어야 한다. 그러나 스탈린은 서기장이 되고 나서 거대한 권력을 자기 손아귀에 집중시켰다. 나는 스탈린이 권력을 신중하게 사용하는 방법을 생각하고 있는지 그것이 걱정된다. 또 트로츠키와 스탈린의 싸움은 보기도 싫다. 내가 동지들에게 제의하는 바는 스탈린을 당의 서기장 지위에서 물러나게 하고 다른 사람을 임명해 주길 바란다. 다른 사람이라면 더욱 성실하고 주의 깊게 동지들에게 동정심을 베풀 수 있을 것이다."

레닌은 당시 서기장의 지위를 그렇게 대단한 것으로 여기지 않았다. 그리고 스탈린이 필요 이상의 권력을 쥐었다 해도 만만찮은 트로츠키가 있으니 둘의 싸움은 보기 싫을지라도 서로 보완한다면 당의 앞날은 발전이 있을 거라고 생각했다. 레닌의 이러한 예측은 적중했으며, 40년 동안 계속되었던 두 사람의 싸움은 역사적으로 대단히 중요한 변화를 이루었다.

레닌은 유언장을 작성하고 나서 스탈린과의 관계도, 그리고 서기장직과 당원의 자격마저도 박탈할 심산이었다. 그런데 제12차 당 대회가 열리면서 사태는 돌변했다. 이 대회는 이미 스탈린이 뽑아놓은 대의원으로 가득 찼고 레닌은 트로츠키를 불러 대책을 논의하기에 이르렀다. 레닌은 당의 관료주의의 확장을 저지하기 위해 노동자로 구성된 통제위원회를 설치하려는 방안을 세웠다. 이것을 눈치챈 스탈린은 자신이 프롤레타리아트 출신이라는 것을 내세우며 자기 진영의 인물을 내세우기에 바빴다.

레닌은 트로츠키를 불러 자신의 직무 대리로 인민위원회 의장이 되어달라고 부탁했다.

"이번 제12차 당 대회에서 나는 폭탄적 연설을 할 것이야. 이제 스탈린의 죄악을 폭로할 때가 된 것 같아. 그러니 자네도 그리

알고 보조를 맞추게."

레닌은 사람을 식별하는 능력을 갖춘 사람이었으나 스탈린만은 이미 그 통제선을 넘고 있었다. 스탈린은 이미 막후에서 그의 추종 세력을 착실히 끌어모았다. 그 결과 통제위원회까지 장악하기에 이르렀다.

당시 러시아 공산주의자들 사이에서는 세 가지 관점의 논쟁이 대두되었으나 냉철하고 현실적인 스탈린의 이론이 먹혀들며 그의 추종 세력은 나날이 커졌다. 그 세 가지의 주요한 관점은 트로츠키가 주장한 것으로 "세계의 혁명 없이 러시아 내의 사회주의는 실패할 것이다. 따라서 볼셰비키가 해외 혁명 운동을 지원해

동원 포스터 농민을 소비에트 체제 방위에 동원하기 위한 포스터. 농민이 낫으로 폴란드 지주 귀족과 백위군 지휘자 브랑겔리 장군의 목을 베고 있다.

격변의 혁명기

야 한다."는 것이다. 한편 그는 국내에서도 투쟁적 사회주의의 정책을 추구해야 한다고 주장하며 신경제 정책의 자본주의적 성향을 비판했다. 또 국내의 투쟁적 사회주의는 새롭게 태어나야 한다는 '영구혁명론'을 제창하기도 했다. 트로츠키는 당시 어떤 혁명가와도 비교될 수 없을 만큼 재능이 있었다. 그러나 두 번씩이나 정권을 잡지 못한 결정적 이유는 그가 정치인이라기보다는 팬이 많은 배우 같았기 때문이다.

그는 정치는 한 편의 극이라 생각하고 모든 행동을 관객에게 보이며 행동 하나하나를 역사로 만들고 싶어 했다. 혁명기에 발휘한 그의 열변은 레닌과 어깨를 겨룰 만큼 뛰어났다. 그는 혁명이나 내전 기간 동안에는 군중 앞에 서는 것만으로도 큰 힘이 발휘되는 영웅이었지만, 안정된 시기에는 소용이 없었다. 그리고 트로츠키가 말하는 영구혁명론은 이론으로서는 완벽한 내용이었지만 피폐했던 당시 러시아의 생활과는 조금 떨어진 이상주의적 발상이었다.

반면 스탈린이 주장한 일국사회주의는 같은 세계 혁명으로의 길이면서도 강조하는 부분이 달랐다. 우선 그는 러시아 내의 사회주의는 러시아가 차지한 거대한 땅과 인구, 그리고 풍부한 자원으로 인하여 성공할 것이라고 단정했다. 그리고 소비에트 연방을 변화시키기 위해 노력하자고 했다. 그의 노선은 지극히 현실적이고 실현 가능성이 높

레닌의 무덤 붉은 광장에 위치해 있다.

아보였다.

세 번째는 지노비에프와 카메네프가 취한 입장으로 러시아의 사회주의는 세계 혁명에 달려있다는 사실에는 동조하고 있으나 눈 앞에 세계 혁명이 다가온 것이 아니므로 결국 스탈린에게 흡수되었다.

이 단계에서 스탈린은 현실성 없는 트로츠키의 세계혁명론과 뛰어난 트로츠키와 경쟁하려면 연합해야 한다는 이유를 들어 지노비에프와 카메네프를 흡수했다. 그런 다음 좌파에 대항하여 우파와 동맹을 맺고 자신이 충분한 세력을 길렀다고 생각하면 우파를 억압하는 정책을 행사했다.

1924년 1월 21일 레닌은 자신의 생각은 완전히 펼쳐보지 못하고 혁명만을 이룬 채 숨졌다. 드디어 1922년 12월 30일 소비에트 사회공화국 연방(USSR)이 정식으로 선포되었다. 다민족 국가가 모인 러시아에서 연방제란 복수의 의미를 갖고 있었다. 소비에트 연방제는 소수민족 간의 차이와 특성을 존속시킬 수 있으며, 무력 합병의 의미를 부드럽게 해주는 이점이 있었다. 이렇게 탄생한 거대한 소비에트는 스탈린이 주장하는 일국사회주의론으로 열기가 옮겨졌다.

5
소비에트 사회주의 공화국 연방(USSR)

소비에트 사회주의 공화국 연방

스탈린 시대를 알리는 서곡은 레닌의 장례식에서부터 시작되었다. 트로츠키를 교묘히 따돌리고 장례식에 참석한 스탈린은 레닌의 신화를 부각시킴으로써 러시아 혁명에 결정적인 역할을 했던 트로츠키 세력을 약화시켰다. 그 후 스탈린은 경제개발 5개년 계획, 스탈린 헌법 등의 치적과 함께 비밀 경찰을 이용한 숙청 작업으로 막강한 경쟁자를 제거하여 절대적인 자리를 굳혔다. 1941년 제2차 세계대전의 발발로 소련은 또 다른 위기를 맞는 듯했으나 국민들의 애국심에 호소한 스탈린의 전략이 성공해 결국에는 소련을 세계적인 국가로 부상시키는 결과를 낳았다.

1953년 장기 집권 끝에 스탈린이 사망하자 소련도 새로운 전기를 맞이했다. 말렌코프와의 권력 투쟁 끝에 승리한 흐루시초프는 스탈린으로부터 크게 벗어나지는 못했지만 평화 공존이라는 좀 더 유연한 자세로 외교 문제와 국정을 다루려 했다. 하지만 당 내 반발도 만만치 않았다. 결국 느긋하게 휴가를 즐기던 흐루시초프는 자신도 모르게 브레즈네프를 비롯한 당 간부와 KGB에 의해 쫓겨났다.

브레즈네프는 코시 등과 집단 지도 체제를 유지하여 농업 부분과 경제 안정에 힘썼다. 그러다 1970년 이후에는 실질적인 1인자의 자리에 올라 '네오 스탈린이즘'이라는 칭호를 받았다. 그는 '브레즈네프 헌법으로 발달한 사회주의 국가'를 꿈꾸었고 국제 사회에서는 데탕트의 길을 열었지만 유럽의 자유화를 짓밟는 행동으로 국내외적으로 많은 비난을 받았다.

1982년 브레즈네프의 뒤를 이은 53세의 미하일 고르바초프가 새로운 당 서기관에 선출되면서 소련은 1917년의 혁명에 버금가는 커다란 변혁을 맞이했다. 글라스노스트와 페레스트로이카로 대변되는 그의 정책은 세계적인 주목을 받으며 추진되었으나 소수민족 문제와 소련 경제의 뿌리 깊은 모순으로 많은 어려움을 겪었다.

스탈린 시대의 개막

레닌주의와 트로이카

레닌의 죽음을 계기로 스탈린과 트로츠키는 전격적인 권력 투쟁을 벌이게 되었다. 초반부터 승세는 트로츠키에게 불리하게 작용했다. 트로츠키는 1924년 1월에 열린 당 중앙위원회에 독감을 이유로 출석하지 않았고, 레닌이 언제 죽을지 모르는 상황인데도 남부 티플리스에서 요양했다. 또 레닌의 장례식에도 참석하지 않고 흑해 연안에서 일광욕을 즐겼다.

트로츠키는 스탈린이 장례식 날짜를 잘못 가르쳐줬다고 말했으나, 당시 18살인 트로츠키의 장남은 서한을 띄워 어떠한 일이 있어도 장례식에 참석해야 한다고 아버지를 각성시켰다. 그럼에도 트로츠키는 레닌의 장례식에 참석하지 않았기 때문에 권력을 빼앗길 것이라는 의견이 공공연히 나돌았다.

스탈린이 주도한 레닌의 장례식은 레닌이 관에서 벌떡 일어

레닌(좌)과 스탈린(우)
1922년에 스탈린이 레닌과 함께 찍은 사진이다. 스탈린은 레닌의 후광을 자신에게 유리한 쪽으로 이용하였다.

날 만큼 제국주의적이었으며 엉뚱한 영웅신화를 만들기에 충분했다. 레닌은 갈색의 상의가 입혀진 채 유리관에 넣어졌고 하반신은 국기로 덮여 모든 사람의 구경거리가 되었다. 혹한의 추위 속에서도 레닌의 시신을 보기 위해 4열로 늘어선 민중들이 주야를 가리지 않고 줄을 이었다. 여기서부터 레닌의 전설은 시작되었고 그것은 스탈린의 서곡으로 이어졌다.

레닌은 생전에 스탈린과 같이 찍은 사진이 한 장밖에 없었다. 그러나 스탈린은 레닌이 다른 동지들과 찍은 사진을 조작해 자신의 존재를 부각시켰다. 이후 레닌의 모든 사진에는 스탈린이 있었고 역사적 사건 속에는 스탈린이 있었다. 즉 레닌의 업적에 스탈린이 편승한 것이다.

평소 레닌의 주변 사람들은 레닌을 신임했지만 그의 의견에 절대적으로 동조하는 일은 없었다. 무엇이 옳은가를 최종적으로 판단하는 것은 레닌이 아닌 당의 다수라고 생각했기 때문이다. 그러나 스탈린은 달랐다.

"레닌은 구름 위의 인물이며 그를 비판한다는 것은 무례한 짓이다. 그는 역사가 시작된 이래 최고의 인물이다. 그러므로 그를 비평하거나 불복종하는 사람은 그의 후계자가 될 수 없다. 따라서 오직 나만이 레닌의 가르침을 그대로 유지하고 실현할 수 있다."

다른 당의 요원들은 이 연설을 듣고 어리둥절할 뿐이었다. 당시 소련에서 마르크스주의의 최고 권위자이며 마르크스 · 엥겔스 연구소장인 리아자노프는 이러한 작태를 보고 한심스러워했다.

"나는 마르크스주의자는 될 수 있어도 레닌주의자는 될 수 없다."

당 간부들은 민중들 사이에 뿌리 깊게 박힌 레닌 숭배라는 말을 가벼운 유행어로 여겼다. 그러나 스탈린은 이러한 현상을 꿰뚫어 보고 이를 장려하며 실권을 장악했다. 사람들은 트로츠키가 레닌의 뒤를 이을 것으로 생각했으나 스탈린 일파는 어느새 지노비에프를 지도자로 카메네프, 스탈린으로 이어지는 트로이카 체제를 갖췄다. 그들에게 트로츠키는 위협적이고 눈엣가시 같은 존재였다. 또 트로츠키가 주장하는 영구혁명론은 그들의 안락한 생활을 위협하는 이론으로 보였다.

1924년 5월 당 중앙위원회에서 스탈린의 당 서기직 해임이 언급되어 있는 레닌의 유언장이 낭독되었다. 그러나 지노비에프는 스탈린의 구명에 혼신의 힘을 다했으며 이어 카메네프 역시 스탈린의 유임을 호소했다. 이렇게 이루어진 삼두 체제는 트로츠키에게 공격의 포문을 열었다.

"당의 마지막 결정은 항상 정당하다. 왜냐하면 당은 프롤레타리아트의 근본적인 문제를 해결하기 위하여 프롤레타리아트에게 주어진 유일한 역사적 기구이기 때문이다. 어떤 사람도 당에 반대하여 정당할 수는 없다. 당과 함께 당을 통하여야만 정당할 수 있다."

그러자 트로츠키 역시 1924년 《10월의 교훈》이라는 소책자를 통해 트로이카 체제 반대 운동을 진행했다. 그는 이 책을 통해 성공적으로 끝난 1917년 10월 혁명에 대해 거사결정에 끝까지 반대한 지노비에프와 카메네프의 잘못을 지적했다. 또한 혁명이 성공한 후에도 혁명을 포기해야 한다고 주장한 그들의 오류를 비판했다. 그러나 지노비에프, 카메네프와 트로츠키가 서로의 과실을 만인 앞에 드러내는 동안 스탈린만이 더욱 빛을 보게 되었다.

트로츠키는 이론적으로 그들을 압도하기 위하여 정부의 인쇄국에 있던 인텔리의 도움을 받아 전집 13권을 출판하여 전국에 배포했다. 그러나 트로츠키는 이 전집에서도 레닌의 전설을 절대적으로 부정했으며, 혁명에서 볼셰비키당보다 자신의 역할이 컸다고 주장하였다. 그러자 스탈린은 〈트로츠키주의인가? 아니면 레닌주의인가?〉라는 논문을 통하여 레닌과 트로츠키의 관계를 상호부조의 관계에서 적대관계로 꾸미며 트로츠키주의란 당과 볼셰비키 지도자에 대한 불신을 의미할 뿐이라고 몰아붙였다. 이러한 논쟁으로 지노비에프와 카메네프는 더욱 스탈린에게 의지하게 되었으며 트로츠키의 위신은 실추되었다.

모스크바 대학의 학생대회에서는 트로츠키를 지지한다는 성명을 발표했다. 트로츠키는 적군의 총사령관으로 그의 지지 세력도 컸지만 대세를 바꾸기에는 미약했다. 결국 1925년 1월 정치국의 결의에 따라 트로츠키는 국방인민위원회에서 해임되었고 그 후임에 미하일 후룬제가 임명되었다. 그런데 이상한 일은 트로츠키가 물러나자 트로이카를 잇던 끈도 끊어진 것이다. 지노비에프는 사그러지는 트로츠키를 이번 기회에 없애버릴 것을 제안했으나 스탈린은 단호히 거부하였다. 뿐만 아니라 이제 필요가 없어진 지노비에프와 카메네프도 멀리하기 시작했다.

반대파의 제거

스탈린은 트로이카의 힘으로 자신이 소생되었음에도 불구하고 1925년 가을부터 노골적으로 삼두정치를 깨뜨리기 시작했다. 이러한 과정에서 당 내에서는 부하린, 톰스키가 이끄는 우파와 지노비에프, 카메네프가 이끄는 좌파로 양분되었다. 그러나 이때 생성된 좌우의 개념은 종전의 분파와는 전혀 상관없는 것으로 우파는 스탈린의 일국 사회주의론을 지지했고, 좌파는 국제주의적 특징을 지닌 채 정치를 이데올로기적 견지에서 본 것이었다.

당시 논쟁의 쟁점은 농민 문제였으나, 스탈린의 최대 관심사는 논쟁 자체가 아니었다. 그는 논쟁을 이용하여 그의 정적들을 제거할 계획을 세웠다. 이때 일시적이나마 트로츠키에 대한 공격이 멈추었으나 그것은 화해가 아닌 지노비에프와 카메네프에 대한 공격 때문에 잠시 보류했을 뿐이었다. 그런데 좌파에서 자주 트로츠키의 논리를 인용하자 트로츠키는 자연히 좌파 쪽으로 끌려갔다. 그래서 한 때 국방인민위원 후룬제의 후임으로 트로츠키가 물망에 올랐지만 결국 스탈린파인 보로쉴로프가 임명되었다.

잠시 국방인민위원의 자리에 올랐던 후룬제는 스탈린의 제안으로 군의 최고사령관 자리에 앉게 되었다. 군에서 갖는 그에 대한 신망은 트로츠키를 능가하는 것이었다. 이러한 높은 인기는 스탈린이 그를 정적으로 간주하기에 충분했다. 재임 당시 후룬제는 군의 지휘관 감시기관인 게페우를 못마땅하게 생각하고 그것을 폐지하려고 하였다. 이러한 그의 행동은 스탈린을 자극했다.

"후룬제는 생각보다 위험한 인물이다. 감시 대상이야!"

이렇게 감시 대상이 된 후룬제가 또 한 번 결정적으로 스탈린의 눈에 난 것은 지노비에프와 키메네프가 스탈린과 논쟁할 때 그가 스탈린의 편에 서지 않은 데 있었다. 스탈린으로서는 군의 최고사령관이 그와 반대되는 생각을 가진 것이 상당히 못마땅했다. 당시 후룬제는 위궤양을 앓고 있었는데 거의 회복된 상태였다. 하지만 스탈린의 앞잡이인 의사는 수술이 필요하다는 진단을 내렸다.

"내 몸은 내가 잘 알아요. 나는 속이 거북하지 않단 말이오."

후룬제는 수술을 거부했으나 스탈린의 하수인 의사는 다른 의사들을 매수하여 수술이 꼭 필요하다는 결정을 내렸다. 정치국에서도 이들의 결정을 확인하고 수술 명령을 내렸다. 후룬제는 아무 말도 못하고 마취된 채 수술 도중 죽고 말았다. 격분한 후룬제의 부인은 스탈린에게 남편이 독살당했다고 호소하며 자살하였다.

이제는 지노비에프와 카메네프가 스탈린의 눈에 거슬리기 시작했다. 1925년 12월에 열린 제14차 당 대회에서 스탈린과 지노비에프가 정면충돌했다. 이 대회에서는 스탈린의 일국 사회주의론이 공식 채택되었다. 지노비에프와 카메네프는 스탈린에게 개념의 혼동에 대해 적극 항의하였으나 스탈린도 신랄한 반격을 가하며 159대 65의 큰 표 차이로 이들을 물리쳤다. 이어 스탈린은 1926년 레닌그라드로 개칭된 페트로그라드 꼼소몰의 지방위원회를 개최하여 당 서기 지노비에프를 축출하고 자신의 참모인 키로프를 임명했다.

이렇게 되자 지노비에프와 카메네프는 트로츠키와 협력하지 않을 수 없었다. 이들이 힘을 규합하자 스탈린은 오히려 더 편안하게 이들을 공격했다. 세 사람의 스탈린 반대 운동은 1926년부터 1928년까지 계속되었으나 스탈린은 꿈쩍도 하지 않았다.

1926년 10월 트로츠키와 지노비에프는 정치국에서 축출되었고 카메네프는 후보위원으로 내려앉았다. 1927년 7월 중앙위원회 정기회의에서 세 사람은 다시 한 번 스탈린을 공격했다. 반대파는 스스로를 '블럭'이라 칭하며 당원 앞에 별개의 그룹으로 모습을 나타내며 공격을 시작했다.

"스탈린의 당 지도부는 현재 노동자 계급과 빈농의 생활을 악화시키고 있으며, 외교 정책 역시 중국 국민당의 실패와 영국의 대 소련 단교 등은 소련의 국제적 지위를 저하시키고 있다."

스탈린은 중앙위원회가 폐회된 후 트로츠키와 지노비에프를 당 중앙위원회에서 축출하는 인사를 단행했다. 그들은 수 주일 후 당에서 제명되었으며 카메네프는 모스크바에서 싸움을 계속할 생각으로 주일(駐日) 대사직을 거부했다. 시시각각으로 위기가 닥쳐오자 그들은 1927년 10월 4일 성명서를 발표했다. 그들은 이 성명서를 통해 그들이 당 규약을 위반했다는 사실을 인정하고 이른바 당 속의 당, 블록을 해산할 것을 서약했다.

스탈린 스탈린은 무소불위의 힘을 휘두르며 정적들을 잔인하고 악독한 방법으로 숙청하기 시작했다.

그러나 12월에 열린 제15차 당 대회에서 스탈린은 막강해진 힘을 휘둘러 좌파 그룹의 해산과 이론의 철회를 요구하며 트로츠키파의 지도그룹 75명을 당에서 제명하였다. 또 이 대회에서 스탈린은 신경제 정책의 종말을 알리고 1차 경제개발 5개년 계획을 발표했다. 그리고 이 정책은 열광적인 지지 속에 채택되었다. 당 대회의 결과를 거부한 트로츠키는 알마타로 유배되었고 1929년에는 국외로 추방되었다.

트로츠키는 1926년 출간된 《배반당한 혁명》을 통해 스탈린 체제의 소비에트를 비판했다.

"생산수단은 국가의 것이나 국가는 관료의 것이다. 국가는 소비에트 귀족과 무기를 갖지 않은 근로 대중으로 분열되어 있다."

트로츠키는 1940년 멕시코의 망명지에서 스탈린이 보낸 암살자의 도끼에 죽었다. 좌파 제거에 성공한 스탈린의 공격은 다시 우파 쪽으로 이어졌다. 그는 부하린, 톰스키, 뢰꼬프 등을 진정한 사회주의의 길에서 벗어났다고 비난하며 모두 정치국에서 추방했다. 좌우파를 모두 제거한 스탈린은 비로소 공산당과 소련연방의 최고 책임자, 그리고 레닌의 정통 후계자로 설 수 있게 되었다.

스탈린과 5개년 계획

1927년 12월 제15차 공산당대회에서 스탈린의 압도적 승리는 스탈린 시대 개막과 함께 그의 5개년 계획이 시작됐음을 의미했다. 스탈린은 이후 독재 체제를 완벽하게 강화하면서 본격적인 사회주의 건설을 시작했다. 그는 러시아에서 지금 필요한 것은 세계혁명이 아니라 산업화에 의한 근대화라고 주장하면서 연속적인 5개년 계획의 당위성을 설명했다.

제1차 5개년 계획은 1928년 10월 1일부터 1932년 12월 31일까지 4년 3개월 동안 실시되었다. 5개년 계획은 고스플란이라는 최고 기관이 관리했으며, 고스플란에서는 물품의 생산량, 노동자들의 임금, 그리고 물품가격 등을 결정하였다. 이와 같은 계획 경제는 소련 경제의 새로운 양상이 되었으며, 많은 나라에 영향을 끼쳤다.

제1차 5개년 계획의 주목적은 외국 차관을 사용하지 않고 중공업을 발달시키는 것이었다. 스탈린이 공업화를 서두르게 된 데에는 몇 가지 이유가 있었다. 첫째, 자급자족을 하기 위해 농업생산성을 높이려면 트랙터를 비롯한 농기계와 전력이 필요했다. 둘째, 공산정권의 권력 기반을 확고히 하기 위해서 마르크스주의의 지지 세력인 노동 계급이 많이 필요하다고 생각하였다. 셋째는 러시아가 사회주의 국가로 살아남고 다른 나라에서의 사회주의 운동을 지원하기 위해서 러시아 자체가 부강한 자급자족 국가가 되어야 한다는 민족주의적인 동기에서였다. 이리하여 화학, 자동차, 기계, 항공, 공장기계, 그리고 전기와 같은 완전히 새로운 산업분야에 1,500개 이상의 새로운 공장들이 건설되었다. 그리고 콤비나트로 불리는 대규모의 공업단지가 조성되었다. 그 가운데 가장 유명한 것이 우랄 지방의 마그니토고르스크였다.

농업의 기계화 노동자들이 소비에트 연방의 집단 농장에서 트랙터를 몰고 밭으로 나가고 있다.

제1차 5개년 계획은 성공을 거두었다. 공식 발표에 과장이 없는 것은 아니지만 공업부분은 목표의 93.7퍼센트 정도를 달성하였다. 더욱이 생산수단에 관련된 중공업은 103.4퍼센트 성장하여 목표를 초과 달성하였다. 그러나 경공업 내지 소비재 산업은 당초 목표의 84.9퍼센트 달성에 머물렀다. 또한 이 부문은 처음부터 최저 수준으로 축소 조정되었기 때문에 국민은 내핍생활을 강요받았다. 따라서 국민은 소비재 부족, 배급제, 일용품 궁핍, 생활고 등에 시달려야만 했다. 그러나 그들은 황금빛 미래상에 현실의 어둠을 잊고 지냈다.

1920년대 말 서방 자본주의 세계는 대공황을 맞이하여 현실과 미래를 불안과 두려움으로 바라봤으나, 소련 국민들은 스탈린이 그려낸 장미빛 미래는 다가오지 않았어도 실업이 없고, 미래에 어느 정도 희망을 가질 수 있었던 경제 발전의 단계적 성공에 만족감을 느꼈다. 아마도 가장 큰 변혁을 겪게 된 곳은 농촌 지역이었다.

1929년 스탈린은 농업의 집단화를 선포하고 부농계급을 공격하였다. 처음 계획은 농업 인구의 6분의 1정도만을 집단화하려는 것이었는데 1929년 겨울 갑자기 계획을 수정해 농민의 대부분을 즉각적으로 집단화했다. 수만 명의 열렬한 공산당원은 집단농장을 조직하고 사회주의를 확립하기 위하여 도시에서 농촌으로 파견되었다. 지방 행정당국과 당 조직은 경찰과 군대의 힘을 빌어 농민들을 집단농장으로 몰아넣었다.

부유한 농민들인 쿨라크가 자신들의 토지와 가축을 새로 생긴 집단농장에 넘기기를 반대하자 가난한 농민들은 부유한 농민들을 공격하였다. 이러한 과정에서 200만 세대의 1천만 명에 이르는 쿨라크가 살해되거나 시베리아 혹은 중앙아시아의 강제노동수용소로 추방되었다. 부농들은 말, 소, 돼지 등의 가축을 빼앗기느니 차라리 도살해버렸다. 중농 및 소농까지도 이제 자신들의 소유가 아닌 가축들을 보살피지 않았고, 또 국가가 집단농장에 새로이 공급해 주리라는 순진한 생각으로 부농과 똑같이 행동하였다. 그리하여 말은 절반 이상, 소는 절반 이하, 양과 염소는 3분의 2가 도살되었다. 이와 같은 손실이야말로 제1차 5개년 계획이 예견치 못했던 최악의 사건이었다. 더군다나 악천후까지 겹쳐 끔찍한 기아가 우크라이나 전역을 휩쓸었다. 그러나 농업의 집단화는 계속 추진되었으며 1933년까지 농토의 60퍼센트가 집단농장에 편입되었다. 그리하여 1941년에 이르러 25만 개의 집단농장이 생겼고, 1천 9백만 세대가 그곳에서 생계를 유지하였다.

집단농장의 기본 형태는 콜호즈였다. 각 집단농장은 운영위원회가 작업을 감독하였으며, 농민들은 노동자들처럼 생산량에 따라 보수를 받았다. 각 집단농장은 정부가 할당한 생산량을 정부에 바쳤다. 이것은 도시민, 노동자, 군대에 공급되었다. 그리고 남은 잉여 농산물은 소비자에게 직접 팔 수도 있었지만, 개인이 전매하는 것은 투기로 간주하여 처벌했다. 1934년부터는 정부가 집단농장으로부터 사들인 농산물에 다시 이익을 붙여 시장에서 팔기도 하였다.

한편 이제까지 소규모 형태로 운영된 농업 생산방식 대신 1천 에이커 단위의 농업이 시작됨으로써 집단화된 토지에는 트랙터를 사용할 수 있게 되었다. 이전까지 농민들은 너무나 가난해서 트랙터를 살 수 없었으며, 토지는 너무 작고 분산되어 있어서 일부 부농만이 기계를 사용할 수 있었다. 제1차 5개년 계획의 과정에서 전국에 수백 개의 트랙터 공급처가 생겼다. 정부는 트랙터 본부를 설치하여 영농기계를 집단농장에게 빌려주고 생산물의 20퍼센트를 사용료로 받았다. 이러한 농업의 집단화와 기계화를 통해 농업 생산물에 대한 정부 통제가 가능해졌고, 생산은 증대되었다. 또한 농촌의 잉여 노동력은 공장 노동자로 전환됐다. 1926년에서 1939년 사이에 농촌에서 도시로 이동한 인구는 약 2천만 명에 이르렀다.

제2차 5개년 계획은 1933년부터 1937년까지, 제3차 5개년 계획은 1938년에 시작하여 독일이 침공한 1941년 6월까지 계속되었다. 2차, 3차 계획은 제1차 계획과 같이 중공업의 발달을 강조하고 농업의 집단화를 이어가는 것이었다. 그러나 2차, 3차 계획은 어떤 면에서는 1차 계획과 분명히 다른 점도 있었다. 제2차 5개년 계획은 1차 계획에서 목표의 과잉 달성이나 미달을 피하고 생산의 균형을 이루려는 것이 중점사항이었다. 그래서 소비재 생산에 많은 노력을 기울였다. 또한 2차, 3차 계획 기간 중에는 군수

산업에도 큰 비중을 두었다.

　스탈린은 산업화 초기부터 강력한 사회주의 국가를 10년 안에 건설하지 못하면 자본주의자들에 의해서 소련이 붕괴될지도 모른다고 생각했다. 그런데 이러한 위협은 1930년대에 점차 현실로 다가왔다. 1930년대에 이르자 독일과 일본은 노골적으로 소련에 적의를 보였다. 그러자 스탈린은 군수품을 확충하며 최전선에서 멀리 떨어진 볼가 강 동쪽 내륙 지방의 산업화를 가속화했다.

　계속된 경제계획은 상당히 성공하였다. 1928년에서 1940년에 이르는 기간 동안 강철은 4.5배, 전력은 8배, 시멘트는 2배, 석탄은 4배, 석유는 3배로 생산량이 늘어났다. 그리고 철도를 포함한 수송수단은 4배로 늘어났다. 그리하여 1940년에는 독일의 생산과 비슷해졌다. 소련은 유럽 국가들이 75년 동안에 이룩한 것을 겨우 12년 만에 이룩한 것이다.

　그렇지만 소련의 공업화를 과장해서는 안 된다. 소련은 워낙 낙후됐기 때문에 성장이 급격히 늘어난 것뿐이다. 소련은 노동자 1인당 생산고가 서방에 비해 엄청나게 뒤떨어졌다. 대단히 많은 문화활동 등에 사용되는 종이 생산량을 비교해보면 단적으로 알 수 있다. 1937년 미국이 1인당 103파운드, 독일과 영국이 각각 92파운드, 프랑스가 51파운드, 일본이 17파운드를 생산했는데 소련은 겨우 11파운드를 생산했을 뿐이다.

　경제개발은 사회적으로도 많은 변화를 가져왔다. 우선 모든 정책이 국가의 계획과 통제에 의해 움직이게 됨에 따라 직업선택의 자유가 사라졌다. 각 공장은 집단농장과 계약을 체결하여 필요한 노동력을 강제로 징발하였으며, 집단화에 반대하는 농민은 강제 노동수용소로 끌려갔다. 그리고 특권을 누려왔던 귀족계급이 사라졌다. 그러나 스탈린 시대의 소련 사회는 마르크스가 꿈꾸던 것과는 달리 새로운 계급제도가 생겨났다.

스탈린은 차등 임금제도를 도입해 새롭게 지배계급이 된 관료, 기술자, 공장 경영자, 집단농장 책임자, 작가, 예술인들에게는 일반 노동자, 농민보다 엄청나게 많은 봉급을 주었다. 따라서 능력에 따라 생산하고 필요에 따라 분배받는다는 마르크스의 평등이상은 지켜지지 않고, 대신에 능력에 따라 생산하고 그의 노동에 따라 분배받는다는 새로운 원칙이 세워졌다.

피로 얼룩진 대숙청

오늘날까지도 소련 최고의 독재자인 스탈린을 모르는 사람은 없을 것이다. 아마 소련의 역사는 모른다해도 스탈린의 피의 숙청은 모두 알고 있을 것이다. 잔인하게 행해졌던 스탈린의 피의 숙청은 경제개발 5개년 계획이 한창 진행 중인 제2차 5개년 계획기간 동안에 이루어졌다. 이 시기는 국민들의 애국심이 고취되어 있었고 스탈린 헌법이 제정되었지만 한편으로는 당과 사회구조의 전반적인 재편성이 이루어지기 시작한 정변의 시기였다.

그의 숙청음모는 철저히 계획된 것으로 반대파는 물론 고참 볼셰비키에게 국가 전복의 음모를 씌워 그들의 숙청을 정당화하였다. 스탈린은 이를 통해 자신만이 레닌의 후계자가 될 수 있음을 다시 한 번 알리고 음모자들로부터 자신의 자리를 확그히 다졌다.

사건의 시작은 1934년 12월 1일 당 지부 사무소로 들어가려던 레닌그라드의 당 서기 키로프가 암살된 데서 시작되었다. 당시 키로프는 스탈린의 가장 가까운 측근으로 알려졌고 그가 스탈린의 후계자가 될 것이라는 설까지 나돌고 있었다. 당의 지도자들은 스탈린이 사망했을 경우 혹시라도 자리다툼이 일어나지 않도록 미리 내정해놓은 것이다. 그런데 이렇게 신망받던 키로프가 암살당했음에도 불구하고 진상을 규명해야 할 비밀경찰은 스탈린에게 아무런 보고도 하지 않았다. 그 후 공식발표는 다음과 같았다.

"키로프를 암살한 범인은 레오니드 니콜라예프라는 트로츠키파의 학생으로 해외 지령에 의해 움직이는 합동센터의 지령으로 암살했다. 또한 그는 당의 주요 지도자 스탈린, 보로쉴로프, 쥬다노프 등의 암살도 계획한 위험인물이다."

그러나 후일 흐루시초프가 소련 공산당 제2차 전당대회에서 행한 비밀연설에서 진범이 밝혀졌다.

"키로프의 암살음모에는 스탈린이 직접 관계했으며 당시 게페우가 해산되고 새로운 국가경찰조직의 장관 야고다가 협조했다."

키로프의 암살음모로 시작된 숙청은 1934년에서 1938년까지 계속되었는데 최근에 밝혀진 바에 의하면 숙청된 사람은 2천 1백만 명에서 2천 2백만 명에 이른다고 스탈린의 전기를 쓴 드미트리. A. 볼코고노프 장군이 밝혔다. 볼코고노프는 스탈린의 통치기간 중에 농경학자인 아버지가 처형됐고 어머니마저 강제수용소에서 사망한 쓰라린 경험을 갖고 있는 현역 육군 중장으로 스탈린의 전기를 쓰기 위해 군부와 당이 갖고 있는 비밀문서에 최초로 접근한 인물이었다.

그는 스탈린이 남긴 비밀문서 보관함을 여는 순간 처형해야 할 공산당원의 명단을 보고 경악했다.

"그 명단에는 그 당시 우리에게 가장 좋은 친구이며, 가장 탁월한 지도자들이 모조리 없어져야 할 대상으로 적혀 있었다."

스탈린은 그의 보좌관인 말렌코프와 함께 이 명단을 훑어보고 아주 쉽게 승인했으며, 그리고 그날 밤 조용히 영화감상을 하기 위해 자리를 떴다고 한다. 각본에 따라 암살범과 그 일파는 즉시 처형되었고 키로프가 암살된 날 체포된 사람들 중 1주일 후에 100명이 처형되었다. 스탈린은 반대파에 있는 지노비에프와 카메네프는 우크라이나에 대한 외국의 음모에 연루되었다는 죄목으로 1935년 1월에 각각 강제수용소로 보냈다. 더욱 심한 것은 지노비에프와 카메네프에게 사전에 키로프의 암살음모를 알았다는 자백을 강요한 것이다. 숙청의 폭풍으로 스탈린의 측근 몇 명도 유죄를 선고받았으며 그 일은 비밀에 부쳐졌다.

1935년 5월 스탈린은 "인민의 적을 일소한다."는 구실로 특별보안위원회를 설치하여 여러 기관의 책임자와 모든 당원에 대한 전면적 자격심사, 자아비판과 더불어 다른 당원의 당성에 대한 극렬한 비판까지 요구했다. 그러자 여기저기서 극렬한 비판과 고발이 쏟아졌고 전국적으로 번져갔다. 그러나 무엇보다도 극심했던 사태는 소위 모스크바 재판이라고 불리는 볼셰비키 지도급 인사에 대한 숙청으로 세 차례에 걸쳐 공개재판의 형식으로 이루어졌다. 이때 처형된 인사들은 모두가 스탈린과 동등한 레닌의 참모였으며 이번에도 역시 거짓 자백을 통해 처형하였다.

1936년 8월에 처음 개최된 모스크바 재판에서 지노비에프와 카메네프를 포함한 모든 피고인들에게 사형이 선고되었다. 레닌의 부인 크루푸스카야는 숙청의 광경을 보고 스탈린의 음흉한 책략을 비방했다.

"레닌이 오래 살았다면 그도 감옥으로 갔을 것이다."

부하린 역시 스탈린에 의해 숙청당한 지도급 인사들에 대해

안타까움을 표시했다.

"소련에 두 개의 정부가 있다면 그 하나는 감옥에 있다."

피의 숙청을 맡았던 비밀경찰 야고다는 1차 숙청을 마치고 좌천되었다가 체포됐다. 그는 스탈린의 의도를 너무 깊숙이 알았을 뿐만 아니라 비밀경찰의 막강한 권력을 휘둘러 호화로운 별장을 소유하는가 하면 감옥에 갇혀있던 미인들을 골라 연회를 베풀며 즐겼다. 결정적인 것은 막심 고리키의 아들 암살사건이었다.

고리키와 레닌은 친한 친구였다. 예전에 두 사람은 차르 경찰에 체포됐으며 혁명 전에는 볼셰비키 학교를 이탈리아의 소레도에 있는 별장에 차려놓기도 했다. 그러나 혁명 초기에는 서로 의견이 맞지 않았다. 고리키는 레닌에게 체포된 사람을 석방하든가 체포를 제한하라고 간섭했다.

이처럼 레닌과 막역한 사이였던 고리키의 아들 페슈코프가 암살되어 길거리에서 차갑게 발견되자 사회적으로 큰 파문이 일었다. 병을 앓고 있는 70세의 고리키가 이 사실을 알았다면 그는 충격으로 살아남지 못할 일이었다. 그러나 예상 밖으로 고리키는 쉽게 죽지 않았다. 그러자 조바심이 난 야고다는 고리키의 주치의 3명을 매수하여 치료를 핑계삼아 다량의 강심제를 주사하여 살해하라고 협박했다. 주치의들은 야고다의 명령을 충실히 수행하였으나 야고다는 증거를 없애기 위해 그들을 모두 총살했다. 이 모든 것은 스탈린이 계획한 것이다.

고리키는 스탈린의 무리한 경제적 정책 때문에 기아로 허덕이는 국민을 대변했으며, 그의 작가적 지위는 국제 사회에서도 영향력을 발휘했다. 스탈린은 고리키의 행동 하나하나에 촉각을 곤두세울 수밖에 없었다. 결국 고리키의 영향력이 두려웠던 스탈린

공개 재판 스탈린의 의도대로 진행된 공개 재판에서 재판장이 11명의 피고인들에게 사형을 선고하고 있다.

은 야고다에게 암살 명령을 내렸다.

"피 한 방울, 바람소리 한 점 없이 처리하라."

야고다는 스탈린의 명령에 복종했으나 스탈린은 자신의 치부를 너무 깊숙이 알고 있는 야고다도 일찌감치 죽여없앴다.

두 번째의 재판에서는 악명 높은 니콜라이 예조프가 내무인민위원이 되면서 숙청 작업은 극에 달했는데 이것을 '예조프쉬치나'라고 부른다. 1937년 1월 23일부터 30일에 걸쳐 시행된 재판에서는 현직 인민위원과 레닌의 전우였던 라데크 등이 고발됐는데 대부분 사형이나 금고 10년 이상이 선고되었다.

제3차 재판은 트로츠키파 재판이라고 불릴 만큼 많은 트로츠키파를 제거하였다. 외국 첩보기관 운운하면서 '트로츠키파 블록'이라는 새로운 음모단을 만들어 볼셰비키 정권을 타도하고 자본주의 체제를 재건하려 했다는 죄목을 씌웠다. 이때 부하린, 뢰꼬프, 크레진스키, 라코프스키 등이 처형되었다. 우파 출신의 톰스키는 자신에게 뻗쳐오는 위협의 손길을 미리 예견했음인지 스스로 목숨을 끊었다. 이 밖에도 체포의 선풍은 전국을 강타하여 이전의 반대파였던 지노비에프나 부하린의 지지자, 예전의 멘셰비키, 사회혁명당, 무정부주의자, 유대 사회주의 그룹 등이 숙청당했다.

그 결과 1934년 제17차 당 대회에서 선출된 중앙위원과 후보의원 139명 중 1937년 가을까지 98명이 처형됐고 17명이 강제수용소로 추방되었으며 14명이 남았다. 또한 제17차 전당대회 정·후보 대표의원 1천966명 중 거의 대부분인 1천108명이 체포됐다고 하니 이중 살아남은 사람은 기적을 맛보았다고 하겠다. 모스크바 재판에 이어 군사재판은 비공개로 시행됐는데 통계에 의하면

강제 수용소 수용소의 수인은 국익을 위해 강제 노역을 해야 했다. 수인들은 열악한 환경에서 노동을 강제당했고 식사도 의복도 부족했다. 노동할 수 없을 만큼 약하거나 늙으면 총살당했다.

1937년에서 1938년 사이에 숙청된 사람은 적군 간부 최고군사회의 멤버의 75퍼센트, 원수 5명 중 3명, 사령관급 15명 중 13명, 군단장급 85명 중 62명, 사단장급 195명 중 110명, 여단장급 406명 중 220명이나 되었다. 여기에 대령 이상의 고급장교 65퍼센트와 하급관료 10퍼센트에 해당하는 2만여 명이 체포되었다. 체포된 고급장교 6천명 가운데 1천500명은 처형되고 나머지는 감옥이나 시베리아 수용소로 보내졌다. 잔인한 피의 숙청은 1938년 봄에 접어들면서 사그라지기 시작했다. 1938년 12월 내무인민위원 예조프가 해임되고 스탈린과 고향이 같은 베리아가 임명되었다. 예조프 역시 야고다처럼 다음해 초 사라졌다. 스탈린은 인류 역사상 유례없는, 자신의 권력 투쟁을 위한 학살자였다.

제2차 세계대전과 풍전등화의 모스크바

1941년 6월 22일 새벽 4시 독일군 부대가 선전포고도 없이 소련에 침입했다. 독일군은 우선 국경 주변의 비행장에 맹폭격을 가하며 소련 공군을 혼란에 빠뜨린 다음 남쪽과 북쪽 그리고 중앙에서 동시다발적으로 공격했다. 이와 때를 같이하여 이탈리아, 루마니아, 슬로비키아가 소련에 선전포고를 하고 이어 핀란드와 헝가리가 참전해 소련은 더욱 어려워졌다. 스탈린은 상황의 위급함을 깨닫고 재빨리 전 국민에게 호소문을 발표했다. 그는 소련이 기습 공격을 받았음을 강조하며 국민들 마음속에 민족적 분개심을 불러 일으켰다. 또한 나폴레옹 전쟁에서의 승리를 인용하면서 히틀러의 군대도 문제없다고 큰 소리쳤다.

    이 호소문은 호응을 얻었다. 더욱이 전쟁이 길어져 독일군의

독일의 침공 모스크바 근처까지 침입한 독일군에 대해 반격에 나선 소련군 병사들

약탈과 만행이 심해지자 독일에 대한 저항감은 후방의 게릴라전, 일종인 빨치산(파르티잔) 운동으로 나타났다. 때마침 미국의 약 110억 달러에 달하는 어마어마한 원조는 풍전등화 격인 소련을 구출하는 데 큰 몫을 하였다.

독일의 대공세에도 모스크바가 살아남을 수 있었던 이유는 히틀러가 전쟁을 너무 조급하게 했다는 것과 나폴레옹이 경험했듯 소련 특유의 추위와 광활한 영토로 인한 물자수송의 어려움을 들 수 있다. 그러나 무엇보다도 애국적인 파르티잔의 활동이 컸음은 말할 나위 없다. 산악 곳곳에서 기습 공격을 행해 독일군의 보급을 차단하여 배고픔과 추위를 가중시켜 독일군의 사기 저하에 큰 영향을 주었다.

결국 레닌그라드와 모스크바의 점령에 실패한 히틀러가 마지막으로 선택한 스탈린그라드의 점령마저도 지나친 소모전과 소련군의 완강한 저항으로 무위로 끝나자 전세는 오히려 소련의 승리로 이어졌다. 이 전쟁으로 인해 민족주의를 외친 스탈린의 위치는 더욱 확고해졌다. 그는 전쟁 중에 군대에 계급제도를 신설하여 군인들의 사기를 높였으며, 자신이 직접 소련군 최고사령관에 취임했다. 그리고 교회와 화해함으로써 국민 전체의 단결에 힘썼다. 스탈린이 주장하는 민족주의는 대부분 러시아 민족에 대한 사랑이었다. 스탈린은 이에 대해서 1945년 5월 24일 치러진 전승 만찬 석상에서 공공연히 밝혔다.

"소련 국민을 위해서가 아니라 소련의 여러 민족 가운데서 가장 뛰어난 러시아 민족의 건강을 위하여 건배합시다."

전쟁으로 인한 피해는 막대했지만 그에 못지 않게 얻은 것은 더욱 많았다. 먼저 영토 회복은 물론 새롭게 600만의 인구를 가진 약 20만 평방 마일의 영토를 얻게 되었다. 발트 해 연안국가 외에도 동폴란드, 베사라비아, 불가리아를 포함한 동프러시아의 북부가 새로운 영토가 되었다. 이로써 소련은 극동에서 만주를 거쳐 한반도 국경까지 뻗쳤고, 유럽에서는 동구 유럽을 포함해 북으로는 폴란드, 남으로는 에게 해와 아드리아 해까지 미쳤다.

독일과의 전쟁이 마무리되자 미국은 원조를 빌미로 소련에게 일본과의 전쟁에 참전할 것을 요구했다. 그러나 스탈린은 이미 1941년 일본과 앞으로 5년 동안은 서로 침략을 하지 않겠다는 조약을 체결한 후라 미국에게 핑계를 대며 참전을 미뤘다. 하지만 1945년 히로시마에 원자폭탄이 투하되자 스탈린은 재빨리 일본에 선전포고를 하고 피 한 방울 흘리지 않고 전리품을 챙길 수 있었다.

스탈린은 먼저 만주에 소련군을 집중시켰다. 소련군의 만주 점령은 일본과의 싸움 외에도 마오쩌둥을 지원한다는 이유도 있었다. 실제로 소련은 만주에서 철수할 때 행정기구나 시설물 등과 같은 일본의 군사장비를 중국 공산당에게 넘겨줌으로써 마오쩌둥의 승리에 크게 기여하였다.

스탈린이 참전을 결정한 날 두 번째 원자폭탄이 나가사키에 투하되어 일본은 완전히 항복했다. 소련이 개입하지 않았어도 일본의 항복은 필연적이었다. 이 때문에 훗날 역사가들은 소련에게 참전을 요구한 루즈벨트의 판단 착오가 '붉은 곰'만 키웠다고 지적하기도 한다. 여하튼 1945년은 소련이 1917년 혁명 당시의 어수선함과 위기를 벗어나 미국과 더불어 세계 최강국으로 부상하는 역사적인 해가 되었다. 넓은 국토와 풍부한 인적자원이 밑받침이 되어 가능했지만, 스탈린의 재빠른 정세 판단과 민족주의에 호소했던 그의 뛰어난 전략도 빼놓아서도 안 될 부분이다.

혁명 이후의 사회와 문화

1917년 볼셰비키가 권력을 장악한 후 정치뿐만 아니라 사회적으로도 급격한 변화가 일어났다. 즉 사회 전반에 걸쳐 소비에트적인 문화양식이 뿌리를 내림으로써 광대한 면적, 거대한 인구, 다양한 인종적·문화적인 특성에도 불구하고 러시아는 하나의 국가로 존속할 수 있었다.

소비에트 문화의 주춧돌은 뭐니 뭐니 해도 공산당이었다. 1917년 혁명 당시 2만 5천명에 지나지 않던 공산당원은 1930년대의 대숙청과 제2차 세계대전을 치른 뒤에도 계속 늘어났으며,

1960년대에는 1천만 명을 넘어섰다. 공산당은 모든 사회조직에 있어서 공산주의라는 단 하나의 이데올로기로 국민과 집단을 교육하고 지도했다. 그리고 점차 공산당 당원이라는 사실 자체가 지위를 나타냈으며 권위 있는 표식이 됐다.

소련 공산당은 매우 철저하게 조직화됐다. 공장, 집단농장, 학교, 군사조직 등 소련의 공산당 조직은 3명 이상의 공산주의자가 있는 곳은 어디서나 결성될 수 있는 초급 당 조직, 즉 세포조직부터 시작하여 한 단계, 한 단계 올라가 마침내 소비에트의 주요 행사로 기록되는 당 대회와 상설기구인 당 중앙위원회, 서기국, 정치국에 이른다.

러시아 혁명은 공산당을 권력의 지위로 부상시킨 반면 전체 사회계급은 붕괴시켰다. 오랜 시간 동안 러시아의 최고 집단으로 군림해온 지주층은 1917년에서 1918년 사이에 급속히 사라졌으며 농민들은 그들의 땅을 소유하게 되었다. 금융, 산업, 상업계의 상층 부르주아들도 5개년 계획의 실시와 더불어 붕괴되었다.

소련을 얘기할 때 빼놓을 수 없는 것이 농민이다. 1928년의 경우 농촌인구가 총인구의 82퍼센트를 차지했고, 공업화와 도시화를 거친 후인 소련 붕괴 전까지만 해도 전체 인구의 약 50퍼센트가 농촌인구였다. 소비에트 농민은 5개년 계획에 헌신적으로 일했지만 그 대가는 극히 미미했다. 스탈린 사망 후 흐루시초프 같은 지도자는 농촌의 암담한 상태를 인정했으며, 1956년 언론이 비교적 자유를 누렸던 얼마 동안 작가들은 이들의 삶을 표현해 훌륭한 작품들을 남겼다. 소련이 붕괴되기 전까지 농촌 지역은 일련의 정책과 계획에도 불구하고 빈곤 상태에 머물렀다.

볼셰비키 혁명 덕에 다방면으로 가장 많은 혜택을 받은 집단은 산업 노동자였다. 혁명은 분명히 노동자의 이름으로 이루어졌기 때문에 노동자들은 당 간부, 적군 장교, 심지어는 집단농장의 조직책까지 되는 등 사회적으로 신분이 상승됐다.

혁명 이후 소련의 발전을 가져온 공로 중 빼놓을 수 없는 것이 교육 제도의 향상이었다. 교육은 소련의 경제와 기술의 진보를 가능하게 했다. 볼셰비키 혁명 시기에는 러시아 국민의 절반 정도만이 글을 읽고 쓸 줄 알았다. 더욱이 내전 동안에는 기아, 질병으로 인한 혼란이 문맹을 증가시켰다. 그러나 볼셰비키 정권은 1922년부터 어린이를 위한 학교 설립뿐만 아니라 성인들의 문맹퇴치를 위해 대대적인 교육정책을 실시했다.

소련의 교육은 암기와 복습을 강조하는 방식이었다. 그래서 아이들이 모든 과제를 제대로 이행하려면 하루에 280페이지 정도를 읽어야 했다. 소련의 학교는 특히 수학과 과학 교육에 치중했다. 이런 과정 속에 과학은 특별 영역으로 남았다. 과학은 소련이 추구했던 군사적, 기술적, 경제적으로 최강국이 되는 필수요소였다. 그 결과 1957년에 발사된 세계 최초의 인공위성 스푸트니크 1호, 달 우주선 발사, 원자 및 수소폭탄 제조 등을 가장 먼저 이룰 수 있었다. 당시 소련의 과학 수준은 누구도 넘볼 수 없는 수준이 되었다.

이 시대 소련의 문학은 사회주의적 사실주의에 충실했다. 이것은 푸시킨이나 톨스토이가 나타내려고 했던 삶 자체의 사실적인 묘사가 아닌 혁명 이념이나 정부가 필요한 사실을 반영한 것이었다. 작가들은 비판은 없고 지시된 계획에 따라야만 했다. 이에 반항하는 작가는 총살당하거나 국외로 추방됐다. 예세닌이나 마야코프스키 같은 작가는 자살했다. 《닥터 지바고》를 쓴 파스테르나크도 예외없이 추방당했다. 한편 《고요한 강》으로 유명한 솔로호프 등은 정부의 요구에 따르면서 좋은 작품을 쓰려고 노력했으나 몇 번씩 수정판을 내는 고충을 겪었다. 결국 소련의 문학은 고리키 이후부터는 제 빛을 잃고 긴 동면에 들어갔다.

흐루시초프 시대

집단 지도 체제의 붕괴

1953년 3월 5일 73세의 스탈린은 그가 일삼은 것처럼 자신도 측근에 의해 암살당했다. 스탈린이 죽자 후계자 문제가 대두되었다. 물망에 오른 인물은 스탈린의 뒤를 그림자처럼 따라다니며 신망을 구축한 말렌코프와 비밀경찰로 경찰기구에서 힘을 다진 베리아, 그리고 당 기구에 확실한 지지기반을 다져놓은 흐루시초프였다. 이 밖에도 모로토프, 가가노비치, 미안코 등도 물망에 올랐다. 그들 모두는 한결같이 독재 체제를 비난했다.

"이제부터 독재자를 만들지 맙시다. 개인 숭배도 모두 집어치웁시다. 오랜 독재는 우리에게도 책임이 있는 것입니다. 지도자가 되더라도 더 이상의 정치보복은 하지 맙시다."

이들 중 어느 누구도 절대적인 지지기반을 확보하지 못해 자연히 집단 지도 체제가 형성되었다. 그러나 서서히 권력 투쟁이 시작되었고 베리아, 말렌코프, 흐루시초프로 압축되었다. 집단 지도 체제가 힘의 균형을 잃기 시작한 것은 말렌코프가 서기직을 사퇴하면서 시작되었다.

호루시초프 소련 공산당 중앙위원회 제1 서기관이었던 흐루시초프는 스탈린의 뒤를 이어 1958년 3월부터 1964년 10월까지 수상을 지냈다.

"나는 당 중앙위원회 간부회의 직책에 충실하기 위하여 서기직을 사퇴합니다."

그러나 그의 서기직 사임은 치명적인 패인이 되고 말았다. 말렌코프가 당 제1 서기직을 사퇴하자 흐루시초프가 그 자리를 인계했지만 일체 비밀에 부쳐졌으며 그해 9월까지 이 사실이 알려지지 않았다.

비밀경찰 베리아 역시 엉성한 작전으로 권력 투쟁에 나섰다. 그는 한 때 스탈린의 미움을 받아 숙청의 대상이 되었으나 스탈린의 죽음과 함께 소생했다. 그는 각종 정보를 독점할 수 있는 직책을 최대한 활용하여 당 지도자들을 숙청하고 심복들로 그 자리를 채웠다. 그런데 1953년 6월 베리아가 우크라이나 당 서기이며 흐루시초프파인 멜니코프를 해임하자 위기감을 느낀 다른 경쟁자들은 더 이상 방관하지 않았다. 베리아는 국가전복 음모를 꾸몄다는 죄목으로 6월 말에 체포되었고 12월 전격적으로 처형되었다.

베리아가 제거되면서 말렌코프와 흐루시초프의 지위는 상대적으로 강화되었고 싸움은 치열해졌다. 말렌코프는 연설을 통해 소비재 생산을 급격히 증대하여 앞으로 2~3년 안에 생활수준을 대폭 향상할 것과 소련에서 가장 낙후된 농업분야의 생산을 증대하겠다고 발표했다. 즉 그동안 시행했던 중공업 우선 정책을 경공업 우선 정책으로 전환할 것을 표방한 것이다.

외교 정책에 있어서는 융통성 있는 태도를 취해 서방과의 평화 공존을 강조하여 독일문제에 관한 4개국 외상회담 개최 제의에 동의하였다. 그리고 티토 노선을 인정하는 대신 그를 사회진영으로 복귀시키려 노력하였다. 또한 터키에 대해서는 다르다넬 해협을 포함한 영토에 관한 요구를 취소하였고, 7월에는 한반도 휴전협정을 성사시켰다.

또 북대서양 조약기구NATO에 대항하는 동구통일군을 만들었으며, 동구 8개국 회의를 개최하여 바르샤바 조약기구WTO를 탄생시켰다. 그의 외교 정책 중에서도 가장 인정할 만한 것은 국제적 긴장을 완화시킨 제네바 회담이었다. 1954년 4월에 개최된 이 회담의 주요 의제는 한반도와 인도차이나 반도에 관련된 것이었다. 그는 이 회담을 통해 한반도와 인도차이나 반도에서 미국의 영향력을 축소시켰으며 중공을 국제무대에 등장시켰다. 그는 끊임없는 유화정책으로 국민들의 지지를 얻으려 애썼다.

그러나 같은 시기에 흐루시초프는 스탈린이 했던 것처럼 자신의 실리를 위해 당 개편 작업에 착수하였다. 그는 레닌그라드

당 서기를 비롯하여 러시아 연방 지역 당 책임자들을 상당수 교체하였다. 1954년 한 해 동안 반 이상의 당 서기가 흐루시초프에 의하여 숙청되었다. 스탈린 시대와 마찬가지로 행해진 숙청은 생명을 끊지 않았을 뿐 줄곧 그의 정책에서 지적받는 부분이 되었다. 흐루시초프는 당원 교체를 통해 1954년 말부터 서서히 권력을 장악하기 시작했고, 당을 대표하는 인물로 부각되었다.

말렌코프와 흐루시초프의 첨예한 대립은 흐루시초프로 대표되는 당과 말렌코프의 정부로 나타났다. 단적으로 말렌코프는 정부 기관지인 〈이즈베스챠〉를 통해 소비재 공업의 건설을 촉구한 반면 흐루시초프는 당 기관지 〈프라우다〉를 통해 중공업 우선 정책을 논설란에 실었다. 1955년 1월 25일에 개최된 당 중앙위원회 전체회의에서 흐루시초프는 다시 한 번 말렌코프의 정책을 비난했다.

"중공업 발전을 지연시키는 정책은 경제의 자살을 의미할 뿐입니다. 경공업 우선 정책은 레닌주의에 적대적인 새로운 우파 분파주의입니다."

결국 소비재 공업을 통해 대중적 지지기반을 다지려던 말렌코프는 흐루시초프의 공세에 굴복했다. 그해 2월 8일 갑자기 소집된 소비에트에서 말렌코프는 패배를 인정했다.

"저는 오늘로 수상직에서 사임합니다. 그동안 경제를 효율적으로 운영하려 하였으나 저에게는 힘에 부치는 일이었습니다. 중공업 우선 정책만이 산적한 농업문제를 해결할 수 있는 확실한 기반임을 알았습니다."

이렇게 해서 흐루시초프는 스탈린이 죽은 2년 후에 실질적인 실권자가 되었다.

내정 개혁

니키타 흐루시초프는 1894년 우크라이나의 광부 아들로 태어났다. 그는 불우한 어린 시절을 보내면서 귀족들의 특권이나 차르 경찰에 대한 증오심을 키웠다. 그는 광산이나 공장에서 금속공으로 일했으나 1918년 입당하여 내전 때에는 남부전선에 참전했다. 1929년 모스크바의 스탈린 공업대학에서 공부했고 모스크바의 지하철도 건설공사에 참여하여 레닌 훈장을 받았다. 1938년부터 10년간 우크라이나의 당 서기장과 모스크바의 당 서기에 오르면서 마침내 당의 실력자로 떠올랐다.

1956년 2월 14일에서 25일까지 소련공산당 제20차 전당대회가 개최되었다. 이때 가장 큰 관심거리는 다음날 아침까지 이어진 7시간의 비밀 연설이었다. 당시는 비밀 연설이었지만 이 회의에는 외국의 공산당 지도자들이 초대되었기 때문에 그 내용은 외국에서부터 국내로 전해졌다.

이 연설에서 흐루시초프는 스탈린의 개인 숭배와 권력에 대한 편집증적인 증세, 테러로 일관한 피투성이 폭정을 폭로하였다. 그런데 흐루시초프는 스탈린에 대한 비판을 1934년 이후로만 잡아 그 이전까지 행해졌던 반대 세력의 숙청이나 전문 계층의 탄압, 농민층에게 야만적으로 행해졌던 집단화 등은 문제삼지 않았다. 뿐만 아니라 스탈린 치하의 지도층으로 일했던 자신과 말렌코프 등의 책임을 회피하기 위하여 스탈린과 비밀경찰의 수뇌들에게 책임을 전가하였다.

그 후 흐루시초프가 단행한 국내 정책은 스탈린의 일부 정책을 답습했거나 수정, 변경한 것도 있었지만 국민의 요구에 대해서는 더 많은 관심을 가졌다. 공포의 대상이었던 강제 노동수용소와 수용자의 수가 크게 줄었고 정치 경찰에 대한 공포도 줄었으며 1956년 수개월 동안은 소비에트에 대한 비판은 허용됐다. 이런 자유 덕에 비판적 견해가 출현했고 다양한 지하 인쇄물이 배포될 수 있었다.

이런 분위기를 타고 등장한 반체제 인사들은 소비에트 사회의 커다란 골칫거리였다. 푸시킨이나 투루게네프의 작품이 러시아의 지주 시대를 보여주었다면 전 세계적으로 널리 알려진 솔제니친의 《수용소군도》는 스탈린 시대를 자세히 묘사했다.

이 밖에도 반체제 인사들은 보수적 민족주의와 신슬라브주의, 수소폭탄을 개발한 물리학자 앤드류 사하로프 등을 통해 다양한 메시지를 국민들에게 전했다. 결국 소련은 세계 여론을 의식하며 반체제 인사들에게 소비에트를 떠날 수 있는 부분적인 자유를 허용하였다. 그러나 오히려 더 큰 문제를 야기할 수 있다는 가능성도 제기되었다.

흐루시초프의 처녀지 개발 처녀지에서 노력의 성과에 감격하고 있는 흐루시초프. 흐루시초프는 많은 국민에게 사랑받았으나 1964년 10월 허술한 계획, 성급한 결론, 실패한 경제 정책 등을 비판받고 퇴임당했다.

흐루시초프는 이상적인 공산주의를 조속히 건설하기 위해 여러 정책을 실시하였다. 특히 농업에 대한 흐루시초프의 열정은 엄청났다. 그는 경작지를 개발하기 위해 북부 카자흐스탄과 서부 시베리아 및 유럽 러시아의 동남부 지방을 곡창 지대로 변모시킬 작업을 시작하였다. 그리하여 2천 8백만 헥타르에 달하는 경작지가 동북아시아에 마련되었다.

1956년에는 1953년 이전에 비해 곡물량이 3배 이상 증가했으나 급조된 경작지는 비옥도가 떨어졌고 휴한지 유지와 비료를 사용치 않아 1960년에는 약 4백만 헥타르 이상의 토지가 못 쓰게 되었다. 그리고 1천 2백만 헥타르 이상의 토지도 경작지로서 기능을 발휘하지 못했다. 또한 처녀지 개발 이후 옥수수에 대한 캠페인은 흐루시초프가 1959년 미국을 방문하고 돌아온 직후 더 심해졌다. 그는 미국의 오하이오주가 유럽 러시아의 그 어느 지역보다도 남쪽에 있다는 사실을 잊은 채 옥수수를 대대적으로 경작할 것을 지시했다. 덕분에 그는 '옥수수'라는 별명을 얻었지만 역시 현명한 판단은 아니었다.

실패한 농업 정책을 만회하기 위해 흐루시초프는 사회화를 통한 생산 증가 대책을 썼다. 그러나 이 역시 구태의연한 방법이었다. 그는 사회화를 이루기 위해 우선 집단농장의 수를 줄여 국영농장으로 대체했다. 그 후 1961년까지 집단농장의 수는 4천 4백 개로 줄었으며 이후 계속 감소해 3천 5백 개 이하로 줄었다. 그는 집단농장 체제보다 국영농장 체제가 기술적으로 우월함은 물론 사회주의 본질에 더 가깝다고 선전했으나 농민들의 저항으로 집단농장에 대한 비난은 중단되었다.

1958년 집단농장은 결국 필요한 모든 농업장비를 소유할 수 있게 되었다. 이로써 집단농장 체제가 소비에트 경제와 사회 발달에 있어서 적절한 형태임을 인정받았다. 대신 집단농장에는 개별 성원에게 분배되지 않는 수입을 증대하라는 새로운 압력이 가해졌다. 이 이윤은 지역의 학교나 도로공사 등과 같은 사회간접자본을 확충하는 데 사용했다. 집단화에 대한 흐루시초프의 견해는 다음과 같았다.

"우리가 사람들의 필요를 충족시키는 것에 대해 이야기할 때 명심할 것은 사치품에 대한 일시적 요구가 아니라 문화적으로 발전된 건전한 생활이라는 점이다."

그는 집단화가 분명히 사회를 지배하는 형태가 될 것으로 믿었다. 그래서 일부 풍부한 소비재 즉 냉장고, 세탁기, 진공청소기 등 가정용구도 공동사용제 같은 형태로 사용될 것이라고 했으며 자동차의 개인 소유를 끝까지 반대했다. 대신 차량 공동사용제와 무료 공공식사와 양육기관을 포함한 미래의 공공도시를 제시했다. 그러나 집단화는 하나의 체제로서 잘 운영되는 듯하였지만 만성적인 저생산성으로 나타나며 실패로 돌아갔다. 어느 정치교육 담당자와 노동자의 대화는 이러한 집단화의 단점을 단적으로 보여준다.

"소비에트 경제 체제의 작용원리가 뭐요?"

"당신들은 우리에게 임금을 주는 척하고 우리는 당신들에게 일을 해주는 척하는 것이지요."

흐루시초프는 누구보다도 소련의 당면 문제를 제대로 인식했다. 그리고 어떤 면에서는 뛰어난 능력의 소유자였지만 해결방식은 좀 서툴고 독단적이었다. 또한 핵심분야에 대해서는 스탈린으로부터 완전히 벗어나지 못했다.

철의 장막을 걷고

흐루시초프의 외교는 1955년 5월 수상 불가닌을 대동하고 유고슬라비아의 수도 베오그라드를 방문한 데서 시작되었다 그는 유고슬라비아와 불편했던 이전의 관계를 스탈린과 베리아의 잘못으로 돌림으로써 유고슬라비아와 관계를 개선하고자 했다. 이후 소련과 유고슬라비아의 공동성명을 통해 흐루시초프가 티토의 사회주의를 인정함으로써 극적인 화해가 이루어졌다. 티토와의 화해는 원래 말렌코프의 주장이었으며, 이전까지 강경책을 보이던 흐루시초프는 외교 정책을 수행하면서부터 망설임없이 말렌코프의 방식을 따랐다.

1956년 6월 폴란드의 포즈난 시에서 민중 봉기가 일어났다. 그들은 소련 정부에 반기를 들며 자신들의 온전한 정권수립을 외쳤다. 당시 폴란드에는 티토주의자로 투옥되었다가 석방된 고물카가 당 서기직에 취임해있었다. 흐루시초프와 당 지도자들은 사건의 심각성을 간파하고 친 모스크바 인사의 축출과 소비에트 군대를 철수시킴과 동시에 고물카 체제와 폴란드의 공산주의 체제 자유화를 승인하였다.

폴란드의 영향을 받은 헝가리에서도 10월 하순경에 대규모의 민주폭동이 일어났다. 당시 헝가리의 수상은 임레 라지였다. 그는 헝가리의 완전한 독립을 위해 연립정부를 구성하고 바르샤바 조약기구에서 헝가리를 탈퇴시키는 등 급속한 변화를 보였다. 헝가리의 중립화 선언은 소련을 당혹스럽게 했다. 이 문제는 동구권 전체가 붕괴되느냐 하는 심각한 문제였다.

그러나 친소련파인 카다르가 제1서기로 등장하견서 헝가리 사태는 급변하였다. 소련의 사주를 받은 카다르는 소련을 향해 구

헝가리 폭동 1956년 10월 부다페스트 거리에서 시민들이 내정에 간섭하는 소련 정책에 항의의 표시로 스탈린의 사진을 불태우고 있다.

원 요청을 했다.

"헝가리 내의 사악한 반동 세력을 몰아내고 질서와 안정을 회복시켜 주십시오."

빌미를 얻은 소련은 11월 14일 군대를 출동시켰다.

"부다페스트를 비롯한 기타 도시의 질서 회복을 위하여 반동 세력을 분쇄시켜라."

헝가리에 소련군이 진주하자 임레 라지는 처형되었고 소련을 등에 업은 카다르 정부가 출범했다. 헝가리는 소련의 간섭으로 정치적 자율권은 심하게 제한받았으나, 경제는 자본주의적 경제방식이 도입돼 동구권에서는 비교적 성공을 거두었다.

헝가리의 민중 봉기로 인해 소련 내부에서도 파업과 저항 운동이 벌어졌으나 흐루시초프는 그때마다 무사히 극복했다. 이로 인해 소련은 '사회주의의 국제화'라는 새로운 이데올로기를 창출하며 '동구권을 비롯한 세계 각국에 사회주의 전파'를 위해 열을 올렸다. 하지만 이 정책은 전 세계의 공산화를 달성하기 위해서는 각국의 이익은 초월되어야 한다는 또 다른 제국주의의 일면을 나타내 동구권의 많은 나라로부터 거센 저항을 받았다.

1957~1958년, 소련이 세계 무대에 일약 스타로 등장하는 사건이 일어났다. 우선 1957년 10월 최초의 인공위성 스푸티니크 1호가 지구 궤도에 진입했고, 1958년에는 미사일(ICBM) 개발에 성공해 미국을 비롯한 서방진영을 경악케 했다. 흐루시초프는 서구 열강을 향해 공공연히 소련의 군사력을 자랑했다.

"우리는 원자탄, 수소탄, 전투기, 대륙간 탄도탄을 가지고 있다."

그러면서도 흐루시초프는 미·소 두 나라를 제외한 어떠한 나라도 핵무기를 개발하거나 보유하는 것에 대해 적극 반대했다. 특히 중국이 핵무기를 개발하거나 보유하는 것에 대해서는 지나칠 정도로 촉각을 곤두세웠다. 이로 인해 소련과 중국은 오랜 세월 동안 분쟁을 겪게 되었다.

1959년 가을 흐루시초프는 소련의 지도자로서는 처음으로 아이젠하워 대통령의 초청으로 미국을 방문하였다. 양국의 정상은 군비축소와 핵 확산 방지의 필요성을 인정하고 동서화해를 위한 회담을 시작했다. 그러나 1960년 5월 미국의 정찰기 U2기가 소련 영공 내에서 격추되는 사건이 발생하자 양국 관계는 다시 냉각됐다. 때마침 콩고 사태가 발생하자 흐루시초프는 UN 총회에 참석하여 미국에 대해 날카로운 공세를 가했다.

"친미적인 함마슐트가 사무총장에 앉아있는 것은 불합리합니다. UN의 운영은 전 세계가 참여하여 공산권, 자유진영, 그리고 제3세계를 대표하는 3인 체제로 대치합시다."

그는 이와 같은 발언을 통해 아시아, 아프리카 신생국들의 지지를 얻으려 했으나 결국 실패하였다. 그러나 절대적인 미국의 영향력 아래 있던 UN을 무력화시키고 국제 정세에 대한 소련의 발언을 격상시키려 했던 것은 놀랄 만한 정치력이었다. 이에 반해 정치가로서의 면모가 결여된 사람이라는 평가도 동시에 내려졌다.

1960년 UN총회 석상에서 연설을 듣던 흐루시초프가 갑자기 구두를 벗어들어 탁자를 두드렸다. 그것은 아마도 자신이 언짢아하는 대목이 나오자 그에 대응한 표현으로 나타난 것 같다. 이 사건으로 외국의 언론인들은 그에 대해 매우 나쁜 인상을 받았으며, 소련으로 이 소식이 전해져 파문이 일기도 했다.

미 · 소 관계는 1959년 1월 카스트로가 쿠바에서 정권을 장악함에 따라 또다시 불이 붙었다. 미국의 중앙정보부가 지원하는 반카스트로군이 쿠바 정권 전복을 위해 피그 만에 상륙하자 소련은 기회를 놓치지 않고 쿠바에 군사적 · 경제적 지원을 하며 쿠바를 전진기지로 만들었다. 이를 통해 소련은 남미 정책의 새로운 계기를 맞았다. 또한 1961년 8월, 소련은 유럽 문제에 대한 강력한 의지 표명과 미국의 유럽 방위에 대한 개입을 차단할 목적으로 베를린에 장벽을 설치하였다.

1962년 봄 흐루시초프는 강력한 대미정책의 일환으로 쿠바에 중거리 미사일 기지를 구축하였다. 외견상으로는 카스트로 정권을 보호한다는 구실이었으나 속셈은 미국의 턱 밑에 미사일 기지를 구축하여 판도를 뒤집으려는 것이었다. 그러자 미국이 강경하게 대응했다.

"카리브 해를 봉쇄함으로써 소련의 어처구니없는 처사에 대

스푸트니크 소련은 약 84킬로그램의 캡슐 모양인 스푸트니크 1호 인공위성을 지구 궤도에 올리는 데 성공했다. 같은 해에 최초로 살아 있는 생물체를 실은 인공위성인 스푸트니크 2호를 발사하여 세계를 놀라게 했다.

응한다."

'힘에는 힘'이라는 논리에 직면한 흐루시초프는 결국 미국이 쿠바를 침략하지 않는다는 조건으로 미사일 기지를 철수할 수밖에 없었다. 이 사건으로 전 세계는 대대적인 무기 개발에 박차를 가하였고, 소련은 체면을 구길 수밖에 없었다. 쿠바 사태 당시 미국의 대통령은 1961년에 신임 대통령이 된 존 에프 케네디였다. 결과적으로 보면 흐루시초프가 케네디에게 정치적으로 참패한 것이다. 두 사람 사이에는 사석에서 일어났던 재미있는 일화가 전해진다.

미국보다 먼저 인공위성을 쏘았고, 미사일을 개발한 소련의 흐루시초프는 기고만장해 있었다. 그가 신임 대통령 케네디를 만났을 때 흐루시초프는 케네디의 어깨를 툭툭 치며 마치 어린아이를 다루는 듯한 태도를 보였다.

"어이, 젊은 대통령."

그러자 케네디는 똑같이 복수했다. 케네디는 양국 정상 간의 예의는 무시한 채 흔들의자에 앉아 거만한 태도로 손을 흔들며 대응했다.

"어이, 흐루시초프."

흐루시초프는 또 케네디의 매력적인 부인 재클린을 본 후에는 차마 담지 못할 말까지 했다.

"미국에서 가장 갖고 싶은 것이 있다면 오직 재클린뿐이다."

쿠바 사태 이후 미·소의 관계는 더욱 안정되어 '제한 핵실험 금지조약'이 체결되었고 화해의 상징으로 워싱턴과 모스크바 사이에 직통전화인 핫라인이 설치되었다. 또한 프랑스의 드골과도 관계를 개선하였지만 공산진영과의 외교 정책은 별다른 성과를 얻지 못했다. 그중에서도 중국과의 분쟁은 더욱 격화되어 상호 비방하는 단계까지 이르렀고 결국 중국이 핵보유국이 되자 소련은 아시아 영토에 대한 소유권을 주장하기도 했다. 결국 중공과 세계 공산주의의 주도권을 가지고 서로 경쟁하기 시작했으며 공산주의 이념에 대해서도 상당한 차이를 보였다.

이와 더불어 공산주의 운동은 유로코뮤니즘이라는 심한 내부적 변화를 겪게 되었다. 특히 이 운동은 서구유럽 쪽에서 나타났으며, 그중에서도 이탈리아 공산당의 활동이 활발했다. 그들은 모스크바나 북경의 노선에서 벗어나 의회주의적 개념을 표방하며 소련의 획일적 통제를 전면 거부했다. 그러나 이 운동은 소련에 의한 반미를 유럽에 의한 반미로 전환시켜 미국이 유럽에 거부감을 가짐으로써 소련이 득을 보는 결과를 낳았다.

스탈린과 흐루시초프의 외교 정책을 비교하면, 스탈린은 제2

차 세계대전 후 얻어진 사회주의 블록을 외부 간섭 없이 소비에트화하려 했다면, 흐루시초프는 팽창을 시도했다. 흐루시초프는 소련을 보다 잘 사는 국제적인 강대국으로 만들려고 노력했음에도 불구하고 우스울 정도로 쉽게 실각했다.

케네디와 흐루시초프
1961년 6월 빈에서 열린 양국 거두의 회담에서 두 사람이 악수를 하고 있다.

브레즈네프 시대

궁정 혁명

1960년대에 들어서면서 소련 국내에서는 흐루시초프를 비판하는 여론이 형성되기 시작하였다. 흐루시초프는 소련의 집단 체제를 무시하고 스탈린식의 정치를 하면서 당 중앙위원회와 지방의 당 간부들을 주기적으로 교체했다. 이에 대한 당원들의 반발이 심했다. 국내 정책에 있어서도 일관성 없는 정책을 추구하여 1959년부터는 경제성장률이 현저하게 떨어졌다. 특히 농업 정책의 실패로 인하여 1980년까지 유토피아적인 공산국가를 건설하겠다는 그의 약속은 허황된 것임이 이미 드러났다. 대외문제에 있어서도 세계 공산주의 운동의 균열과 중·소 분쟁, 그리고 평화 공존에 따른 긴장완화의 추구가 주된 비판의 대상이 되었다. 게다가 소련 군부 내에서도 쥬코프의 숙청 이후 평화 공존, 군축문제, 핵무기협정, 그리고 쿠바에서의 미사일 배치 실패 등으로 불만이 높아졌다.

  1964년 10월 흐루시초프는 흑해 연안의 소치 휴양소에서 느긋하게 휴가를 즐기고 있었다. 이때 〈프라우다〉에는 다음과 같은 발표가 실렸다.

  "당 중앙위원회는 고령으로 인한 건강 악화로 당 제1서기직과 각료회의 의장의 직책을 사임하려는 니키타 흐루시초프의 요청을 수락한다."

  휴가 중이던 흐루시초프는 어떠한 방법도 취하지 못한 채 졸지에 실각하고 말았다. 브레즈네프를 중심으로 한 당 간부와 KGB 의장 등이 모의한 이 사건은 '궁정 혁명'이라고 부르며, 장기간의 권력 투쟁이 아닌 한 순간에 나타난 정권교체로 주목할 만하다.

이 쿠데타가 성공한 뒤 1966년 3월 제23차 당 대회 때 일대 개편이 있었다. 그 결과 소련에는 브레즈네프를 중심으로 하는 트로이카 체제가 형성되었다. 당 제1서기에는 브레즈네프, 수상에는 코시킨, 최고회의 간부회 의장에는 포드고르니가 임명되어 집단 지도 체제가 형성되었다. 이들은 성격상 전문 관료 계급인 테크노크라트와 당 엘리트를 대표했으며 외견상 안정된 지배 체제였다.

브레즈네프와 코시킨 1964년 브레즈네프는 서기장으로, 코시킨은 수상으로 뽑혔다. 코시킨은 1964년에서 1982년까지 브레즈네프를 보좌하며 경제 개혁 정책을 실시하였으나 결국 실패했다.

당 서기가 된 브레즈네프는 우선 흐루시초프가 주장한 공산주의 지상낙원의 조기 건설이 허상이었음을 시인하였다. 다시 말해서 능력에 따라 일하고 필요에 따라서 인정받는 사회가 어렵다는 것을 인정했다. 따라서 고도의 산업 사회에서 파생되는 여러 가지 복잡한 문제들에 대해서 이데올로기를 떠나 실질적으로 대처했다. 그는 1965년 3월까지 집단농장에 대한 농산물의 국가 조달 목표를 하향 조정했으며, 콜호즈의 부채를 감면했고, 잉여농산물 가격 인상과 농장노동자들의 임금 인상을 단행했다. 그리고 같은 해 코시킨의 산업개혁 계획이 발표되었다. 코시킨의 산업개혁 내용은 소프나르호즈(지방경제회의) 폐지, 기업의 자율권 부여, 자본주의적 이윤 추구 방식 일부 허용, 국가 계획 통제하의 소비재 생산계획 등이었다. 이는 흐루시초프의 실각 원인인 경제정책, 특히 농업 정책의 실패를 보완하기 위한 계획이었다. 또한 흐루시초프가 당 간부들을 독단적으로 교체한 것과는 달리 브레즈네프는 통치 기간 동안 극단적인 정책 변화를 피하고 지도적 당 간부(노멘 클라투라)들의 지위 안정화를 도모함으로써 당 내의 갈등을 최소화하였다. 그 결과 그의 집권 말기에는 정치국정위원의 평균 연령이 70세에 이르렀다.

1970년대 초에 이르러 브레즈네프는 트로이카 체제에서 점차 벗어나기 시작했다. 1972년~1975년, 소련에서는 극심한 가뭄으로 흉작이 이어지자 시민들이 식량을 구입하는 데 큰 불편을 겪었다. 이와 함께 관료적 타성과 사보타지로 인하여 1965년에 시작한 코시킨 경제개혁도 실패로 끝났다. 또한 1968년부터 체코에서 일기 시작한 자유화 물결이 소련에 파급되자 지식인들이 동요하기 시작하였고 이에 정부는 물리적으로 탄압할 수밖에 없었다. 이러한 배경들 속에서 브레즈네프는 1970년 이후 실질적인 1인 지배 체제를 구축했다.

그는 1977년 6월 국가 원수직인 최고회의 간부회 의장을 맡아 이른바 '도전받지 않는 지도자'가 되었다. 이러한 브레즈네프에 대한 개인 숭배는 그의 70회 생일 때 절정에 이르렀고, 이것을 일컬어 '네오 스탈린이즘'이라고 부른다. 그는 스탈린 이후 최장기인 18년 동안 소련을 통치했으나 독재자라기보다는 지도자로서의 면모를 보였다.

브레즈네프 헌법

소련은 인민의 권리를 확대하는 새로운 헌법을 시행하겠다고 주장했다. 이른바 브레즈네프 헌법으로 불리는 이 헌법은 1977년 10

월 7일 제9기 소련연방 최고 소비에트 제7차 임시총회에서 채택되었다. 그러나 어두운 곳에서는 인권을 요구하는 반대파를 극악적으로 탄압했다.

이것은 1936년의 스탈린 헌법을 감안하여 전면적인 개정을 도모한 것이다. 스탈린 헌법이 13장 146조인 데 반해, 브레즈네프 헌법은 9부 21장 127조에 달하는 방대한 양이었다. 이 사실은 브레즈네프 시대가 많은 문제를 안고 있으며 그에 따른 변화와 개혁이 필요함을 암시하는 것이다.

이 헌법에 주목할 만한 것은 소련의 현 단계를 '발달한 사회주의 사회', '인민국가'로 표현한 것이다. 발달한 사회주의 국가는 프롤레타리아 독재 단계에서 사회주의, 그리고 최종 목표인 공산주의로 이행되는 역사 발전과정 중에서 사회주의 다음 단계에 해당하는, 새롭게 추가된 것이다.

그리고 인민국가란 노동자 계급은 이제는 더 이상 존재하지

독소 불가침 조약
1970년 8월 모스크바에서 독소 불가침 조약이라고 불리는 무력불행사 조약이 조인되었다. 왼쪽부터 서독의 셰엘 외상, 브란트 수상, 소련의 코시킨 수상, 그로미코 외상

않으므로 '노동자의 대표 소비에트'가 '인민의 대표 소비에트'로 발전했음을 의미했다. 다시 말해서 소련에서는 더 이상 민족적 차이나 지역적 차별 없이 전 인민이 동등한 권리를 향유할 수 있는 것이다. 또한 소비에트 인민, 시민의 국가, 사회적 참여, 그리고 제도의 개선과 새로운 제도의 제안 등 민주적 권리를 내세웠다. 특히 국가의 가장 중요한 문제는 전 인민의 토의와 전 인민의 투표에 의해 결정된다는 새로운 조항이 추가되었으며, 언론, 출판, 집회, 시위 등의 자유도 보장했다.

그러나 여기에는 '인민의 이익에 적합하고, 사회주의 제도를 강화, 발전시키기 위함' 이라는 엄중한 조건이 붙었으며, 그 판정자는 인민이 아니라 국가기관, 관료, 당 지도자였다. 이 판정에서 벗어난 자는 헌법상의 권리와 자유를 인정받지 못할 뿐만 아니라 사회주의 제도와 인민국가를 반대하는 반체제 분자로 탄압받게 되었다. 더욱이 브레즈네프 헌법은 소련 공산당이 국정에서 차지하는 비중을 스탈린 헌법보다 훨씬 강화했으며, 이를 명시함으로써 당의 국가 지배를 부동의 것으로 만들었다. 이 헌법으로 인해 브레즈네프 체제는 더욱 더 확고부동해졌다.

이런 상황에서 소련 국민의 민주주의적 권리와 자유가 얼마만큼 보장되었을지 극히 의심스럽다. 실제로 1960년대 중반부터 사하로프(노벨평화상 수상)를 중심으로 시작된 인권운동은 많은 난관에 부딪혔으며, 노벨문학상 수상자인 솔제니친은 시민권이 박탈되고 강제로 국외 추방됐다. 이러한 저명인사들 외에도 많은 사회주의적 민주주의자, 인권운동가들이 KGB(국가보안위원회), 비밀 정치경찰의 탄압을 받았다. 브레즈네프 정권이 네오 스탈린이즘이라고 혹평받는 이유도 여기에 있다.

해빙의 시대

브레즈네프는 그의 전임자들과 마찬가지로 외교 정책의 기본적인 목표를 소련의 국익보호와 확대에 두는 한편, 데탕트(긴장완화) 노선을 추진한다는 기본 방향을 설정하였다. 그는 실제로 데탕트 설계의 주역으로서 동서 긴장 완화에 큰 공헌을 했다. 그는 1970년에 서독과 무력 사용 금지와 상호협조 조약을 체결하였고, 1971년 제2차 당 대회에서 6개조 평화안을 제의하여 데탕트 노선을 정착시켰다. 또 1972년 5월 닉슨 대통령과 제1차 미·소 전략무기 제한협정SALT I을 체결하였고, 1974년 11월에는 핵실험 제한 등에 합의하여 동서의 공존 체제를 약속했다.

두브체크 제1서기관
1968년에 취임한 체코의 두브체크 제1서기관. 그가 추진한 '프라하의 봄'은 자유화의 상징이었다.

데탕트 정책은 유럽 안전보장 10원칙, 인간 및 정보 교류 촉진 등을 정한 헬싱키 협정 조인과 제2차 전략무기 제한 협정이 1979년 6월에 체결됨으로써 절정에 이르렀다. 그런가 하면 집권 기간 동안 대륙간 탄도탄ICBM과 해·공군력을 대폭 증강시킴으로써 미·소 군사력의 균형을 이뤘다. 아울러 아프리카 및 중남미에 지속적인 영향력을 행사하며 공산세계의 종주권을 고수하

소련의 프라하 침공
체코 수도 프라하에 침입한 소련군 전차. 프라하의 시민들은 이에 대응하여 화염병을 던지며 저항했다.

는 등 적지 않은 성과를 올렸다.

　브레즈네프는 1971년 소련 공산당 제24차 대회에서 6개조의 평화안을 제안하며 유럽안보회의 개최를 촉구하였다. 이 제안은 현재 유럽의 국경선 및 분단 상태의 고정화를 바탕으로 평화정착과 상호 교류를 확대하자는 것으로 1975년 7월 30일 헬싱키 선언이 조인됨으로써 결실을 맺었다. 그 후 전 세계의 관심을 끌었던 SALT(전략무기 제한 협정) I·II를 타결함으로써 미국과의 협력 관계를 더욱 다졌다.

　소련은 데탕트가 사회주의가 승리하기 위한 계급투쟁의 마지막 단계로 이행되는 정책이라고 주장했다. 그러나 실제로는 중·소 관계의 교착, 1970년부터 시작된 미국과 중국의 화해 기류와 그에 파생된 미·중·소의 3각 체제의 태동으로 소련이 정치적으로 중국에 대한 정치·경제적 우위 확보, 미·중의 밀월을 방지하기 위한 소련의 제스쳐였다. 그리고 1965년의 경제개혁 실패와 이에 따른 시장사회주의의 마비 현상이 1960년대 중반 코시킨의 개혁에도 불구하고 1970년부터 더 심해졌다. 이를 극복하기 위해서 서방과의 경제관계를 개선하여 서방의 기술과 자본을 적극적으로 도입할 필요가 있었다. 실제로 1971년~1975년의 대 서방무역은 186퍼센트 증가했다.

데탕트 자체는 평화 공존의 진보된 형태라고 소련은 주장했지만 평화 공존의 개념 그 이상도 이하도 아니었다. 그러나 브레즈네프의 데탕트 구축은 소련의 체코와 아프가니스탄 침공, 그리고 인권문제 등으로 인하여 소련이 국제적으로 고립되면서 무너지기 시작했다.

프라하의 봄-브레즈네프 독트린

브레즈네프는 국제적으로 데탕트를 추진하는 반면에 프롤레타리아 국제주의를 고수해 소련의 국가이익 추구, 반체제 운동에 대해서는 체제보존을 위하여 한 발짝도 물러서지 않았다. '프롤레타리아 국제주의'란 '볼셰비키당의 성격을 모든 민족의 노동 계급에 의하여 조직된 국제주의자들의 당'이라고 정의한 데서 비롯되었다. 그 의미는 10월 혁명 이후 크게 변질되었으며 프롤레타리아 국제주의는 점차 소련에 대한 세계 노동자 계급의 충성의 척도가 되었다. 이 이론에 따르면 사회주의 진영의 이익은 소련에 의하여 통제되기 때문에 소련의 이익이 사회주의 국가들의 이익에 우선한다. 따라서 진정한 애국의 의미는 소련에 대한 충성의 정도로 가능된다고 볼 수 있다.

　1956년 소련에서 스탈린 격하 운동이 벌어진 후에도 체코슬로바키아에서는 스탈린주의자 노보트니 정권의 보수 정책이 계속되었다. 체코슬로바키아 국민들은 민주화와 자유화에 대한 열망이 커졌으나 노보트니 정권은 이를 외면한 채 '사회주의의 국제주의'에 협력하며 소련만을 추종했다. 그러자 1960년대에 이에 반발한 체코의 지식층을 중심으로 민주화와 자유화 실현을 위한 조직적인 운동이 전개되었다. 이 물결은 마침내 1968년 1월 노보트니를 물러나게 했고, 개혁파의 두브체크가 당 제1서기로, 수상에 체르니크가, 온건파인 스보보다가 대통령직을 맡게 되었다.

　이들 개혁파들은 체코 공산당 중앙위원회 총회에서 '인간의 얼굴을 가진 사회주의'를 채택하였다. 그것은 민주화와 자유화 노선을 제창한 강령이었다. 그 결과 체코슬로바키아에서는 사실상 검열제가 폐지되었고, 많은 정당과 정치단체가 부활했으며, 의회는 활발한 논의와 비판의 광장이 되었다. 자유화를 위한 정책적 변화를 체코슬로바키아 국민들은 '프라하의 봄'이라 불러 환영하였다. 그러나 소련의 입장(프롤레타리아 국제주의)에서 두브체크의 민주화는 체코슬로바키아 노동자 계급의 계급적 이익을 무시한 것으로 그것은 주권의 수호가 아니라 주권의 상실을 의미하는 것이었다. 그리고 국가에 대한 애국적 행동이 아닌 파렴치한 행위인 것이었다. 소련은 이러한 사태가 동유럽 공산국가들에게 미칠 영향을 우려하여 프라하의 봄을 '마르크스 레닌주의로부터 이탈'이라는 명분을 내세워 군사개입을 감행하였다.

　1968년 8월 20일 소련군을 비롯한 바르샤바 조약기구 5개국의 약 20만 명의 군인이 체코슬로바키아를 침공함으로써, 자유화 운동은 일시에 저지되었고 개혁파들은 숙청당했다. 소련은 체코슬로바키아 침공을 합리화하기 브레즈네프 독트린을 내놓았다.

"각 사회주의 제국은 주권의 독립을 확보할 수 있으나, 그것은 그 나라의 사회주의 발전에 방향이 다른 사회주의 국가나 국제공산주의 운동의 이익을 저해하지 않는 범위 내에서 확립해야 한다."

브레즈네프는 1968년 폴란드 공산당 제5차 대회에서 이렇게 연설했다.

"사회주의 진영 어느 나라든 그 생존이 위협받았을 때는 사회주의 진영 전체에 대한 위협이며, 이때 다른 사회주의 국가는 이에 개입할 권리를 가진다."

이 주장은 사회주의 국가에서 체제전복의 위협이 일어날 때 사회주의 진영이 군사적으로 개입할 수 있다는 것이다. 즉 소련을 중심으로 하는 동유럽 사회주의권의 안전을 수호하기 위해서는 사회주의 국가 각각의 이익은 제한되어야 한다는 '주권제한론'이 바탕에 깔려있었다. 이 같은 주장은 동유럽권뿐만 아니라 자본주의권 공산당의 심한 반발을 초래하였으며, 특히 중국 공산당은 브레즈네프 독트린을 강력히 비판했다.

"남의 주권은 유한한 것이고 소련의 제국주의적 사회주의 주권은 무한하다고 얘기하는 것과 같다. 이는 소련의 침략주의적 확장 정책의 소산이다."

소련은 이러한 주권제한론과 사회주의의 국제주의를 방패삼아 자발적으로 협력하지 않는 체코슬로바키아를 침공하였고, 1978년에는 아프가니스탄을 침공하였다. 그리고 1980~1981년에는 폴란드 사태에 우회적으로 개입하는 등 치열한 제국주의적 이기심을 보여주었다. 그러나 브레즈네프는 집권기간 중 계속된 동유럽의 자유화 운동과 탈소(脫蘇)노선을 추구하는 유로코뮤니즘의 대두, 그리고 계속되는 국내의 반체제 운동 때문에 적지 않은 곤욕을 치러야만 했다.

고르바초프 시대

개혁의 시대

1982년 11월 18년 동안 이어진 브레즈네프 정권은 그의 사망으로 막을 내리게 되었다. 당 중앙위원회 특별총회는 KGB 의장을 지낸 유리 안드로포프를 새로운 당 서기장으로 선출했다. 안드로포프는 브레즈네프 정권의 내외정책을 계승할 것을 선언했으며 한편으로는 적극적인 대미 군비감축 협상을 제의하는 등 독자적인 노선을 추구했다. 그러나 그는 집권 15개월 만에 사망하였다. 브레즈네프의 측근이었던 체르넨코가 안드로포프의 뒤를 이었지만 그 역시 서기장에 오른 지 13개월 만에 사망하였다.

1985년 3월 53세의 미하일 고르바초프가 새로운 당 서기장으로 선출되면서 소련은 커다란 변혁의 시대를 맞이했다. 고르바초프의 등장은 스탈린주의의 추종자인 브레즈네프 세대의 퇴진과 개혁 세력의 등장을 의미했다. 구세대는 브레즈네프(1964~1982년 재임), 안드로포프(1982~1984년 재임), 체르넨코(1984~1985년 재임), 그로미코(1988년 퇴진 1989년 사망)처럼 국민들의 개혁 압력에 밀려 역사의 무대에서 사라졌다.

개혁을 외치는 소리는 소련의 대표적인 반체제 지식인인 사하로프나 급진 개혁파인 옐친 등도 주장했지만 문제제기에 그치곤 했다. 이런 상황 속에서 권력의 핵심인 당 서기장 고르바초프가 직접 글라스노스트(개방)와 페레스트로이카(개혁)를 외쳤다. 그는 가는 곳마다 평화, 군축외교를 외침으로써 소련의 이미지를 완전히 바꾸었다. 이 때문에 그는 서방 각국의 여론조사에서 높은 인기를 보였다. 권위있는 미국 시사주간지 〈타임〉은 고르바초프를 1989년의 인물로 뽑기에는 너무 아깝다며 1980년대의 인물로 선정하기도 했다. 어쨌든 고르바초프는 제2차 세계대전 이후 나타난 동서 냉전 체제를 붕괴시키는 데 주도적인 역할을 했다.

미소 정상회담 1985년 제네바에서 열린 미소 정상회담에서 고르바초프와 미국 대통령 레이건이 군비 축소와 핵무기 파괴에 대해 회담을 나누고 있다.

하지만 공산주의 종주국으로서 상상할 수 없는 사유재산제도를 허용한 고르바초프의 문제는 넘어야 할 걸림돌이 너무 많다는 데 있었다. 특히 자신의 정치생명과 소련의 운명을 걸고 추진한 페레스트로이카가 보수파의 저항과 민주 세력의 약화 등으로 자꾸 지연되었다. 여기에 앞으로 봇물 터지듯 일어나는 소수민족 분규는 고르바초프가 풀어야 할 가장 큰 난제였다.

총성 없는 혁명

페레스트로이카의 목적이 정체에 빠진 소련 사회 전반에 걸친 총체적 개혁을 시도하려는 것인 만큼 낙후된 소련 경제에 대한 고르

고르바초프의 페레스트로이카 소련의 계획경제 체제가 실패를 거듭하면서 사회주의 자체가 붕괴될 수도 있다는 심각한 위기의식에서 고르바초프는 이를 개선하고자 했으나 오히려 소비에트 연방의 해체를 가속시켰을 뿐이다.

바초프의 관심은 무엇보다도 높았다. 그는 서기장에 취임한 후인 1986년에 개최된 전당대회에서 경제개혁을 크게 강조하였다. 주된 내용은 산업구조의 합리화로 당은 장기계획과 조정기능만 담당하며 모든 것은 자유로운 시장 기능에 맡겨야 한다는 것이다. 또한 생산 체제를 자동화해 낭비적 요소를 제거하고 기업의 역할을 증대시키는 한편 사회발전에 기여하게 했다.

고르바초프의 경제개혁은 전체적으로 실현될 수 있는 목표로 보였지만 넘어야 할 장벽은 하나 둘이 아니었다. 토착화된 지역주의, 개혁을 반대하는 중간 계층, 관리들의 반발, 실업의 위기에 처한 반숙련 노동자들의 저항, 투자자원의 문제, 노동자들의 발전된 정치의식, 그리고 개혁의 점진성에 대한 지식인과 전문가들의 저항, 정치적 민주화의 요구 등은 타성적인 일당 독재의 관리 체제로서는 도저히 해결하기 힘든 문제들로 나타났다. 그러나 소련이 21세기에도 세계 최강대국의 하나로 남기 위해서는 더 이상 개혁을 늦출 수 없었다.

기존 체제의 전면적 붕괴가 불가피한 상황에서 고르바초프의 페레스트로이카는 루즈벨트의 뉴딜과 자주 비교된다. 현재의 위기를 극복하거나 그 위기가 혁명으로 발전되는 계기를 저지하려는 의도로 국민을 설득하고 동원한다는 점에서는 양자의 목표가 일치한다. 지배 계급으로서 미국의 부르주아지는 민중에게 양보할 물질적 여유를 확보했다. 하지만 소련의 관료 계층은 인민의 요구를 충족시키기 위해 스스로 내놓을 만한 물질적 기반도 갖추지 못했고, 국민의 이익을 증진시키기 위해 급진적인 사회개혁을 추진할 여유조차 없었다. 따라서 소련의 사회주의를 구하려는 페레스트로이카의 장래는 미국의 자본주의를 수호하려 했던 뉴딜보다는 불안할 수밖에 없었다.

일반적으로 페레스트로이카를 경제 구조의 개편에 요청되는 변화로, 그리고 글라스노스트를 정치권력의 민주화에 필요한 개방 조치로 구분한다.

"공산당원은 반드시 공산주의자가 아니다."

이와 같은 우스갯소리처럼 본래 부패한 관료제도를 수술하려던 고르바초프의 시도는 경제 개혁에 이르렀다.

"글라스노스트는 페레스트로이카의 성공에 중요한 전제조건이 된다."

이렇게 봤을 때 고르바초프가 러시아를 세계의 강국으로 올려놓았던 제2의 대제가 될지, 아니면 피비린내 나는 혁명을 야기한 니콜라이 2세가 될지는 그가 추구하는 페레스트로이카의 결과에 달려있었다. 분명한 건 아직도 식품점 앞에 물건을 사려고 늘어선 사람들은 줄어들지 않았다는 사실과 그들 입에서 "말은 이제 그만해라. 고기와 식품을 주면 페레스트로이카를 믿겠다."고 말하는 광경이 자주 보였다는 사실이다.

이런 광경을 바라보며 고르바초프는 서기장이라는 직함을 버리고 사상 유례없는 강력한 권한을 가진 대통령의 자리에 올랐다. 그는 페레스트로이카를 진행하기 위해 총리 임명권, 군 통수권, 대법원장 임명권, 선전포고권, 조약체결권, 시민권 부여 및 박탈권 등과 같은 엄청난 권한을 가진 소련 최초의 대통령이 되었다. 하지만 엄청난 권력을 가진 대통령이라는 자리에서 언제든지 그를 끌어내릴 수 있는 가장 큰 변수는 독립을 요구하며 분규를 일으키는 소수민족 문제였다.

예측할 수 없는 소수민족 문제

고르바초프의 등장 이후 소수민족 문제는 소련을 괴롭히는 가장 큰 문제였다. 한때는 인종 차별로 고민하는 미국을 조롱하며 공평한 민족 정책을 뽐냈던 소련이 이제는 가장 골치 아픈 문제에 직면하게 된 것이다. 이것은 고르바초프가 추진하는 페레스트로이카와 맞물려 언제든지 고르바초프를 궁지에 몰아넣을 수 있는 폭탄의 뇌관 같은 구실을 했다.

  소수민족 분규가 표면화된 것은 1986년 12월 카자흐 공화국에서 카자흐 출신의 서기장이 해임되고 러시아인 출신의 서기장이 임명되면서부터다. 카자흐의 수도 알마타에서 폭동이 일어났다. 이후 라트비아, 에스토니아, 리투아니아 등의 발트 3국은 물론 중앙아시아의 우즈베크 공화국과 아제르바이잔 공화국, 아르메니아 공화국 등에서 유혈 사태를 일으키며 열병처럼 번져가고 있었다.

  이렇게 된 배경에는 글라스노스트와 페레스트로이카의 분위기에 편승해 민족의 복권, 독립, 자치 등을 요구하는 것이었다. 이 문제에 대해 고르바초프는 고민하지 않을 수 없었다. 예전처럼 이들을 힘으로 누른다면 페레스트로이카가 추구하는 방향과는 다른 보수적인 방향으로 기울어져 보수파의 대두를 초래할 수 있었다. 그렇다고 이들의 요구를 들어준다면 페레스트로이카의 결실도 보기 전에 소련연방의 해체까지도 생각해야 되는 어려운 상황에 몰리게 되는 것이다.

소련에는 100개 이상의 민족이 있고, 소련연방은 15개의 독립된 공화국, 20여 개의 민족자치공화국, 8개의 민족자치주, 그리고 10개의 민족자치구로 구성되어 있다. 민족별로도 러시아, 우크라이나, 백러시아의 슬라브민족, 발트 3민족, 카프카즈, 중앙아시아의 이슬람 민족, 시베리아 민족 등이 있다. 이들이 소련에 갖는 감정 또한 각양각색이었다. 먼저 발트 해 연안의 3공화국은 모두 제2차 세계대전 때 소련에 합병됐으며 예부터 유럽 문화에 속해 있었다. 그리고 반소, 반러시아 의식이 강한 지방이었다. 종교적으로도 리투아니아는 가톨릭이어서 러시아와는 이질적이었다. 아르메니아와 그루지아는 독자적인 그리스도교를 갖고 있었고, 아제르바이잔은 수니파의 회교도였다. 그리고 중앙아시아의 제민족은 19세기에 러시아에 병합됐지만 모두 이슬람교도였다. 해묵은 민족감정과 종교까지 다른 소련연방제를 고르바초프가 지키기란 어려웠다. 그는 가능한 한 페레스트로이카와 발맞춰 많은 자치를 주려고 노력하겠지만 한꺼번에 독립을 요구할 때는 지금까지 허용했던 자치마저도 빼앗아 버리는 어떤 행동을 취해야 될지도 모르는 상황이었다.

그러나 재미있는 것은 고르바초프의 선언적인 말이었다.

"민족 문제의 해결 없이 페레스트로이카가 진전될 수 없다."

고르바초프의 실각과 붕괴되는 소비에트 연방
1991년 8월 18일 밤, 보수 세력 8인으로 구성된 '비상사태위원회'는 크림에서 휴가를 보내고 있던 고르바초프를 체포하고 전국에 계엄령을 선포하였다. 1991년 6월 대통령으로 당선된 옐친은 쿠데타가 발발하자 모든 통제권이 자신에게 있다고 선언한 뒤 쿠데타에 대한 시민 항쟁과 총파업을 촉구했다.

8월 20일, 전국의 주요 도시에서는 80만 명에 이르는 국민들이 반쿠데타 집회와 시위에 참여하였다. 옐친은 러시아 공산당의 활동정지 명령을 내렸고, 고르바초프는 소련공산당 서기장직을 사임하고 당 중앙위원회의 자진 해산을 요청했다. 쿠데타의 결과는 앞을 볼 수 없었던 소련의 상황을 정리해 주었고 옐친이 나아갈 길을 닦아주었다. 보수강경파에 의해 일어났던 쿠데타가 실패한 후 옐친은 고르바초프에게서 권력을 조금씩 빼앗으며 자신의 권한을 강화해 갔다.

고르바초프의 개혁 정책으로 고조된 민주화와 자유화의 분위기는 소수민족의 독립요구로 이어졌다. 특히 아제르바이잔, 그루지야, 우즈베크 등에서는 항의 여론이 한층 고조되었으며, 리투아니아는 일방적으로 독립을 선포했다.

사태의 추이를 지켜보던 고르바초프는 연방 해체를 막기 위해 경제봉쇄 정책을 시작했으며, 1991년 11월 각 공화국의 자치권한을 강화하는 신연방 조약을 선포하였다. 하지만 이 조약은 중앙정부가 조세, 관세, 은행, 통화 등 실질적인 권한을 가졌기 때문에 이들의 요구를 만족시키지는 못했다.

리투아니아를 비롯한 연방 공화국들이 신연방 조약에 대해 극렬히 항의하자 옐친은 신연방 조약의 대폭적인 수정과 함께 연방공화국의 권한을 확대할 것을 요구했다.

사태가 걷잡을 수 없게 흘러갈 것을 우려한 고르바초프는 11

보리스 옐친 옐친의 대통령 유세를 지지하는 국민들

월 14일 7개 공화국 지도자들과 '주권국가연방' 조약안을 선포했다. 이 조약안은 공화국의 독자적인 외교권과 군대창설권을 부여한 점에서 이전에 비해 연방권한을 훨씬 축소시켰지만 중앙집권적 명령체계를 갖는 통합군의 구성을 보장하고 핵의 중앙통제를 강조함으로써 연방정부의 핵심 기능을 담보했다. 그러나 옐친은 고르바초프의 연방 체제 유지를 반대하며 연방공화국 우선주의를

주장했다.

1991년 12월 8일 옐친은 우크라이나의 크라프추크, 벨로루시의 슈슈케비치와 함께 민스크를 행정수도로 하는 '독립국가연합 Commonwealth of Independent States-CIS'의 결성을 선언했다. 고르바초프는 결국 발트 3국의 독립을 승인했고, 각 공화국에 폭넓은 권한을 부여하는 내용의 신연방 조약도 제안했다.

12월 21일 알마타에서는 1992년 1월 1일부로 독립국가연합을 발족한다는 전제하에 그루지아를 제외한 11개 공화국이 이 협정에 서명했다. 그와 더불어 소비에트 연방구성 15개 공화국은 모두 독립국가가 됐고, 유라시아 대륙 북부에 독립국가연합이 생겨났다.

1991년 8월에 일어난 쿠데타 이후 무너지기 시작한 소련은 그해 12월 24일 완전히 붕괴되었으며 고르바초프는 다음날 대통령직을 사임하였다.

1922년 스탈린에 의하여 강제 구성되어 69년 동안 지속된 '소비에트 사회주의공화국연방'이 역사의 뒤안길로 사라지는 순간이었다.

연표

연도	주요 사건
862	루릭의 노브고로드 왕국 창건
882	올레그, 키예프 공국 건설
907	올레그 콘스탄티노플 공격
941	이골 공 고로마 원정
978	블라지미르 1세 등극
988	러시아 최초로 기독교 수용
1019	야로슬라프 무드르이 등극
1037	소피아 성당 완성
1043	키예프 공국 분열 시작
1113	블라지미르 모노마흐 키예프 재건
1147	모스크바 창건
1157	블라지미르 공국 건설
1223	칼가 강 전투
1240	몽골의 바투, 키예프 점령
1318	러시아 모스크바 천도
1425	모스크바 대공 바실 2세 등장, 처음으로 차르 칭호 사용
1505	바실 3세 등장
1547	모스크바 대화재, 이반 4세 공식적으로 전 러시아의 차르 칭호 사용
1564	이반 4세의 폭정 〈오프리츠니나 조직〉
1589	러시아정교 그리스정교로부터 독립
1605	가짜 드미트리 사건 발생
1658	니콘과 황제의 불화

연표

연도	주요 사건
1662	모스크바 민중 폭동
1670	스텐카라친의 반란
1689	표트르 대제 유럽 파견
1713	페테르부르크로 천도
1755	모스크바 대학 창립
1756	러 · 프로이센 7년 전쟁 시작
1762	여제 예카테리나 2세 통치
1768	제1차 러 · 터 전쟁
1773	푸카초프의 난
1790	라지스체프 《페테르부르크에서 모스크바로의 여행》 출간
1801	알렉산더 1세의 통치
1812	보로디노 전투, 나폴레옹 모스크바 입성
1816	청년장교 비밀결사 조직
1819	페테르부르크 대학 설립
1825	데카브리스트 반란, 니콜라이 1세 즉위
1834	키예프 대학 창립
1845	페테라셰프스키의 서클 활동
1848	벨린스키 사망
1853	크림 전쟁
1855	알렉산더 2세 등극
1861	농노 해방
1864	젬스트보 설치

연표

연도	주요 사건
1867	알래스카 미국에 매각
1869	《공산당선언》 제네바에서 러시아어로 출간
1870	레닌 출생
1875	바쿠닌 사망
1881	도스토예프스키 사망
1883	투르게네프 사망
1893	차이코프스키 사망, 위테의 산업개혁 시작
1894	니콜라이 2세 통치
1900	《이스크라》 간행
1901	모스크바 페테르부르크 폭동
1902	시베리아 철도 개통
1903	사회민주노동당 볼셰비키와 멘셰비키로 분열
1904	러·일 전쟁, 체홉 사망
1905	피의 일요일
1910	톨스토이 사망
1911	스톨리핀 암살
1912	볼셰비키 《프라우다》 발간
1913	페테르부르크의 대파업
1914	제1차 세계대전 발발, 독일, 러시아에 선전포고
1917	러시아 2월 혁명 임시정부 수립
1917. 3. 2.	니콜라이 2세 퇴위
3. 3.	임시정부 정식 발족

연표

연도	주요 사건
4.	혁명가들의 귀국
6. 3.	전 러시아 노동자·병사 소비에트 제1차 회의 개최, 사회혁명단과 멘셰비키가 다수를 차지하고 임정 지지안을 통과
1917. 7. 8.	임시정부 수반 르보프공 사임, 케렌스키 수상에 취임
8. 27~30.	코르닐로프 쿠데타 실패
9. 1.	코르닐로프 피체, 페테로그라드 소비에트에서 볼셰비키 결의안 통과
9. 4.	트로츠키 석방
9. 9.	페테로그라드 소비에트의 지도자들, 볼셰비키로 전향
10. 9.	페테로그라드 소비에트 군사혁명위원회 결성
10. 10.	레닌 귀국
10. 24.	볼셰비키 언론 탄압
10. 25.	오전 2시 10월 혁명 시작, 공화국 의회 폐쇄
10. 26.	임시정부 항복
1918. 3. 3.	독일과 브레스트 리토프스크 조약 체결
1921	신경제 정책(NEP)
1922. 12.	소비에트 사회주의 공화국 연방(USSR) 수립
1924. 1.	레닌 사망, 페테로그라드를 레닌그라드로 개칭
1927	콜호즈, 소브호즈 건설
1928	제1차 5개년 계획
1929	트로츠키 국외 추방, 스탈린 독재
1933	제2차 5개년 계획
1934	국제연맹 가입

연표

연도	주요 사건
1935	모스크바 지하철 개설
1936	고리키 사망, 지노비에프 · 카메네프 처형
	스탈린 헌법 제정
1938	부하린 총살
1941	제2차 세계대전, 독일과 전쟁 시작
1945	얄타회담
1953	말렌코프 수상 취임
1955	수소폭탄 완성 발표
1956	스탈린 이론 비판
1957	미사일(ICBM) 성공, 인공위성 스푸트니크 1호 성공
1958	흐루시초프 집권
1959	달에 로케트 발사
1960	파스테르나크 사망
1961	유인 우주선 보스토크
1964	흐루시초프 실각, 브레즈네프 취임
1968	소련군 체코 침입
1969	바르샤바 조약기구 통합군 결성
1974	솔제니친 추방
1979	미 · 소 SALT II
1982	안드로포프 서기장 취임
1985	고르바초프 서기장 취임
1988. 5.	소련군, 아프가니스탄에서 철수

연표

연 도	주 요 사 건
1991. 6.	옐친 러시아 공화국 대통령 당선
8. 19.	8월 쿠데타. 고르바초프 감금
8. 24.	고르바초프 서기장직 사임
12. 21.	독립국가연합(Commonwealth of Independent States-CIS) 창설 소비에트 사회주의 공화국 연방 붕괴
1994. 12.	체첸 전쟁
1996. 7.	옐친 대통령 재선

찾아보기

가

가가노비치 449
가짜 드미트리 2세 121
가짜 드미트리 1세 116
가폰 274
게페우 411, 427, 438
계급 차별주의 234
계몽군주 177, 189
고골리 255, 258, 293
고르바초프 474, 480
고리키 264, 276, 440
고물카 457
고스플란 432
고트프리트 라이프니츠 154
골리친 342
구베르니야 194
구츠코프 347
국영농장 455
궁정혁명 337, 464
그레고리 9세 63
그레고리 오트레피예프 115
그로미코 474
글라스노스트 475
글렙 40
글린스키 82

나

나드야 399
나로드니크 223, 303, 317
나르바 전투 155

나이팅게일 218
나히모프 218
네오 스탈린이즘 466, 468
네프스키 64, 169
노멘 클라투라 466
노보실체프 191
노브고로드 21, 28, 40, 62, 140
노비코프 179
농노제 80, 140, 177, 229
농노 해방 229, 252
니콘 147, 158
니콜라이 예조프 441
니콜라이 2세 245, 270, 343
니콜라이 1세 212, 230
닐루스 소르스키 105
닐루스파 105

다

다니엘 68
닥터 지바고 407, 448
달랑베르 175
대륙간 탄도탄(ICBM) 457, 469
데오도시우스 102, 145
데카브리스트의 난 211
데탕트 469
도스토예프스키 222, 253, 259
독일기사단 66
동서 냉전 체제 475
두마 194, 336, 341
드미트리 돈스코이 71
드미트리에프스키 대사원 49

드미트리 장군 60
드미트리 포자르스키 125

라

라디쉬체프 178
라 마르세예즈 338, 335
라브로프 237
라스푸친(방랑자) 295, 330
라코프스키 441
라하르프 189
러시아 노동자협의회 274
러시아정교 105, 145, 260
레닌 251, 265, 312, 350
레닌주의 425, 452
레르몬토프 255, 257
레베제프 271
레브 다비도비치 브론슈타인 281
레오니드 니콜라예프 438
로드지앙코 336, 343, 374
로스치슬라프 48
로스토프친 203
로자 룩셈부르크 324
로푸히나 167
루릭 23, 28
루스인 22, 31
루스카야 프라우다 42
리스트 294
리아자노프 426
리투아니아 32, 323, 407
릴리예프 209
림스키-코르사코프 267

마

마르크스 226, 312
마르토프 318, 353
마리아 테레지아 175
마야코프스키 448
말렌코프 439, 450
멘델레프 270
멘셰비키 251, 306, 346
멜리코프 239, 243
모로조프 136
모로토프 415, 449
몽테스키외 176
무드로이 40
무라비예프 207
무소르크스키 266
《무엇을 할 것인가》 285, 304, 394
《무엇을 해야 하나》 304
무정부주의자 284, 304, 442
므니쉐크 121
므스치슬라프 로마노비치 54
미르 225
미하일 대공 280, 332
미하일 로마노프 127, 133
미하일로프 152, 415
미하일 스코빈 슈이스키 122
미하일 스페란스키 194
미하일 후룬제 428
밀류친 400
밀류코프 252, 347
밀봉 열차 350, 383

바

바랑인 23, 113
바르샤바 조약기구(WTO) 451, 472
바벨 1세 184
바벨 페트로비치 180
바시키르 민족 181
바실리 3세 81
바실리 슈이스키 115, 117, 122
바실리 2세 75
바실치코프 277
바쿠닌 221, 225, 237
바투 55
발트 3국 478
《배반당한 혁명》 431
백군 367, 401
백러시아 19, 177, 479
〈백조의 호수〉 268
베라자술리치 238
베체(민회) 44
베카리아 176
벨린스키 221, 222
벨로도르도프 182
보로딘 267
보로쉴로프 429, 438
볼로스 20
볼로스치 194
볼셰비즘 223, 322, 381
볼셰비키 251, 371, 399
볼테르 170
볼흐비 36
부루실로프 329, 365
부하린 428, 432, 441

북대서양 조약기구(NATO) 451
분디스트 323
분리파 148
불가닌 457
브레스트 리토프스키 조약 382
브레즈네프 464
브레즈네프 독트린 471
브레즈네프 헌법 466
블라디미르 일린 284
블라지미르 32
블라지미르 모노마흐 45
블라지슬라프 123
비론 170
비보그 선언서 289
빨치산(파르티잔) 444

사

4월 테제 356
사유재산제도 475
사하로프 454, 468
사회민주노동당 251, 320, 322
사회민주당 253, 268, 338
사회혁명당 252, 268, 362
SALT Ⅰ·Ⅱ 470
3인 체제 460
3제 동맹 242
성 트리니티 수도원 76
세르기우스 76, 104
《세바스토폴리 이야기》 218
세체노프 270
세헤라자데 267

소련연방제 479
소비에트(평의회) 281
소비에트 작가동맹 266
소수민족 문제 401
소프나르호즈(지방경제회의) 465
소피아 대성당 35, 99
소피아 페로프스카야 240
솔로비요프 239
솔로호프 449
솔제니친 261, 454, 468
수보로프 184
수제브니크 80
수즈달리 공국 47, 59
순수 혁명이론 304
스체셀리 272
스체판 바토리 왕 97
스탄케비치 221
스탈린 383, 390, 425, 437
스탈린주의 472
스탈린 헌법 437, 467
스텐카라친 142
스톨레토프 270
스톨리핀 290
스트로가노프 94, 191
스트루베 252
스파토슬라프 31
스파토폴크 39
스파토폴크 2세 45
스푸트니크 1호 448, 561
슬라브 민족 16
시베리아 횡단철도 248
10월당 337, 347
10월 선언 307

10월 총파업 305
10월 혁명 350, 369, 407
시장사회주의 471
신경제정책(NEP) 408, 431
실리바트 율라에프 181
12월 당원의 반란 211

아

아나스타샤 84, 293, 383
아르기시치 16
아르메니아공화국 478
아바쿰 148
아이훈 조약 243
아제르바이잔공화국 478
아프가니스탄 243, 471
아흐마트 79
악설로드 308, 323
안나 레오플도브 171
안나 이바노브나 171
《안나 카레니나》 262
안드레이 보골류프스키 49
안드레이 쿠릅스키 107
안드로포프 474
알래스카 243
알렉산더 네프스키 64, 169
알렉산더 멘시코프 169
알렉산더 3세 243
알렉산더 우리아노프 291
알렉산더 2세 219, 231, 240
알렉산더 1세 188, 192
알렉산드라 292, 295, 325

알렉세예프　405
알렉세이 미하일로비치　136, 150
야고다　438
에브도키아 로푸히나　167
에스토니아　65, 193, 407
엘레나　82
엘리자베타　169
역사철학에 관한 서한　219
영구혁명론　420, 427
예나　197
예르마크　94
예세닌　448
옐친　475, 480
5개년 계획　432, 447
오고타이 한국　70
오로라호　376
오블렌스키　82
오프리츠니나　91, 112
오프리츠니크　91
올가　31, 293, 398
올레그　28
왕권신수설　184
요세프　175
요셉 세르기우스　145
요시프 이레마쉬빌리　385
우라르투　16
우스펜스키 대사원　49
우예즈드　194
우즈베크공화국　478
우크라이나　19, 177, 325, 434
《원초 연대기》　29
위테　248, 273, 287
유럽의 헌병　215

유리 돌고루키　47
유리 프세볼로도비치　59
유스포프　333
이리나　333
이바노비치 페스텔　207
이반 4세(이반 뇌제)　82
이반 3세　75, 80
이반 2세 크라스니　70
이반 1세 칼리타　69
〈이스크라〉　285, 321
2월 혁명　336, 364
이자슬라프　44
인민 속으로(V. narod)　237
〈인민의 벗은 누구인가〉　317
인민의 의지　238, 305
인텔리겐치아　219, 236, 303
임레 라지　457
임페라토르　160

자

《자본론》　312, 321
자유화 연맹　252
적군　401, 302
전국회의　85, 113, 162
전시 공산주의 체제　405
전제주의　178, 195, 229
제니킨　405
제르진스키　403, 415
제1차 세계대전　324, 336
젬스트보　233, 245
종무청　163

493

주권제한론 473
중국 공산당 446, 473
쥬다노프 438
쥬코프 464
지노비에프 357, 373, 412
집단농장 434, 445
차르 80

차

차다예프 219
차르토리스키 191
차이코프스키 267
차가타이 한국 70
체르넨코 474
체르노프 350
체르니쉐프스키 304
체카 403
체홉 263, 295
7년 전쟁 172

카

카다르 458
카데츠 252, 347, 367
카메네프 373, 416, 439
카스트로 460
카알 12세 155
카프카즈 16, 417, 479
케렌스키 344, 357, 379
KGB(국가보안위원회) 468

코르닐로프 218, 363, 405
코민테른 322
코바(Koba) 386
코발레돈스키 270
코시킨 465
콘라트 불라빈 159
콜로프체프 362
콜론타이 319
콜차크 제독 406
콜호즈 434, 465
콤비나트 433
쿠르스탈레브 311
쿠바사태 461
쿨라크 434
쿨리코보 전투 72
크레진스키 441
크론슈타트의 반란 311
크림 전쟁 215, 231
클레어 285
키로프 430, 437
키리예프스키 227
키릴과 메포지 38
키릴 문자 38
키셀레프 백작 230

타

타타르족 50, 70, 86
태밀레인 70
테무친 50
템머포르즈 대회 398
톨스토이 259, 261

투르게네프　258
툴라 요새　120
트로이카　425, 465
트로츠키　281, 307, 371, 425
트베르질라　65
트카초프　304, 320
특별보안위원회　439
티토　451, 457

파

파리 조약　241
파블로프스키 연대　340
파스테르나크　448
파업위원회　307
페레스트로이카　475
페슈코프　440
페트로비치 표도르프도　93
펠구시　63
포츠머드 조약　280
폴란드 사태　473
푸리시케비치　333
푸시킨　79, 253
푸카초프　178, 180
프라하의 봄　471
프로토포포프　342
프롤레타리아 국제주의　471
프리드리히 2세　171
프린치프　327
프세볼로드　45
프스코프　65, 141, 347
플레브　271

플레하노프　238, 320, 350
피의 일요일　273
표트르 대제　150, 160
표트르 3세　171, 180
표트르 2세　170

하

하자르 왕국　31
함마슐트　700
해방동맹　207
헤르첸　221, 223
호레즘　53
호마코프　227
흐루시초프　438, 449, 453